한글
맹자

 말과 글은 사람의 얼입니다. 한 사람에게서는 그 사람의 영혼을 표상하고, 한 민족에게서는 그 민족의 정신을 대변합니다. 대한민국 사람은 한글이라는 위대한 언어를 통해 문화생활을 영위합니다. 한글을 모태로 사유와 행위를 펼칩니다.

 그런데 아주 오래 전부터 한반도 문화의 중심이었던 유교는 한문으로 기록된 저술을 기본 텍스트로 하고 있습니다. 그 가운데 핵심이, 『대학』, 『논어』, 『맹자』, 『중용』의 사서입니다. 그것은 글을 아는 사람들의 전유물이었고, 통치자가 서민을 다스리는 이념으로 작용했으며, 왕정 사회의 시대정신을 반영한 사고 양식이었습니다.

 지금은 민주주의 시대입니다. 왕정사회와는 다른 시대정신과 사회 패러다임이 작동합니다. 모든 사람이 자기 삶의 주인이자 사회의 주체로 참여합니다. 그리고 한글이 문명을 가꾸는 주요 수단으로 자리했습니다. 이는 왕정이라는 한 시대가 가고, 민주주의라는 또 한 시대가 세계

2

의 중심에 자리 잡았음을 의미합니다.

새로운 시대는 그에 맞는 새로운 문화를 창출합니다. 〈한글 사서〉는 이런 시대정신을 고민하며 사상의 소통을 고려한, 교육이자 철학을 생성하는 작업입니다. 그렇다고 〈한문 사서〉의 의미가 희석되는 것은 결코 아닙니다. 한문은 원전으로서 엄청난 가치를 지니고 있고, 전문가들의 끊임없는 연구를 필요로 합니다.

그러나 대한민국 대다수 국민들은 한문이 아니라 한글로 삶을 엮어 갑니다. 낡은 사유가 아니라 현실에 합당한 한글로 구가되는 문화 읽기를 갈망합니다.

다시, 〈한글 사서〉를 발간하는 이유를 간단하게 정돈해 봅니다.

'한글세대는 한글로 문화를 향유한다. 한문 고전은 한글 현실로 전환되어야 한다. 그것은 단순히 문자의 옮김이 아니라, 시대정신과 사회 정황을 고려한 삶의 전이여야 한다. 때문에 문장의 번역을 넘어, 문화의 번안이 되어야 한다!'

한글을 사랑하고 고전을 좋아하는 모든 사람들과 함께, 사서에 나타난 사유와 실천을 공유하면 좋겠습니다. 이 세상 모든 존재의 어울림이 우리 인생에서 하나의 축복임을 믿습니다.

신창호 올림

일러두기

1. 이 책은 『맹자집주대전(孟子集註大全)』『사서집주대전(四書集註大全)』(胡廣 外, 孔子文化大全編輯部, 山東友誼書社, 1989)과 『맹자주소(孟子注疏)』(十三經注疏)(十三經注疏整理委員會, 北京: 北京大出版社, 2000)를 저본(底本)으로 사용하였다.

2. 이 책은 전체 2부로 구성되어 있다. 1부에서는 『맹자』의 위상을 파악할 수 있도록 '맹자라는 사람 그리고 『맹자』라는 책'을 제시하였고, 2부에서는 『맹자』를 한글로 풀이한 '『맹자』 한글 독해'를 실었다. 그리고 부록에서는 『맹자』의 원문을 정돈해 놓았다.

3. 2부 『맹자』 한글 독해에는 원문을 한글로 풀이하고, 그에 대한 해설을 붙였다. 『한글 맹자』이므로 한문이나 외국어 사용은 최소화하였고, 의미에 혼란을 줄 수 있거나 내용 전달상 필요하다고 생각되는 부분에 한문이나 외국어를 괄호( )[ ]에 병기하여 독자의 이해를 도왔다.

4. 『맹자』는 원래 7편이었으나 조기가 『맹자장구』를 편찬하면서 각 편을 상하로 나누어 14편이 되었다. 여기에서는 『맹자』 7편을 그대로 두고, 장구로 나누어 놓은 부분도 하나의 단락으로 합쳤다. 대신, 지나치게 짧거나 유사한 장구는 그 내용을 고려하여 하나의 단락으로 묶어 해설하였다. 아울러 모든 장에 한글 제목을 붙여 쉽게 이해할 수 있도록 하였다.

5. 각 장의 해설 가운데 조기의 주석은 『맹자장구』, 주자의 견해는 『맹자집주』에 의거하였고, 『맹자장구』는 『장구』, 『맹자집주』는 『집주』로 표기하였다.

6. 독자들의 가독성을 높이기 위해, 원전의 용어나 개념을 현대적 용어로 풀이하였다. 예를 들면, 천자나 성인은 최고지도자로, 군자는 지성인, 인격자, 지도자 등으로 바꾸었고, 제후나 대부 등도 지도자로 썼다. 백성의 경우 국민으로 바꾸었고, 도량형도 현대인이 이해할 수 있도록 하였다. 이외에 인이나 의와 같은 용어도 사람을 사랑하는 열린 마음이나 올바른 사람의 도리 등으로 풀어 썼다.

7. 저서명은 겹꺾쇠(『 』), 편명 및 장, 논문은 홑꺾쇠(「 」)로 표기하였고, 필요에 따라 인용문은 큰따옴표(" "), 강조 표시는 작은따옴표(' ')로 표기하였다.

道 王
道治 道
德 霸
四端 德
仁義 四
仁

양혜왕
공손추
등문공
이루
만장
고자
진심

시대를 초월한
삶의 교과서를
한글로 만나다

한글 맹자

신창호

梁惠王
公孫丑
滕文公
離婁
萬章
告子
盡心

왕도
패도
덕치
사단
인의
선의
후리
여민
동락

판미동

先義
後利
與民
同樂

『맹자』, 대장부를 위한 연가

한학을 공부하려는 사람들에게 『맹자(孟子)』를 권하는 경우가 종종 있다. 왜냐하면 『맹자』는 한문 문리(文理)를 터득하는 데 도움을 주기 때문이다. 그만큼 문장이 『논어』를 비롯한 다른 고전에 비해 완결된 구조를 지니고 있으면서 사상도 풍부하다. 나도 그렇게 『맹자』를 손에 잡았다. 하지만 공부를 하는 데 난관에 부딪힌 적이 많았다. 『맹자』의 글이나 사상이 어려워서가 아니다.

1980년대에 대학을 다녔던 세대들은 기억한다. 당시 상당수의 대학생들은 마르크시즘에 심취하였고, 우리 사회의 구조적 모순에 대해 고민하며 민족과 민중의 해방을 외쳤다. 동료들과 사회구성체 논쟁을 벌이면서, 그 혈기왕성하던 20대 청년들의 사유는 극단으로 치닫기도 하였다. 민족해방(NL) 계열이니 민중민주(PD) 계열이니 하며 소위 운동권의 분열 양상도 있었다. 어떤 때는 그야말로 7박8일, 9박10일 등 밤새도록 핏발 선 눈으로 논쟁을 벌여 가며 목숨을 건 투쟁을 한 적도 있었다. 나도 그런 사상논쟁에서 자유롭지는 못했다.

그런 가운데 내가 찾은 대안의 하나가 다름 아닌 『맹자』였다. 맹자에 나타난 혁명사상! 그것은 『맹자』「양혜왕」에 다음과 같이 간단하게 언급되어 있다.

제나라 선왕이 물었다.

"은나라 탕임금이 하나라 걸을 쫓아내고, 주나라 무왕이 은나라 주를 정벌했다고 하는데, 그러한 일이 있습니까?"

맹자가 대답하였다.

"전해 오는 기록에 그런 사실이 있습니다."

선왕이 말하였다.

"아래에 있던 중간지도자가 최고지도자를 시해하는 일이 옳은가요? 군사 쿠데타 아닌가요?"

맹자가 말하였다.

"사람을 사랑하는 마음인 인을 해치는 자를 흉포하다고 하고, 올바른 삶의 도리인 의를 해치는 자를 잔혹한 자라고 합니다. 인의를 해친 흉포하고 잔혹한 자를 사람들로부터 외면당한 한 사나이라고 합니다. 한 사나이에 지나지 않는 주를 베었다는 말은 들었으나, 최고지도자를 시해했다는 말은 듣지 못하였습니다."

이 짧은 몇 구절을 앞에 두고 나는 생각했다. 마르크시즘을 통한 서구의 혁명이론이나 실천보다는 동양사상인 이 맹자의 역성혁명 사상이 어쩌면 우리 사회의 구조적 모순을 해결하는 데 정서적으로 더 맞지 않을까? 이런 순진한 생각에서 『맹자』를 읽기 시작한 것이 대학 2, 3학년

무렵이다. 그때 한 친구는 이렇게 얘기했다.

"그 고리타분한 보수 반동적 사유가 담긴 동양의 낡은 고전을 왜 읽어? 변유(변증법적 유물론)나 사유(역사적 유물론)도 읽기 바쁜데!"

번역본 『맹자』를 일독한 나는 "맹자에 역성혁명의 논리가 담겨 있어! 그건 중국 혁명사상의 근거야. 서구 마르크스 — 레닌주의에만 혁명사상이 있는 것이 아니야. 나는 마르크스 — 레닌주의의 사유와 더불어 동양의 혁명적 사유가 담긴 여러 사상도 고려할 필요가 있다고 봐!"라고 간략하게 답했던 기억이 있다. 나는 그렇게, 젊은 시절에 한학이나 동양철학 공부보다는 혁명과 연관하여 맹자를 마주하였다.

이후 대학원에서 동양철학을 공부하며 『맹자』에 대한 시선과 관점은 상당히 다른 방향으로 진전되었다. 『맹자』에 정치, 경제 사상은 물론, 마음 수양이나 교육, 기타 사회사상이 풍부하게 담겨 있음을 감지하였다. 그리고 그 사상의 폭과 깊이는 물론 실천을 향한 맹자의 집념에 나는 놀랐다.

맹자는 현재 중국 산동의 추현 동남쪽에 있었던 추나라 사람이다. 기원전 372년경에 태어나 기원전 289년경에 세상을 떠났다고 한다. 이름은 가이며, '맹모삼천지교(孟母三遷之敎)'라고 알려져 있듯이, 어려서부터 어머니의 교육적 노력은 대단했다. 공자의 손자인 자사(子思)의 제자에게서 수학했고, 당시 제후에게 왕도를 실현시키고자 제·양·송·등·위 등 여러 나라를 유세하며 돌아다녔다. 그러나 그가 전한 세상 경영의 길은 제대로 행해지지는 않았다. 만년에 제자인 만장, 공손추, 악정극 등과 더불어 『맹자』를 썼다. 7편으로 되어 있는 『맹자』는 각 편마다 또 상·하로 나눠져 있어 모두 14권이라 할 수 있다. 맹자는 공자를 매우 존경하였으며 공자를 계승한 사람으로 자처하였다. 그 결과 맹자는 공자 다음가는 탁월한 학자가 되었다. 따라서 그를 '둘째가는 성인'이라는 의미의 아성(亞聖)이라고 부르기도 한다.

맹자는 공자를 정통으로 계승한 사람으로 자부했다. 그의 학설은 기본적으로 공자의 사유와 실천에 기초한다. 그러나 공자가 춘추시대에 활동한 반면 맹자는 전국시대에 활동하였기 때문에 사상의 차이점이 있다. 맹자의 독창적인 사상으로는 첫째, 인간의 '성품이 착하다.'라는 성선설(性善說)을 확실하게 선언했다는 데 있다. 둘째는 공자의 인(仁, 어짊)의 뜻을 이어서 의(義, 옳음)를 주장했고, 이를 도덕 실천의 규범으로 삼았다는 점이다. 셋째는 '기를 기르라.'라는 양기(養氣)의 학설을 내놓았고, 넷째로는 인의(仁義)를 근본으로 '왕의 길(王道)'을 말하여 나라 다스리는 주요한 방법을 밝힌 것이다.

먼저 맹자의 주요 사상은 '인간의 성품, 혹은 본성이 착하다.'라는 데 있다. 맹자는 자사의 제자에게서 배웠는데, 자사는 정성스러움·성실함으로 인간성을 규정하였다. 맹자는 이를 발전시켜 '착함(善)'이라고 선언하였다. '인간성이 착하다.'라는 논의는 고자(告子)와의 논쟁에서 밝혀졌다. 맹자는 이를 물이 아래로 흐르는 것에 비유하여 자연스러운 것으로 인정했다. 하지만 본성이 왜 선한지는 구체적으로 증명하지 않았다.(고자의 주장에 대해 그것이 부당하다는 점을 반박하고 있을 뿐이다.) 그러나 맹자는 인간의 행위를 보고 경험적으로 파악하여 성선의 내용으로 끌어들였다. 그것이 바로 사단설(四端說)이다.

"사람들은 다른 사람들에게 차마 하지 못하는 마음을 가지고 있다.

지금 어떤 사람이 어린아이가 우물에 빠지려고 하는 것을 본다면, 놀라며 측은히 여기는 마음이 있을 것이다. 그것은 어린아이의 부모와 교제를 맺기 위한 것도 아니고 동네 사람들에게 좋은 소리를 듣기 위한 것도 아니다. 이로 말미암아 보면 측은한 마음이 없으면 사람이 아니며, 부끄러워하고 미워하는 마음이 없으면 사람이 아니며, 사양하는 마음이 없으면 사람이 아니며, 옳고 그름을 분별하는 마음이 없으면 사람이 아니다. 측은히 여기는 마음은 인(仁)의 실마리요, 부끄러워하고 미워하는 마음은 의(義)의 실마리요, 사양하는 마음은 예(禮)의 실마리요, 옳고 그름을 분별하는 마음은 지(智)의 실마리다." 이 인의예지의 실마리, 즉 단초는 모든 인간 성품에 갖추어져 있는데, 이런 네 가지의 기능이 갖추어지면서 인간의 성품은 착함으로 가득 차게 된다.

그런데 인간의 악함은 어디에서 유래하는 것일까? 악함의 시초는 무엇인가? 그에 대한 근본적인 대답을 하기는 어렵다. 맹자도 그것을 인간의 욕심으로 설명했다. 인간의 본성은 착하기 때문에 악은 인간성의 자연스러운 작용이 아니다. 악은 인간성을 다하지 않은 결과에 불과하다. 예를 들어 산길은 사람이 다니지 않으면 풀이나 나무가 길을 꽉 메우고 우거지게 되어 아무도 다닐 수가 없게 된다. 마찬가지로 착한 인성도 잘 펼쳐 쓰지 않으면 가려지고 잃어버리게 된다. 맹자는 인간에게 악이 생기는 이유를 착한 본성의 발현이 아니라 인간 욕심의 허물 때문이라고 보았다. 왜 인간은 무엇인가를 '하고자 하는가?' 그것 자체가 인간성은 아닐까? 욕심이 생긴 이래로 인간은 서로 헐뜯고 싸우기 시작했다. 맹자는 본성의 착함을 전제로 하기 때문에 인간의 악한 상태를 제거하여 착한 본성을 회복하는 데 중점을 두었다. 그러나 맹자에게서는 여전히 욕심의 기원에 대한 문제가 남는다.

맹자의 도덕 행위와 본성 회복의 근거는 '인간 본성 자체가 착하다.'라는 전제 속에 들어 있다. 따라서 사람은 이미 윤리의 법칙을 알고 있다. 중요한 것은 사람의 행동이 마땅함을 얻는 것이다. 이 행위를 얻도록 하는 것이 '의'다. 측은(惻隱), 수오(羞惡), 사양(辭讓), 시비(是非)의 마음으로 마땅히 할 일을 해야 한다는 주장이 '의'다. 그러므로 의는 마음의 지향이며 조절 작용이다. 마음의 지향은 착함에 있다. 다시 말하면 착함을 행하여 쌓는 것이다. 이런 의로운 실천 행위가 모여 인간의 올바른 생명력인 기(氣)가 된다. 맹자는 기를 기르는 일을 매우 중시했다. 기는 인간성의 착함을 발휘하는 가운데 있기 때문이다.

그런데 기를 기르는 대표적인 방법이 호연지기다. 호연지기는 인간의 마음, 의지 가운데 믿음을 돈독히 하고 행동을 건실하게 하는 상태다. 우리 인간의 마음은 착함으로, 인의예지의 실마리로 가득 차 있다. 이 힘은 인간의 잠재력으로 아주 조용히 자기를 숨기고 있다. 그러나 선하고자 하는 마음의 발동을 통해 무한정 활발하게 움직일 수 있다. 이런 과정에서 우리는 헛된 욕심에 눈이 멀어서는 안 된다. 자기의 착한 마음을 팽개쳐 놓고 다른 것에 욕심을 부리지 말아야 한다. 그래서 맹자는 "사람들이 닭과 개가 도망가면 찾을 줄 알지만, 자기 마음을 잃고서는 찾을 줄을 모른다."며 탄식했다. 인간의 배움은 바로 "자기의 놓친 마음을 구하는 것"일 뿐이다.

모든 인간은 본성이 착하기 때문에 누구나 훌륭한 사람이 될 수 있다. 문제는 인간이 그 본성의 착함을 놓아 버리는 데 있다. 왜 선하려고 노력하지 않고 마음을 해이하게 만드는가? 왜 스스로 포기하고 버리는가? 마음에 꽉 차 있는 선을 활용해야 인간이 아닌가? 맹자는 자포자기(自暴自棄)하는 자, 즉 "스스로 포악해지는 사람과 함께 이야기하지 않고, 스스로 버리는 자와 함께 일하지 않는다."고 선언했다. 왜냐하면 그들은 인과 의를 따라 살 수 없기 때문이다.

맹자는 호연지기로 근본을 삼으며 삶을 영위하는 사람을 대장부로 표현하였다. 이는 공자가 군자(君子)로 이상을 대표한 것과 비교된다. "이 세상의 넓은 곳에 살면서 올바른 자리에 서고 세상의 큰 도를 행한다. 그 뜻을 얻으면 백성들과 함께 그것으로 말미암고, 뜻을 얻지 못하면 홀로 그 도를 행한다. 부귀도 능히 음탕하게 못하며 빈천도 능히 변하게 하지 못하며 위세나 무력도 능히 그 뜻을 굴복시키지 못한다."

이런 인간형이 대장부다. 자신이 부끄럽지 않으며 떳떳한, 어떤 어려움에도 쉽게 굴복하지 않는 마음을 체득하기란 쉽지 않다. 하지만 그러한 당당함을 실현하기 위해 힘쓰라고 맹자는 주문했다.

맹자에게서 인간의 길은 의(義)였다. 인간은 그 의가 쌓이고 쌓여 생명력을 얻고 호연지기가 마음에 충만하게 된다. 그것의 전형적 인간형이 대장부다. 왕의 길은 이런 과정에 비추어 볼 수 있다. 맹자가 논한 왕의 길은 인간을 살리는 방향으로 나아가는 것이었다. 즉 백성을 보호하고 기르는 어진 정치를 말했다. "임금은 백성들의 재산을 늘려서 반드시 위로는 부모를 섬기기에 넉넉하게 하고, 아래로는 처자를 양육하기에 충분하게 해 주어야 한다." 이것이 일차적으로 보장될 때 인간은 살맛을 느낀다. 가르치고 배움은 그 다음 일이다. 사람이 억압받고 죽어 가는데 누가 그 나라에서 살고 싶어 하겠는가? 백성들과 더불어 살고, 백성을 보호하는 길이 왕의 길일 따름이다. 맹자는 제나라 선왕이 재화와 여색, 음악을 좋아한다고 했을 때 이것을 좋아하고 사랑하는 것만큼 '사람들과 더불어 함께하라.'라고 말하였다. 그리고 어진 이를 등용하고 어질지 못한 자는 물러가게 하며 죄 있는 자는 죽이되 모든 일을 국민의 동의에서 시작해야 한다고 가르쳐 준다. 맹자에게서 왕은 군림하는 자가 아니다. 국민을 근본으로 하여 민심에 따라 정치를 행해야 한다. 왕의 길은 바로 국민의 길, 국민의 착한 마음이 가는 길이었다.

맹자는 공자의 사상을 대체로 이어받았지만, 자신의 눈으로 세상을 바로 보며 사상을 발전시켰다. 인간의 마음이 착하다는 성선설을 기본으로 하여, 인간의 길인 의[義理]사상, 인간의 생명력을 기르는 호연지기, 그리고 왕도정치에 이르기까지 독특한 자기의 의견을 제시하였다. 그러나 당시에 그의 주장이 받아들여지지는 않았다. 역사를 통해 그의 주장이 사상적으로 보편성을 얻었더라도 실제 현실 정치에서는 빛을 보지 못했던 것이다. 어쩌면 위대한 사상이 대개 이런 과정을 거치는지도 모를 일이다. 중요한 것은 맹자가 인간이 가야 할 바른길을 적극적으로 제시했다는 점이다.

나는 자라나는 세대들이 이처럼 다양한 사유를 담고 있는 『맹자』를 쉽게 읽기를 소망한다. 그리고 맹자가 강조했던 대장부의 인성을 체득하기를 갈망한다. 그것이 건전한 사회에 참여하는 한 방법일 것이다. 내가 젊은 시절에 그런 경험을 제대로 하지 못했기 때문에 그런지도 모른다. 그러려면 『맹자』를 쉽게 접할 수 있어야 한다. 단순한 번역이 아니라 한글로 풀어 써야 한다. 그 지적 작업의 결과가 『한글 맹자』다. 이 책을 통해 많은 사람들이 인간의 심성을 인식하고 수양과 교육을 바탕으로 다차원적인 정치경제의 길을 모색하는 깊이 있는 사유를 체득한다면 좋겠다.

4·19 혁명 기념일 아침
수당정사(遂堂精舍)에서
왕숙천변의 진달래를 바라보며
신창호

차례

중국 역사에서 『맹자』에 관한 권위 있는 저술은 후한 말기의 학자인 조기(109~201)가 쓴 『맹자장구』와 남송 때 주희(1130~1200)가 쓴 『맹자집주』를 꼽을 수 있다. 조기는 『맹자』 7편을 각각 상하로 나누어 주를 달고 『맹자장구』 14권을 저술하였고, 주자는 여러 학자들의 주석을 모아 장구로 나누어 『맹자집주』를 저술하였다. 여기에서는 맹자의 생애와 사상, 그리고 『맹자』라는 책의 특성을 이해하기 위해 사마천의 『사기』 「맹자순경열전」, 조기의 『맹자장구』 서문에 해당하는 「제사」, 주자의 『맹자집주』 「서설」을 풀이하여 간략하게 소개한다.

『맹자』는 모두 7편으로 구성되어 있는데, 각 편의 명칭은 글의 첫머리 두 글자 또는 세 글자를 따서 만들었다. 각 편의 제목이 체계적이거나 논리적이지는 않다. 하지만 『맹자』 7편의 배열과 순서를 정할 때, 나름대로의 의도가 있었다고 판단된다. 『맹자』 7편은 조기가 각 편마다 상·하편으로 분류하여 『맹자장구』를 저술하여 주석을 한 후 총 14편이 되었다. 여기에서는 전체를 7편으로 제시하되 상·하편으로 나누지 않고 순서대로 제시한다.

맹자는 훌륭한 지도자의 모범으로 요임금과 순임금을 제시한다. 요임금과 순임금이 지도자로서 지닌 최고의 덕망은 사람을 사랑하는 열린 마음과 사람이 행해야 할 올바른 도리의 실천이다. 이러한 맹자의 가치기준으로 볼 때 「양혜왕」편에 등장하는 양혜왕, 제선왕, 추목공, 등문공, 노평공 등 전국시대 지도자들을 용납할 수 없었으리라. 따라서 자신의 저술인 『맹자』의 첫째 편에서 먼저 이런 정치를 신랄하게 비판하는 내용을 전진 배치하고 저술 의도를 과감하게 펼치는 것으로 판단된다. 「양혜왕」편은 모두 23개의 장으로 구성되어 있다. 「양혜왕」편이라고 하여, 맹자와 양혜왕과의 대화만이 기록된 것이 결코 아니다. 오히려 다른 지도자와 만난 기록이 많다. 앞에서 언급한 것처럼, 편명은 맨 앞에 나오는 글자를 따서 만들었기 때문에 '양혜왕'이 되었다. 2편의 1장부터 5장까지는 양혜왕, 6장은 양양왕의 이야기로 맹자가 위나라의 왕을 만나 조언한 내용이다. 7장부터 18장까지는 위나라 왕이 아니라 제나라 선왕과의 대화 내용이다. 19장은 추나라 목공과의 대화이고, 20장부터 22장은 등나라 문공과의 대화다. 마지막 23장은 노나라 평공이 등장하지만 맹자와 만나지 못했기에 대화 내용은 없다. 맹자는 그 만남을 천운으로 돌리면서 제1편을 마무리한다.

제2편 공손추 ── 109

제1편 「양혜왕」에서 맹자는 양혜왕과 제선왕, 등문공 등 여러 나라의 지도자들에게 인의(仁義)에 근거한 훌륭한 정치, 이른바 왕도의 실천을 적극적으로 권고하였다. 반면, 전국시대 유행처럼 번지던 '패도(覇道)'에 대해 결단코 반대하며 자신의 견해를 강조하였다. 조기의 『장구』에 의하면 인의가 마음에 뿌리를 내리고 실천력이 확보된 다음에 왕도를 제대로 실행할 수 있다. 「공손추」에는 그런 내용이 많이 담겨 있으므로 이를 제2편에 두었다고 보았다. 공손추는 맹자의 제자인데, 정치에 상당한 관심과 재능을 보였다. 이는 『논어』에서 자로가 정치에 관심이 있어 수시로 공자에게 정치에 대해 질문한 것과 유사한 형태를 띤다. 『논어』에 「자로」라는 편명이 있듯이, 『맹자』에도 이와 비슷하게 「공손추」라는 편명을 두었다고 보기도 한다. 그렇다고 이편이 반드시 그런 것은 아닌 듯하다. 왜냐하면 편명을 만드는 관행이 대개 각 편의 맨 앞말을 따서 만들었기 때문이다. 제1편 「양혜왕」에서도 지적하였듯이, 「양혜왕」편에 양나라 혜왕과의 대화만 등장하는 것이 아니라 제나라 선왕을 비롯한 다른 지도자와 대화가 훨씬 많이 나온다. 그럼에도 「양혜왕」이라고 한 것처럼, 제2편도 '공손추문왈(公孫丑問曰)'로 시작하므로 「공손추」라고 편명을 붙였다고 보는 것이 무난하다. 「공손추장구」로 나눌 때 상편은 9장이고 하편은 14장으로 모두 23장으로 구성되어 있다.

제3편 등문공 ── 171

「등문공」편은 문장의 맨 앞에 '등문공'이 있는 것을 그대로 따서 편명으로 하였다. 조기의 『장구』에 의하면, 정치란 옛날 지도자들이 베풀었던 정치로 돌아가는 것이 가장 좋다. 왜냐하면 역사상 그보다 더 아름다운 정치가 시행된 적은 거의 없기 때문이다. 등나라의 지도자 문공은 이런 점을 인식하고 옛날의 정치를 그리워하고 그것을 회복하고 싶어 하였다. 따라서 맹자가 등나라 문공의 행적을 가져와서 「공손추」 다음에 배치한 것이다. 문공은 차기지도자 수업을 받으면서부터 어떻게 하면 국민들을 잘 다스릴 수 있을지 착한 정치의 실천에 대해 고민하였고, 특히 인간에 대한 예의를 생각하는 마음을 가졌다. 「등문공장구」로 나누면 상편이 5장, 하편이 10장으로 「등문공」편은 모두 15장으로 구성되어 있다.

「이루」편도 문장의 앞부분의 '이루지명(離婁之明)'이라는 말을 그대로 따서 편명으로 하였다. 조기는 『장구』를 편집하면서 이 편에 대해 다음과 같이 풀이하였다. 예를 받드는 일을 다른 말로 설명하면 일상의 삶을 '밝게 만드는' 윤활유 역할을 한다. 따라서 『맹자』 전편 가운데, '밝게 만드는 일'에 대해서는 「이루」편이 가장 분명하게 드러냈다. 그래서 밝은 눈을 지닌 이루라는 사람의 이야기를 제3편 「등문공」에 이어서 배치한 것이다. 하지만 맹자의 편 구분이 의미상, 조기가 말한 것과 반드시 일치하지는 않는 듯하다. 가끔씩 좀 불분명한 측면이 있다. 「이루장구」로 나누면 상편이 28장, 하편이 33장으로, 「이루」편은 모두 61장으로 구성되어 있다. 다른 편에 비해 상대적으로 짧은 문장들이 많이 들어 있다. 여기에서는 내용상 유사한 장은 함께 묶어서 풀이한다. 예를 들면, 5~6장, 15~16장, 18~19장, 20~23장, 24~25장, 26~28장, 36~40장, 42~45장, 46~50장, 51~52장, 53~56장, 60~61장은 유사한 내용이거나 연결해서 보아야 내용상 맥락이 분명해진다. 이렇게 통합하여 「이루장구」 상편 19장, 하편 14장으로, 「이루」편을 전체 33장으로 재편하였다. 단, 원래 장구의 표기 번호는 재편한 장 아래에 그대로 두었다.

제5편 만장 ── **299**

「만장」편도 문장의 앞부분에 '만장문왈(萬章問曰)'이라는 말을 그대로 따서 편명으로 하였다. 이 편은 대부분이 맹자가 제자인 만장과 문답한 것으로 이루어져 있다. 만장 이외의 인물과 대화한 것은 4장의 함구몽, 11장의 북궁기, 18장의 제나라 선왕 정도다. 특히 순임금의 효도를 비롯하여 옛날 훌륭한 인물들의 행실에 관한 내용이 많다. 조기는 『장구』를 편집하면서 이 편에 대해 다음과 같이 풀이하였다. "명석한 사람의 행실은 분명하게 밝혀야 한다. 사람의 행실 중에는 효보다 더 큰 것이 없다. 때문에 제4편 「이루」에 이어 이 편을 두었고, 순임금이 밭에 나가 울부짖은 것을 묻게 한 것이다. 만장이 맹자에게 순임금의 효(孝)에 대해 물은 것은 『논어』에서 안회가 인(仁)에 대해 물은 것과 같다. 그래서 그 이름으로 편명을 붙인 것이다." 「만장장구」로 나누면 상편이 9장, 하편이 9장으로 「만장」편은 모두 18장으로 구성되어 있다. 다른 편에 비해 상대적으로 짧은 문장들이 많이 들어 있다.

제6편 고자 ── **359**

「고자」편도 문장의 앞부분에 '고자왈(告子曰)'이라는 말을 그대로 따서 편명으로 하였다. 이 편은 고자와 인간의 본성에 관한 논쟁이 주요 부분을 이루고 있다. 흔히 말하는 성선설, 선단론(善端論)이 제시되어 있고, 아름다운 말과 명언명구, 수양과 교육을 통한 인간의 공부론도 담겨 있다. 조기는 『장구』를 편집하면서, 이 편에 대해 다음과 같이 풀이하였다. "효도의 근본은 본성과 정감에 있다. 따라서 「고자」편을 「만장」편 다음에 두어 본성과 감정을 논의한 것이다." 이 편에서는 특히 인간의 마음과 본성, 감정 등 형이하학적으로 파악하기 힘든 문제들을 논의하고 있으므로, 정치나 제도를 논의하는 편에 비해서는 이해하는 데 까다로울 수 있다. 하지만 맹자를 심학이라고도 하듯이, 맹자의 사상에서 심성론이 매우 중합을 고려할 때 눈여겨볼 필요가 있다. 「고자장구」로 나누면 상편이 20장, 하편이 16장으로 「고자」편은 모두 36장으로 구성되어 있다. 여기에서는 내용상 유사한 장을 과감하게 함께 묶어서 풀이한다. 예를 들면 1~4장, 5~6장, 7~8장, 9~10장, 11~14장, 15~20장, 22~23장, 24~26장, 27~29장, 30~32장, 33~36장은 유사한 내용이거나 연결해서 보아야 내용상 맥락이 분명해진다. 이렇게 통합하여 「고자장구」 상편 6장, 하편 6장으로 「고자」편을 전체 12장으로 재편하였다. 단 원래 장구의 표기 번호는 그대로 두었다.

제7편 진심 —— 413

「진심」편은 맹자의 마지막 편이다. 「진심」도 문장의 앞부분에 '진기심자(盡其心者)'라는 말에서 '진심'을 두 글자를 따서 편명으로 하였다. 이 편은 인간의 품성 도야, 자질 향상 등 수양이나 교육과 관련된 내용이 많다. 그러다 보니 심오한 예지, 고매한 인격의 발로 등 수련의 극치가 곳곳에서 발견된다. 조기는 『장구』를 편집하면서, 이 편에 대해 다음과 같이 풀이하였다. "인간의 감정과 본성은 안에 있고 마음에 의해 주관된다. 따라서 「고자」 다음에 「진심」을 둔 것이다. 사람이 자기의 마음을 다하면, 우주 자연의 질서와 통하고, 그렇게 되면 인간의 길이 무엇인지 통달하게 된다. 따라서 『맹자』를 「진심」편으로 끝낸 것이다." 「진심장구」는 상하를 합쳐 모두 84장인데, 맹자 전편을 통틀어 가장 많은 장이며, 그 문장이 간결하다. 짧은 구절인 만큼 명언명구가 많고 의미심장하다. 상편이 46장, 하편이 38장으로 「진심」편은 모두 84장으로 구성되어 있다. 여기에서는 내용상 유사한 장은 함께 묶어서 풀이한다. 예를 들면, 1~7장, 8~14장, 15~18장, 19~25장, 26~35장, 36~46장, 47~54장, 55~59장, 60~66장, 67~76장, 77~79장, 80~83장은 유사한 내용이거나 연결해서 보아야 내용상 맥락이 분명해진다. 이렇게 통합하여 「진심장구」 상편 6장, 하편 7장으로, 「진심」편을 전체 13장으로 재편하였다. 단 원래 장구의 표기 번호는 재편한 장 아래에 그대로 두었다.

1부 맹자라는 사람 그리고 『맹자』라는 책

중국 역사에서 『맹자』에 관한 권위 있는 저술은 후한 말기의 학자인 조기(109~201)가 쓴 『맹자장구』와 남송 때 주희(1130~1200)가 쓴 『맹자집주』를 꼽을 수 있다. 조기는 『맹자』 7편을 각각 상하로 나누어 주를 달고 『맹자장구』 14권을 저술하였고, 주자는 여러 학자들의 주석을 모아 장구로 나누어 『맹자집주』를 저술하였다. 여기에서는 맹자의 생애와 사상, 그리고 『맹자』라는 책의 특성을 이해하기 위해 사마천의 『사기』 「맹자순경열전」, 조기의 『맹자장구』 서문에 해당하는 「제사」, 주자의 『맹자집주』 「서설」을 풀이하여 간략하게 소개한다.

1. 유세의 한계와 저술에의 몰두

사마천의 『사기』 「맹자순경열전」에는 다음과 같이 기록되어 있다.

"맹자의 말은 현실성이 떨어진다! 뭔 희한한 소리를 하는지. 지금이 어떤 시대인데, 이 난세에 도덕 정치인가?"

맹자는 주변의 수많은 정치 지도자에게 기본 덕망을 갖추고 정치를 제대로 하라고 달래며 조언하였다. 하지만 유세 결과는 참담했다. 아무도 자신의 말을 귀담아듣지 않았다. 그러자 결국 제자들과 함께 교육과 저술의 길로 들어선다. 마치 자신의 저술이 후대에 빛날 것을 예측이라도 하듯이.

사마천이 말하였다.

"나는 일찍이 『맹자』를 읽다가, 양나라 혜왕이 맹자에게 '어떻게 하면 나라를 이롭게 할 수 있겠습니까?'라고 질문하는 대목에서 책을 덮었다.

그리고 깊이 탄식하였다. 왜냐하면 개인의 이익을 챙기는 것, 사리사욕 문제 때문이었다.

'아! 개인의 이익만을 챙기려는 저런 심보야말로, 정말이지 이 세상을 혼란스럽게 만드는 시발점이구나!'"

이런 점에서 공자는 개인의 욕심을 통해 얻으려는 이익에 대해서 거의 말하지 않았다. 어쩔 수 없이 이익에 대해 말해야 하는 경우에는 반드시 운명이나 덕망과 결부시켜 말하였다. 이는 다름 아닌 세상이 혼란해지는 근본 원인을 막기 위해서였다. 그것은 『논어』「리인」에서 '지나치게 이익을 추구하면 원망이 많아진다.'라는 언명으로 표출되었다.

위로는 최고지도자로부터 아래로는 일반 사람들에게 이르기까지, 사리사욕에 가득 찬 개인이 이익 추구만을 좋아한다면 거기에서 생긴 폐해가 어찌 다르겠는가!

맹자는 추나라 사람으로 공자의 손자인 자사의 문인에게서 배웠다. 학문의 길이 무엇인지 어느 정도 깨우친 다음, 제나라 선왕을 섬기려 하였으나 써 주지 않자 양나라로 갔다. 그러나 양나라 실권자인 혜왕은 맹자가 말하는 것을 거의 믿지 않았다. 왜냐하면 맹자의 조언이 현실과 너무 동떨어져 당시의 실제 상황과 맞지 않는다고 생각했기 때문이다.

당시는 영웅호걸들이 서로 힘겨루기하며 패권을 다투던 이른바 전국시대였다. 진나라는 상앙을 등용하여 부국강병에 힘쓰고, 오기를 등용한 초나라와 위나라는 전쟁에서 승리하며 한창 적군들의 기세를 꺾고 있었다. 또 제나라의 선왕은 손빈과 전기를 기용하여 주변의 작은 나라의 지도자들에게 동쪽에 있는 제나라에 조공을 바치게 하였다. 이렇듯 세상은 바야흐로 합종연횡이 빈번했다. 그리고 다른 나라를 공격하여 땅을 차지하는 공격과 정벌이 현명한 일이자 정당하게 여겨지던 시절이었다.

그럼에도 불구하고 맹자는 오로지 요임금이나 순임금, 하·은·주의 최고지도자가 지닌 덕망을 지닐 것을 강변하였다. 흔히 말하는 유교의 덕치나 왕도정치를 주창하였다. 난세에는 이런 덕치가 잘 통하지 않는다. 때문에 당시 대부분의 정치 지도자들은 맹자의 조언이 시세의 요구와 멀다고 느꼈다. 맹자의 유세는 어디에서도 받아들여지지 않았다.

맹자는 하는 수 없이 정치 지도자에게 유세하는 일을 그만두었다. 현실 정치에 제대로 참여하지 못하고 실패를 거듭 맛보았던 상황에서 당시 맹자가 선택한 삶은 공자의 말년과 유사하였다. 수제자인 만장을 비롯하여 여러 제자들과 『시경』, 『서경』 등을 강의하여 서술하고, 공자가 지향하던 사상을 다양한 차원에서 확대하여 『맹자』 7편을 저술하였다.

2. 빈곤한 어린 시절

조기는 『맹자장구』를 짓고 주석을 하며 「맹자제사」를 썼다. 「맹자제사」는 『맹자』에 담긴 요지와 문장의 특색을 검토하기 위하여 쓴 글이다. 거기에 다음과 같은 기록이 있다.

『맹자』는 맹자가 지은 책인데, 각 편의 제목은 「양혜왕」, 「공손추」, 「등문공」 등 그 나름대로의 명칭이 있다. 맹자는 추나라 사람이다. 그의 이름은 '가난하고 불우하다.'라고 하여 '가(軻)'라고 하였다. 맹가(孟軻)! 그 이름 자체만으로도 가난의 상징이었다. 쉽게 드러나지는 않지만 그것이 그의 사상을 가로지르는 척도는 아닌지 모르겠다. 맹자의 자(字)는 자거(子車), 자거(子居), 또는 자여(子輿) 등 여러 가지가 전해지지만 정확하게 무엇인지 잘 모른다.

맹자의 고향인 추나라는 본래 춘추시대에는 주자(邾子)의 나라였다. 맹자 때에 와서 나라 이름을 추라고 고쳤다. 추나라는 공자의 고국인 노나라와 가까이 있었는데 나중에 노나라와 병합되었다. 어떤 사람은 주자의 나라가 초나라에 병합된 것이지 노나라에 병합된 것이 아니라고도 한다. 어쨌든 현재 산동성에 있는 추현이 그곳이다.

어떤 사람은 맹자의 출신을 이렇게도 말한다.

"맹자는 노나라의 공족인 맹손씨의 후손이다."

노나라의 공족은 노나라 환공으로부터 시작한다. 노나라 환공에게는 네 명의 자식이 있었다. 그 중 장자인 동은 장공이 되었고, 둘째 아들인 경보는 중손씨로 나중에 맹손씨가 되었다. 셋째 아들인 숙아는 숙손씨가 되었고, 넷째 아들인 계우는 계손씨가 되었다. 장공 이외의 맹손, 숙손, 계손씨를 이른바 환공의 자식이라고 하여 삼환씨라고 한다. 이들은 노나라의 권세가로서 엄청난 세력을 누렸다. 『논어』를 비롯한 여러 경전에 이들 삼환씨의 행적에 대한 기록이 많이 나오는 이유도 그들이 노나라의 권문세가이기 때문이다.

맹자는 이 중에서 맹손씨의 후손이다. 그래서 맹자가 제나라에서 벼슬을 하다가 모친이 세상을 떠나자 당시 풍습에 따라 선조들의 묘소가 있는 노나라로 돌아가 장례를 지냈다고 전한다. 그 후 삼환의 후손들은 그 세력이 미미해져 서로 분산하여 다른 나라로 갔다고 한다.

맹자는 태어나면서부터 훌륭한 소질을 지니고 있었다. 그러나 너무나 일찍이 아버지를 잃었다. 청나라 때 주광업의 『맹자출처시지고』에 의하면 맹자가 세 살 때 아버지가 세상을 떠났다고도 하지만 확실하지는 않다. 맹자의 아버지는 맹격(孟激)이고 자는 공의(公宜)인데, 장씨(仉氏)를 아내로 얻었다."라고 되어 있지만 이 또한 정확하지는 않다. 이 기록이 정확하다면 맹자의 어머니는 장씨다.

추측컨대, 맹자가 아주 어렸을 때 아버지가 세상을 떠난 듯하다. 그리고 맹자의 집안은 어머니가 일구어 갔던 것 같다. 삼천지교(三遷之教)로 유명하듯이 맹자의 어머니는 세 곳이나 거처를 옮겨 가며 자식교육에 힘썼다.

3. 유년기의 교육, 맹모삼천지교와 맹모단기

잘 알려져 있듯이 맹자의 어머니는 자식 교육에 고민하고 애쓴 사람으로 전해 온다. 교육환경의 중요성을 강조하며 자식을 위해 세 번이나 생활 근거지를 옮겼다. 한나라 유향이 지은 『열녀전』「모의」〈추맹가모〉에 다음과 같은 이야기가 실려 있다.

추나라 맹가의 어머니를 맹모라 한다. 맹가와 맹모는 묘지 근처에서 살았다. 그러니까 맹가가 어려서 즐기는 놀이란 뻔하였다. 묘지에서 일어나는 일을 흉내 내며 놀았다. 죽음을 슬퍼하며 발을 구르는 의식과 시체를 매장하는 일을 흉내 내며 놀았다. 맹가의 어머니는 "이곳은 자식을 키울 만한 환경이 못 되는구나!"하고 시장 근처로 이사를 갔다. 그랬더니 거기에서 맹가는 또 시장의 풍경을 그대로 따라하며 놀았다. 물건 파는 상인들의 일을 흉내 내었던 것이다. 맹가의 어머니는 "이곳 역시 자식을 키울 만한 환경이 못 된다!" 하며 학교 근처로 다시 이사를 갔다. 그곳에서 맹가는 제기를 배열하고 예를 갖추어 나아가고 물러가는 의식을 흉내 내며 놀았다. 맹가의 어머니는 "이곳이야말로 자식을 기를 만한 환경을 갖추었구나!" 하고 그곳에 눌러 살았다.

맹가는 성장하여 지성인이 갖춰야 할 다양한 교양이 담긴 육예(六藝)를 익혀 마침내 대학자의 영예를 얻었다. 어떤 지성인이 말하였다. "맹가의 어머니는 사는 곳을 옮기면서까지 자식을 잘 가르쳤다. 『시경』에 '저 착한 양반에게 무엇을 줄 것인가.' 하는 것은 이를 두고 한 말이리라."

맹가는 학문을 닦기 위해, 어려서부터 집을 떠나 다른 지역으로 가 있었다. 그런데 어느 날 학문을 중도에 그만두고 집으로 돌아왔다. 그때 어머니는 마루에서 베를 짜고 있었다.

어머니가 물었다.

"배움이 어디까지 이르렀느냐?"

맹가가 대답하였다.

"그저 그렇습니다."

그러자 맹가의 어머니는 짜고 있던 베를 칼로 잘라 버렸다. 맹가가 흠칫하고 약간 두려움에 떨면서 물었다.

"아니, 갑자기 왜 짜던 베를 자르세요?"

어머니가 말했다.

"네가 학문을 그만둔 것은 내가 이 베를 중간에서 잘라 버린 것과 다를 바 없다. 한 사회의 지성인이란 배워서 바른 이름을 세우고, 물어서 지식을 넓혀야 한다. 그렇게 하면 차분하게 마음을 가질 수 있고, 어떤 일이 닥친다 해도 최대한 피해를 줄일 수 있다. 지금 네가 학문을 그만 둔다면 노예의 상태에서 벗어날 수 없다. 시시각각 발생하는 환란을 극복할 수 없다. 베 짜는 일을 그만둔다면 어찌 생활을 할 수 있겠느냐? 사람으로서, 여자가 생업을 포기하고 남자가 학문에 임하면서 자질 함양을 게을리한다면, 도둑이 되지 않으면 남의 심부름꾼 노릇이나 하는 소인배가 될 수밖에 다른 도리가 없다."

이를 계기로 맹가는 깊이 생각했다. 어머니의 충고는 삶의 획기적 전환을 가져 왔다. 어머니의 교훈을 두렵게 여겨 아침저녁으로 학문에 힘썼다.

이후 맹가는 공자의 손자인 자사의 문인에게서 배웠다. 어떤 사람은 공자의 증손자이자 자사의 아들인 자상에게 배웠다고도 한다. 이때 유교의 학술 사상을 연구하여 『시경』, 『서경』, 『주역』, 『예기』, 『춘추』 등 오경에 통달하였고, 특히 『시경』과 『서경』에 능통하였다고 한다. 그것은 『맹자』에서 『시경』이 35회, 『서경』이 29회나 언급되는 것을 보아도 이해할 수 있다.

어떤 지성인이 말하였다.

"맹자의 어머니는 어머니가 자식에게 어떤 역할을 해야 하는지, 그 도리를 제대로 알았다. 『시경』에서 '저 착한 양반에게 무엇을 가르칠 것인가.'라고 한 것은 이를 두고 한 말이리라."

4. 사람에 대한 예의

이런 이야기도 함께 기록되어 있다. 그것은 사람이 어떤 예의를 지키며 살아야 하는가에 대한 하나의 사례다.

맹가가 장가를 든 후의 일이다. 맹가가 방에 들어가니 부인이 방 안에서 웃옷을 벗고 있었다. 맹가가 이를 불쾌하게 여기곤 돌아서며 다시 들어가지 않았다. 부인은 시어머니에게 이 사실을 알리고 자신을 친정으로 돌려보내 주기를 청하였다.

"저는 '부부의 도리를 행할 때, 방 안에서는 문제가 되지 않는다'라고 들었습니다. 제가 방 안에 혼자 있으면서 그 예를 갖추고 있지 않았습니다. 저 사람이 그것을 보고 화를 내며 불쾌하게 생각한 것은 저를 손님으로 대하였기 때문입니다. 여자의 도리는 손님의 방에는 머무르지 않는 것입니다. 그러니 저를 제 부모가 계신 곳으로 돌려보내 주십시오."

그러자 맹가의 어머니는 맹가를 불러서 타일렀다.

"예에 따르면 문 안으로 들어가려 할 때, 방 안에 누가 있는지 없는지를 묻는 것은 경의를 표시하기 위해서다. 또 마루에 올라갈 때 인기척을 내는 것은 방 안에 있는 사람에게 누군가가 왔음을 알리기 위해서다. 그리고 방을 들어갈 때 눈길을 반드시 아래로 하는 것은 다른 사람의 허물을 보게 될까 조심해서다. 지금 네가 예를 잘 살피지 못하고, 오히려 남에게 예를 갖추지 않았다고 책망하는 것은 얼마나 잘못된 일이냐?"

어머니의 말을 듣고 맹가는 자신의 잘못을 인정하여 부인에게 사과하고 떠나지 않게 하였다.

어떤 지성인이 말하였다.

"맹가의 어머니는 예를 알 뿐만 아니라 시어머니가 갖추어야 할 도리에도 밝았다."

맹가가 제나라에 있을 때 얼굴에 근심스러워하는 기색이 있었다.

맹가의 어머니가 아들의 그런 모습을 보고 물었다.

"네 얼굴에 근심이 있는 것 같은데 무슨 일이냐?"

그러자 맹가가 대답하였다.

"아무것도 아닙니다."

그런 일이 있은 지 얼마 지나지 않은 어느 날 맹가의 어머니가 오랜만에 집에서 쉬고 있었다.

맹가가 저쪽 모퉁이에서 기둥을 끌어안고 탄식을 하고 있었다.

맹가의 어머니가 그런 광경을 보고 다시 물었다.

"전에 네 얼굴에 근심이 있는 것 같았는데, 아무것도 아니라고 하였다. 지금 또 기둥을 끌어안고 탄식하는 까닭은 무엇이냐?"

맹자가 대답하였다.

"제가 듣기로 '지성인은 자신의 능력에 맞는 자리에 나아가고 구차하게 분수에 넘치는 지위를 얻지 않는다. 그리고 상을 받았다고 해서 높은 자리를 탐내지 않는다. 또 정치가들이 들을 자세가 되어 있지 않으면 자신의 의견을 말하지 않고, 듣기는 듣되 그 의견을 운용하지 않으면 더욱이 나라에서는 벼슬하지 않는다.'고 합니다. 지금 제나라는 제대로 다스려지지 않으니 떠나기를 원합니다. 하지만 어머니께서 연로하시니 이 때문에 괴롭습니다."

그러나 맹자의 어머니가 말하였다.

"집안 살림을 하는 여자의 경우, 기본적으로 할 일이 있다. 하루 다섯 번의 먹거리에 신경 쓴다거나, 술이나 장 담그는 일을 한다거나, 시부모를 봉양하고 또 의복 짓는 일을 해야 한다. 그러므로 집안에서의 일을 열심히 할 뿐, 집 밖에서의 일에 크게 마음 쓰지 않는다.『주역』에 '집안의 음식을 장만하는 일이지, 달리 이루어야 할 일이 있지 않다.'라고 하였고,『시경』에 '나쁠 것도 없고 좋을 것도 없네. 오로지 술과 음식을 준비하는 일을 맡을 것이로다.'라고 하였다. 이것은 집안 살림을 하는 여자는 자신의 뜻대로 하는 것이 없으며, 삼종의 도가 있을 뿐이라는 말이다. 그러므로 어려서는 부모를 좇고, 출가해서는 남편을 좇으며, 남편이 죽으면 자식을 좇는 것이 기본 예의다. 지금 너는 어른이 되었고, 나는 늙었다. 너는 너의 뜻대로 행하고, 나는 나의 예의대로 행할 것이니라."

어떤 지성인이 말하였다. "맹자의 어머니는 여인의 길이 무엇인지를 알았다.『시경』에서 '얼굴은 온화하고 웃음을 띠며 화내는 일 없이 잘 가르치시네.'라고 한 것은 이를 두고 한 말이리라."

이런 모자 간의 교육적 헌신은 다음과 같은 노래로 전해 온다.

맹모여, 맹모여! 사는 곳 옮겨 가며 자식을 가르쳤고,
육예를 선택하여 세상의 이치가 사람의 큰길을 따르게 하였네.
자식의 배움이 진척되지 않자 짜던 베 끊어 그 원리를 보여 주었고,
그 자식이 드디어 큰 인재 되어 당대의 명예를 얻었네.

5. 바른 학문의 길, 유세의 실패와 저술

춘추시대가 되면서 주나라는 더욱 쇠미한 기색을 드러냈다. 그리고 전국시대가 되자 각 나라마다 이른바 합종연횡을 내세우고 무력을 써서 강성하여지기를 다투며, 서로 침략하고 쟁탈을 감행했다. 당시에는 인물을 취사선택할 때, 권모술수를 앞세우며 그에 몰두하는 자를 훌륭한 인물로 쳤다. 옛날 훌륭한 지도자의 착한 정치는 소홀하게 다루어졌고, 심지어는 무시되기 일쑤였다. 이단의 학설이 많이 나와 양주나 묵적 같이 방탕한 말로 당시의 정치 지도자들을 설복하고 대중을 현혹시키는 자가 한둘이 아니었다.

이런 상황에서 맹자는 자신의 길을 걸어갔다. 맹자는 유학의 도통인 요·순·우·탕·문왕·주공·공자의 위업이 제대로 전해지지 않아 세상에 올바른 길이 막혔다고 판단하였다. 인의가 버려지고, 아첨에 아첨이 거듭되며, 허위와 거짓이 횡행하여 세상을 어지럽히고 있는 상황을 슬프게 여겼다. 그래서 맹자는 공자가 두루 돌아다니며 세상을 근심하던 일을 본받고 이를 익혀, 마침내 유학의 방법을 가지고 정치 지도자들을 찾아다니며 사람들을 구제하려고 생각하였다. 당시의 정치 지도자들은 욕심이 나더라도 작은 일을 접어 두고 사람이 바르게 살아갈 수 있는 큰일을 도모하는 작업을 제대로 받아들이려 하지 않았다. 그것은 이미 맹자가 눈에 보이는 실패를 자처하고 있음을 예견해 준다. 대부분의 정치 지도자들이 실제로 그랬다. "맹자는 실제 현실을 몰라도 너무나 모른다. 정말이지 멍청하다!" 끝내 맹자의 유세는 받아들여지지 못했다.

맹자는 주나라가 끝나고 새로이 통일된 나라가 그것을 잇기 전인 전국시대를 살았다. 그리고 오랜 유세의 경험 결과, 요순시대의 즐겁고 광명했던 태평성대를 일으키는 것이 절대 불가능하다고 판단하였다. 뿐만 아니라 하·은·주 삼대의 여풍을 새롭게 역전시킬 수도 없다는 것도 스스로 깨달았다. 그렇게 세상을 하직하게 되고 세상에 자신이 살다가 간 흔적, 그것이 알려지지 않을 것을 부끄럽게 여겼다. 그것이 『맹자』가 나오게 된 계기다.

전국시대라는 시대의 뜨거운 맛을 본 맹자는 결심한다. '이 시대의 유세는 여기까지가 한계다. 유세로는 시대를 헤쳐갈 수 없다. 때를 기다리자.' 때문에 맹자는 세상의 법도가 될 말을 후세 사람들에게 남겨 준 것이다.

공자가 "나는 기존의 이론에다 내가 해석한 뜻을 덧붙이려고 하지만, 그것은 실제로 실천하는 데 의미를 부여하는 것만큼 심각하고 절실하지 못하다."라고 한 적이 있다. 그것을 인식한 맹자도 그랬다. 그리고 정치 지도자들을 상대로 유세하던 정치 사회의 일선에서 물러나, 똑똑한 제자 공손추, 만장 등과 저술 작업에 착수한다. 먼저 세상의 도리를 논의한 것 가운데 의심나는 것을 해설하고, 질문에 대답한 것을 정리하여 모으고, 또 세상의 법도가 되는 말을 손수 써서, 7편으로 구성된 책을 저작하였다. 그것이 모두 261장, 3만4,685자다.

『맹자』 7편은 하늘과 땅을 망라하고 온갖 사물을 헤아려 서술하였다. 그러므로 여기에는 인의의 정치와 도덕적 삶, 인간의 본성과 운명, 화복의 문제 등이 두루 실려 있다. 정치 지도자가 그것을 준수하면 나라의 번영과 평화가 오고, 부모·형제·자매가 그것을 인식하면 가문의 화락과 행복을 만들 수 있다. 지조를 지키는 사람이 그것을 본받으면 높은 절개를 숭상하고 불의에 항거할 수 있게 될 것이다.

공자가 주유천하를 하다가 위나라에서 노나라로 돌아간 후에 음악이 바로잡혔고, 아와 송이 각각 제자리를 차지하게 되었다. 그리하여 공자는『시경』을 추려 내어 정돈하고『주역』에 해설을 붙이고『춘추』를 지었다. 맹자는 제나라와 양나라에서 물러나 요임금과 순임금의 정치를 논술하여 저작을 내었다. 이것은 훌륭한 학자인 맹자가 그보다 더 훌륭한 학자인 공자의 뜻을 본받아서 저작한 것이다. 70여 명의 공자 제자들이 공자의 말을 두루 모아서『논어』를 만들었다.『논어』는 오경의 관건이고 육예의 본령이다. 맹자가 지은『맹자』는 그것을 본받았다.

위나라의 지도자 영공이 공자에게 전쟁에서 진을 치는 방법에 대해 물었을 때, 공자는 생활상의 예법인 제기를 설치하는 것으로 대답하였다. 이와 유사하게 양나라 혜왕이 나라를 이롭게 하는 것을 물었을 때, 맹자는 인의의 정치로 대답하였다. 송나라의 환퇴가 공자를 살해하려고 하자 공자는 "하늘이 이미 나에게 덕을 마련하였다."라고 말하였다. 노나라의 장창이 맹자를 훼방하여 이간시키자 맹자는 "장씨의 자식이 어찌 나에게 지도자를 만나지 못하게 할 수 있겠는가?"라고 말하였다. 그 뜻은 유사하다.『논어』와『맹자』를 비교해 보면, 이러한 사례가 많다.

6. 맹자 사후,『맹자』로 빛난 지성인의 삶

맹자가 세상을 떠난 후, 유교의 학문은 결국 버림을 받았다. 진나라 때에 이르러 경전을 태워 없애고 유학자들을 생매장하는 분서갱유(焚書

坑儒)가 발생하자, 맹자의 학맥은 자취를 감추고 거의 사라져 버렸다. 하지만 『맹자』라는 책은 제자백가 중의 한 학파로 인식되었기 때문에, 서적 자체가 완전히 불태워 없어지지는 않았다.

진나라가 망하고 한나라가 일어나자, 한나라는 진나라의 포학한 금령을 해제하였다. 그리고 인간의 윤리 도덕을 다루었던 학술을 받아들였다. 한나라 효제는 청년들에게 배움의 길을 넓혀 주려고 『논어』, 『효경』, 『맹자』, 『이아』를 전공한 박사 제도를 만들었다. 이 제도는 처음에는 어느 정도 시행되었지만, 시간이 지나면서 조금씩 희미해졌다. 그러다가 나중에는 『시경』, 『서경』, 『역경』, 『예기』, 『춘추』 등 오경에 능통한 박사 제도를 두게 되었다. 그러나 『맹자』의 경우 그 위치가 조금 달랐다. 그 내용의 폭과 깊이가 다른 경서와 달랐기에, 지금까지도 여러 경서를 풀이하는데, 『맹자』를 인용하여 고사를 밝힐 수 있어야만 박학한 학자로 인정받았다.

『맹자』는 비유를 쓰는 데에 능란했다. 글을 꾸미는 데에 박절하지 않으면서도 나타내려는 뜻은 잘 표명되어 있다.

맹자는 단호하게 말한다.

"시를 해설하는 사람은 용어 때문에 표현을 손상시키지 않고, 표현 때문에 시의 본뜻을 손상시키지 않는다. 시인의 의도에 근거하여 시의 본뜻을 미루어 알면 된다!"

이 말은 후세의 사람들에게 글 쓴 사람의 의도를 깊이 찾아서 그의 글을 풀이하도록 하려는 것이었다. 절대 단순한 시의 해설에만 적용하자는 것은 아니었다.

조기는 심각하게 말한다. 맹자 사후 500여 년 동안, 그 책을 해설한 사람들이 많이 있다. 그런데 지금 맹자를 해설하는 사람들은 간혹 부분적인 것을 끄집어내어 해설하다 보니, 그 해설이 이상하게 어그러지고 앞뒤가 맞지 않는 경우가 많다.

주자의『맹자집주』서설에 의하면,『맹자』는 후대의 학자들에게 엄청난 가치를 인정받고, 현실 정치에서도 절대적 영향력을 미쳤다.

당나라 때의 대학자 한유가 말하였다. 그것은 유학의 전통, 이른바 도통에 관한 것이다.

"요임금은 이것을 순임금에게 전하고, 순임금은 이것을 우임금에게 전하고, 우임금은 이것을 탕임금에게 전하고, 탕임금은 이것을 문왕·무왕·주공에게 전하고, 문왕·무왕·주공은 이것을 공자에게 전하고, 공자는 맹자에게 전하였다. 그런데 맹자가 죽자, 그 전함이 끊어졌다. 순자와 양웅이 맹자의 학문 전통을 약간은 취사선택 하였으나 정밀하지 못하였고, 말은 하였으나 상세하지 못하였다. 맹자는 순수하고 순수한 사람인데 비해, 순자와 양웅은 크게 보면 순수하나 약간의 단점이 있다.

공자의 학문이 크고 넓어, 문하의 제자들이 그 전체를 두루 보고 모조리 터득할 수는 없었다. 그러므로 공자 문하에서 배울 때, 제자들은 나름대로의 자질에 따라 스승 공자의 학문을 이어받았다. 이후, 제자들은 공자 문하를 떠나 여러 나라에서 서로 다르게 활동하면서 자기가 지닌 장점을 이용하여 자기 제자들에게 전수해 주었다. 그러다 보니 최초에는 공자로부터 제자로, 다시 제자에게서 제자로 전해져서, 공자의 학문 근원이 본래의 의미에서 조금씩 멀어지고, 여러 갈래의 다양한 분파로 나누어졌다.

그런데 맹자만은 공자의 손자인 자사를 스승으로 삼았다. 자사의 학문은 공자의 제자인 증자에게서 전수받은 것이므로, 공자가 세상을 떠난 후 유독 맹자의 학문 전통이 그 핵심을 얻었다. 그러므로 공자의 학문, 즉 유교의 학문 요점을 살펴보려고 하는 사람은 반드시 『맹자』로부터 시작하여야 한다."

이어서, 한유는 양웅의 의견을 들어 『맹자』의 중요성을 다시 강조하였다.

"양웅이 '옛날에 위아주의(爲我主義)를 고집하던 양주와 겸애(兼愛)를 내세우던 묵적이 유학의 정도를 막았지만, 맹자가 유교의 학문 요점을 드러내면서 그들의 학문을 물리치고 학문의 목적이 무엇인지를 훤하게 밝혀 놓았다.'라고 하였다. 양주나 묵적의 학설이 행해지면 유교의 정도가 제대로 펼쳐지지 못한다. 맹자가 아무리 훌륭한 학자일지라도 정치적 지위를 확보하지 못했기 때문에, 그의 학설은 공허한 이론에 불과하다. 더구나 현실정치에서 시행된 것이 없으니, 학설 자체가 중요하다고 한들 무슨 보탬이 있었겠는가? 그러나 그 말을 바탕으로 지금의 학자들이 아직도 공자의 학문을 구심점으로 하여 유학의 인의(仁義)사상을 중시하고, 왕도(王道)를 소중하게 여기며, 패도(覇道)를 낮은 수준의 정치로 생각하고 있다. 문제는 이것 이상도 이하도 아니라는 점이다. 유학의 핵심은, 어찌 보면 대부분 없어지고 파괴되어 제대로 전수되지 못하였다. 핵심 사상 중에서 100분의 1정도나 남아 있을까? 이를 양웅이 '훤하게 밝혀 놓았다.'라고 하였지만, 그것을 발견하긴 힘들다.

그래서 맹자가 중요하다. 맹자가 『맹자』를 저술하여 남겨 놓지 않았더라면, 우리는 사람다움의 가치를 잃고 제멋대로 살아가고 있을지도 모른다. 나는 요-순-우임금으로 전해 내려오는 유교의 도통에서 맹자의 공로가 우임금의 아래에 있지 않다고 보고 싶다."

한유는 맹자를 중국 고대 사회에서 홍수를 다스리며 사람들의 살길을 열어 태평성대를 구가한 우임금에 비견할 정도로 존중하였다. 그런 그의 의견은 한나라 이후, 맹자를 유교의 핵심 경전으로 자리매김하는 데 결정적 기여를 하였다.

이후 송나라 대에 들어서면서 주자의 스승인 정자의 『맹자』 찬양은 그 가치를 더욱 빛나게 한다.

어떤 사람이 정자에게 물었다.

"맹자도 유교 최고의 인격자라고 할 수 있습니까?"

정자가 말하였다.

"그 분을 유교 최고의 인격자라고 말할 수는 없다. 그러나 학문은 이미 최고의 경지에 이르렀다."

그리고 맹자에 대한 평가는 계속 이어진다.

"유학의 발전 역사에서 맹자의 공로는 대단히 크다. 이루 다 말할 수 없다. 공자가 사람을 사랑하는 열린 마음인 인(仁)에 대해 강조하였다면, 맹자는 거기에 올바름, 이른바 정의나 의리의 사상을 더하여 인의(仁義)를 제창하였다. 공자가 사람의 마음이 가는 곳, 즉 인간의 의지인 지(志)에 핵심을 두었다면, 맹자는 거기에다 사람의 생명력, 기를 기르는 일인 양기(養氣)에 대해 매우 중요한 의미를 부여하였다. 인의와 양기의 사상은 공자의 사유를 확대하고 시대정신을 불어 넣어 유학을 더욱 발전시킨 것이다. 이런 점에서 그의 학술사상적 공로는 엄청나다."

나아가 정자는 맹자의 사유가 성선설(性善說)과 양기설(養氣說)에서 그 이전의 유학자들의 사유를 능가한 것으로 판단한다.

"맹자가 세상에 큰 공이 있는 것은 성선을 말하였기 때문이다."

"맹자가 제기한 성선과 양기에 관한 이론은 맹자 이전의 학자들이 미처 생각지도 못했던 사유들이다."

그리고 맹자의 사유가 진흙에서 피어나는 연꽃처럼, 온갖 고초를 녹여 내며 자생적으로 드러난 사유임을 극찬한다. 우리는 정자의 시선을 눈여겨볼 필요가 있다. 그리고 유학을 공부하는 사람들은 분명하게 알아야 한다.

"배우는 사람들은 온전히 때를 알아야 한다. 때를 제대로 알지 못하면, 어떤 것을 배우건 충분하게 학문에 대해 말할 수 없다. 공자의 수제자 안회가 누추한 골목에서 스스로 즐긴 일, 즉 안빈낙도할 수 있었던 것은 공자가 있었기 때문이다. 그러나 맹자가 활동하던 시기에는 세상에 그런 사람이 존재하지 않았다. 그러므로 맹자는 아무도 없는 캄캄한 혼돈 속에서 유학의 길을 자신의 사명으로 자처하지 않을 수 없었다."

이런 점에서 맹자는 시대의 작품이다. 맹자라는 위대한 학자의 탄생은 절대 고독의 벼랑 끝에서, 그 고독을 홀로 즐기는 가운데서 이루어졌다. 고독은 자기만의 학문을 과감하게 열게 만든다.

송나라 때의 유학자 양시의 평가도 주목할 만하다.

"『맹자』에는 사람의 마음을 바로잡으려는 의도가 짙게 깔려 있다. 그러기에 사람에게 자기의 마음을 보존하고 본성을 기르며, 해이해진 마음을 차분하게 거두려고 하였다. 인(仁)·의(義)·예(禮)·지(智)를 논의하는 곳에서는 측은(惻隱)·수오(羞惡)·사양(辭讓)·시비(是非)의 마음을 그 실마리로 삼았고, 유교의 학문과 배치되는 이단이나 부정한 학설은 그 폐해가 '개인의 마음에서 생겨나 사회의 모든 일에 해를 끼친다.'라고 할 정도였다. 정치 지도자의 자질에 관한 논의에서는 '지도자의 마음이 그릇되는 것을 바로잡는 것을 급선무로 보고, 지도자의 마음을 바로잡아야 나라가 제대로 다스려진다.'라고 하였다. 이처럼 마음을 어떻게 가지느냐의 문제로 세상의 모든 일을 말하였다. 사람이 마음을 바르게 한다면, 어떤 일이건 특별히 할 것이 없다. 『대학』의 수신(修身)·제가(齊家)·치국(治國)·평천하(平天下)도 그 근본은 마음을 바르게 하고 뜻을 성실하게 하는 작업일 뿐이다. 그러므로 사람이 마음 자세를 올바르게 가지면, 본성이 왜 선한지를 간파할 수 있다. 맹자가 사람을 만날 때마다 성선을 말한 이유도 여기에 있다.

맹자는 사람의 본성을 넘어 이론을 설정하지 않는다. 사람의 본성, 인성 위에 어떤 일도 더하지 않았다. 아니, 더할 수 없다. 요임금과 순임금이 온 세상의 모범이 되는 이유도 간단하다. 바로 이 착한 본성을 따라 정치를 실천했을 뿐이다. 이른바 '본성을 따른다!'라는 말은 '우주 자연의 이치'를 그대로 따르는 것이다. 자연의 질서를 초월하여 특별한 계책을 쓰고 술수를 부리면, 설령 아무리 훌륭한 업적을 이룬다고 하더라도 그것은 사람의 욕심, 욕망의 늪을 가로지르는 사리사욕일 뿐, 훌륭한 인격자나 지성인이 하는 일과는 천지 차이가 있는 것이다."

때문에 맹자의 사상을 본성의 철학이라는 점에서 인성론(人性論)이라고도 하고, 마음의 철학을 강조하는 차원에서는 심학(心學)으로 자리매김하기도 한다.

2부 『맹자』 한글 독해

『맹자』는 모두 7편으로 구성되어 있는데, 각 편의 명칭은 글의 첫머리 두 글자 또는 세 글자를 따서 만들었다. 각 편의 제목이 체계적이거나 논리적이지는 않다. 하지만 『맹자』 7편의 배열과 순서를 정할 때, 나름대로의 의도가 있었다고 판단된다.

『맹자』 7편은 조기가 각 편마다 상 · 하편으로 분류하여 『맹자장구』를 저술하여 주석을 한 후 총 14편이 되었다. 여기에서는 전체를 7편으로 제시하되 상 · 하편으로 나누지 않고 순서대로 제시한다.

제 1 편

양혜왕

맹자는 훌륭한 지도자의 모범으로 요임금과 순임금을 제시한다. 요임금과 순임금이 지도자로서 지닌 최고의 덕망은 사람을 사랑하는 열린 마음과 사람이 행해야 할 올바른 도리의 실천이다. 이러한 맹자의 가치기준으로 볼 때 「양혜왕」편에 등장하는 양혜왕, 제선왕, 추목공, 등문공, 노평공 등 전국시대 지도자들을 용납할 수 없었으리라. 따라서 자신의 저술인 『맹자』의 첫째 편에서 먼저 이런 정치를 신랄하게 비판하는 내용을 전진 배치하고 저술 의도를 과감하게 펼치는 것으로 판단된다.

「양혜왕」편은 모두 23개의 장으로 구성되어 있다. 「양혜왕」편이라고 하여, 맹자와 양혜왕과의 대화만이 기록된 것이 결코 아니다. 오히려 다른 지도자와 만난 기록이 많다. 앞에서 언급한 것처럼, 편명은 맨 앞에 나오는 글자를 따서 만들었기 때문에 '양혜왕'이 되었다.

2편의 1장부터 5장까지는 양혜왕, 6장은 양양왕의 이야기로 맹자가 위나라의 왕을 만나 조언한 내용이다. 7장부터 18장까지는 위나라 왕이 아니라 제나라 선왕과의 대화 내용이다. 19장은 추나라 목공과의 대화이고, 20장부터 22장은 등나라 문공과의 대화다. 마지막 23장은 노나라 평공이 등장하지만 맹자와 만나지 못했기에 대화 내용은 없다. 맹자는 그 만남을 천운으로 돌리면서 제1편을 마무리한다.

1. 왜 개인의 이익만을 말하는가?

맹자가 대량 땅에 수도를 정하고 분수에 넘치게 멋대로 최고지도자라고 사칭한 위나라 제후 영을 만났다. 이 영의 시호가 혜이기에, 그를 양나라의 혜왕, 이른바 '양혜왕'이라고 한다.

혜왕이 말하였다.

"노인께서는 천리 길을 멀다 않고 내 나라에 오셨습니다. 앞으로 어떻게 하면 내 나라에 이익을 줄 수 있을지, 한 말씀 해 주시지요?"

그러자 맹자가 대답하였다.

"당신께서는 어째서 내 나라에 이익이 있을 방도만을 말하시는지요? 지금 당장 지도자에게 중요한 것은 사람들에게 훌륭한 정치를 베푸는 일입니다. 최고지도자인 왕이 윗자리에 앉아 '어떻게 하면 내 나라에 이익이 있을까?' 하고 욕심을 내면, 중간급 지도자인 대부들은 '어떻게 하

면 내 집안에 이익이 있을까?' 하고 욕심을 부리겠지요? 그렇게 되면 그
아래에 있는 하급관리인 사(士)나 서민들의 행동은 불을 보듯 뻔합니다.
'어떻게 하면 나에게 이익이 있을까?' 최고지도자에서 서민에 이르기까
지 윗사람과 아랫사람이 서로 자기의 이익만을 취한다면 나라가 어떻게
될까요? 혼란과 갈등, 반목이 일어나 위태로워지지 않겠습니까?

전차 1만 대를 동원할 수 있을 정도의 큰 나라에서 그 최고지도자인
군주를 시해하는 자는 반드시 전차 1,000대 가진 그 다음 고위급 지도
자인 공경의 가문일 것입니다. 전차 1,000대를 동원할 수 있을 정도의
고위급 지도자 가문에서 그 최고지도자를 시해하는 자는 반드시 전차
100대를 동원할 수 있는 중간급 지도자의 가문일 것입니다. 전차 1만
대를 동원할 수 있을 정도의 큰 나라가 전차 1,000대를 동원할 수 있을
정도의 나라를 흡수하고, 전차 1,000대를 동원할 수 있을 정도의 나라
가 전차 100대를 동원할 수 있을 정도의 조그마한 가문을 흡수하는 일
은 흔합니다.

하지만 올바른 도리를 먼저 생각하지 않고 개인의 이익만을 앞서 추
구하면 무엇을 하건 모두 빼앗지 않고서는 만족할 수 없게 됩니다. 열린
마음을 지닌 자식치고 그 부모를 홀대하는 자는 없습니다. 올바른 도리
를 지니고 있으면서 그 지도자를 소홀히 대접하는 자도 없지요. 당신께
서는 사람들을 사랑하는 열린 마음과 올바른 도리를 신중하게 말해야
합니다. 어찌 이익이 되는 것이 무엇인지 그리 욕심을 부리며 말씀하시
는지요?"

이 장은 『맹자』의 맨 첫 번째 장이다. 따라서 『맹자』라는 저작의 전반

적인 특징이 무엇이고, 맹자가 가장 하고 싶어 하는 말이 무엇인지를 암시한다. 그것은 정치 지도자가 갖추어야 할 리더십의 핵심이다. 사람을 사랑하는 열린 마음과 사람이 행해야 할 올바른 도리의 실천! 즉 '인의(仁義)'의 직접적 실행이다. 이와 반대로 문제는 혜왕이 개인적으로 나라의 이익에 필요한 것을 추구하는 데 있었다. 이른바 사리사욕을 앞세운 것이다.

맹자가 혜왕을 만난 것은 혜왕 35년, 그러니까 혜왕이 죽기 1년 전이므로 거의 말년이다. 혜왕은 36년 간 재위하였는데, 맹자를 만났을 때 이미 35년이 넘는 기간을 지도자의 자리에서 정치를 시행했으면서도, 그때까지 맹자가 추구하는 인의의 정치가 아니라 사리사욕에 사로잡혀 있었다. 맹자가 볼 때, 너무나 답답한 형국이 연출되고 있었던 것이다.

조기는 『장구』에서 이 장을 '나라를 다스리는 도리'에 대해 말한 것으로 보고, 맹자가 그 포인트를 인의에 두었다고 보았다. 그리고 무엇보다도 공동체를 인도하는 지도자와 구성원 사이의 호응과 화합을 강조하였다.

주자는 인의의 실천과 개인의 이익 추구를 대척점에 놓고 이해한다. 인의는 우주 자연의 질서가 공평무사하듯이 사람들이 본래부터 마음에 지니고 있는 것이며 그것에 뿌리박고 있다. 반면 개인이 이익을 추구하는 마음은 인간의 사리사욕에서 발생한다. 사람의 착한 마음이나 공평무사한 자연의 이치에 따르면, 억지로 이익을 구하지 않아도 저절로 이익이 찾아든다. 그러나 사리사욕을 지나치게 추구하면 이익을 구하려고 해도 제대로 이익을 얻지 못할 뿐만 아니라 오히려 해로움이 미치기 쉽다. 그것은 사람이 살아가는 데 올바르고 합당한 도리가 아니다! 이것이 맹자가 글의 첫머리에 내세운 깊은 뜻이다. 때문에 배우는 사람들은 이 지점을 제대로 살피고 분별해야 한다고 설명한다.

2. 사람들과 함께 즐기라

맹자가 양혜왕을 연못가에서 만났다. 그때 혜왕이 연못 주위에 노닐던 거위와 사슴 등을 보면서 말하였다.

"뛰어난 재주나 훌륭한 인품을 지닌 사람도, 나처럼 연못 주위를 산책하며 거위나 사슴 등을 보면서 즐길 줄 압니까?"

맹자가 대답하였다.

"뛰어난 재주나 훌륭한 인품을 지닌 사람이 된 다음에야, 이런 주변의 경관을 보고 즐길 수 있습니다. 둔하고 멍청한 사람은 이런 것을 아무리 많이 가지고 있어도 즐길 줄 모르지요.

『시경』「대아」〈영대〉에 다음과 같은 노래가 있어요.

'나라의 정치를 상징하는 관청을 기획하기 시작하여 그 규모를 헤아리고 둘레에 표하시니, 사람들이 와서 일하여 며칠 지나지 않아 완성되었도다. 관청 터를 재어 보며 서둘지 말라고 하였으나 아버지의 일을 위해 자식이 달려오듯 사람들이 몰려들도다. 왕이 관청의 정원에 계시니, 사슴들이 그곳에 가만히 엎드려 있도다. 사슴들은 반지르르 윤기가 돌고, 백조는 희고도 희도다. 왕이 관청의 연못에 계시니. 아! 연못에 가득히 고기들이 뛰노는구나!'

이는 주나라 문왕이 사람의 힘을 이용하여 정치를 실시할 관청을 만들고 연못을 만들었는데, 사람들이 그것을 즐거워하는 모습을 찬미한 노래입니다. 사람들은 그 관청을 '영대'라 하고, 그 연못을 '영소'라 하였어요. 신령스러운 곳으로 존경을 표하였지요. 그뿐 아니라 문왕이 사슴과 물고기와 자라를 소유하며 즐기는 것을 더더욱 좋아했어요. 옛날 지도자들은 사람들과 더불어 함께 즐겼기 때문에 그런 것들을 모두 제대로 즐길 수 있었습니다.

그런데 『서경』 「탕서」에서 하나라 말기의 포악한 임금인 걸이 '이 해가 언제나 없어질고? 내 너와 더불어 망하겠다!'라고 하였지요? 얼마나 못난 지도자였으면, 지도자가 자기의 국민들과 함께 망하고 싶은 마음을 담았겠어요. 이런 정치 지도자와 국민의 관계라면 넓은 땅이 있고 아무리 많은 짐승을 소유한다고 한들, 지도자가 저 홀로 어찌 즐거워할 수 있겠습니까?"

혜왕에 대한 맹자의 비판이 계속되는 장면이다. 요점은 정치 지도자가 한 사회 공동체의 일원으로서 국민들과 함께 즐겨야 한다는 것이다. 즉 국민과 더불어 살고 함께 즐기는 것이 뛰어난 재주와 덕행을 지닌 지도자의 길임을 설파한 대목으로, 맹자의 민본주의 정신이 두드러진다.

조기의 『장구』에는 이 장에 대해, "최고지도자의 덕망은 국민들과 함께 즐기는 것으로, 그 은혜가 짐승에게도 미치므로 국민들이 그들의 지도자를 기꺼이 받들고 평화로운 세상을 열게 된다. 반대로 포악한 지도자는 국민이 원망하므로 나라가 곧 망하게 된다."라고 하였다.

주자는 『시경』의 인용에서 '훌륭한 지도자가 된 후에 더불어 즐길 수 있음'을 주나라 문왕의 사람에 대한 사랑으로 증명한 것이고, 『서경』의 인용에서 '포악한 지도자는 많은 것을 지니고 있어도 제대로 즐기지 못함'을 하나라 걸임금의 사례를 들어 밝혔다. 최고지도자, 혹은 사회지도층이 저 홀로 즐기고, 관련되는 사람들을 보살피지 않으면 그 즐거움을 지킬 수 없다는 말이다.

3. 세월을 핑계대지 말라

양혜왕이 말하였다.

"나는 어떻게 하면 우리나라에 훌륭한 정치를 베풀 수 있을지 마음을 다하고 있어요. 하내 지방에 흉년이 들면 거기에 사는 사람들을 하동 지방으로 이주시키고, 하동 지방의 곡식을 하내 지방으로 옮깁니다. 하동 지방에 흉년이 들면 똑같은 방식으로 하고 있습니다. 이웃 나라의 정치를 살펴보아도, 나처럼 국민들의 삶에 마음을 쓰는 지도자가 없는 것 같은데, 이웃나라에서 우리나라에 전입하는 인구가 많아지지 않는 것은 어째서 그렇습니까?"

맹자가 대답하였다.

"당신께서 전쟁을 좋아하시니, 전쟁으로 비유하여 말씀드리지요. 전쟁을 시작할 때, 둥-둥-둥 하며 북을 쳐서 공격을 하지요. 그러면 아군과 적군이 창과 칼을 휘두르며 서로 전투를 벌입니다. 한참을 싸운 후 전투에서 힘이 밀리면 갑옷을 버리고 혹은 병장기를 끌고 도망갈 수가 있습니다. 어떤 병사는 100걸음을 도망간 뒤에 멈추고, 어떤 병사는 50걸음을 도망간 뒤에 멈추었습니다. 그런데 50걸음을 도망가다 멈춘 병사가 100걸음을 도망가서 멈춘 병사에게 비겁하게 너무 멀리 도망갔다고 비웃는다면 어떠하겠습니까?"

혜왕이 말하였다.

"그렇게 말하면 안 되지요. 50걸음을 도망간 병사는 100걸음을 도망간 것이 아닐 뿐이지, 도망간 것은 마찬가지 아닙니까?"

맹자가 말하였다.

"당신께서 이 '오십보백보'의 이치를 안다면, 절대 국민의 인구수가 이웃나라보다 많아지기를 바라지 마십시오.

농사짓는 때를 놓치지 않고 제대로 농사를 하게 되면, 풍년이 들어 곡식이 풍족하게 되겠지요? 물고기 씨가 마를 정도로 촘촘한 그물을 연못에 넣어 물고기를 잡지만 않는다면, 연못에 사는 물고기와 자라 등을 풍족하게 먹을 수 있겠지요? 산에서 나무를 벨 때도, 나무가 상당히 자란 후에 산에 들어가 베게 되면, 목재가 풍족하겠지요? 곡식, 물고기, 목재 등 사람이 살아가는 데 필요한 양식이 풍족하면, 사람들이 살아 있을 때는 먹고사는 데 걱정이 없고, 초상이 났을 때도 장례를 제대로 치를 수 있게 되겠지요? 살아 있을 때 먹고사는 데 걱정 없게 하고, 초상이 났을 때 장례 치르는 데 섭섭하지 않게 하는 일, 이것이 정치 지도자로서 가장 먼저 해야 할 일이며, 좋은 정치의 시작입니다. 그것이 이른바 내가 끊임없이 주장하는 '왕도'입니다.

200평에서 300평 정도의 택지 주변에 뽕나무를 심어 누에고치를 생산하면 50세 이상의 어른이 비단옷을 입을 수 있어요. 개나 돼지, 닭과 같은 가축을 기르면서 때를 놓치지 않고 새끼를 낳아 그 수를 불리면, 70세 이상의 어른이 고기를 먹을 수 있어요. 5,000여 평의 토지에 농사짓는 때를 놓치지 않고 제대로 농사를 하게 되면, 수명의 식구를 가진 가족이 먹고살 수 있어요. 학교 교육을 제대로 실시하여 부모에게 효도하고 어른을 공경하며, 형제자매와 친구 사이의 우애를 강조하며 윤리 도덕을 가르친다면, 노약자들이 길에서 무거운 짐을 이거나 지고 다니지 않을 것입니다. 70대 어른들이 비단옷을 입고 고기를 먹으며, 젊은 사람들이 굶주리거나 춥지 않게 살도록 복지 혜택을 주었는데, 정치 지도자로서 성공하지 못한 사람은 아직까지 보지 못했습니다.

풍년으로 곡식이 너무 흔하여 개나 돼지가 사람 먹을 양식을 먹고 있는 지경인데도 그것을 단속할 줄 모르고, 흉년과 기근으로 길에 굶어 죽은 시체가 있어도 나라에서 비축해 놓은 곡식 창고를 열어 먹일 줄을 모른다고 합시다. 그런데 더욱 기가 막히는 일은 사람들이 굶어 죽으면 '내가 그렇게 한 것이 아니다. 흉년이나 기근 때문이다. 세월 탓이다.'라고 합니다. 이는 전쟁을 일으켜 놓고 사람을 찔러 죽이고는 '내가 그렇게 한 것이 아니다. 전투에서 사용한 창과 칼 때문이다.'라고 말하는 것과 다르지 않습니다. 왕께서는 흉년 든 세월이나 병장기로 핑계를 대지 마세요. 그러면 온 세상 사람들이 왕의 나라 국민이 되고 싶어, 왕의 나라로 찾아올 것입니다."

이 장은 맹자 정치사상의 기본이 담겨 있다. 왕도(王道)로 표현되는 맹자의 정치는 기본적으로 민생의 안정이다. 민생의 안정은 정치 지도자의 사회적 책무성이다. 지도자는 자신의 무능함이나 과오, 실수에 대해 진지하게 성찰해야 한다. 그렇지 않고 자신의 지위나 권력에 편승하여 국민을 대수롭지 않게 여기고 미봉책으로 정치 행위를 하며 국민들에게 복지 정책을 펴는 것처럼 행동해서는 안 됨을 지적한 대목이다.

조기의 『장구』에는 국민들의 마음을 헤아리고 예의를 다하여 그들을 이끌어 주면서도, 자기 스스로 수시로 성찰하며 곤란에 빠지거나 궁핍한 사람을 불쌍히 여기는 것이 정치의 기초라고 보았다. 그렇게 되면 그런 지도자를 믿고 사람이 모여들게 마련이다.

맹자가 활동할 때는 이른바 전국칠웅이 패권을 다투던 시기였고, 국민들이 도탄에 빠진 지 오래되었다. 때문에 정치 지도자들이 조금만 신경을 쓰면 충분히 국민들의 마음을 사로잡고, 먹고살 수 있을 정도의 훌륭한 정치를 할 수 있었다. 때문에 맹자가 혜왕에게 심각하게 권고한 것이다.

4. 칼로 베어 죽일까? 포악한 정치로 죽일까?

양혜왕이 말하였다.

"당신의 조언을 조금 더 듣고 싶습니다."

맹자가 다시 말을 이어 나갔다.

"사람을 죽인다고 가정해 봅시다. 몽둥이로 때려죽이는 것과 칼로 베어 죽이는 것에 차이가 있나요?"

혜왕이 말하였다.

"뭐, 큰 차이가 없는 것 같습니다."

맹자가 다그쳐 물었다.

"칼로 베어 죽이는 것과 정치를 포악하게 하여 사람을 죽이는 것에 차이가 있습니까?"

혜왕이 말하였다.

"그것도 뭐 그리, 큰 차이가 없는 것 같네요."

맹자가 말하였다.

"지도자가 이용하는 주방에는 실컷 먹고도 남을 만큼의 살찐 고기가 있고, 마구간에는 살찐 말이 있습니다. 그런데 국민들은 먹지를 못해 굶주린 기색이 역력합니다. 들판에는 굶어 죽은 시체가 나뒹굴고 있고요. 이것은 사람들에게서 세금으로 거둬들인 곡식을 짐승들에게 먹여 살찌우고, 사람들은 오히려 굶주려 죽게 된 상황입니다. 그러니 짐승을 몰아다가 사람을 잡아먹게 한 것이나 다름없어요. 짐승끼리 서로 잡아먹는 것도 문제인데, 정치 지도자가 되어 정치를 하면서 짐승을 몰아다가 사람을 잡아먹게 하는 이런 상황을 막지 못한다면, 정치 지도자로서 정치하는 보람이 어디에 있겠습니까?

때문에 공자는, 나무를 깎아 사람의 형상을 만들고 죽은 사람을 매장할 때 그것을 같이 묻는 순장제도를 처음으로 행한 사람은 사람에 대한 존중감이 없는 이로 보았습니다. 그리하여 '그것을 행하는 이들의 후손의 삶이 온전하지 않으리라!'라고 하였습니다.

이처럼 사람의 형상을 만들어 산 사람처럼 여기고 그것을 죽은 사람의 장례에 사용한 사람에 대해서도 심각하게 염려하였는데, 어떻게 살아 있는 사람을 굶주려 죽게 내버려 둔단 말입니까?"

앞 장에 이어서 정치의 기본을 강조하였다. 특히 정치 지도자가 국민에 대한 포학한 정치를 즉시 버리고 시급히 국민을 사랑하는 정치를 베풀기를 권하였다. 극단적 폭정과 학정, 파쇼 정치에 대한 일종의 고발이라고 할 수 있다.

공자의 말에서 언급한, '나무를 깎아 사람의 형상을 만드는 사람'은 장사를 지낼 때 쓰는 나무 허수아비를 만드는 사람이다. 옛날에 장사를 지낼 때, 풀단을 묶어 사람의 형상을 만들어 상여를 호위하게 하였는데, 대체적으로 그 모습이 인형과 유사하였다. 시대가 지난 후에 이 인형의 재질을 풀에서 나무로 바꾸었는데, 인형의 얼굴과 눈이 움직일 수 있도록 만들었기에 사람과 더욱 닮은 인형이 되었다. 그러므로 공자가 그런 행위가 옳지 않다고 여기며 이것을 처음 만든 자는 반드시 후손이 없을 것이라고 말한 것이다. 이 사례를 들어, 맹자가 '인형을 처음 만든 자는 사람의 형상을 장례에 썼을 뿐인데도 공자는 오히려 그것을 꺼렸다. 그렇다면 실제로 국민을 굶주려 죽게 만드는 지도자는 어떤 존재이겠느냐.'라고 심각하게 따진 것이다.

5. 합리적 형벌, 낮은 조세, 인성교육을 실천하라

양혜왕이 말하였다.

"우리 진(晉)나라가 세상에서 가장 강한 나라였던 것은 노인께서도 알지요? 그러나 나의 시대에 와서 동쪽으로는 제나라와 전쟁을 하면서 맏아들을 잃었고, 서쪽으로는 진(秦)나라와 전쟁을 하면서 땅 700리를 잃었으며, 남쪽으로는 초나라와 전쟁을 하면서 모욕을 당했습니다. 나는 이런 일련의 일들을 매우 부끄럽게 생각하고 있습니다. 전쟁에서 죽은 영혼들을 위해 그 치욕을 깨끗이 씻어 버리고 싶어요. 어떻게 하면 좋겠습니까?"

맹자가 대답하였다.

"땅이 사방 100리 정도로 작은 나라여도 훌륭한 정치 지도자로서 제역할을 잘할 수 있습니다. 정치 지도자는 국민을 사랑하는 열린 마음으로 정치를 실천해야 합니다. 형벌을 줄이고 세금 징수를 적게 하세요. 사람들이 농사를 비롯한 생업에 몰두하도록 하세요. 특히 젊은 사람들이 부모에게 효도하고 형제자매들과 우애 좋게 생활하며, 본분에 충실하고 주변 사람들과 신뢰를 쌓을 수 있도록 교육을 하세요. 그러면 가정에서는 부모와 형제자매가 화합하고 사회에서는 어른이나 동료들과 잘 어울릴 것입니다. 그렇게 되면, 젊은 사람들에게 병장기가 아니라 그냥 몽둥이를 만들어 준다고 해도, 견고한 갑옷과 예리한 병장기로 완전 무장한 진나라와 초나라의 군사력에 대항할 수 있을 정도의 정신력이 구비될 것입니다.

반면에 적국에서는 젊은 사람들이 농사를 비롯한 생업에 몰두하지 못하고 군대에 동원되어 그 부모를 봉양하지 못하게 하면, 부모는 추위에 떨며 얼어서 굶주리고, 형제자매나 처자식이 제각기 살기 위해 뿔뿔이 흩어져 이산가족이 될 것입니다. 이렇게 적국에서 사람들을 헤어나기 힘든 곤경에 빠뜨릴 때, 당신께서 쓰윽 가서 바로잡으면 누가 당신과 대적할 수 있겠습니까?

때문에 옛날부터 '사람을 사랑하는 열린 마음을 지닌 사람을 대적할 사람은 세상에 아무도 없다! 인자무적!'이라고 하는 것입니다.

이 늙은이의 말을 절대 의심하지 마세요!"

맹자의 조언을 구하고 있지만, 혜왕의 뜻은 원한과 복수심에 불타고 있다. 반면에 맹자는 어떻게 하면 사람들을 제대로 구제할 수 있을지, 국민 복지에 관심을 둔다.

이 장에서 혜왕이 자기 나라를 진(晉)나라로 표현한 이유가 있다. 혜왕이 권력을 잡고 있는 위나라는, 본래 진(晉)나라 지도자였던 위사가 한씨·조씨와 더불어 진나라 땅을 나누어서 셋으로 나누어 삼진이라 하고 그 하나를 차지한 것이다. 삼진 중에서 위나라가 가장 강하였는데 이런 전통 때문에, 혜왕이 아직도 자기 나라를 진이라고 말한 것이다.

혜왕은 여러 차례 전쟁에서 패하여 곤욕을 치렀다. 17년, 위나라는 진(秦)나라에게 소량 땅을 탈취당하였고, 30년에는 제나라에게 공격을 당하여 태자 신이 포로로 잡혔다 죽었다. 31년에는 조·제·진 3국 연합군의 공격을 받아 패전하며 여러 번 땅을 내놓았다. 그런 땅의 면적이 대략 700리 정도 되었다.

혜왕에게 권고하며 맹자가 강조하는 인정의 핵심 조목은 '형벌'을 합리적으로 처리하고 '세금' 징수를 줄이는 것으로 요약된다. 현대적으로 보면 법률과 조세 문제다. 그리고 거기에 사람들의 윤리·도덕·가치의 고양이 보태어진다. 크게 보면 정치와 경제, 교육의 문제로 귀결된다.

6. 사람을 죽이지 말라

혜왕이 죽은 후, 혜왕의 아들 혁이 그 자리를 물려받았다. 시호가 양이기에 그를 양왕이라 부른다. 맹자가 그 양양왕을 만나 보고, 궁궐에서 나와 사람들에게 말하였다.

"아! 먼발치에서 그를 바라보았는데 지도자 같지가 않아요. 접견하러 들어간 후 가까이 다가가서 거동을 살펴보았는데도 지도자로서 두려워할 만한 위엄을 찾을 수 없었어요. 그런데 얼마나 성격이 급한지 느닷없이 갑자기 '이 천하가 어떻게 될 것 같아요?' 하고 묻더군요. 내가 '하나로 정해질 것입니다.'라고 했지요. 이어서 또 '누가 천하를 통일할 수 있나요?' 하고 묻기에, '사람 죽이기를 좋아하지 않는 지도자가 천하를 통일할 수 있습니다.'라고 대답해 주었습니다. 그랬더니 '누가 그의 편을 들어 줄 수 있겠습니까?' 하고 또 묻더라고요. 그래서 내가 이렇게 대답해 드렸습니다.

'세상에 그의 편을 들지 않는 사람이 없을 것입니다.

당신께서는 곡식의 싹을 알지요? 6월이나 7월쯤 가뭄이 닥치면 곡식의 싹은 잘 자라다 말라 들어갑니다. 그러다가 구름이 뭉게뭉게 일어나 비가 쏴아 하고 내려서 적셔 주면 곡식의 싹이 다시 푸르게 생기를 내며 뻗어 오릅니다. 이때 그런 자연의 섭리를 누가 막을 수 있겠습니까?

지금 세상의 정치 지도자 가운데 사람 죽이기를 좋아하지 않는 지도자가 없습니다. 모두 전쟁광이 되어 사람들을 죽이고 다른 나라를 침범하여 영토를 확장하는 데 혈안이 되어 있어요. 사람 죽이기를 좋아하지 않는 지도자가 나타난다면 세상 사람들이 모두 목을 길게 빼고 그를 바라보게 될 것은 분명한 사실입니다. 진정 이와 같이 해 보십시오. 사람들이 그런 지도자를 찾아오는 일이, 물이 아래로 흘러가는 모습과 흡사할 겁니다. 어떤 사람이 이런 상황을 막을 수 있겠습니까?'"

양왕은 아버지 혜왕을 이어 16년 간 재위하였다. 앞에서 언급한 것처럼, 맹자가 혜왕을 만난 것이 혜왕 35년이고, 그 후 1년 뒤에 혜왕이 죽는다. 이어서 양왕이 재위를 물려받았으므로, 맹자가 양왕을 접견한 것도 기원전 335년 전후인 이 무렵으로 추측된다. 여기서는 양왕의 성격이 급하고 지도자로서의 위엄이나 모습이 제대로 드러나지 않자, 신중하게 조언을 한 것으로 보인다.

조기의 『장구』에는 세상을 평정하는 길은 오직 한 가지, 인정뿐이라고 하였다. 사람을 죽이는 전쟁을 벌이지 않고 사람다운 삶을 구가할 수 있도록 배려하는 일이다. 사람이 삶을 좋아하고 죽음을 싫어하는 것은 인지상정이다. 때문에 지도자가 사람 죽이기를 좋아하지 않으면 세상 사람들이 기뻐하며 그를 찾아올 것은 당연한 일이다.

7. 패도를 물리치고 왕도를 실천하라!

제나라의 선왕이 물었다.

"제나라 환공과 진나라 문공이 어떤 사람들이었는지, 그들의 사적(史的)에 대해 들려 줄 수 있겠습니까?"

맹자가 대답하였다.

"공자의 제자들 중에 환공과 문공의 사적에 대해 말한 사람이 없었습니다. 때문에 후세에도 전해 내려오는 말이 없어, 저도 아직 그들의 사적에 대해 들어 본 적이 없습니다. 그 이야기 이외에 다른 이야기를 계속하고 싶은데, 지도자의 길이 무엇인지 말씀 드려도 되겠는지요?"

선왕이 물었다.

"어떤 자질이나 덕망을 가져야 지도자 노릇을 할 수 있나요?"

맹자가 말하였다.

"사람을 사랑하고 보호하면서 지도자 노릇을 하면, 이를 막을 수 있는 사람이 없습니다."

선왕이 물었다.

"나 같은 사람도 사람을 사랑하고 보호할 수 있을까요?"

맹자가 대답하였다.

"충분히 할 수 있습니다."

선왕이 물었다.

"무슨 근거로 내가 그렇게 할 수 있다고 말하는 겁니까?"

맹자가 대답하였다.

"근거가 있지요. 저는 선왕 당신을 모시는 측근 참모인 호흘에게 다음과 같은 이야기를 들었습니다.

하루는 선왕이 여러 가지 국사를 처리하는 높은 층계 위의 대청에 앉아 있는데, 소를 끌고 대청 아래로 지나가는 사람이 있었습니다. 선왕이 이를 보고 '어디로 소를 끌고 가는가?'라고 물었습니다. 소를 끌고 가는 사람이 '종을 새로 주조하였는데 이 소를 희생으로 바쳐 주조한 종의 틈에 피를 바르는 의식에 쓰려고 합니다.'라고 대답하였습니다. 그러자 선왕이 '그 소를 희생에 쓰지 말고 놓아주게나. 저 소가 두려워 벌벌 떨며 죄 없이 죽을 곳으로 나아가는 것 같구먼. 내가 그 모습을 차마 볼 수 없네.'라고 하였습니다. 소를 끌고 가던 사람이 '그렇다면 종의 틈에 피를 바르는 희생 의식을 하지 말까요?'라고 하자, 선왕이 '으레 해 오

던 의식인데 어찌 폐지할 수 있겠는가? 소 대신 양으로 바꾸어 쓰시게.'
라고 하였습니다.

잘 모르겠습니다만, 이런 일이 있었습니까?"

선왕이 말하였다.

"예, 한참 전에 그런 일이 있었지요."

맹자가 말하였다.

"이런 마음을 지니고 있다면 충분히 지도자 노릇을 할 수 있습니다.
사람들은 모두 당신께서 소를 재물로 보고 아꼈다고 하지만, 저는 진정
으로 당신께서 소가 벌벌 떨면서 죽을 곳으로 끌려가는 모습을 차마
보기 힘들어한다는 그 마음을 압니다."

선왕이 말하였다.

"그래요. 제나라가 좁고 작기는 하지만 내 어찌 한 마리 소를 아끼겠
습니까? 그 소가 두려워 벌벌 떨며 죽을상을 하고 끌려가는 것이 죄 없
이 죽을 곳으로 나아가는 것 같아, 차마 볼 수가 없었어요. 그래서 양으
로 바꿔 쓰게 한 것입니다."

맹자가 말하였다.

"당신께서는 '선왕이 소를 재물로 생각하고 아꼈다.'라고 사람들이 하
는 비난에 대해 괴이하게 생각하지 마세요. 작은 양을 가지고 큰 소와
바꾸었으니, 저들이 어떻게 지도자의 진심을 알겠습니까? 당신께서 죄
없이 죽을 곳으로 나아가는 소를 불쌍하게 여겼다면, 그것이 소이건 양
이건 어찌 구별했겠습니까?"

선왕이 웃으며 말하였다.

"아, 내가 대체 무슨 마음에서 그렇게 하였을까요? 내가 소를 재물로

보고 아꼈기 때문에 양으로 바꾸게 한 건 아닙니다. 하지만 사람들이 볼 때, 충분히 오해할 수 있지요. 내가 재물을 아꼈다고 할 수도 있을 겁니다!"

맹자가 말하였다.

"당신께서는 그런 비난에 특별히 마음 아파할 건 없습니다. 그런 행동이 바로 사람을 사랑하는 열린 마음, 훌륭한 정치를 하는 방법입니다. 벌벌 떨며 두려워하는 소는 지금 당장 보았고, 양은 아직 보지 못했잖습니까. 정치 지도자는 그것이 날짐승이건 길짐승이건, 살아 있는 짐승을 보고 차마 그것이 죽는 것을 보지 못합니다. 죽으면서 애처롭게 울부짖는 소리를 듣고서는 차마 그 고기를 먹지 못합니다. 그렇기 때문에 정치 지도자는 짐승 잡는 푸줏간을 멀리하는 것입니다."

선왕이 기뻐하며 말하였다.

"『시경』「소아」〈교언〉에 '다른 사람이 지니고 있는 마음, 내가 헤아리네.'라고 읊었지요? 바로 선생 같은 분을 두고 한 노래입니다. 내가 그렇게 행동하고 돌이켜 그렇게 한 이유를 찾았어도 내 마음을 알지 못하였는데, 선생께서 말씀해 주시니 정말 감동스럽습니다. 그런 마음이 정치 지도자의 길에 부합한다니, 그 까닭이 무엇입니까?"

맹자가 말하였다.

"어떤 사람이 선왕에게 '나는 3,000근 정도의 무게를 거뜬히 들 수 있는 힘을 지니고 있지만, 저 가벼운 깃털 하나는 들 수 없어요! 내 눈의 시력은 털끝처럼 가느다란 것도 충분히 볼 수 있지만, 수레에 실은 저 큰 부피의 나무 묶음은 볼 수 없어요!'라고 한다면 이 말을 믿겠습니까?"

선왕이 말하였다.

"아닙니다. 말도 안 되는 헛소리지요."

맹자가 말하였다.

"그렇다면 지금, 지도자의 은혜가 짐승에게까지 넉넉하게 미칠 수 있음에도 불구하고, 사람에게 이르지 않는 것은 어째서 그렇습니까? 특별한 이유가 있는지요? 저 가벼운 깃털 하나를 들 수 없다고 하는 것은 힘을 쓰지 않기 때문입니다. 저 큰 부피의 나무 묶음을 볼 수 없다는 것은 시력을 쓰지 않기 때문이고요. 그러니까 사람들이 보호 받지 못하는 것은 지도자가 은혜를 베풀지 않기 때문입니다. 그러므로 당신께서 지도자 노릇을 하지 못하는 것은, 하지 않는 것이지 하지 못해서가 아닙니다."

선왕이 말하였다.

"하지 않는 자와 하지 못하는 자는 그 모습이 어떻게 다른가요?"

맹자가 대답하였다.

"예를 들어 보지요. '큰 산을 겨드랑이에 끼고 북쪽의 바다를 뛰어넘는다.'라는 내용을 '나는 하지 못한다.'라고 사람들에게 말하면, 이는 진정으로 '하지 못하는 것'입니다. 어떻게 큰 산을 겨드랑이에 낄 수 있으며 더구나 그것을 끼고 바다를 건너 뛸 수 있겠어요. '어른을 위해 팔다리를 주물러 드린다.'라는 내용을 '나는 하지 못한다.'라고 사람들에게 말하면, 이는 '하지 않는 것'이지, 정말 '하지 못하는 것'이 아닙니다. 그러므로 당신께서 지도자 노릇을 하지 못하는 것은 '큰 산을 겨드랑이에 끼고 북쪽 바다를 뛰어넘는' 그런 부류가 아닙니다. 당신께서 지도자 노릇을 하지 못하는 것은 바로 '어른을 위해 팔다리를 주물러 드리는' 것과 같은 부류입니다.

내 집안 어른을 어른으로 모시고 그 마음이 다른 집안의 어른에게까지 미치며, 내 집안 어린이를 어린이로 사랑하고 그 마음이 다른 집안의 어린이에게까지 미친다면, 세상 다스리는 일을 손바닥 위에서 움직이는 것처럼 쉽게 할 수 있습니다. 『시경』「대아」〈사제〉에 '아내에게 모범이 되어 형제자매에 이르고, 그것으로 집안과 나라를 다스린다.'라고 노래하였지요? 이는 이 마음을 들어서 저 국민들에게 베풀 뿐이라는 말입니다. 그러므로 지도자가 은혜를 널리 펼쳐 나가면 온 세상을 편안히 잘살게 만들기에 충분하고, 은혜를 펼쳐 나가지 않으면 처자식조차도 제대로 보호해 줄 길이 없습니다. 정치를 잘했던 옛날 지도자들이 다른 사람보다 특별히 뛰어난 이유는 따로 없습니다. 그들의 본분인 정치에서 실천해야 하는 것을 잘 펼쳐 나갔을 뿐입니다.

지금, 지도자의 은혜가 짐승에게까지 넉넉하게 미칠 수 있음에도 불구하고 사람에게도 이르지 않는 것은 어째서 그렇습니까? 특별한 이유가 있던가요? 물건은 저울질을 해 봐야 그것이 가벼운지 무거운지를 알게 되고, 재어 보아야 그것이 긴 것인지 짧은 것인지를 알 수 있어요. 사물이 모두 그러하지만, 그 중에도 마음이 유독 그렇습니다. 당신께서는 당신의 마음을 잘 헤아려 보시기 바랍니다. 당신께서는 전쟁을 일으켜 전쟁에 나가는 병사와 당신 곁에 있는 참모들 모두를 위태롭게 하고, 이웃 나라의 지도자들과 원수 관계가 되어야 마음이 시원하시겠어요?"

선왕이 말하였다.

"아닙니다. 내 어찌 그런 것을 시원하게 여기겠어요? 다만 앞으로 내가 크게 원하는 것을 추구하려고 해서입니다."

맹자가 말하였다.

"당신께서 크게 원하는 것이 무엇인지, 한 번 들어 볼 수 있겠습니까?"

선왕이 빙그레 웃기만 할 뿐, 말을 하지 않았다.

그러자 맹자가 말하였다.

"맛있는 음식이 부족해서 그렇습니까? 가볍고 따뜻한 의복이 부족해서 그렇습니까? 아니면, 미녀들 같은 눈요기할 만한 볼거리가 부족해서? 아름다운 음악이 부족해서? 부려 먹을 측근 참모들이 부족해서 그렇습니까? 지도자에게 여러 참모들과 보좌관들이 이런 것을 충분히 넉넉하게 대어 줄 텐데, 당신께서 이런 것 때문에 그러기야 하겠습니까?"

선왕이 말하였다.

"그래요. 아닙니다. 이런 것들 때문에 내가 그런 것이 아닙니다."

맹자가 말하였다.

"그렇다면, 당신께서 크게 원하는 것이 무엇인지 알 것 같습니다. 영토를 넓히고, 강성한 나라인 진나라와 초나라를 굴복시키고, 세상의 중심에 서서 사방의 여러 나라를 호령하고 싶어 하는군요. 그와 같은 방법으로 그와 같은 소원을 추구한다면, 나무에 올라가서 물고기를 구하는 것과 같습니다."

선왕이 말하였다.

"아, 그게 그렇게 잘못된 겁니까?"

맹자가 말하였다.

"잘못 되어도 한참 잘못 되었지요. '나무에 올라가서 물고기를 구하는 것'은 물고기를 얻지 못하더라도 나중에 재앙은 없습니다. 하지만 그와 같은 방법으로 그와 같은 소원을 추구한다면, 온 마음을 쏟고 힘을 다하여 애쓰더라도 나중에 반드시 후환이 따를 것입니다."

선왕이 물었다.

"그럼, 어떻게 해야 하는지 그 방법을 좀 알 수 있겠습니까?"

맹자가 말하였다.

"약소국인 추나라가 강대국인 초나라와 전쟁을 한다면, 당신께서는 누가 이길 것으로 생각하십니까?"

선왕이 말하였다.

"그야, 당연히 초나라가 이기겠지요."

맹자가 말하였다.

"그렇다면, 영토 크기가 작은 나라는 기본적으로 영토가 큰 나라를 대적할 수 없고, 병력 수가 적은 작은 규모의 군대를 지닌 나라는 기본적으로 병력 수가 많은 큰 규모의 군대를 소유한 나라를 대적할 수 없으며, 국력이 약한 나라는 기본적으로 국력이 강한 나라를 대적할 수 없는 것입니다. 세상에 영토가 사방 1,000리 되는 나라가 아홉 개인데, 제나라는 여기 저기 흩어져 있는 영토를 모두 모아 봐야 그 크기가 아홉 나라 가운데 하나, 9분의 1정도에 불과합니다. 하나의 나라가 나머지 여덟 나라를 복종시킨다고 했을 때, 앞에서 말했던, 약소국인 추나라가 강대국인 초나라를 대적하는 것과 무엇이 다르겠습니까? 어찌하여 지도자의 길이 무엇인지, 그 본질을 제대로 성찰하지 않습니까?

지금부터라도 당신께서는 훌륭한 정치를 펴고 사람을 사랑하는 마음을 베풀어 보십시오. 세상에 관직을 맡으려는 사람에게는 그들의 능력을 존중해 주어 당신의 참모가 되어 일을 하게 해 보세요. 농사짓는 사람에게는 농지를 나누어 주어 당신의 나라에 와서 경작을 하게 해 보세요. 장사꾼에게는 세금을 징수하지 않거나 감면해 주어 당신의 나라에서 와서 장사를 하며 시장에 물건을 내놓게 해 보세요. 여행자에게는 안전보장과 통행세 같은 것을 감면해 주어 당신 나라의 길을 이용하게 해 보세요. 그러면 포악한 지도자 밑에 살면서 그를 미워하는 사람들은 모두 당신에게 달려와 하소연을 하려 할 것입니다.

"당신이 이와 같이 다스린다면, 누가 그것을 하지 못하도록 막을 수 있겠습니까?"

왕이 말하였다.

"나는 아둔하여 스스로 판단하여 정책을 쓸 능력이 없어요. 선생께서 내 뜻을 도와 분명하게 나를 가르쳐 주세요. 내 비록 똑똑하지는 못하지만, 올바른 정치를 한 번 시험해 보겠습니다."

맹자가 말하였다.

"일정한 생업이나 직업이 없으면서도 변함없이 착한 마음을 지니는 것은 배우며 공부하는 선비, 즉 학문을 닦고 의리를 아는 사람만이 할 수 있습니다. 일반 사람의 경우 일정한 생활 근거가 없으면 그것 때문에 착한 마음이 없어질 수 있습니다. 착한 마음이 없어진다면 방탕하고 편벽되고 사악하고 사치하는 길로 빠져, 못하는 짓이 없게 됩니다. 사람이 죄를 저지른 이후 그에 뒤따라 처벌하는 것은, 물고기를 잡듯이 국민을 상대로 그물질을 하는 것과 같습니다. 사람을 사랑하는 사람이 지도자의 자리에 있으면서, 어찌 국민을 상대로 그물질을 할 수 있겠습니까?

그러므로 현명한 지도자는 사람들이 일정하게 먹고살 수 있도록 생활의 근거를 정해 주어야 합니다. 부모를 넉넉하게 모실 수 있게 하고,

처자식을 충분히 먹여 살릴 수 있게 해야 합니다. 풍년이 드는 해는 1년 내내 배부르고, 흉년이 들어도 굶어 죽지는 않도록 해야 합니다. 그렇게 해 준 다음에 사람들을 교육하여 착하게 만들어야 합니다. 그래야 사람들이 착한 길을 따라가기가 쉬워집니다.

지금은 사람들에게 생활 근거는 정해 주었지만, 부모를 모시기에 넉넉하지 못하고, 처자식을 먹여 살리는 데 충분하지 않습니다. 풍년이 든 해에도 1년 내내 고생하고, 흉년이 든 해에는 굶어 죽는 사람이 속출합니다. 이런 상황에서는 죽음을 구제하기에도 힘이 모자라 무서울 지경입니다. 어느 겨를에 사람다운 삶을 기다리며 예의를 차리겠습니까?

당신께서 훌륭한 정치를 행하려고 한다면, 지도자의 길이 무엇인지 그 본질을 제대로 성찰해야만 합니다!

200평에서 300평 정도의 택지 주변에 뽕나무를 심어 누에고치를 생산하면 50세 이상의 어른이 비단옷을 입을 수 있어요. 개나 돼지, 닭과 같은 가축을 기르면서 때를 놓치지 않고 새끼를 낳아 그 수를 불리면, 70세 이상의 어른이 고기를 먹을 수 있어요. 5,000여 평의 토지에 농사 짓는 때를 놓치지 않고 제대로 농사를 하게 되면, 여덟 명의 식구를 가진 가족이 먹고살 수 있어요. 학교 교육을 제대로 실시하여 부모에게 효도하고 어른을 공경하며, 형제자매와 친구 사이의 우애를 강조하며 윤리 도덕을 가르친다면, 노약자들이 길에서 무거운 짐을 이거나 지고 다니지 않을 것입니다. 나이 많은 어른들이 비단옷을 입고 고기를 먹으며, 젊은 사람들이 굶주리거나 춥지 않게 살도록 복지 혜택을 주었는데, 정치 지도자로서 성공하지 못한 사람은 아직까지 보지 못했습니다.

이 장은 제1편 「양혜왕」 상(上)의 7장 가운데 마지막 장이다. 1장에서 5장까지는 혜왕, 6장은 양왕이 등장하여 2대에 걸친 위나라의 왕을 만나 맹자가 조언한 내용을 기록하였다. 그런데 7장만은 위나라 왕이 아니라 제나라 선왕과의 대화 내용이다. 일반적으로 '견우(牽牛)'장이라고도 하는데, 제2편 「공손추」 2장의 '호연지기(浩然之氣), 부동심(不動心)'장과 더불어 『맹자』의 핵심 사상을 차지하는 대목이다. 요점은 무력으로 권력을 쟁취하는 패도(覇道)정치를 배격하고 왕도(王道)정치를 고취한 것으로, 맹자의 '왕도론'이 결집되어 있다. 제나라 선왕과의 문답임에도 불구하고, 맹자의 왕도 사상을 확연히 드러내기 위해 「양혜왕」 편의 마지막에 배치한 것으로 판단된다.

제나라 선왕은 성이 전씨이고 이름은 벽강인데, 최고지도자가 아니면서도 제멋대로 스스로를 최고지도자라고 불렀다. 맹자와의 대화 내용으로 볼 때, 세상을 주름잡고 싶은 욕망이 강렬한 인물로 느껴진다.

주자의 『집주』에 의하면, 이 장은 무력으로 권력을 잡는 패도정치를 물리치고 덕망으로 정치를 펴는 왕도의 실천을 강조했다. 그 왕도의 핵심은 '차마 하지 못하는 마음을 미루어서 차마 하지 못하는 정치를 행하는 것'이다. 하지만 제나라 선왕은 이러한 마음이 없지는 않았으나 사리사욕에 빠져 훌륭한 정치를 제대로 행하지 못하였다. 맹자가 몇 번이나 간절히 훌륭한 정치의 내용에 대해 깨우쳐 주려고 했으나 사리사욕에 가리어 선왕은 이를 제대로 깨닫지 못하였다.

또한 이 7장은 『맹자』 7편의 총 260장 가운데 가장 긴 문장으로, 맹자의 변론술이 얼마나 화려한지 잘 드러나는 대목이다. 비유와 재치 있는 입담, 강력하면서도 충실한 권고 등 유세의 철학이 담겨 있다. 따라서 맹자의 언변과 정치사상을 이해하는 데 많은 도움을 준다. 특히, '소를 양으로 바꾸다.'의 이양역우(以羊易牛), '하지 못하는 것과 하지 않는 것'의 불능여불위(不能與不爲), '나무에 올라가서 물고기를 구하다.'의 연목구어(緣木求魚), '일정한 생업이 있어야 변함없는 마음이 있다.'라는 항산항심(恒産恒心) 등 우리에게 익숙한 고사성어의 보고가 되는 대목이기도 하다.

8. 사람들과 함께 즐기라

제나라 선왕의 참모인 장포가 맹자를 뵙고 말하였다.

"제가 선왕을 뵈었을 때 왕이 저에게 음악을 좋아한다고 말하였어요. 그런데 저는 그 자리에서 음악을 좋아한다는 것이 정치와 어떤 관계가 있는지 알 수 없어 어떤 말도 못했습니다. 도대체 '음악을 좋아한다.'라는 말이 무엇을 뜻합니까?"

맹자가 말하였다.

"선왕이 음악(音樂)을 정말 좋아한다면, 제나라는 정치적으로 발전 가능성이 높습니다."

그 후 어느 날, 맹자가 선왕을 뵙고 말하였다.

"당신께서 참모인 장포에게 '음악을 좋아한다.'라고 말한 적이 있다고 하는데, 그런 일이 있습니까?"

선왕은 얼굴빛이 달라지며 말하였다.

"내가 옛날 지도자들의 고상한 음악을 좋아하는 것이 아니에요. 단지 세속적인 음악을 좋아합니다."

맹자가 말하였다.

"당신께서 정말 음악을 좋아한다면, 제나라는 정치적으로 발전가능성이 높습니다. 지금의 음악이 바로 옛날 지도자들의 고상한 음악과 같으니까요."

선왕이 말하였다.

"어째서 그런지 설명 좀 해 줄 수 있습니까?"

맹자가 말하였다.

"음악을 연주시켜 놓고 혼자서 즐기는 것과 다른 사람과 더불어 즐기는 것 중, 어느 쪽이 더 즐겁겠습니까?"

선왕이 말하였다.

"다른 사람과 더불어 즐기는 편이 훨씬 좋지요."

맹자가 말하였다.

"음악을 연주시켜 놓고 몇몇 소수의 사람이 더불어 즐기는 것과 여러 다수의 사람이 더불어 즐기는 것 중, 어느 쪽이 더 즐겁겠습니까?"

선왕이 말하였다.

"여러 다수의 사람과 더불어 즐기는 편이 훨씬 좋지요."

맹자가 말하였다.

"그렇다면 제가 당신을 위하여 음악에 대해 말해 드리겠습니다.

지금 당신께서 이곳에서 음악을 연주하면, 지도자의 종과 북 울리는 소리, 피리나 통소 부는 소리를 듣고, 사람들이 모두 머리를 아파하고 이마를 찌푸리며 이렇게 쑥덕댄다고 해 봅시다. '우리 지도자는 음악 연주를 좋아하면서, 어찌 우리를 이런 곤궁한 지경에 이르게 하는가? 부모와 자식이 서로 만나 보지 못하고, 형제와 자매, 그리고 처자식이 먹고살기 위해 뿔뿔이 흩어지게 만드는가?' 지금 당신께서 이곳에서 사냥을 하면, 지도자의 수레와 말 우는 소리를 듣고, 깃발 장식의 아름다움을 본 사람들이 모두 머리를 아파하고 이마를 찌푸리며 이렇게 쑥덕댄다고 해 봅시다. '우리 지도자는 사냥을 좋아하면서, 어찌 우리를 이런 곤궁한 지경에 이르게 하는가? 부모와 자식이 서로 만나 보지 못하고, 형제와 자매, 그리고 처자식이 먹고살기 위해 뿔뿔이 흩어지게 만드는가?' 이런 상황이 발생하는 것은, 다름 아닌 지도자가 국민들과 더불어 즐기지 않기 때문입니다.

지금 당신께서 이곳에서 음악을 연주하면, 지도자의 종과 북 울리는 소리, 피리나 퉁소 부는 소리를 듣고, 사람들이 모두 기꺼이 기뻐하는 낯빛을 하면서 서로 맞장구치며 이렇게 말한다고 합시다. '우리 지도자께서 제발 아프지 않으셔야지, 그래야 즐겁게 음악을 연주하시지.' 지금 이곳에서 사냥을 하면, 지도자의 수레와 말 우는 소리를 듣고, 깃발 장식의 아름다움을 본 사람들이 모두 기꺼이 기뻐하는 낯빛을 하면서 서로 맞장구치며 이렇게 말한다고 합시다. '우리 지도자께서 제발 아프지 않으셔야지, 그래야 즐겁게 사냥을 하시지.' 이런 상황이 발생하는 것은, 다름 아닌 지도자가 국민들과 더불어 즐기기 때문입니다. 지금 당신께서 사람들과 더불어 즐거워한다면 충분히 지도자 노릇을 할 수 있을 것입니다."

이 장은 제1편 「양혜왕」 가운데 하(下)편의 첫 번째 장이다. 여기에서도 혜왕과 맹자의 대화가 아니라 상편의 마지막인 7장에 이어 제나라

선왕과의 대화가 주종을 이룬다. 그 대화는 아래의 몇몇 장에서도 계속
이어진다.

여기에서는 맹자가 음악을 좋아하는 선왕의 마음을 적절하게 활용하
여, 국민들과 함께 즐기며 훌륭한 정치를 펼 수 있도록 충고하였다. 이른
바 '여민동락(與民同樂)'의 강조다. 맹자가 활동했던 전국시대는 기원전
403년에서 221년까지 180여 년에 이른다. 거의 200년 정도가 혼란의 시
기였다. 이때는 대부분의 사람들이 도탄에 빠져 곤궁했으나 정치 지도
자들은 사리사욕에 빠져 자신만의 즐거움을 누리는 경우가 많았다. 이
에 맹자는 어떻게 하면 사람들을 구제할 수 있는지 고민하였다. 그 핵심
방법 중의 하나가 지도자와 사람들 사이의 조화였다. 그런 특징을 가지
고 있는 것이 음악이었고, 화합을 통해 더불어 즐기는 것이야말로 사회
를 건전하게 가꾸어 갈 수 있는, 일종의 시대정신이었다.

9. 지도자의 동산을 공유하라

제나라 선왕이 물었다.

"주나라 문왕이 짐승을 기르던 동산 원유가 사방 70리였다고 합니다.
그랬습니까?"

맹자가 대답하였다.

"전해 오는 기록에 그런 말이 있습니다."

선왕이 말하였다.

"그렇게도 컸습니까?"

맹자가 말하였다.

"사람들은 오히려 작다고 생각했습니다."

"나는 동산이 사방 40리밖에 안 돼요. 그런데도 사람들이 오히려 크다고 생각해요. 도대체 이유가 뭘까요?"

맹자가 말하였다.

"문왕의 동산은 사방 70리나 되었어요. 그런데 꼴 베고 나무하는 사람들이 그 동산으로 갔고, 꿩을 잡고 토끼를 잡는 사람들이 그 동산으로 갔어요. 그 동산은 사람들에게 개방되어 함께 사용할 수 있었지요. 그러니 사람들이 오히려 작다고 생각하는 것은 당연하지 않습니까?

제가 처음 제나라 국경에 도착했을 때, 제나라에서 가장 크게 금지하는 것이 무엇인지 물은 다음에 감히 제나라에 입국했습니다. 제가 그때 들었는데, 교외 관문 안에 선왕의 동산이 사방 40리가 있는데, 동산에 있는 사슴을 잡는 자는 살인죄와 같이 다스린다고 하였어요. 이는 사방 40리의 동산으로 사람 잡는 함정을 만든 것과 같아요. 그러니 사람들이 크다고 생각하는 것은 당연하지 않습니까?"

사람은 훌륭한 정치를 베푸는 데 힘쓰고, 국민들과 함께 그 이익과 은혜를 공유하여야 한다. 지도자 혼자서 특혜를 누리는 것은 훌륭한 정치가 아니다. 이 장은 지도자가 자기만의 전용 동산을 넓혀 이익을 독점하고, 그 동산을 이용하는 사람들에게는 형벌을 엄중하게 하여 사람을 죽음으로 몰아넣는 것을 풍자한 것이다.

맹자는 앞 장에 이어 국민들과 함께 즐겨야 한다는 '여민동락'을 강조하였다. 그 모델로 주나라 문왕이 동산을 공유하며 국민들과 함께했던 사실을 들었다. 그 정치는 분배의 정의를 실천하여 국민의 복지증진에 애쓴 결과이다. 하지만 제나라의 선왕은 그와 반대되는 정치를 행하였다. 맹자는 그 사리사욕을 비판하며 공적 의지를 표명하도록 유도하였다.

10. 큰 용맹을 부려라

제나라 선왕이 물었다.

"이웃나라와 외교를 하는 데 방법이 있습니까?"

맹자가 대답하였다.

"있지요. 있고말고요. 국민을 사랑하고 열린 마음을 지닌 사람만이, 국력이 큰 나라로서 힘으로 작은 나라를 복종시키지 않고 작은 나라에 예의를 갖추어 존중해 가면서 국교를 유지할 수 있습니다. 그러므로 은나라 탕임금이 조그마한 나라였던 갈백을 존중해 주었고, 주나라 문왕이 조그마한 나라였던 곤이를 존중하여 무력충돌을 일으키지 않았습니다. 사리분별이 분명하고 판단능력이 뛰어난 사람만이 국력이 약한 작은 나라일지라도 큰 나라를 섬겨서 나라를 보전할 수 있습니다. 그러므로 주나라의 태왕이 강성한 나라였던 흉노족을 섬겼고, 월나라 왕 구천이 오나라의 부차를 섬겼습니다."

국력이 큰 나라로서 작은 나라를 존중해 주는 사람은 이치에 맞게 모든 사람을 사랑하고, 국력이 약한 작은 나라로서 큰 나라를 섬기는 사람은 이치를 거스르지 않고 모든 사람을 사랑합니다. 이치에 맞게 모든 사람을 사랑하는 사람은 온 세상을 편안하게 하고, 이치를 거스르지 않고 모든 사람을 사랑하는 사람은 자기 나라를 편안하게 합니다. 그러기에 『시경』「주송」〈아장〉에서 '하늘의 위엄을 두려워하니, 이리하여 나라를 편안하게 한다.'라고 노래했던 것입니다."

선왕이 말하였다.

"선생의 말씀, 정말 훌륭합니다! 그런데 내게 큰 단점이 하나 있습니다. 무엇이냐 하면, 나는 용맹을 좋아합니다."

맹자가 대답하였다.

"부탁입니다만, 당신께서는 제발 작은 용맹은 좋아하지 마세요. 검을 뽑으려고 어루만지며 험상궂게 노려보면서 '네가 어찌 감히 나를 당하겠는가.'라고 말한다면, 이것은 보잘 것 없는 한 사나이의 용맹이자 한 사람을 상대하는 것입니다. 정말이지, 부탁컨대, 용맹을 크게 부리시기 바랍니다."

『시경』「대아」〈황의〉에 '왕이 불끈하며 있는 대로 성을 내자 이에 그 군대를 정돈하여 침략하러 가는 무리들을 막아, 주나라의 복을 두터이 하여 온 세상에 보답하였다.'라고 노래하였지요? 이는 주나라 문왕의 용맹입니다. 문왕이 한 번 있는 성을 다 내어, 온 세상 사람을 편안히 하였습니다.

『서경』「주서」〈태서〉에 '하늘이 사람을 내려보내, 그들을 위해 군주가 나게 하고 스승이 나게 하니, 그가 하느님을 돕기 때문이다. 그를 사방에서 특별히 총애하여 죄가 있든 죄가 없든 오직 내가 살피니 온 세상 사람이 어찌 감히 그 뜻을 지나칠 수 있겠는가.'라고 하였습니다. 은나라의 포악한 군주 하나가 온 세상에 횡포를 부리거늘, 주나라 무왕이 이것을 부끄러워하여 은나라 마지막 임금인 주를 쳐서 평정하였지요. 이것은 무왕의 용맹입니다. 무왕이 또한 한 번 성내어 온 세상의 사람을 편안하게 하였습니다.

지금 당신께서도 또한 한 번 있는 대로 성을 내어, 온 세상의 사람을 편안하게 해 주세요. 그러면, 사람들은 행여 당신께서 용맹을 좋아하지 않을까 두려워할 것입니다."

의리에 기초한 용기나 용맹은 사람들을 편안하게 만든다. 그리고 그것은 세상에서 지도자 노릇을 하게 하는 근원적인 힘이 된다.

조기의 『장구』는 이 장을 다음과 같이 평가하였다. "이상적인 최고지도자는 세상의 이치를 즐겨 받들고, 현실 정치에 뛰어난 현명한 지도자는 시국의 정세를 파악한다. 사람을 사랑하는 정치를 펴려면 반드시 용기가 요청된다. 왜냐하면 용기를 가지고 포학한 정치를 하는 자들을 평정하고 혼란스럽지 않게 안정시키면 사람들이 편안하게 살 수 있기 때문이다."

주자도 『집주』에서 유사한 평가를 한다. "지도자가 조그마한 분통을 참을 수 있으면 작은 나라를 도와줄 수 있고, 큰 나라를 섬겨 이웃 나라와 좋은 외교 관계를 할 수 있다. 지도자가 큰 용맹을 기를 수 있으면, 포학한 정치를 하는 자들을 평정하고 사람들을 구해 주어 온 세상을 편안하게 만들 수 있다."

흔히 '필부지용(匹夫之勇)', 즉 '소용(小勇)'과 '대용(大勇)'장으로 일컬어지는 "부탁입니다만, 당신께서는 제발 작은 용맹은 좋아하지 마세요. 검을 뽑으려고 어루만지며 험상궂게 노려보면서 '네가 어찌 감히 나를 당하겠는가.'라고 말한다면 이것은 보잘 것 없는 한 사나이의 용맹이자 한 사람을 상대하는 것입니다. 정말이지, 부탁컨대, 용맹을 크게 부리시기 바랍니다."라는 문장은 『장자』나 『춘추좌전』의 몇몇 문장과 더불어 선진(先秦)시대의 3대 명문장으로 꼽히기도 한다.

11. 온 세상과 더불어 즐기라

제나라 선왕이 설궁에서 맹자를 만났다.

선왕이 말하였다.

"똑똑한 재주나 훌륭한 덕망을 지닌 사람도, 내가 설궁에서 즐기는 것 같은 즐거움이 있습니까?"

맹자가 대답하였다.

"당연히 있지요. 그런데 윗사람이 즐기는 이런 즐거움에 아랫사람들이 공감을 느끼지 못하면 사람들은 윗사람을 매우 비난합니다. 즐거움을 얻지 못했다고 하여 그 윗사람을 비난하는 자도 잘못이고, 윗사람이 되어 아랫사람들과 더불어 즐기지 못하는 자도 또한 잘못입니다.

국민들의 즐거움을 더불어 즐거워하는 지도자는 국민들 또한 그 지도자의 즐거움을 더불어 즐거워하고, 국민들의 근심을 함께 근심하는 지도자는 국민들 또한 그 지도자의 근심을 함께 근심합니다. 즐거워하기를 온 세상과 더불어 하고, 근심하기를 온 세상과 함께 하세요. 이렇게 하고서도, 지도자 노릇을 하지 못한 사람은 없습니다.

옛날 춘추시대 때 제나라 경공이 근검절약하고 열심히 일하는 것으로 소문이 났던 최측근 참모 안영에게 물었습니다.

'내가 전부산과 조무산을 구경하고 바닷가를 따라 남쪽으로 낭야읍까지 가려고 합니다. 어떤 일을 해야 이전의 지도자들이 관광한 것에 견줄 수 있을까요?'

그러자 안영이 다음과 같이 대답하였습니다. '정말 좋은 질문입니다! 최고지도자가 작은 나라를 지나가며 순회하는 것을 '순수'라고 합니다. 순수란 원래 지방 실정을 시찰하는 동시에 수렵으로 무예를 연마하며 지도자로서의 위세를 드러내는 행사입니다. 아울러 작은 나라가 잘 다스려지고 있는지 각 지역을 돌아보는 것입니다. 작은 나라의 지도자가 최고지도자를 찾아가 조회하는 것을 '술직'이라 합니다. 술직은 특별한 임무를 띠고 지방이나 작은 나라에 나가 일하다가 다시 돌아와 그동안 수행한 일을 지도자에게 보고하는 것입니다. 각 지역의 지도자가 자기가 맡은 직책의 수행 상황이 어떠한지 보고 하는 것입니다. 그러므로 지도자가 각 지역을 유람하는 것은, 고도의 정치 행위입니다. 봄에는 나가서 경작하는 상태를 살펴 부족한 것을 보충해 주고, 가을에는 수확하는 상태를 살펴 부족한 것을 도와줍니다. 하나라 속담에 '우리의 지도자인 임금이 유람하지 않으면 우리들이 어떻게 쉬며, 우리 임금이 즐기지 않으면 우리들이 어떻게 도움을 받으리오. 한 번 유람하고 한 번 즐김이 작은 나라 지도자들의 법도가 된다.'라고 하였습니다.

그런데 지금은 그렇지 못합니다. 전쟁을 한답시고 군대가 와서 사람들이 먹을 양식을 가져갑니다. 굶주린 사람이 먹지 못하고, 피곤한 사람은 쉬지 못해, 눈을 흘겨보며 서로 비방합니다. 사람들이 이렇게 원망을 하는데도 지도자라는 작자들이 예전에 훌륭한 정치를 폈던 지도자들의 교훈을 저버리고, 사람들을 학대하며 음식을 흥청망청 써대며 낭비하면서 뱃놀이나 사냥, 음주 등에 빠져 자기 일을 제대로 돌보지 않고 있습니다. 이런 상황이니 각 지방의 지도자들에게 큰 걱정거리가 아닐 수 없습니다.

뱃놀이를 할 때, 물길을 따라 아래로 내려가서 돌아오는 것을 잊어버리는 상황을 '유'라 하고, 물길을 거슬러 위로 올라가서 돌아오는 것을 잊어버리는 상황을 '연'이라 합니다. 짐승을 좇아 사냥을 하다가 만족하지 못하는 것을 '황'이라 하고, 술을 즐겨 마시다 만족하지 못한 것을 '망'이라 합니다.

옛날 지도자들은 이런 '유', '연'의 즐거움에 빠지거나 '황', '망'과 같은 행실을 하지 않았습니다. 이런 것만을 지도자께서 조심하면 됩니다.'

안영의 조언에 경공은 매우 기뻐했습니다. 그러고는 옛날 지도자들처럼 하기 위해 대대적으로 전국에 명령을 내린 후 교외에 나가 머물렀습니다. 이에 훌륭한 정치를 베풀려고 창고를 열어 부족한 국민들을 보조해 주었고, 음악을 담당하던 장관인 태사를 불러 '나를 위해 지도자와 국민이 서로 좋아하는 음악을 지으라.'라고 하였습니다. 지금도 연주되고 있는 치소와 각소가 그때 지은 음악입니다. 그 가사에 '지도자의 욕심을 막는 것이 무슨 잘못이리오.'라고 하였는데, '지도자의 욕심을 막는 것'은 바로 지도자에 대한 사람들의 사랑입니다."

지도자와 국민의 일체감 형성을 다시 강조한 대목이다. 맹자가 제나라 선왕에게 다시 당부한 정치의 핵심은 공감이자 공명이다. 그것을 춘추시대 제나라의 유능한 군주였던 경공과 최측근 참모였던 안영의 고사를 들어 설명하였다.

경공은 춘추시대 제나라에서 58년간 재위한 유능한 군주로 이름은 강저구다. 이 장에서 맹자와 대화하는 제나라 선왕은 그의 후손이 아니다. 왜냐하면 선왕은 전씨가 제나라를 빼앗은 후, 그 후예로서 지도자 자리에 올랐기 때문이다. 안영은 안자, 혹은 안평중이라고도 하는데, 제나라의 영공, 장공, 경공 3대를 거치면서 핵심 참모로 일하였다. 근검절약하고 힘써 행하는 사람으로 세상에 알려졌고, 『안자춘추』에 그의 행적이 잘 담겨 있다.

맹자가 제나라 선왕과 대화를 많이 한 것으로 보아, 선왕이 나름대로 맹자에게 관심을 갖고 극진히 대접하며 많은 조언을 받았던 것 같다. 그만큼 맹자도 여유 있게 자신의 견해를 자세히 일러 주는 듯하다.

12. 성격 탓으로 돌리지 말고 단점을 활용하라

제나라 선왕이 물었다.

"사람들이 모두 나보고 태산에 있는 명당을 헐어 버리라고 하네요. 저걸 헐어야 합니까? 놔둬야 합니까?"

맹자가 대답하였다.

"명당은 지도자가 사용하는 공간입니다. 옛날 주나라 최고지도자가 동쪽 지역을 순찰할 때, 각 지방의 지도자들을 모아 정치를 논의하던 상징적인 장소입니다. 당신께서 지도자로서 훌륭한 정치를 행하려고 한다면 헐지 마세요."

선왕이 말하였다.

"훌륭한 정치가 어떤 것인지 말해 줄 수 있겠습니까?"

맹자가 대답하였다.

"옛날에 주나라 문왕이 기 땅을 다스릴 때, 농경지를 경작하는 사람들에게 9분의 1의 세금을 받았고, 관직에 있던 사람들에게는 대대로 봉급을 주었지요. 국경지대의 관문과 물품을 교역하는 시장에서 여행자나 장사꾼들의 안전을 보장하기 위해 검문을 했을 뿐, 세금을 징수하지는 않았어요. 물고기 잡는 것을 금지하지 않고 사람들과 함께 물고기를 잡아 그 이익을 나누었으며, 죄인을 처벌하되 처자식에게까지 영향이 미치지 않게 하였습니다.

늙어서 아내가 없는 것을 '홀아비'라 하고, 늙어서 남편이 없는 것을 '과부'라 하며, 늙어서 자식이 없는 것을 '무의탁자'라 하고, 어려서 부모가 없는 것을 '고아'라고 하는데, 이 네 가지 가운데 어느 하나에 해당하는 사람은 세상에서 곤궁한, 이른바 사회적 약자로 하소연할 곳이 없는 사람들입니다. 문왕은 정치를 행하고 사람을 사랑할 때, 반드시 이 네 가지에 처해 있는 사회적 약자들에게 우선순위를 두었습니다.

그래서 『시경』 「소아」 〈정월〉에서도 '괜찮다, 부유한 사람들은. 이 곤궁한 사람들이 가엾도다.'라고 노래하였던 것입니다."

선왕이 말하였다.

"선생님의 말씀, 아주 좋습니다!"

맹자가 말하였다.

"그래요? 당신께서 제가 드린 말씀을 좋게 생각한다면 왜, 무엇 때문에 실행하지 않는가요?"

선왕이 말하였다.

"아, 내게 큰 단점이 하나 있어요. 나는 재물을 좋아합니다."

맹자가 대답하였다.

"옛날 주나라의 시조인 후직의 증손자 공류가 재물을 좋아했다고 합니다. 그래서 『시경』「대아」〈공류〉에 그에 관한 노래가 있습니다. '노적가리를 쌓고 창고에 저장하며, 마른 양식을 싸되 전대에 넣고 자루에 담아 사람들을 편안하게 하고 나서, 이로써 나라 빛낼 것을 생각하여 활과 화살을 펴 들고 창과 방패와 도끼를 가지고, 이제 비로소 길을 떠났도다!' 그러므로 집에 남아 있는 사람들에게는 노적가리와 창고에 저장한 양식이 있고, 길을 떠나는 사람들에게는 전대와 자루에 담은 양식을 만든 후에 비로소 길을 떠날 수 있었던 것입니다. 당신께서 재물을 좋아하더라도 사람들과 더불어 재물을 공유하면 지도자 노릇을 하는데 무슨 어려움이 있겠습니까?"

선왕이 말하였다.

"아, 그런데 말이오. 내게는 또 다른 단점이 있어요. 나는 여자를 좋아합니다."

맹자가 대답하였다.

"옛날 공류의 9대손이자 문왕의 조부인 태왕이 여자를 좋아하여, 그의 왕비 태강을 너무나 사랑했습니다. 그래서 『시경』「대아」〈면민〉에 그에 관한 노래가 있습니다. '태왕 고공단보가 아침에 말을 달려와, 서쪽 물가를 따라 기산 아래에 이르렀네. 이에 강씨의 딸과 함께 그곳에서 같이 살았도다!' 그때, 안에는 남편이 없어 원망하는 여자가 없었고, 밖에는 아내 없는 홀아비가 없었습니다. 당신께서 여자를 좋아하더라도, 사람들과 더불어 이런 의식을 공유한다면, 지도자 노릇을 하는데 무슨 어려움이 있겠습니까?"

주자는 『집주』에서 이 장의 의미를 길게 평가한다. 맹자가 선왕과 대화를 나눈 것은 모두 지도자의 착한 마음을 확충시키고 그릇된 마음을 막기 위한 것이다. 단순히 사안에 따라 그 사안을 논의하는 데 그친 것이 아니다.

때문에 이 「양혜왕」편은 1장부터 12장까지 모든 장의 큰 뜻이 유사하다고 보았다. 공평무사함과 사리사욕은 인간 행위 차원에서는 같은 것이지만 그 실제는 확연히 다르다. 공평무사한 이치에 따라 세상에 그렇게 베푸는 것은 올바른 지도자가 자기의 본성을 다하는 일이다. 개인의 욕심을 빙자하여 사리사욕에 빠지는 것은 보통 사람들의 공평무사한 행동을 좀먹는 일이다. 이 두 가지 행동은 행위 면에서는 종이 한 장 차이에 불과하다. 하지만 옳고 그름과 얻고 잃는 것으로 말하면, 그 결과는 매우 거리가 멀다. 그러므로 맹자는 당시 선왕의 질문에 따라 그 낌새를 분석하였고, 충고의 내용은 대개 사리사욕을 막고 공평무사함을 보전하려고 하였다.

조기는 『장구』의 이 대목에서 맹자가 성실하게 사람을 제대로 권유하여 선한 곳으로 들어가게 한다고 평가하였다.

엄밀하게 보면 제나라 선왕은 자신의 단점을 여러 차례 제시한다. 제10장에서는 용맹을, 여기에서는 재물과 여자를 좋아한다고 발뺌을 하며, 맹자의 조언을 요리조리 피하려고 노력한다. 성격 탓을 내세워 자기 변명을 하고 도망칠 구멍을 찾는다. 그러나 맹자는 분노에 차 있으면서

도 침착하게 특유의 변론술을 적절히 구사하여 지도자 노릇을 제대로
할 수 있는 길을 역설하였다.

13. 직무에 충실하라

맹자가 제나라 선왕에게 말하였다.

"선왕의 측근 중에 그 처자식을 친구에게 부탁하고 초나라에 가서
놀던 자가 있었어요. 그런데 집으로 돌아올 때쯤, 그 친구가 자기의 처
자식을 추위에 떨며 굶주리게 하였어요. 이런 상황이라면, 당신께서는
어떻게 하시겠습니까?"

선왕이 말하였다.

"그런 친구는 친구도 아니지요. 당장 버려야지요."

맹자가 말하였다.

"옥사나 소송을 맡아 보는 중요한 관직에 있는 관리가 그 부하 직원
을 제대로 통솔하지 못하면 어떻게 하시겠어요?"

선왕이 말하였다.

"즉시 파면시켜 버려야지요."

맹자가 말하였다.

"좋습니다. 그런데 나라 전체가 제대로 다스려지지 않으면 어떻게 하
시겠습니까?"

이에 선왕이 좌우를 돌아보면서 딴청을 부리며 다른 말을 하였다.

아주 짧은 문장이지만 맹자의 변론술이 빛나는 대목이다. 맹자는 정치를 제대로 하지 않는 선왕에게 그것이 자기 책임임을 뼈저리게 일러주기 위해 두 가지 극단적인 사례를 들었다. 하나는 친구 사이의 우정이고, 다른 하나는 정치에서 중대한 법률 사무 관련이었다. 그 핵심은 사람으로서 행해야 하는 본분이다. 친구 사이에는 신뢰가 작용해야 하고, 옥사나 소송을 다루는 관직은 공정성과 합리성이 생명이다. 마찬가지로 한 나라의 정치 지도자는 당연히 나라 전체에 선한 정치를 베풀어야 한다.

맹자는 이미 선왕의 심중을 꿰뚫고 있는 듯하다. 친구 사이의 우정에 금이 간 것과 법률 사무를 담당한 관리들의 무질서를 사례로 들어, 제나라 정치의 혼란을 정곡으로 찌르며 말문이 닫히도록 집요하게 파고든다. 이런 대화술이 유세가로서 맹자의 탁월함으로 다가온다. 이에 대해 조기의 『장구』에는 지도자와 참모 모두가 제각기 자신의 임무에 부지런하고 성실하게 임하여 자기 직책을 버리는 일이 없어야 한다고 되어 있다. 그래야만 일신이 평안함을 역설하였다.

14. 민의를 존중하라

맹자가 제나라 선왕을 뵙고 말하였다.

"조상 대대로 살아온 내 나라, 이른바 고국이란 단순하게 오래된 큰 나무가 있다는 말이 아닙니다. 그보다 더 중요한 것은 대대로 나라를 위해 희생하며 공훈을 세워 온 믿을 만한 애국지사 집안이 있다는 말입니다. 그런데 당신께서는 믿을 만한 애국지사 집안도, 그런 참모도 없어요. 심지어는 오래 전에 등용한 사람 중에 나쁜 짓을 하여 나라를 해치는 사람이 있다는 사실도 모르고 있습니다."

선왕이 말하였다.

"내가 어떻게 그들이 능력이 있는지 없는지를 알고 가려내어 그만두게 한단 말입니까?"

맹자가 말하였다.

"한 나라의 지도자는 똑똑한 재주와 훌륭한 덕망을 갖춘 사람을 등용할 때, 사정이 그렇게 되어 어쩔 수 없이 등용하는 것처럼 해야 합니다. 훌륭한 덕망을 갖춘 줄 알고 높은 지위에 등용하였으나 그렇지 않아, 대신 신분상 지위가 낮지만 똑똑한 재주와 훌륭한 덕망을 지닌 사람을 등용할 수 있습니다. 지도자와 친한 사람이라고 하여 심복으로 삼았으나 그렇지 못하여, 대신 친한 사이는 아니었지만 똑똑한 재주와 훌륭한 덕망을 지닌 사람을 등용할 수도 있습니다. 그러니 어찌 신중히 하지 않을 수 있겠습니까?

곁에 있는 참모들이 모두 똑똑하다고 말하더라도 아직 등용해서는 안 됩니다. 고위 관료들이 모두 똑똑하다고 말하더라도 아직 등용해서는 안 됩니다. 나라 사람들이 모두 훌륭하다고 말한 다음에도 그를 살펴보고, 똑똑한 재주와 훌륭한 덕망을 확인한 뒤에 등용하세요.

곁에 있는 참모들이 모두 '그 사람은 안 됩니다.'라고 말하더라도 듣지 마세요. 고위 관료들이 모두 '안 됩니다.'라고 말하더라도 듣지 마세요. 나라 사람들이 모두 '안 됩니다.'라고 말한 다음에도 그를 살펴보고, 안 되는 이유를 확인한 뒤에 포기하세요.

곁에 있는 참모들이 모두 '그 사람을 죽여야 합니다.'라고 말하더라도 듣지 마세요. 고위 관료들이 모두 '죽여야 합니다.'라고 말하더라도 듣지 마세요. 나라 사람들이 모두 '죽여야 합니다.'라고 말한 다음에 그를 살펴보고, 죽여야 하는 이유를 확인한 뒤에 죽이세요. 그래야 모든 사람들이 그를 정당하게 죽였다고 말할 것입니다. 이와 같이 한 뒤에야 한 나라의 지도자가 될 수 있습니다."

인물의 진퇴와 등용 과정에서 한 나라의 지도자가 어떤 기준을 갖고 얼마나 신중해야 하는지를 일러 준다. '인사가 만사다.'라는 말이 있다. 그만큼 사람을 어떻게 등용하는지는 조직 공동체를 지속하는 데 중요한 사안이다. 인사 식별의 기준은 처음부터 끝까지 공동체의 기저를 형성하고 있는 사람들의 뜻에 따라야 한다. 그것은 다수의 의견이자 여론이고, 흔히 말하는 민본주의의 기초다. 다름 아닌 민의(民意)다.

역사와 전통이 오래된 나라는 그 나라의 흥망성쇠를 함께해 온 애국지사가 있게 마련이다. 그들은 대대로 나라를 위해 희생하고 봉사한다. 이른바 명문가의 후손으로서 애국의 길에 기꺼이 자신을 내던지기도 한다. 그들은 전통 사회에서 일종의 민의의 대변자였다. 때로는 올바른 길로 가다가 모함을 받기도 하고 곤혹을 치르기도 한다. 하지만 끝내는 대부분의 국민들에 의해 진실을 확인받는다.

사람을 중심으로 생각하고 대다수 사람의 생각을 존중하는 맹자의 주장은, 민의의 수렴 차원에서 시대를 초월하여 공감을 얻고 있다.

15. 본분을 다하지 못하는 지도자는 바꾸어야 한다

제나라 선왕이 물었다.

"은나라 탕임금이 하나라 걸을 쫓아내고, 주나라 무왕이 은나라 주를 정벌했다고 하는데, 그러한 일이 있습니까?"

맹자가 대답하였다.

"전해 오는 기록에 그런 사실이 있습니다."

선왕이 말하였다.

"아래에 있던 중간지도자가 최고지도자를 시해하는 일이 옳은가요? 군사 쿠데타 아닌가요?"

맹자가 말하였다.

"사람을 사랑하는 마음인 인을 해치는 자를 흉포하다고 하고, 올바른 삶의 도리인 의를 해치는 자를 잔혹한 자라고 합니다. 인의를 해친 흉포하고 잔혹한 자를 사람들로부터 외면당한 한 사나이라고 합니다. 한 사나이에 지나지 않는 주를 베었다는 말은 들었으나, 최고지도자를 시해했다는 말은 듣지 못하였습니다."

이 장은 맹자의 혁명사상이 단적으로 드러난 대목이다. 아무런 이유 없이, 개인적 권력욕에 눈이 멀어 아랫사람이 힘으로 자기가 모시고 있던 지도자를 시해하였다면, 이는 엄연히 '쿠데타'다. 그런 쿠데타는 정당화될 수 없다. 제나라 선왕은 어떤 형식으로건, 맹자와의 논쟁에서 맹자를 한방 먹이려고 기회를 노리고 있는 듯하다. 그런데 흔히 탕임금과 무왕의 방벌론(放伐論)이라고 하는, 신하가 임금을 시해한 것 같은 역사적 사실을 확인하자마자, 바로 '군사 쿠데타'가 아니냐고 문제 제기를 한다. 왜냐하면 신하는 임금을 올바로 섬기는 것이 기본 덕목이지, 반항하는 것이 직분은 아니기 때문이다.

하지만 맹자의 기지는 신랄하고 대답은 극단적이다. 최고지도자로서의 덕망을 지니지 못한 포악무도한 지도자는 민심이 그로부터 이탈하였기 때문에, 지도자로서의 실질적 자격은 사라진다. 고립된 한 사나이에 불과하다! 그러므로 탕임금과 무왕의 행보는 최고지도자를 시해한 것이 아니라, 극악무도한 한 사나이를 민중의 이름으로 처단한 것일 뿐이다.

여기에서 지도자의 본분에 대한, 나아가 모든 사람의 본분에 대한 경각심이 솟아나온다. 지도자는 지도자다워야 한다! 그렇지 않으면 지도자가 아니다. 맹자의 '본분론'은 바로 본분을 지키지 못할 때 변혁과 개혁으로 이어지고, 그것은 궁극적으로 중국 혁명사상의 근거가 된다.

16. 인재를 적재적소에 배치하라

맹자가 제나라 선왕을 뵙고 말하였다.

"큰 궁전을 지으려면 반드시 공사 책임을 맡은 목수에게 큰 나무를 구해 오게 할 것입니다. 목수가 큰 나무를 구해 오면 당신께서는 기뻐하며 목수로서의 임무를 제대로 감당하였다고 생각할 것입니다. 그런데 목수들이 큰 나무를 잘라서 작게 만들면 당신께서는 화를 내며 목수들이 임무를 제대로 감당하지 못했다고 생각할 수 있습니다. 사람이 어

려서 배우는 것은 어른이 되어 배운 것을 실행하기 위해서입니다. 당신
께서 목수들이 궁전을 짓기 위해 나름대로 실행하고 있는데 '잠시 너희
들이 배운 것을 버리고 나를 따르라.'라고 하신다면, 궁전이 제대로 지어
지겠습니까?

지금 여기에 돌에 박힌 거친 옥이 있습니다. 그것이 20만 량이나 되지
만, 반드시 옥을 다듬는 사람에게 다듬도록 시켜 반들반들한 옥을 만
들 것입니다. 나라를 다스리는 데 이르러서 '잠시 너희들이 배운 것을
버리고 나를 따르라.'라고 하신다면, 옥을 다듬는 사람에게 옥을 다듬는
일을 가르치는 것과 무엇이 다르겠습니까?"

이 장에서 요지는 '잠시 너희들이 배운 것을 버리고 나를 따르라.'라
는 대목이다. 특히 '나를 따르라.'라는 말은 '내가 시키는 대로 하라.'라
는 의미다. 이는 제나라 선왕이 자신이 원하는 패도정치를 휘두르겠다
는 생각을 우회적으로 표현한 것이다. 나무를 다루는 목수나 옥을 다
듬는 옥공은 일종의 전문가이다. 그런 전문가에게 그 분야의 문외한인
선왕이 나무 다루는 법이나 옥 다듬는 법을 가르쳐 주겠다고 나선다는
것 자체가 어불성설이다.

맹자는 이 지점을 파고든다. 자기 고집대로, 패도로 나라를 이끌어
가려는 선왕의 태도에 간곡한 비유를 통해 제동을 건다. 큰 궁전을 짓
는 데 제 역할을 하는 목수들의 재목을 다루는 태도, 거친 옥을 다듬
는 옥공의 자세, 나라 다스리는 정차지도자의 기능, 이 세 가지를 유기
적으로 연결시켜 말솜씨를 뽐낸다. 역시 맹자다.

조기의 『장구』에는 똑똑하고 덕망 있는 인재를 등용하여 그들이 배

운 것을 어기지 않으면 좋은 결과로 나타나 그 공이 무너지지 않지만, 다른 사람의 옳은 것을 구부려서 자기의 옳지 않은 것에 억지로 따라오게 하면 사람은 올바른 도리를 이룩하지 못하고 옥은 제대로 다듬어지지 않는다고 하였다.

요컨대, 나라를 올바르게 다스리려면 덕을 갖춘 유능한 인재를 적재적소에 등용하여 정사를 맡겨야 한다는 말이다.

17. 민심을 확보하라

제나라 군대가 연나라를 쳐서 승리하였다.

제나라 선왕이 물었다.

"어떤 사람은 나에게 정벌한 연나라를 빼앗지 말라고 하고 어떤 사람은 나에게 빼앗아 버리라고 합니다. 전차 1만 대를 소유한 제나라가 같은 1만 대의 전차를 가지고 있던 연나라를 완전히 정벌하고 함락시키는데, 단 50일밖에 걸리지 않습니다. 사람의 힘으로는 도저히 이런 결과를 낼 수 없습니다. 빼앗지 않는다면 이후 반드시 후환이 있을 것 같습니다. 그러니 빼앗아 버리는 것이 어떻겠습니까?"

맹자가 대답하였다.

"빼앗아서 연나라 사람들이 기뻐하거든 빼앗아 버리세요. 옛날 지도자 중에 그렇게 한 사람이 있었어요. 주나라 무왕이 바로 그 사람입니다. 빼앗아서 연나라 사람들이 기뻐하지 않거든 빼앗지 마세요. 옛날 지도자 중에 그렇게 한 사람이 있었어요. 주나라 문왕이 바로 그 사람입니다."

전차 1만 대를 소유한 나라가 같은 1만 대를 소유한 나라를 정벌하였
는데, 도시락과 물병을 들고 나와 포학무도한 정치에서 해방시켜 준 것
에 고마움을 표하면서 당신의 군대를 환영하는 것에 어찌 다른 이유가
있겠습니까? 포악한 정치를 피하기 위해서입니다. 그런데 정벌을 하고도
인정을 베풀기는커녕 포학한 정치가 심해진다면, 사람들은 발길을 돌려
다른 나라에 구원을 요청할 것입니다."

다른 나라를 정벌하여 승리를 거둔 후에도 가장 중요한 문제는 민의
와 민심이다. 민의와 민심이 따라오지 않는다면, 그것은 실제로 그 나라
를 복속시킨 것이 아니다. 이 장에서도 민의와 민심을 존중해야 한다는
맹자의 사유가 강렬하게 드러난다. 민심이 지도자에게 쏠리면 세상의
지도자로 우뚝 설 수 있고, 민심이 이반되면 하나라의 걸이나 은나라의
주처럼, 아무리 최고지도자라 할지라도 외면당한 한 사나이에 불과하게
된다. 이때 혁명의 기운이 싹튼다.

그러므로 이 장에서 맹자가 던지는 첫 구절은 그만큼 강렬한 메시지
를 담고 있다. "빼앗아서 연나라 사람들이 기뻐하거든 빼앗아 버리세요.
…… 빼앗아서 연나라 사람들이 기뻐하지 않거든 빼앗지 마세요." 이는
지도자를 선택의 갈림길에 놓이게 만든다. 전쟁의 명분이 떳떳하고, 다
른 나라 사람을 감동시킬 수 있으면 빼앗아도 좋다. 그러나 그와 반대라
면, 그만두어야 한다.

18. 자결권과 자치권을 존중하라

제나라 군대가 연나라를 쳐서 빼앗자 주변의 여러 나라들이 연나라를 구해 주려고 구원책을 도모하였다.

그러자 제나라 선왕이 말하였다.

"주변의 몇몇 나라가 우리 제나라를 치려고 전쟁을 도모하는데, 어떻게 이들을 대처해야 합니까?"

맹자가 대답하였다.

"저는 사방 70리의 영토를 소유하고도 온 세상을 잘 다스렸다는 말을 들은 적이 있어요. 은나라 탕임금이 그 사람입니다. 1,000리의 영토를 소유하고서 다른 나라를 두려워한 지도자가 있다는 소리는 들어 보지 못했습니다.

『서경』「중훼지고」에 '탕임금이 첫 번째 정벌을 갈나라에서 시작하자 온 세상이 믿어 주었다. 동쪽을 향하여 정벌함에 서쪽 오랑캐가 원망하며, 남쪽을 향하여 정벌함에 북쪽 오랑캐가 원망하여 말하기를, '어찌하여 우리를 나중에 정벌하는가.' 하여 사람들이 하루 빨리 탕임금이 정벌해 주기를 바랐다. 그것은 큰 가뭄에 비구름과 무지개를 바라듯이 하여, 시장으로 물건을 바꾸러 가는 사람이 여전히 끊이지 않았고, 밭 가는 사람들도 변함없이 성실하게 일하였다. 포악한 군주를 죽여 사람들을 위문하니, 단비가 내린 듯 사람들이 크게 기뻐했다.'라고 하였습니다. 그리고 또 『서경』「중훼지고」에서 '우리를 구해 줄 지도자를 기다렸는데, 그가 오면 살아나리라!'라고 하였습니다.

지금 연나라 지도자들이 사람들에게 포학하게 하므로, 당신께서 가서 정벌하였습니다. 연나라 사람들은 포학무도한 정치에서 해방시켜 줄 것이라고 여겨, 도시락과 물병을 들고 나와 고마움을 표하면서 당신의 군대를 환영해 주었습니다.

그런데 그 부모형제를 죽이고 자식들을 구속하며 종묘를 부수고 보물들을 제나라로 가져간다면, 그것이 어찌 옳은 일이겠습니까? 온 세상이 제나라가 강한 것을 정말로 두려워하고 있어요. 지금 또다시 영토를 두 배로 확장하고 훌륭한 정치를 베풀지 않는다면, 이것은 주변 여러 나라의 군대를 움직이게 하는 요인이 됩니다.

당신께서 하루 빨리 명령을 내려, 잡아 가둔 노약자들을 연나라로 돌려보내고, 노획한 보물들을 제나라로 가져오지 못하게 막으며, 연나라 사람들에게 물어 새로운 지도자를 연나라에 세워 준 뒤에 돌아오세요. 그러면 전쟁을 사전에 예방할 수 있습니다."

이 장 또한 앞 장에 이어서, 다른 나라를 정벌한 후의 민심의 향배를 살피는 내용이다. 특히 전쟁에서 승리하였다고 하더라도 정벌한 나라의 사람들이 좋아하지 않는다면, 과감하게 그 나라를 빼앗지 말고 본래대로 돌려줘야 함을 역설한다.

맹자의 시선에서 보면, 근원적으로 전쟁 자체가 문제다. 하지만 전쟁에 승리하여 나라를 정벌하는 것만이 능사인 것도 아니다. 전쟁에서 승리하여 그것을 자기 나라에 유리하도록 하고 나아가 세상을 차지하는 데 도움이 되게 하려면, 왕도정치에 기초한 철저한 덕치를 베풀어야 한다. 무엇보다도 점령한 나라의 민의와 그 지역 주민의 자결권을 존중해야 한다는 맹자의 사유가 돋보인다.

폭정을 시행하던 지도자는 사라졌지만, 점령지역 주민이 원하지 않을 경우, 그 지역을 강제로 통치하려고 해서는 안 된다. 상당수의 점령지역 주민들은 점령군을 달가워하지 않는다. 전쟁의 후유증을 생각해 보라. 부모와 형제자매에게 해코지하고, 조상 대대로 내려오던 소중한 보물들을 탈취해 간다면, 그런 점령군을 환영할 이유가 없다. 그때는 점령군이 먼저 나서서 훌륭한 덕망을 지닌 새로운 지도자를 점령지역 주민들이 스스로 옹립할 수 있게 도와주며, 자치권을 존중하는 것이 도리다.

19. 자신에게서 나온 것은 자신에게 돌아간다

추나라가 노나라와 전쟁을 일으켰다.

추나라 목공이 물었다.

"군대를 통솔하여 전쟁에 나갔던 지휘관급 장교들이 33명이나 죽었다. 그런데 병졸들은 전쟁에서 죽은 자가 없다. 이런 자기 지휘관도 생각하지 않는 병졸들을 모조리 죽여 버리고 싶으나 그렇다고 죽일 수도 없고, 죽이지 않고 그냥 두자니 윗사람의 죽음을 보고도 그것을 고소하게 여기며 구해 주지 않는 것이 아주 분합니다. 이를 어떻게 하면 좋겠습니까?"

맹자가 대답하였다.

"흉년과 기근 든 해에 당신의 국민들이, 노약자들은 시신이 도랑에 뒹굴고, 청장년들은 살길이 막막하여 사방으로 흩어져 사방으로 도망간 자가 수천 명에 가깝습니다. 그런데 지도자의 양식 창고에는 곡식이 꽉 차 있고, 물자 창고에는 재화가 가득 차 있었어요. 그런데도 이런 사정을 지도자에게 알려 준 측근 참모들이나 군대 지휘관이 없어요. 이것은 윗사람들이 태만하여 아랫사람을 잔인하게 다룬 것입니다. 증자가 '이를 경계하고 경계하라. 네게서 나온 것은 네게로 돌아간다.'라고 하였습니다. 지금까지 윗사람에게 당한 원한을 이제 와서야 사람들이 갚을 기회를 얻은 것이지요. 당신께서는 그것을 탓하지 마세요. 당신께서 훌륭한 정치를 베풀면 이 사람들은 그 윗사람과 친해지고 자연스레 윗사람을 위해 목숨을 바칠 것입니다."

추나라는 맹자가 탄생한 곳으로 노나라에 의지해서 지내던 일종의 부용국이다. 따라서 노나라에 일대일로 대항할 수 없는 조그마한 나라였다. 그런데 목공 때에 전란을 일으켜 군대의 지휘관급 장교 33명을 희생시키고 패배하였다. 엄밀하게 말하면 「양혜왕」편에 추나라 목공의 이야기가 등장해서는 안 되겠지만, 추나라가 맹자의 고국이고 내용상 훌륭한 정치를 베풀어야 한다는 의미를 담고 있어, 여기에 배치한 듯하다.

맹자가 보기에 목공은 자기가 평소에 사람들에게 어떻게 해 왔는지 정치적 실책은 반성하지 않고, 전쟁에서 목숨을 걸고 싸워 주지 않은 병졸들에 대한 원망만 가득 차 있다. 중요한 것은 먼저 사람을 사랑하고 그들에게 착한 정치를 베풀어야 하는 것인데 그들을 원수처럼 여기고 있다. 이런 상황에서 맹자에게 해법을 묻는다.

맹자는 이에 대해 솔직하게 대답해 준다. 가장 큰 문제는 목공이 평소 베푸는 정치를 하지 않은 것이다. 그러니까 병졸들이 전투에서 적극적으로 싸우지 않고, 지휘관들이 죽어 가고 있음에도 오히려 고소해 하며 방관한다. 이는 목공과 그의 참모들이 평상시 사람들을 어떻게 대했는지에 대한 결과이며 보복의 증거다. 따라서 지금부터라도 훌륭한 정치를 실천하라는 적극적 조언이다.

조기의 『장구』에는, "윗사람이 아랫사람을 구해 주면 아랫사람은 윗사람의 어려운 일을 막기 위해 나선다. 자기로부터 악이 나가면 그 해가 자신에게 닥쳐오는 것은 그림자나 메아리 같이 자연스러운 일이다."라고 해설하였다.

20. 사람들과 함께 자구책을 마련하라

등나라 문공이 물었다.

"등나라는 작은 나라인데, 제나라와 초나라 사이에 끼여 있습니다. 제나라를 섬겨야 할까요? 초나라를 섬겨야 할까요?"

맹자가 대답하였다.

"그에 대한 대책은 내가 어떻게 할 수 있는 일이 아닙니다. 그러나 굳이 말하라고 한다면 한 가지 방법이 있습니다. 못을 깊이 파고 성을 높이 쌓아 사람들과 함께 지키세요. 사람들이 목숨을 바치고 떠나가지 않는다면 한 번 해 볼 만합니다."

등나라는 본래 주나라 문왕의 아들 숙수를 봉했던 나라다. 맹자가 등문공과 대화를 할 때는 다른 왕들과 달리 대등한 입장에서 말하는 장면이 많다. 그래서 여기에서도 낮추거나 겸손하는 말인 '제가'가 아니라 '내가'로 썼다.

　등문공이 제나라와 초나라 사이에서 누구를 섬겨야 할지 망설이며 자문을 구했을 때, 맹자가 망설인 이유가 있다. 맹자가 보기에 제나라와 초나라는 모두 무례한 나라였다. 왜냐하면 왕도가 아니라 패도로 나라를 다스리며 전쟁을 일삼고 사리사욕이 넘쳐나는 존재들이었기 때문이다. 이런 상황에서 제나라와 초나라 중 어느 쪽을 섬겨야 등나라가 요행히도 명맥을 유지할 수 있을지 판단하기 어려웠으리라.

　대신 처방은 강력했다. 차라리 사람들의 지지를 받아 죽을 각오로 올바른 길을 지켜 나가라! 그것이 성곽을 견고히 하고 국민들과 함께 그것을 지켜 내는 길이었다. 그 이면에는 맹자가 평소에 생각하던 정치의 길이 숨어 있다. 지도자는 사람의 도리를 지켜 사람을 사랑하는 일을 가장 중요하게 생각하고, 쓸데없이 큰 나라에 알랑거려 요행을 바라며 임시로 모면하려는 생각은 버려야 한다! 그것이 앞에서 다루었던 큰 용맹이요 의리다.

21. 선행에 힘쓸 뿐이다

　등나라 문공이 물었다.

　"제나라 사람이 설나라를 빼앗고 거기에 성을 쌓으려고 합니다. 저들이 이웃해 있는 우리 등나라를 겁주려는 것 같아 나는 무척 두렵습니다. 어떻게 하면 좋겠습니까?"

　맹자가 대답하였다.

"옛날, 주나라 문왕의 할아버지인 태왕이 빈 땅에 살 때, 적인이 침략하자 그곳을 떠나 기산 아래에 가서 살았어요. 그곳에 살기 위해 땅을 택한 것이 아니라, 다른 땅을 얻지 못해 어쩔 수 없이 거기에 간 겁니다. 진정으로 선행을 하면 후손 중에서 반드시 지도자 노릇을 하는 사람이 생길 것입니다. 지도자가 나라를 세워 그 전통을 전하는 것은 그것을 계속해 나갈 수 있기 위해서입니다. 그것의 성공 여부는 하늘에 달려 있습니다. 당신께서 제나라가 성을 쌓는 것에 대해 어찌하겠습니까? 방법이 없어요. 선행에 힘쓸 뿐입니다."

설나라는 본래 황제의 후예인 해중을 봉한 임씨 성을 가진 나라였다. 맹자 시기에는 제나라에 합병되었는데, 제나라는 설 땅에 군사 기지를 만들려고 하였다. 이에 성을 쌓았던 것이다.

등문공은 그런 제나라의 행동을 매우 위협적으로 느끼면서 맹자에게 전략적인 방법을 요청하였다. 그러나 맹자는 일관되게 자신의 철학을 전개한다. 즉 나라의 흥망성쇠는 사람의 힘이 아니라 보이지 않는 천명에 달렸다. 따라서 큰 나라인 제나라와 대적할 수 없을 바에는 선행에 힘쓰고 모든 것을 천명에 맡길 수밖에 없음을 강조하였다. 그렇다고 요행을 바라거나 쓸데없이 두려워할 필요도 없다.

주자는 『집주』에서 지도자로서 당연히 해야 할 일에 힘을 다하고, 꼭 해내기 어려운 일에 대해서 요행을 바라지 말라는 의미로 이해하였다.

22. 떠나느냐 지키느냐, 그 기준은 의리다

등나라 문공이 물었다.

"우리 등나라는 작은 나라입니다. 있는 힘을 다하여 큰 나라를 섬기더라도 그 압박과 위협을 면할 수 없습니다. 어찌하면 좋겠습니까?"

맹자가 대답하였다.

"옛날 주나라 문왕의 할아버지인 태왕이 빈 땅에 살 때, 적인이 침략하자 값진 공물인 가죽과 비단을 바쳐 가며 섬겼는데도 그들의 침입을 면하지 못하였고, 소중한 가축인 개와 말을 바쳐 가며 섬겼는데도 그들의 침입을 면하지 못하였으며, 고귀한 보화인 구슬과 옥을 바쳐 가며 섬겼는데도 그들의 침입을 면하지 못하였습니다. 이에 도저히 참기 힘들어, 경험 많은 노인들을 모아 놓고 이렇게 말했다고 합니다. '적인들이 원하는 것은 다름 아닌 우리의 땅입니다. 지도자는 사람을 기르는 땅을 볼모로 사람을 해치지는 않는다고 했습니다. 여러분에게 지도자가 없다고 한들 무슨 큰일이 벌어지겠습니까? 이제 이곳을 떠나야겠습니다.' 그러고는 빈 땅을 떠나 양산을 넘어서 기산 아래에 터를 만들고 거주했습니다. 그러자 빈 땅 사람들은 '사람을 사랑할 줄 아는 사람이다. 절대 놓쳐서는 안 된다.'라 했고 그를 따라간 사람의 숫자가 시장으로 사람들이 몰려가듯 많았습니다."

어떤 사람은 '대대로 지켜 온 땅이므로, 나 홀로 마음대로 할 수 있는 것은 아니다. 그러니, 목숨을 바치는 한이 있더라도 떠나지 말자.'라고도 말합니다.

당신께서는 이 두 가지 가운데 하나를 선택하십시오."

맹자의 강인한 인상이 두드러지는 장이다. 앞의 20장에서 맹자는 등문공에게 냉정하게 충고하였다. 등나라가 작은 나라일지라도 무례한 제나라나 초나라를 섬기지 말고 자구책을 구하라고. 하지만 등문공은 다시 맹자에게 자문을 구한다. 현실적으로 큰 나라를 섬기지 않고서는 견디지 못할 처지에 놓였다. 잘못하면 큰 환란을 겪을 수 있다. 어찌하면 좋은가? 등문공은 걱정만 하는 지도자처럼 보인다.

맹자는 주나라 문왕의 할아버지 태왕의 고사를 들어 설명한다. 방법은 간단하다. 태왕처럼 큰 나라가 원하는 땅을 줘 버리고 떠나든지, 아니면 죽음을 무릅쓰고 최후까지 의리로 지키든지. 맹자도 등문왕의 태도가 답답했는지, 마지막으로 둘 중 하나를 선택하라고 단호하게 말하고 마무리한다.

조기는 『장구』에서 '태왕이 빈 땅을 떠난 것은 임시방편이다. 죽음을 무릅쓰고 조상의 유지를 받드는 것이 의리다. 임시방편과 의리는 병행할 수 없기 때문에 할 수 없이 택하여 거처한 것이다.'라고 풀이하였다.

주자는 『집주』에서 '맹자가 논의한 것은 세속의 입장에서 본다면 무모한 일이지만, 이치로써 할 수 있는 것은 이것 이외에 없다.'라고 보았다.

23. 천명과 천운을 기다려라

노나라 평공이 외출하려고 하자 최측근 참모인 장창이란 자가 말하였다.

"보통 때는 공이 외출을 하게 되면 반드시 수행 보좌관에게 갈 곳을

미리 알려 주는데, 오늘은 수레가 말에 매어져 갈 준비가 다 되었는데
도, 수행 보좌관이 아직 어디로 가는지 모르고 있습니다. 어디로 가는
지 알려 주십시오."

공이 말하였다.

"맹자를 만나려고 한다."

장창이 말하였다.

"왜 만나려고 하십니까? 당신께서는 스스로 당신을 낮추고 맹자 같
은 보통 사람에게 먼저 예를 베푸는 까닭은 그가 좀 똑똑하고 훌륭한
덕망을 지녔기 때문입니까? 예의는 똑똑하고 훌륭한 덕망을 지닌 사람
으로부터 나옵니다. 맹자는 어머니의 장례를 아버지의 장례보다 지나치
게 잘 치렀습니다. 아버지 상은 소홀히 하고 어머니 상은 융숭하게 치른
사람이 훌륭할까요? 당신께서는 그를 만나지 마십시오."

평공이 말하였다.

"알았다."

악정자가 들어가 평공을 뵙고 말하였다.

"당신께서는 왜 맹자를 만나 보지 않으셨습니까?"

평공이 말하였다.

"어떤 사람이 나에게 '그가 어머니의 장례를 아버지의 장례보다 지나
치게 잘 치렀다.'라고 하였는데, 이 때문에 가서 보지 않았네."

악정자가 말하였다.

"당신께서 이른바 '지나치게 잘 치렀다.'라는 것은 무엇을 말하시는지
요? 아버지의 장례는 하급관리의 예로써 하고, 어머니의 장례는 고위
관리의 예로써 했습니다. 아버지의 장례에서는 하급관리들이 쓰는 그릇

에 제물을 담아 올렸고, 어머니의 장례에서는 고위 관리들이 쓰는 그릇에 제물을 담아 올렸습니다. 이런 걸 말씀하시는 겁니까?"

평공이 말하였다.

"아닐세. 관과 관을 덮어씌우는 외곽 상자, 수의가 지나치게 좋은 것에 대해 말한 것이다."

악정자가 말하였다.

"아닙니다. 이것은 지나치게 잘 치른 것이 아닙니다. 아버지 장례 때와 어머니 장례 때의 사는 형편, 즉 빈부가 같지 않기 때문입니다."

악정자가 맹자를 뵙고 말하였다.

"제가 평공에게 만날 약속을 잡았고, 평공이 와서 뵈려고 했습니다. 그런데 평공의 최측근 참모 중에 장창이라는 자가 만나지 못하도록 저지하였습니다. 평공이 이 때문에 오지 않은 것입니다."

맹자가 말하였다.

"길을 가는 것도 어떤 계기가 있고, 멈추는 것도 어떤 계기가 있다. 그러나 가는 것과 멈추는 것은 사람이 시킬 수 있는 영역이 아니다. 내가 노나라 지도자를 만나지 못하는 것은 천운이다. 일개 장씨의 아들이 어찌 나에게 만나지 못하게 할 수 있겠는가?"

제1편 「양혜왕」의 마지막 장이다. 맹자는 악정자의 주선으로 노나라 평공의 자문을 맡을 예정이었던 것 같다. 그러나 최측근 참모의 건의로 만남이 제대로 이루어지지 못했다. 그러나 맹자는 실망하지 않는다. 그냥 기다릴 뿐이다. 그것은 적극적인 유세만큼이나 인내심을 요청한다.

어쩌면 전국시대라는 난세를, 정치적 권고를 통해 건너는 방법이 이런 것인지도 모른다. 수많은 영웅호걸의 이합집산과 산전수전, 풍찬노숙의 과정에서 맹자는 정치의 긴장과 허무함을 터득하였을 수도 있다. 맹자는 어떤 요청도 하지 않는다. 체념도 하지 않는다.

만남은 천운, 천명일 뿐.

"길을 가는 것도 어떤 계기가 있고, 멈추는 것도 어떤 계기가 있다. 그러나 가는 것과 멈추는 것은 사람이 시킬 수 있는 영역이 아니다. 내가 노나라 지도자를 만나지 못하는 것은 천운이다."

이런 맹자의 태도는 어쩌면 당당한 자신감과 그 이면에 묻어 있는 유세객으로서의 내공, 그리고 이것이 합쳐져 표출되는 가장 정제된 마음의 표현이다.

조기는 『장구』에서 "헐뜯는 말을 잘하는 사악한 인간이 아무리 훌륭한 사람을 모함한다고 해도, 훌륭한 사람은 그것을 천명이나 천운으로 돌리고 사람을 탓하지 않는다."라고 하였다. 주자는 『집주』에서 "정치 지도자가 나오고 들어앉고 하는 것은 때와 운수와 관련된다. 그것은 천명이지 사람의 힘으로 미칠 수 있는 것이 아니다."라고 평가하였다.

제1편 「양혜왕」에서 맹자는 양혜왕과 제선왕, 등문공 등 여러 나라의 지도자들에게 인의(仁義)에 근거한 훌륭한 정치, 이른바 왕도의 실천을 적극적으로 권고하였다. 반면, 전국시대 유행처럼 번지던 '패도(霸道)'에 대해 결단코 반대하며 자신의 견해를 강조하였다.

조기의 『장구』에 의하면 인의가 마음에 뿌리를 내리고 실천력이 확보된 다음에 왕도를 제대로 실행할 수 있다. 「공손추」에는 그런 내용이 많이 담겨 있으므로 이를 제2편에 두었다고 보았다. 공손추는 맹자의 제자인데, 정치에 상당한 관심과 재능을 보였다. 이는 『논어』에서 자로가 정치에 관심이 있어 수시로 공자에게 정치에 대해 질문한 것과 유사한 형태를 띤다. 『논어』에 「자로」라는 편명이 있듯이, 『맹자』에도 이와 비슷하게 「공손추」라는 편명을 두었다고 보기도 한다.

그렇다고 이 편이 반드시 그런 것은 아닌 듯하다. 왜냐하면 편명을 만드는 관행이 대개 각 편의 맨 앞말을 따서 만들었기 때문이다. 제1편 「양혜왕」에서도 지적하였듯이, 「양혜왕」편에 양나라 혜왕과의 대화만 등장하는 것이 아니라 제나라 선왕을 비롯한 다른 지도자와 대화가 훨씬 많이 나온다. 그럼에도 「양혜왕」이라고 한 것처럼, 제2편도 '공손추문왈(公孫丑問曰)'로 시작하므로 「공손추」라고 편명을 붙였다고 보는 것이 무난하다. 「공손추 장구」로 나눌 때 상편은 9장이고 하편은 14장으로 모두 23장으로 구성되어 있다.

1. 패도를 경계하라

맹자의 제자인 공손추가 물었다.

"선생님, 혹시 제나라에서 요직을 맡으신다면, 과거 제나라의 황금 시기에 관중과 안영이 세운 공적만큼이나 좋은 활동을 기대할 수 있겠습니까?"

맹자가 말하였다.

"자네, 진짜 제나라 사람일세. 제나라 환공을 가장 힘 있는 지도자로 만든 관중과 제나라의 명성을 드날리게 만든 안영만을 기억할 뿐이니 말이야.

어떤 사람이, 공자의 제자 증삼, 그러니까 증자의 손자인 증서에게 '그대는 공자의 수제자인 자로에 견주어 볼 때, 누가 더 훌륭하다고 생각하는가?'라고 물었다네. 그러자 증서가 불안해하면서 '자로는 당시 동문 수학하던 우리 할아버지도 두려워하셨던 분일세.'라고 하였다네. 또 그 사람이 '그렇다면 그대는 관중에 견주어 볼 때, 누가 더 훌륭하다고 생각하는가?'라고 물었다네. 그러자 증서가 화를 벌컥 내며 기분 나빠하면서, '당신 말이야, 어째서 나를 관중에게 견주는가? 관중은 지도자였던 환공의 신임을 전적으로 얻어, 저렇게 오랫동안 국정을 독단하였다네. 그런데도 그의 공적이 변변치 않다고 보네. 당신이 나를 어떻게 보고, 나를 관중에 비교하려 드는가!'라고 하였다네.

관중은 증서도 모범으로 삼으려 하지 않은 사람인데, 자네는 진정 내가 관중처럼 되기를 바란다는 말인가!"

공손추가 말하였다.

"관중은 자기가 섬기고 있던 지도자 환공을 세상에서 가장 강력한 사람으로 만들었고, 안영은 자기가 섬기고 있던 지도자 경공의 명성을 세상에 드날리게 하였습니다. 관중과 안영 같은 지도자의 최측근 참모 노릇도 해 볼 만하지 않습니까?"

맹자가 말하였다.

"제나라에서 지도자 노릇을 하는 일은 손을 뒤집는 것처럼 쉬운 일일세."

공손추가 말하였다.

"머리가 더 혼란스럽습니다. 주나라 문왕의 경우, 훌륭한 덕망으로 장수하기를 100년, 그럼에도 불구하고 그 덕망이 세상에 충분히 퍼지지 않았습니다. 다음 세대인 무왕과 주공이 그 사업을 계승하여 실천한 후에 덕망이 크게 퍼져 나갔습니다. 그런데 지금 지도자 노릇 하는 것을 손바닥 뒤집듯이 쉬운 일처럼 말씀하시니, 문왕과 같은 지도자는 본받을 만한 것이 못됩니까?"

맹자가 말하였다.

"함부로 말하지 말게나. 문왕을 어떻게 감당할 수 있겠는가? 은나라
를 세운 탕임금으로부터 20대 고종에 이르기까지 훌륭한 지도자 예닐
곱 명이 나와서 세상이 온통 은나라의 것이 되었네. 그 후에도 폭군인
주가 자리를 이을 때까지 7대에 걸쳐 지도자가 나왔지. 정말 은나라의
전통은 그렇게 한 지 오래되었다네. 모든 것이 그렇듯이, 오래되면 바꾸
기가 어렵다네. 고종이 주변의 여러 작은 나라의 지도자들에게 조회를
받고 세상을 다스릴 때 손바닥에 놓고 움직이듯이 하였다네. 은나라 마
지막 왕인 폭군 주는 사실 고종과 시대 차이가 그리 크지 않다네. 하지
만 은나라의 전통, 훌륭한 풍속과 훌륭한 정치의 영향력이 아직도 남아
있었지. 거기에다 은나라 지도자의 마지막 최측근 참모들, 미자, 미중, 왕
자 비간, 기자, 교격 등이 있었는데, 이들은 모두 똑똑한 재주와 훌륭한
덕망을 갖춘 사람들이었다네. 이들이 폭군이기는 했지만 지도자를 보
좌하였기에, 은나라는 상당한 시간이 지난 다음에 나라를 잃게 되었지.
한 자의 땅도 은나라 지도자의 소유가 아닌 것이 없었고, 한 사람의 국
민도 그의 국민이 아닌 사람이 없었다네. 그런데도 주나라를 창건한 문
왕은 사방 100리의 조그마한 땅을 기반으로 나라를 일으켰다네. 바로
은나라의 이런 전통 때문에 어려웠던 것이지.

제나라 사람들에게 회자되는 속담에 이런 말이 있다네.

'똑똑한 지혜를 지니고 있을 지라도 시대의 추세나 기회를 타는 것만
못하다! 농기구가 있을지라도 씨 뿌리고 밭 가는 농사지을 때를 기다리
는 것만 못하다!'

지금은 혼란의 시기이기 때문에 왕도를 행하여 훌륭한 지도자가 되기 쉬운, 그런 시대라네.

하나라 우임금, 은나라 탕임금, 주나라 문왕 등 나라를 세워 한참 흥성해 가기 시작할 즈음에도, 이들 나라의 영토가 1,000리를 넘지 않았다네. 그런데 지금 제나라는 그만한 크기의 영토를 소유하고 있고, 마을의 닭 울음과 개 짖는 소리가 사방의 국경까지 들릴 정도로 많은 사람들이 살고 있다네. 제나라에 이만한 사람들이 살고 있는데, 영토를 더 개척하지 않고 사람을 더 모으지 않더라도 훌륭한 정치를 행하면서 지도자 노릇을 한다면, 이것을 막을 사람이 어디 있겠는가? 거기에다 지금처럼 훌륭한 지도자가 등장하지 않는 때가 없었고, 지금처럼 사람들이 잔혹한 정치에 시달리는 때도 있지 않았다네. 따라서 굶주린 사람은 무엇이건 먹으려고 하고, 목마른 사람은 무엇이건 마시려고 할 것이네. 그런 먹을 것과 마실 것을 장만해 주기 쉬운 시대라네.

공자가 말했지. '덕행이 퍼져 나가는 것은 파발마로 명령을 전달하는 것보다 빠르다!'라고.

지금 같은 시대에, 전차 1만 대를 소유할 정도의 큰 나라가 훌륭한 정치를 베푼다면, 사람들은 거꾸로 매달려 있다 풀려난 것과 같은 기쁨을 느낄 걸세. 그러므로 일은 옛날 지도자들이 한 것에 비해 반만 하고, 효과는 옛날 지도자들의 배가 될 수 있다네. 지금이 그것을 실현할 절호의 기회라네."

공손추는 수제자급에 속하는 맹자의 문하생으로 생각된다. 맹자가 말년에 저술을 할 때 공손추, 만장 등을 대동한 데서도 그런 추측을 할 수 있다. 어쩌면 『맹자』라는 책의 공동 집필자인지도 모른다. 분위기상 으로 볼 때, 공손추는 정치에 관심이 많고 그 분야에 상당한 재능을 지 닌 것처럼 느껴진다.

제2편 「공손추」의 1장은 정치에 관한 맹자의 포부와 유학의 입장을 밝히고 있다는 점에서 상당히 중요한 대목이다. 맹자의 시대 진단은 간 단하다. 당시 제나라의 사회적 배경과 상황은 착한 정치인 인정(仁政)만 베풀면 큰 힘을 들이지 않고도 최고지도자가 될 수 있는 결정적 요인을 지니고 있었다. 그럼에도 불구하고 공손추는 스승 맹자의 의도를 제대 로 알아차리지 못하고, 관중이나 안영이 이루었던 '패도'를 목표로 삼고 있다.

이는 공손추가 시대정신에 무지했음을 반증하는 대화이기도 하고, 맹자의 의도를 부각하기 위한 대화 장치의 재배치처럼 느껴지기도 한 다. 요지는 왕도로 세상을 다스리고 패도를 경계하라는 의미다.

2. 마음이 흔들리지 않는 방법

공손추가 물었다.

"선생님이 제나라의 최고위급 관료가 되어 선생님이 원하는 정치를 행할 수 있게 되었다고 가정해 보시지요. 제나라 지도자는 선생님의 정 치 이념을 바탕으로 정치를 하겠지만, 패도를 행할 수도 있고 왕도를 행 할 수도 있을 것입니다. 지도자가 그렇게 하는 데 특별히 이상하게 생각 할 것은 없겠습니다만, 선생님의 책임이 상당히 무거울 것 같은데, 혹시 마음에 동요가 일지는 않겠습니까?"

맹자가 말하였다.

"아닐세. 나는 40대에 들어서면서, 어떤 경우에도 마음의 동요가 일지 않았네."

공손추가 말하였다.

"40대에 마음의 동요가 없었다고요? 마음의 동요가 없으려면 엄청난 용기가 필요한 건데. 아, 그렇다면 선생님은 옛날 위나라 때 살아 있는 소의 뿔도 뽑았다는 맹분보다도 용기가 뛰어나십니다."

맹자가 말하였다.

"그것은 어려운 일이 아니네. 나와 가끔씩 논쟁을 벌이며 사람의 본성에 선악이 없다고 주장하는 고자도 나보다 먼저 마음의 동요를 일으키지 않았다네."

공손추가 말하였다.

"마음의 동요를 일으키지 않는, 마음을 움직이지 않는 일, 그러니까 '부동심'을 하는 방법이 따로 있습니까?"

맹자가 말하였다.

"있지, 있고말고. 내가 몇몇 사례를 들어 보지. 제나라에 북궁유라는 사람이 있었는데, 그가 용기를 기르는 방법은 다음과 같다네. 살갗이 칼에 찔려도 몸을 꿈쩍도 하지 않고 눈이 찔려도 눈동자를 피하지 않는다네. 털끝만큼이라도 남에게 꺾였다고 생각하면 모든 사람에게 공개된 장소에서 매를 맞는 것처럼 여겼다네. 낡고 헐렁헐렁한 옷을 걸친 노숙자 같은 사람에게도 모욕을 당하지 않고 전차 1만 대를 소유한 큰 나라의 지도자에게도 모욕을 당하지 않는다네. 전차 1만 대를 소유한 큰 나라의 지도자를 찔러 죽이는 것을 낡은 옷을 걸친 노숙자 같은 사람을 찔러 죽이는 것처럼 생각하지. 이처럼 한 나라의 지도자일지라도 무서워하지 않아. 그 누구건 자기를 험담하는 소리가 들리면, 반드시 보복을 했지.

또 용감한 전사로 전해 오는 맹시사라는 사람이 있었는데, 그가 용기를 기르는 방법은 이러했다네. 이기지 못하는 전투를 보면서도 이기는 전투처럼 여긴다네. 적군이 얼마나 강한지 약하지를 헤아려 본 뒤에 나아가며, 승리할 것인지 아닌지를 헤아려 이길 것이라고 생각한 후에 나아가 맞서 전투를 벌이지. 그러니까 그는 1만 2,500여 명이나 되는 대군을 거느린 군대도 두려워하는 사람이지. 그러면서도 이렇게 얘기를 하지. '내가 어찌 그런 대군을 반드시 이길 수가 있겠는가? 두려움이 없을 뿐이다.'

공자의 제자에 비유하면, 맹시사는 증자와 유사하고 북궁유는 자하와 유사하다네. 이 두 사람이 용기를 기르는 방법 가운데 누가 나은지는 잘 모르겠네. 맹시사의 경우, 자기를 지키는 부분에서 나름대로의 요령이 있다네.

옛날에 증자가 제자인 자양에게 이렇게 말했다네.

'그대는 용맹스러운 것을 좋아하는가? 내 일찍이 공자에게 진정으로 큰 용기에 대해 들은 적이 있다네. 스스로 돌이켜 보아 옳지 못하면, 낡고 헐렁헐렁한 옷을 걸친 노숙자 같은 하찮은 사람 앞에서도 내 두려워 견딜 수 없지 않겠는가! 그러나 스스로 돌이켜 보아 옳다면, 천만 명의 사람 앞일지라도 나는 두려워하지 않고 대적할 수 있으리라.'

맹시사가 지키려는 것은 기력이다. 이는 증자가 올바른 자세를 지키려는 요령과는 같지 않다."

공손추가 말하였다.

"감히 묻겠습니다. 선생님의 마음에 동요가 없는 것과 고자가 마음의 동요가 없는 것, 이른바 두 분의 부동심의 차이에 대해 말해 줄 수 있겠습니까?"

맹자가 말하였다.

"고자는 이렇게 말하였네. '다른 사람이 한 말이 이해가 되지 않은 부분이 있어도 자기의 마음에서 억지로 생각하여 알려고 하지 말고, 마음에서 생각해도 알지 못하거든 기운에 호소하여 도움을 구하지 말라.' 내가 볼 때 '마음에서 생각해서 알지 못하거든 기운에 호소하여 도움을 구하지 말라.'라는 부분은 괜찮다고 생각하네. 하지만 '다른 사람이 한 말이 이해가 되지 않은 부분이 있어도 자기의 마음에서 억지로 생각하여 알려고 하지 말라.'라는 부분은 옳지 않다고 생각하네. 왜냐하면 사람의 마음이 움직이는 방향인 의지는 기운을 이끄는 작용을 하고, 기운은 우리 몸에 꽉 차 있는 것이거든. 그러니까 의지가 일정한 방향으로 나아가 이르면 기운이 그것을 따라가기 때문이지. 그러므로 '그 의지를 바로잡고 자기의 기운을 지나치게 자극하여 발동시키지 말라.'라고 한 것이야."

공손추가 말하였다.

"'의지가 일정한 방향으로 나아가 이르면 기운이 그것을 따라간다.'라고 하고, '그 의지를 바로잡고 자기의 기운을 지나치게 자극하여 발동시키지 말라.'라고 했는데, 무슨 말이지요?"

맹자가 말하였다.

"의지가 한결같으면 기운을 움직이고, 기운이 한결같으면 의지를 움직일 수 있다네. 지금, 자빠지기도 하고 달리기도 하는, 저런 행동은 기운에 해당하는 것이라네. 하지만, 그것 때문에 사람의 마음이 동요하게 된다네."

공손추가 말하였다.

"감히 묻겠습니다. 선생님은 어떤 부분에서 다른 사람에 비해 뛰어납니까?"

맹자가 말하였다.

"나는 다른 사람이 하는 말을 제대로 알아듣는다네. 그리고 나는 나의 호연지기를 잘 기른다네."

공손추가 말하였다.

"감히 묻겠습니다. 무엇을 호연지기라고 합니까?"

맹자가 말하였다.

"호연지기, 그것은 한 마디로 말하기 어렵다네. 그 기운은 어마어마하게 크고 어마어마하게 강하다네. 올곧은 자세로 제대로 기르고 방해되는 것이 없으면, 이 호연지기는 우주 자연에 꽉 차게 된다네. 우주 자연에 성대하게 흘러가며 충만해질 수 있는 공명정대한 기운이라고나 할까. 그 기운은 의리와 도리가 짝이 되어 합쳐진 것이라네. 따라서 사람에게 이것이 없으면, 마음에 공허감이 밀려오게 된다네. 허전해지면서 멍해지는 거지.

이 호연지기는 정의롭게 사는 와중에 의리가 쌓이고 쌓여서 생겨나는 것이라네. 어느 날 갑자기 정의로운 행동을 조금 하였다고 하여 가질 수 있는 것이 아니라네. 행동하는 것이 마음에 충분히 녹아들지 않고 시원하지 않은 점이 있다면 허탈감이 밀려오게 마련일세. 그래서 내가 '고자는 일찍이 의리를 알지 못한다.'라고 말한 것일세. 고자는 의리를 마음에 있다고 생각하지 않고 몸 밖에 있다고 생각하기 때문이지.

사람은 반드시 호연지기를 기르는 데 힘써야 하네. 특히, 정의로운 일을 하면서 언제까지 얼마만큼의 효과를 거두겠다고 미리 작정하지 말아야 하네. 마음에 간직하여 절대 잊지 말고, 억지로 조장하지도 말아야 하네. 옛날 송나라에 이런 사람이 있었다네.

자기가 심은 곡식의 싹이 빨리 자라나지 않음을 안타깝게 여겨, 그것을 뽑아 놓은 사람이 있었지. 그는 곡식의 싹을 뽑아 올려놓느라 지쳤고, 축 처진 어깨를 하고 집으로 돌아왔지. 그러고는 집안사람들에게 말했지. '오늘 나는 너무나 피곤하다. 내가 곡식의 싹이 잘 자라도록 도와주었다.' 그 사람의 아들이 깜짝 놀라 밭으로 달려가 보았다네. 곡식의 싹이 이미 모조리 말라 죽어 버렸다네.

이처럼 이 세상에 곡식의 싹이 자라도록 억지로 조장하지 않는 사람이 적다네. 유익함이 없다고 하여 그냥 버려두는 사람은 곡식에 김을 매지 않는 사람이고, 무리하게 잘 되게 하려고 억지로 조장하는 사람은 곡식의 싹을 뽑아 놓는 사람과 같다네. 이는 유익함이 없을 뿐만 아니라, 도리어 해치는 짓이지."

공손추가 물었다.

"선생님은 '다른 사람이 하는 말을 제대로 알아듣는다.'라고 하였는데, 무슨 말씀이시지요?"

맹자가 말하였다.

"편파적인 말을 들으면 그 사람이 무엇을 가리고 있는지를 알고, 지나치게 늘어놓는 말을 들으면 그 사람이 무엇에 빠져 있는지를 알며, 이치에 맞지 않는 말을 들으면 그 사람이 정도에서 벗어나 있는지를 알고, 책임을 회피하는 말을 들으면 그 사람이 어떤 궁지에 몰려 있는지를 알 수 있다네. 이런 말들은 바르지 못한 마음에서 생겨난다네. 정치 지도자가 이런 생각을 가지게 되면 나라의 정치에 해를 끼치게 되지. 그것이 정치에 구체적으로 드러나면 해를 끼치는 것은 뻔한 일이지. 어떤 훌륭한 사람이 세상에 다시 나온다 하더라도 내 말에 수긍할 걸세.

공손추가 말하였다.

"옛날 공자의 제자 중에 재아와 자공은 언변이 탁월하였고, 염우와 민자건, 안연은 덕행에 뛰어났다고 했습니다. 공자는 이 두 가지를 겸하고 있으면서도 '나는 공식적으로 말을 하려고 하면 언변이 능숙하지 못해.'라고 했다지요. 그렇다면 선생님은 이미 훌륭한 사람 아닙니까?"

맹자가 말하였다.

"아니! 그게 무슨 말인가? 옛날에 자공이 공자에게 '선생님은 훌륭한 사람입니다.'라고 하자 공자가 '훌륭한 사람? 난 그런 분의 인품을 감당할 수 없네. 다만 배우기를 싫어하지 않고 가르치기를 게을리하지 않네.'라고 하였다네. 그러자 자공이 '배우기를 싫어하지 않는 것은 지혜로움이고, 가르치기를 게을리하지 않는 것은 인자함이니, 인자하고 지혜로우신 선생님은 이미 훌륭한 사람에 속합니다.'라고 말했지. 공자도 훌륭한 사람이라고 자처하지 않았는데, 나보고 훌륭한 사람이라니, 이 웬 말인가?"

공손추가 물었다.

"옛날에 제가 '자하나 자유, 자장은 모두 훌륭한 사람의 자질 가운데 일부분만을 갖추고 있었고, 염우나 민자건, 안연은 훌륭한 사람의 자질을 전반적으로 갖추고 있었으나 미약하다.'라고 들었습니다. 선생님께서는 이런 자질 가운데 어느 쪽에 가까운지요? 외람되지만 감히 여쭈어봅니다."

맹자가 말하였다.

"그런 이야기는 이제 좀 그만하세."

공손추가 말하였다.

"수양산에서 고사리를 캐 먹다가 죽었다는 백이와 하나라 말기에 탕임금을 도와 걸을 토벌하고 사람들을 폭정에서 구했었다는 이윤은 어떠합니까?"

맹자가 말하였다.

"두 사람은 처세의 방법이 같지 않네. 정당한 길을 걷는 지도자가 아니면 섬기지 않고, 정식적으로 다스려야 할 사람들이 아니면 다스리지 않으며, 세상이 제대로 다스려지면 관직에 나아가고 세상이 혼란스러우면 은퇴하여 물러나는 사람이 백이라네. '어떤 지도자를 섬긴들 지도자가 아니며 어떤 사람을 다스린들 사람이 아니겠느냐.' 라고 하여 세상이 제대로 다스려져도 관직에 나아가고 혼란스러워져도 나아가서 다스리려는 사람이 이윤일세. 관직에 나아갈 만하면 나아가고 물러나야 한다면 물러나며, 오래 머무를 만하면 오래 머무르고, 빨리 떠나야 할 만하면 빨리 떠나가는 사람은 공자라네. 이들 모두는 옛날의 훌륭한 분들이라네. 나는 아직까지 그분들처럼 할 수 없었네. 원하는 바가 있다면 공자를 배우고 싶네."

공손추가 말하였다.

"아니, 백이와 이윤이 공자만큼이나? 그토록 훌륭한 사람들입니까?"

맹자가 말하였다.

"아닐세. 이 세상에 아직까지 공자만큼 훌륭한 인격자는 있지 않다고 보네."

공손추가 말하였다.

"그렇다면 이 세 분에게 같은 점이 있습니까?"

맹자가 말하였다.

"있지, 있고말고. 100리쯤 되는 영토를 가지고 지도자 노릇을 하면, 모두 주변 나라의 지도자들에게 조회를 받고 나라를 소유할 수 있을 만한 인물이지. 그리고 한 가지라도 정의롭지 않은 일을 행하거나 한 사람이라도 죄 없는 이를 죽이고 세상을 차지하는 일 같은 것은 절대 하지 않을 분들이지. 이런 것이 같은 점일 걸세."

공손추가 말하였다.

"그럼, 세 분의 다른 점은 어떤 것입니까? 감히 여쭈어 봅니다."

맹자가 말하였다.

"세 분의 다른 점을 꼭 집어서 말하기는 좀 그러하네. 대신 공자 제자들의 말을 통해 생각해 보세.

재아와 자공, 유약은 훌륭한 사람이 어떠한지를 알아볼 만할 정도로 지혜로웠네. 그들의 인품이 훌륭한 인격자에는 미치지 못할지라도, 자기들이 좋아하는 것에 아첨하는 데까지 이르지는 않았다네. 공자에 대해 재아는 '우리 선생님은 요임금이나 순임금보다 훨씬 나은 분이다.'라고 하였고, 자공은 '그 사람의 예의범절을 보면 그 나라의 정치가 어떤지 알 수 있고, 그 사람의 음악을 들어 보면 그 지도자의 덕망이 어떤지 알 수 있다. 100세대가 지난 후에 100세대 이전의 지도자들을 평가해 보아도, 이런 점은 충분히 증명할 수 있다. 이 세상에 아직까지 우리 선생님만큼 훌륭한 인격자는 있지 않았다.'라고 하였네. 그리고 유약은 '어찌 사람만이 그러하겠는가? 달리는 짐승 중에서 기린이나 나는 새 중에서 봉황, 수많은 언덕 가운데 태산과 같이 큰 산, 길바닥에 고인 물에 비하면 황하와 같은 큰 강물이나 바닷물, 이런 부류 중에서 가장 뛰어난 것이다. 일반 사람 가운데 훌륭한 인격자도 이와 같이 비유할 수 있다. 같은 무리에서 가장 빼어나고, 함께 모인 것에서 높이 솟아났지만, 이 세상에 아직까지 우리 선생님만큼 훌륭한 인격자는 있지 않았다.'라고 하였다네.

공자 제자들의 이런 평가를 보면, 공자가 어떤 분인지 가늠할 수 있지 않겠나. 백이, 이윤, 공자 세 분의 다른 점에 대해서는 이런 정도로 얘기해 두세."

이 장은 흔히 '호연지기(浩然之氣)', 혹은 '부동심(不動心)'장으로 널리 알려져 있다. 핵심은 마음의 동요를 일으키지 않는, 또는 마음을 움직이지 않는 일, 그러니까 '부동심'을 하는 방법에 대한 이론이 드러나는 장이다. 부동심은 호연지기를 기르고, '다른 사람이 하는 말을 제대로 알아듣는' 지언(知言)을 통해 가능하다.

이 2장은 매우 긴 문장으로 이야기가 전개되는데, 제1편 「공손추」 7장과 함께 『맹자』의 2대 장문으로 불린다. 앞에 나온 제1편 「공손추」 7장에서는 '왕도론'을 중심으로 하는 정치이론이 전개되었다면, 이 장에서는 부동심을 핵심으로 하는 '수양론'이 거론된다. 수양론은 현대적 의미에서 '교육론'으로 볼 수 있다. 따라서 제1편 「양혜왕」 7장과 제2편 「공손추」 2장은, '정치이론'과 '교육이론'이 구체적으로 드러난, 크게 보면 맹자 사회사상의 양대 축을 보여 주는 중요한 장이다.

이외에도 '곡식의 싹을 뽑아 올려 그 자라남을 도와주었다.'는 유명한 알묘조장(揠苗助長)의 고사가 등장하는 장이기도 하고, 맹자가 공자의 삶의 모습을 따르겠다는 결의가 나타나는 곳이기도 하다.

조기는 『장구』에서 "의리로 용기를 실천하면 마음이 동요되지 않는다."라고 하였고, "호연지기를 길러 정도를 따르고, 알묘조장 하는 송나라 사람의 어리석음을 따라서는 안 된다."라고 강조하였다.

3. 사랑하는 마음, 복종하는 마음

맹자가 말하였다.

"재력이나 무력과 같이 어떤 권력으로, 사람을 사랑하는 열린 마음을 가지고 있는 체하는 지도자는 패도정치를 하는 사람이다. 패도정치를 하는 지도자는 반드시 영토가 큰 나라를 소유해야 성이 찬다. 덕망으로 사람을 사랑하는 열린 마음을 가진 지도자는 왕도정치를 하는 사람이다. 왕도정치를 하는 지도자는 영토가 큰 나라만을 고집하지 하지 않는다. 은나라를 창건한 탕임금은 사방 70리를 가지고도 훌륭한 정치를 하여 마침내 온 세상을 다스리게 되었고, 주나라를 창건한 문왕은 100리를 가지고도 훌륭한 정치를 하여 마침내 온 세상을 다스렸다.

권력으로만 사람을 복종시키면 상대방이 진심으로 복종하지 않는다.

힘이 부족해서 할 수 없이 복종하는 것이다. 덕망으로 사람을 복종시키는 것은 상대방이 진심으로 기뻐하여 복종하는 것으로, 공자 문하에서 배우던 70여 명의 제자가 진심으로 공자를 따르던 것과 같다. 『시경』 「대아」〈문왕〉에 '서쪽에서 동쪽에서 남쪽에서 북쪽에서, 복종하지 않는 이가 없도다.'라고 노래하였는데, 바로 이것을 말한 것이다."

왕도를 쓰는 지도자와 패도를 쓰는 지도자를 분명하게 구별한 간결한 문장이다. 왕도와 패도는 기본적으로 지도자의 자질과 태도의 문제이다. 왕도는 사랑하는 마음을 통해 사람들과 더불어 하고, 패도는 힘의 논리에 따라 자신의 권력에 의지하여 사람들을 부리는 정치다.

조기는 『장구』에서 다음과 같이 정돈하였다. "왕도를 실천하는 지도자는 덕망에 의지하고, 패도를 실천하는 지도자는 힘을 겸한다. 힘의 논리에 복종하는 것과 마음으로 복종하는 것은 그 우열을 따져볼 때, 상당히 다른 차원이 존재한다. 그러기에 먼 곳의 사람들이 복종하지 않으면 지도자가 덕망을 높이 닦아 그들을 잘 회유해야 한다."

주자는 『집주』에서 추호의 말을 빌려 다음과 같이 강조하였다. "힘으로 사람을 복종시키는 사람은, 그 사람을 복종시켜야겠다는 생각을 굳게 갖고 있다. 그런 상황에 처한 사람은 그에게 복종하지 않을 수 없다. 덕망으로 사람을 복종시키는 사람은, 그 사람을 복종시켜야겠다는 생각이 아예 없다. 그런 상황에서 사랑을 받는 사람은 그에게 복종하지 않을 수 없다."

이런 점에서 정치의 힘, 지도자의 리더십은 인간에 대한 사랑, 이 하나에 달려 있다고 해도 과언이 아니다. 그것이 유교에서 말하는 사람을 사랑하는 열린 마음인 '인(仁)'이요 사람의 도리인 '의(義)'다.

4. 사랑과 열린 마음의 정치

맹자가 말하였다.

"사람을 사랑하는 열린 마음으로 정치를 하면 나라가 번영하고, 사람을 미워하는 닫힌 마음으로 정치를 하면 나라가 패망한다. 나라 안의 반란과 다른 나라의 침공, 그리하여 끝내 다가올 나라의 패망을 원치 않으면서도 사람을 미워하는 닫힌 마음으로 정치를 하는 것은, 축축하거나 곰팡이가 끼는 습한 것을 싫어하면서도 낮은 곳에 있는 것과 같다.

나라를 패망으로 이끄는 치욕을 싫어한다면, 덕망을 소중하게 여기고 재능 있는 인사들을 존중하고 우대해야 한다. 훌륭한 덕망을 지닌 사람이 관직에 있고, 똑똑한 재능을 지닌 사람이 직책을 맡고 있으면, 큰 우환이 없이 나라가 안정된다. 이런 때에 정치의 길과 법률 및 사회 제도를 정돈하여 구체적으로 밝혀 놓으면, 아무리 강대국일지라도 함부로 하지 못하고, 그 나라를 두려워할 것이다.

『시경』「빈풍」〈치효〉에 '하늘에 구름이 끼고 비가 내리기 전에, 저 뽕나무 뿌리의 껍질을 벗겨 창문을 단단하게 얽어 놓는다면 저 아래에 있는 사람들이 나를 업신여기기야 하겠는가.'라고 노래하였다. 이에 대해 공자가 '이 시를 지은 사람은 정치의 길을 알고 있으리라. 그렇게 자기 나라를 다스린다면 누가 감히 그를 업신여기겠는가.'라고 평가하였다.

큰 우환 없이 지금 나라가 안정되었는데, 지도자들이 대대적으로 즐기면 태만하고 오만한 짓을 저지른다면, 이는 자진해서 화를 불러들이는 짓이다. 화와 복은 모두 자신으로부터 나온다. 『시경』 「대아」〈문왕〉에 '영원히 천명에 합해지기를 생각하고, 스스로 많은 복을 구했도다.'라고 노래하였고, 『서경』 「태갑」에서는 '하늘이 만든 재앙은 오히려 피할수 있으나, 자신이 만든 재앙은 피할 수 없다. 어찌 살 것인가!'라고 하였는데, 모두 이를 두고 한 말이다."

지도자의 성공과 실패는 모두 '자신이 어떻게 처신하느냐'에 달렸음을 강조한 장이다. 그것은 사람을 사랑하는 열린 마음을 갖추었느냐의 여부에서 판가름 된다. 그것이 '인(仁)이냐? 불인(不仁)이냐?'다.

지도자가 훌륭한 정치를 베풀면 나라는 번영하고, 그 핵심은 훌륭하고 유능한 인재를 적재적소에 등용하는 일이다. 여기에서 다시 '만사가 인사'라는 말이 떠오른다. 인재등용 이후에 나라가 어느 정도 안정을 찾으면, 나라에 알맞은 제도를 정비하여 내우외환을 미연에 방지하여 올바른 정치 문화를 다져야 한다. 그렇지 않고 방심하여 해이한 마음을 지니면 그 즉시 화가 싹트게 된다.

그러기에 조기는 "나라는 반드시 정치의 문제를 제대로 처리하고, 지도자는 반드시 사람을 사랑하는 열린 마음으로 정치를 해야 한다. 화와 복은 자신에게 달린 일이지 하늘에 달려 있는 것만은 아니다. 때문에 나라가 혼란해지기 전에 우환을 미리 막아야 한다."라고 주석하였다. 사회 지도층 인사는 물론, 보통 사람의 경우에도 유비무환의 정신이나 화복은 인간 자신의 문제라는 점에 귀 기울이며 생활에서의 처신 문제를 고려해 볼 만한 대목이다.

5. 훌륭한 정치를 행하는 다섯 가지 방법

맹자가 말하였다.

"덕망을 지닌 사람을 존중하고 유능한 인재를 등용하여 재주와 덕행이 뛰어난 사람이 관직에 있으면, 세상에서 관리를 꿈꾸는 사람들이 모두 기뻐하여, 그 나라의 관리로서 자신의 재능에 맞는 직책을 맡고 싶어 할 것이다.

시장에서는 점포세만 받고 다른 세금을 징수하지 않고, 시장을 관리하는 법을 정해 놓고 안 팔리고 남아 있는 상품은 나라에서 사들이되 점포세를 징수하지 않으면, 세상의 장사꾼들이 모두 기뻐하여 그 시장에 물건을 보관하고 싶어 할 것이다.

국경을 통과하는 여행자나 물품에 대해서는 검문은 하되 통행세나 물품세를 징수하지 않으면, 세상의 여행자들이 모두 기뻐하여 그 길로 다니기를 원할 것이다.

농사짓는 사람들은 공동경작지에 참여하여 경작하게 하고 다른 세금을 내지 않게 하면, 세상의 농부들이 모두 기뻐하여 그 땅에서 경작하기를 원할 것이다.

사람들이 사는 거주지에서는 주민세와 재산세를 없애면 세상의 사람들이 모두 기뻐하여 그 나라의 국민이 되기를 원할 것이다.

진실로 이 다섯 가지를 시행할 수 있다면, 이웃나라 사람들이 그 나라의 지도자를 자기 부모 대하듯이 우러러볼 것이다. 이런 상황에서 이웃나라 지도자가 그 국민들을 거느리고 이 나라의 지도자를 공격하여 성공한 경우는 역사상 유래가 없었다. 이 세상에 그런 지도자를 대적할 자는 없다. 세상에 대적할 자가 없는 사람은 하늘이 내린 일꾼이다. 이렇게 하고서도 지도자 노릇을 하지 못한 사람은 없다."

인의의 정신에 기초하여 왕도를 베푸는 구체적인 방법을 설명한 장이다. 맹자는 왕도정치의 방법으로 다섯 가지를 제시하였는데, 첫 번째가 인재등용이고, 나머지 네 가지는 모두 경제 문제다. 현대적으로 보면 서민들의 생활, 이른바 민생과 직결되는 문제로 국민들의 과중한 세금 부담을 경감하는 데 무게중심이 놓여 있다. 그런 정치의 핵심은 유능한 인재를 등용하여 국민들의 부담을 줄이고 생활을 안정시키는 작업이다. 농민들에게는 유명한 정전법(井田法)을 권고하는 모습도 보인다.

조기는 『장구』에서 "지도자가 옛날의 훌륭한 정치 방법을 실시하면 이웃나라 사람들도 그를 부모처럼 여겨 따르게 될 것이고, 지금 같이 포학한 정치를 저지르면 자기 나라 사람들조차도 따르지 않게 된다."라고 하였다.

주자는 "지도자가 왕도정치를 행하면 오랑캐나 적군들조차도 부모 자식 사이처럼 잘 따르는 관계로 바꿀 수 있고, 왕도정치를 행하지 않으면 자기 나라의 국민들도 원수가 될 수 있음을 말한 것"으로 풀이하였다.

6. 차마 견뎌 내지 못하는 마음과 네 가지 단서

맹자가 말하였다.

"사람은 남을 괴롭히거나 그들이 불행해지는 것을 아무렇지도 않게 여기지 못하는 착한 마음을 가지고 있다. 즉 다른 사람을 해치지 못하는 마음, 잔혹하게 굴지 못하는 마음을 지니고 있다.

옛날 훌륭한 지도자들은 잔혹하게 굴지 못하는 마음을 지니고 있었다. 그래서 자연스럽게 사람에게 잔혹하게 굴지 못하는 정치를 시행하였다. 사람에게 차마 잔혹하게 굴지 못하는 마음으로, 사람에게 차마 잔혹하게 굴지 못하는 정치를 행한다면, 세상은 손바닥 위에 놓고 움직일 수 있을 정도로 쉽게 다스릴 수 있다.

'사람들은 모두 차마 다른 사람을 해치지 못하는 마음, 잔혹하게 굴지 못하는 마음을 지니고 있다.'라고 말하는 근거는 다음과 같다.

지금 갑자기 어린아이가 우물에 빠지려고 하는 장면을 보게 되었다고 하자. 그러면 모두가 깜짝 놀라고 가슴 쓰라리게 아픈, 불쌍하게 여기는 마음을 가지게 된다. 이것은 어린아이의 부모와 사귀어 친분을 쌓기 위해서도 아니고, 마을 사람이나 친구들에게 칭찬을 받기 위해서도 아니다. 더구나 어린아이를 구하지 않았다는 비난을 듣기 싫어서, 혹은 어린아이가 우물에 빠지면서 지르는 비명소리가 듣기 싫어서 그러한 것도 아니다.

이처럼 가슴 쓰라리게 아파하며 불쌍하게 여기는 마음인 측은지심이 없으면 사람이 아니다. 부끄러워하는 마음인 수오지심이 없어도 사람이 아니다. 양보하는 마음인 사양지심이 없으면 사람이 아니고, 옳고 그름을 가릴 줄 아는 마음인 시비지심이 없으면 사람이 아니다.

측은지심은 사람을 사랑하는 열린 마음인 인의 실마리이고, 수오지심은 올바른 일을 하지 않으면 부끄러워할 줄 아는 의의 실마리이며, 사양지심은 사람이 처한 상황에 따라 양보하며 겸손할 줄 아는 예의 실마리이고, 시비지심은 옳고 그름을 판단할 줄 아는 지의 실마리다.

사람이 네 가지 실마리, 즉 인의예지의 사단을 지니고 있는 것은 몸에 팔다리 네 개를 지니고 있는 것과 같다. 사단을 지니고 있으면서도 스스로 인의를 행할 수 없다고 말하는 자는 자신을 해치는 자이고, 자기의 지도자가 인의를 행할 수 없다고 말하는 자는 지도자를 해치는 자다.

이는 조그마한 불씨가 조금씩 훨훨 타오르고 샘물이 조금씩 솟아 나와 큰 강물이 되는 것을 아는 것과 같다. 이를 제대로 채운다면 온 세상을 다스려 사람들을 충분히 보호할 수 있고, 제대로 채우지 못한다면 집안에서 부모조차 모실 수 없을 것이다."

이 장은 맹자 성선설의 근거가 되는 네 가지 단서, 즉 사단(四端)이 설명되어 있는 곳이다. 흔히 착한 마음의 상징으로 대변되는 측은(惻隱), 수오(羞惡), 사양(辭讓), 시비(是非)는 인의예지(仁義禮智)의 네 가지 실마리로 발전하고, 인간은 그 네 가지 덕을 단서로서 갖게 된다. 따라서 이 사단은 인간의 존재 근거가 된다.

엄밀하게 말하면, 맹자의 성선설은 '사람의 본성이 착하다!'라는 의미보다는, 사람의 마음은 인의예지의 단서가 되기 때문에 '사람의 마음에는 착할 수 있는 실마리, 그 가능성이 있다!'라고 보는 것이 정확하다. 이런 점에서 맹자의 성선설을 선단설로 이해하는 것이 옳다.

조기는 이 장에 대해 "사람은 내면으로 자기 자신이 옳은지 그렇지 아닌지를 스스로 찾아, 자신의 사단을 확충해 나가도록 해야 한다. 그리하여 그 도리를 확충하면 위로는 지도자를 바르게 섬길 수 있고, 아래로는 자신을 영광스럽게 할 수 있다."라고 주석하였다. 주자는 측은·수오·사양·시비를 사람의 감정이나 정서로 보았고, 인의예지는 사람의 본성으로 보았다. 그리고 사람의 마음이 이 정서와 본성을 거느린다고 해석하였다.

마음의 문제를 논의하였지만, 이 장의 요점은 역시 정치에 있다. 맹자는 당시의 지도자들에게 '차마 사람에게 하지 못하는 마음'을 확충하여 훌륭한 정치를 베풀도록 권장한 것이다.

7. 자신의 직업에 충실하라

맹자가 말하였다.

"화살 만드는 사람이 갑옷 만드는 사람보다 어찌 착하지 않겠는가? 그러나 화살 만드는 사람은 행여나 활로 자기가 만든 화살을 쏘았는데 사람을 상하게 하지 못할까 두려워하고, 갑옷 만드는 사람은 행여나 그 갑옷을 입고 화살이나 칼을 맞았을 때 사람이 상할까 두려워한다. 사람이 잘되라고 빌어 주면서 사람이 죽지 않아야 명성이 오르는 무당과 사람이 죽어야 관을 만들어 팔 수 있게 되는 목수도 마찬가지 처지다. 그러므로 사람은 생업으로 하려는 기술, 이른바 직업을 선택할 때 신중을 기하지 않으면 안 된다.

공자가 말하였다.

'마을의 분위기가 탁 트여 있어야 아름답고 좋다. 스스로 이런 마을

을 골라 열린 마음으로 살 때, 지혜롭다고 할 수 있지 않겠는가?'

사람을 사랑하는 열린 마음을 지니면 누구나 그 사람을 존중하고 누구나 그런 분위기에서는 편안함을 느낀다. 그런 사람, 그런 분위기를 만드는 데 아무런 장애가 없어도 사람들은 서로 사랑하고 열린 마음을 갖지 못한다. 이런 인간 사회가 지혜롭지 못한 것이다.

열린 마음을 지니지도 않고, 지혜롭지도 않으며, 예절도 없고, 의리도 없으면, 남의 일꾼이 되어 심부름 노릇이나 하며 부려지게 된다. 사람에게 부려져 남의 일꾼 노릇이나 하면서 그 부려지는 것을 부끄러워하는 것은, 활 만드는 사람이 활 만드는 것을 부끄러워하며, 화살 만드는 사람이 화살 만드는 것을 부끄러워함과 같다. 이렇게 남의 일꾼 노릇 하는 것을 부끄러워한다면, 열린 마음으로 사람을 사랑하는 것만 못하다.

열린 마음으로 사람을 사랑하는 사람은 활쏘기 하는 것과 같다. 활을 쏘는 사람은 자신의 마음을 바로잡은 뒤에야 화살을 발사한다. 발사한 화살이 과녁에 맞지 않더라도 자신을 이긴 상대방을 원망하지 않고, 돌이켜 왜 과녁에 맞히지 못했는지 그 원인을 자신에게서 찾을 뿐이다."

주자는 "열린 마음으로 사람을 사랑하는, 그 실천의 원동력은 자신에게 달려 있다. 다른 사람을 핑계하지 말라!"라고 하였다. 그것이 바로 '모든 일에 대해 반성하여 자신에게서 그 원인을 찾는다!'라는 의미의 유명한 '반구저기(反求諸己)'다.

이 장에서는 오로지 착한 마음, 열린 마음을 실천하여 사람을 사랑하는 것이 삶에서 무엇보다 중요하다는 점을 강조하였다. 특히 일생을 좌우할 직업의 선택에서, 열린 마음으로 사람을 사랑할 수 있고 삶의 도리에 맞는 것을 신중하게 선택하도록 권장한 점을 눈여겨볼 필요가 있다. 즉 그 반대의 특성을 지니고 있는 생업에 종사할 경우, 부정부패나 불의에 빠질 염려가 있으므로 주의하라는 당부가 깃들어 있다.

조기는 『장구』에서 "사람들은 제각기 자신의 삶의 기술을 닦지만, 그 기술에는 선과 악이 있다. 화와 복은 어떻게 행위 하느냐에 따라 다르게 다가온다. 자신에게 맡겨진 일을 떳떳하게 하며 살아가면서 남에게 부려지는 것을 부끄럽게 여긴다면, 그것은 차라리 열린 마음으로 사람을 사랑하며 사는 것보다 못하다. 삶의 기술을 닦는 데 중요한 것은 이런 점에 유념하라는 것이지, 화살을 만들며 그 일을 부끄러워하는 사람처럼 되지는 말아야 한다."라고 주석하였다.

8. 장점을 경청하라

맹자가 말하였다.

"공자의 수제자였던 자로는 사람들이 그에게 잘못이 있음을 일러 주면 기뻐하였다고 한다.

우임금은 좋은 말을 들으면 그에 대해 일일이 감사의 표시를 하며 절하였다고 한다.

순임금은 이보다도 대단했다고 한다.

좋은 일은 사람들과 더불어 행하고, 자기 생각을 버리고 다른 사람의 생각을 따르며, 다른 사람이 착한 일을 하면 바로 그 착한 일을 취하여 행하는 것을 좋아했다. 저 시골구석에서 밭 갈고 곡식 심고, 질그릇 굽고 고기 잡을 때부터 최고지도자가 될 때까지 착한 일에 대해 다른 사람에게서 취하지 않은 것이 없었다.

다른 사람에게서 취하여 착한 일을 행하는 것은, 다른 사람과 함께 착한 일을 행하는 것이다. 그러므로 지도자는 다른 사람과 함께 착한 일을 하는 것보다 더 큰 즐거움이 없다."

지도자의 행동이 어떤 근거에서 나와야 하는지를 잘 설명한 장이다. 위대한 지도자는 다른 사람의 의견을 경청한다. 자기의 의견만을 고집하지 않고, 다른 사람의 장점을 받아들여 함께 착한 일을 행하여 공동체를 조직하려고 한다. 여기서는 자로를 비롯하여 순임금, 우임금을 대표적인 사례로 들었지만, '경청'이라는 삶의 태도는 인류 역사에서 위대한 인물들이 취하였던 공통점이기도 하다.

조기는 『장구』에서 "위대한 지도자는 다른 사람에게서 착한 점을 취하면서, 자신의 지도적 성향과 인물됨을 드러낸다. 그렇게 다른 사람의 의견을 존중하고 함께 어울릴 때, 저 아래 서민들을 위한 정책은 시행되지 않는 것이 없게 되고, 모든 사람들에게 영향을 미치는 행동은 실효를 거두게 된다."라고 하였다.

주자는 "훌륭한 지도자들이 착한 일이나 장점에 대해 관심을 가질 때, 처음부터 이것저것 따지면서 이건 되고 저건 안 되고 이런 것이 없다. 좋은 점은 좋은 것일 뿐이다. 그러므로 다른 사람에게 있는 것을 자신에게 넉넉히 할 수 있고, 자신에게 있는 것을 다른 사람에게 미칠 수 있다."라고 말하였다.

9. 한쪽으로 치우치는 삶을 경계하라

맹자가 말하였다.

"고죽군의 장자로 수양산에서 굶어 죽었다는 백이는 자기가 섬길 만한 올바른 지도자가 아니면 섬기지 않았고, 벗할 만한 믿을 수 있는 사람이 아니면 벗하지 않았다. 나쁜 사람이 장악하고 있는 정권의 관리 노릇을 하지 않았고, 나쁜 짓을 일삼는 사람과 더불어 말하지 않았다. 나쁜 사람이 장악하고 있는 정권의 관리 노릇을 하거나 나쁜 짓을 일삼는 사람과 더불어 말하는 것을, 깨끗하고 말끔하게 옷을 차려 입고 더러운 진흙과 숯 구덩이에 앉아 있는 것처럼 여겼다.

백이가 나쁜 짓을 어느 정도 미워했느냐 하면, 고향 사람과 함께 관직을 수행하고 있을 때 고향 사람의 복장이 바르지 못하면 뒤돌아보지도 않고 앞만 보고 떠났다. 삐딱한 차림새를 한 고향 사람과 함께하면 자신도 그리될 것처럼 여겼기 때문이다. 이러다 보니, 지도자들이 추천서를 좋게 써서 사람을 보내도 백이는 이를 잘 받아들이지 않았다. 왜냐하면 백이가 생각하기에 섬길 만한 올바른 지도자가 아니었기에 그 지도자의 참모가 되는 것을 달갑게 여기지 않았기 때문이다.

노나라의 대부 유하혜는 부정을 자행하는 더러운 지도자일지라도 그를 섬기는 것에 대해 부끄러워하지 않았고, 지위가 낮은 하찮은 관직일지라도 그 자리를 낮게 여기지 않았다. 관직에 나아가면 자기의 장점을 숨기지 않고 반드시 자신이 옳다고 믿는 대로 밀어 붙였다. 관직에 등용되지 못하고 버려져도 원망하지 않았고, 곤궁에 빠져도 근심하지 않았다. 때문에 유하혜는 당당하게 말하였다.

'너는 너고 나는 나다. 네가 내 곁에서 웃통을 벗고 벌거벗는다 할지라도, 네가 어찌 나를 더럽힐 수 있겠는가?'

이런 성격 탓에 유하혜는 스스로 자신의 삶을 흡족하게 여기며, 그들과 함께 있어도 스스로 올바름을 잃지 않았다. 떠나려고 하다가도 그들이 잡아당겨 멈추게 하면 멈추었다. 왜냐하면 그들이 어떤 자인가는 상관없이 자신의 일을 충실하면 되었기 때문이다.

이렇게 볼 때 "백이는 도량이 좁아 관용이 부족하고, 유하혜는 상대방을 무시하여 존경하는 태도가 부족하다. 지성인은 도량이 좁고 상대방을 존중하지 않는 이런 삶의 태도를 추종하지는 않는다."

백이와 유하혜라는 인물에 대한 평가이자 맹자 자신의 인생관을 드러낸 장이다. 지성인은 한쪽으로 치우치기보다는 올바른 도리를 실천하는 길에 있어야 함을 설파하였다.

수양산에서 고사리를 캐먹고 살다가 죽었다는 백이·숙제의 고사는 널리 알려져 있다. 공자는 『논어』「공야장」에서 "지난 일에 대해 원한을 품지 않았고, 다른 사람에 대해 원망하는 일도 드물었다."라고 백이를 평가하였지만, 여기에서 맹자는 "도량이 좁고 관용이 부족하다."라고 평가한 것으로 볼 때, 백이에 대한 공자와 맹자의 평가가 다름을 알 수 있다.

유하혜에 관한 이야기는 『논어』「미자」에 등장한다. "유하혜가 노나라의 재판관이 되었다가 세 번이나 자리에서 쫓겨났다. 그러자 어떤 사람이 '자네 세 번이나 쫓겨났는데, 이 나라를 떠나는 게 낫지 않겠는가?'라고 하자 유하혜가 '도리를 곧게 지키며 사람을 섬기면 어느 나라에 간들 세 번은 쫓겨나지 않겠는가? 도리를 굽히고 접으며 사람을 섬기면 지도층과 영합하여 잘살아갈 수 있다. 하지만 나는 그렇게 할 수 없다. 대신 나는 내 조국을 떠날 수 없기에 더러운 녀석들과 함께 일을 할지라도 내 본분을 충실히 다할 뿐이다.'라고 하였다." 이런 점에서 유하혜는 양심에 따라 떳떳하게 자신의 임무를 수행한 인물로 그려진다. 하지만 맹자는 상대방을 무시하여 존중하는 측면이 부족하다고 평가하였다.

맹자는 백이와 유하혜가 나름대로 장점은 지니고 있지만, 지성인의 자세는 어느 한쪽, 즉 극단으로 흐르지 않아야 한다는 견해를 제시한다. 조기도 다음과 같이 주석하였다. "백이와 유하혜는 옛날의 훌륭한 사람이다. 그렇지만 부족한 측면이 있다. 이들처럼 독특하게 행동하면 반드시 치우치게 되어 있다. 어떤 상황이건 알맞게 서로 응하는 중화(中和)가 중요한데, 순수한 최고의 인격자만이 이를 지켜낼 수 있다. 지성인은 이런 인격자를 요청한다. 요임금이나 순임금을 모범으로 삼으려는 이유도 거기에 있다."

10. 인화단결의 중요성

맹자가 말하였다.

"정치 지도자로서 나라를 잘 다스리려면 유념해야 할 일들이 있다. 우주 자연의 변화를 살피는 일도 중요하지만, 그것은 땅의 형세가 어떠한지를 파악하는 것만 못하다. 땅의 형세가 어떠한지를 파악하는 것도 중요하지만, 그것은 사람들 사이에 서로 호응하고 협력하는 마음을 얻는 것만 못하다.

3리쯤 되는 성과 7리쯤 되는 성곽, 이 조그마한 성을 완전히 포위하여 공격해도 이기지 못하는 경우가 있다. 포위하여 공격할 때, 반드시 우주 자연의 변화를 관찰하고 적절한 때를 보아 작전을 감행했을 것이다. 그런데도 그 성을 함락시키지 못한 것은 우주 자연의 변화를 살피고 그에 맞추어 공격을 한 것보다, 그 성의 위치가 지리상으로 공격하기 어려운 데 있었기 때문일 수 있다.

성안에 사는 사람들을 위해, 성벽이 높지 않은 것도 아니고, 적이 쉽게 침범하지 못하도록 성곽 주위에 파놓은 연못인 해자가 깊지 않은 것도 아니며, 병장기가 제대로 갖춰져 있지 않은 것도 아니고, 군량미를 비롯하여 사람들이 먹을 곡식이 많지 않은 것도 아니다. 그런데도 이 성을 버리고 사람들이 떠나는 경우가 있다. 이는 아무리 그 성이 위치한 땅의 형세가 좋다 하더라도 사람들이 서로 협력하며 즐겁게 살아가려는 마음이 적기 때문이다.

그러므로 옛날부터 이런 말이 전해 온다.

'사람들이 이 땅 안에서 살게 하되 영토만을 그 경계로 하지 않는다. 나라의 방위를 견고히 하되 산이 험하고 강이 깊은 지세만을 이용하지 않는다. 세상에 위엄을 떨치되 강력한 군사력에만 의존하지 않는다.'

사람을 사랑하는 열린 마음을 지니고 사람이 살아가는 도리가 무엇인지를 얻은 지도자는 도와주는 사람이 많다. 그 반대인 경우에는 도와주는 사람이 적다. 도와주는 사람이 적을수록 친척조차도 배반하고, 도와주는 사람이 많을수록 세상은 그 지도자를 따르게 마련이다. 그리고 훌륭한 지도자를 따르는 사람들은 친척조차 배반하는 포학한 지도자를 몰아낸다. 때문에 지성을 갖춘 지도자는 가능한 한 전쟁을 하지 않으려고 한다. 하지만 전쟁을 하게 되면, 반드시 승리한다."

이 장은 〈공손추장구〉의 하편 첫 번째 장으로, 전국시대 당시 유행했던 천시(天時)와 지리(地利), 인화(人和)의 관계를 일러 주는 유명한 장이다.

천시는 사계절이나 일진, 간지, 방위 등과 관련시켜 정치적으로나 병법상으로 유리한 조건을 따지는 것이고, 지리는 산이나 골짜기가 험준한지 강이 깊고 얕은지 성이 견고한지 아닌지 등 땅의 형세를 보고 유리한 점을 따지는 것을 말한다. 그리고 인화는 사람들이 어떻게 어울려 사는지 그 협력과 소통하는 마음 씀씀이를 통해 공동체의 운명이 결정됨을 고려하는 작업이다. 여기에서 '천시는 지리만 못하고 지리는 인화만 못하다!'라는 말이 나왔다. 인화를 중시하는 것은 사람 사이의 화합과 단결, 의사소통이 가장 중요하다는 의미다. 이는 '사람을 얻는 것이 세상을 얻는 것이다!'라는 말과 상통한다.

맹자가 일관되게 강조하는 것은 인정을 통한 왕도다. 민심을 얻기 위해서 중요한 것은 인정을 베푸는 일이다. 때문에 여기에서 무력으로 전쟁을 일삼으며 상대방을 공격하여 나라를 빼앗는 정치를 그만두어야 함을 극단적으로 경계하였다.

11. 예의를 지키며 자중하라

맹자가 제나라의 지도자 선왕에게 문안을 가려고 하자 선왕이 사람을 보내서 다음과 같은 말을 전하였다.

"내가 나가서 만나려고 했는데, 감기 기운이 있어 바람을 쐴 수 없어요. 정부 관청으로 오세요. 거기서 만납시다. 나를 만나 줄 수 있는지요?"

이에 맹자가 심부름 온 비서에게 "불행하게도 저도 몸이 좀 아파서 지금 관청으로 갈 수 없습니다."라고 간략하게 전하라고 하였다.

그 다음 날, 맹자는 제나라 대부 동곽씨에게 조문을 하러 갔다.

그러자 제자 공손추가 말하였다.

"선생님, 어제는 선왕이 좀 보자고 해도 '몸이 아프다.'고 사양하고, 오늘은 대부인 동곽씨에게 조문을 가고, 이건 도리에 어긋나는 것 아닙니까?"

맹자가 말하였다.

"어제는 몸이 좀 아팠고 오늘은 말끔하게 몸이 나았으니 어찌 조문을 하지 않겠는가?"

이 무렵 맹자가 아프다는 말을 들은 선왕이 사람을 보내서 맹자가 어디가 어떻게 아픈지 문병하고 의원을 보내 왔다.

집을 지키고 있던 맹자의 사촌 동생 맹중자가 문병 온 사람에게 이렇게 말해 주었다.

"어제 선왕을 만나 뵈려고 했으나 몸이 아파서 정부 관청으로 가지 못했습니다. 오늘은 몸이 조금 좋아졌는지, 관청으로 달려 나갔습니다. 아직 관청에 도착하지 않았는지요?"

그리고 맹중자는 얼른 몇몇 사람에게 집으로 들어오는 길목을 지키고 있다가 맹자를 만나면 "집으로 돌아오지 말고 반드시 정부 관청으로 나아가세요!"라고 전하라고 시켰다.

이런 상황을 파악한 맹자는 집으로 가지도 못하고 그렇다고 관청으로 갈 마음도 없어 할 수 없이 제나라 대부 경추씨에게 가서 묵었다.

경추씨가 말하였다.

"집안에서는 부모자식 사이의 도리가 중요하고, 집밖으로 나오면 우리 사회의 지도자와 구성원 사이의 도리를 지키는 것이 인간에게는 무엇보다도 큰 윤리입니다. 부모자식 사이에는 은혜를 핵심으로 하고, 지도자와 구성원 사이에는 상호존중을 핵심으로 합니다. 내가 볼 때 선왕은 맹 선생을 존중하는 듯한데, 맹 선생은 선왕을 존중하지 않는 것 같아요."

맹자가 말하였다.

"어! 무슨 말입니까? 제나라 사람 중에 '사람을 사랑하는 열린 마음이나 인간의 도리가 중요하다.'라는 내용으로 선왕과 대화하는 사람이 없어요. '사람을 사랑하는 열린 마음이나 인간의 도리가 중요하다.'라는 말이 아름답지 않아서 사람들이 서로 이야기하지 않는 걸까요? 그들이 선왕에게 '사람을 사랑하는 열린 마음이나 인간의 도리가 중요하다.'라는 말을 충분히 할 수 없다고 마음으로 판단했기 때문일 겁니다. 따라서 그들과 선왕은 서로 존중하지 않는다고 볼 수 있습니다. 그러나 저는 요임금이나 순임금이 행했던 훌륭한 정치에 대한 이야기가 아니면 함부로 선왕의 앞에서 입을 열지 않습니다. 그러니 제나라 사람들 중에 저보다 선왕을 존중하는 이는 없을 겁니다."

경추씨가 말하였다.

"아니에요. 그런 것을 말하는 것이 아닙니다. 『예기』「옥조」에 보면, '부모가 부르면 머뭇거리지 않고 빨리 대답하며, 지도자가 명령하면 수레를 끄는 말에 멍에 하기를 기다리지 않고 달려간다.'라고 하였어요. 그런데 맹 선생은 선왕을 만나려고 하다가, 선왕의 명령을 듣고서는 끝내 가서 만나지 않았잖아요. 이것이 혹 『예기』에 나온 예와는 다른 것 같아 드린 말씀입니다."

맹자가 말하였다.

"어찌 그런 것을 두고 하는 말이겠습니까? 옛날에 증자가 '진나라와 초나라는 엄청나게 부유하다. 부유함으로 보면 나는 그것을 따라가지는 못한다. 저들이 부유함으로 나를 대하면 나는 사람을 사랑하는 열린 마음으로 그들을 대하고, 저들이 관직이나 지위로 나를 대하면 나는 사람이 살아가는 도리로 그들을 대할 것이다. 이렇게 보면, 내가 저들에 비해 무엇이 부족하단 말인가?'라고 하였어요. 증자가 어찌 사람의 도리가 아닌 것을 말하였겠습니까? 이런 것도 살아가는 이치의 하나일 겁니다.

일반적으로 세상 사람들이 존중하는 것이 세 가지가 있어요. 하나는 관직이나 지위이고, 다른 하나는 나이이고, 또 다른 하나는 덕망입니다. 정부 부처를 비롯하여 공직에 있는 사람에게는 관직이나 지위가 어른의 기준이 되고, 지역 사회나 마을에서는 나이가 어른의 기준이 됩니다. 세상이 안정되고 사람들이 잘살게 하는 데는 덕망이 최고입니다. 어찌 이 가운데 한 가지를 가지고서 다른 둘을 가진 사람을 업신여기며 소홀히 할 수 있겠습니까?

그러므로 옛날부터 훌륭한 일을 할 수 있는 지도자는 반드시 함부로 부르지 못하는 참모나 자문해 주는 사람이 있었습니다. 서로 의논할 일이 있으면 찾아갔지요. 이처럼 덕망을 높이고 도리를 즐거워하며 서로 존중하지 않으면, 더불어 훌륭한 일을 할 수 없는 것입니다.

탕임금은 이윤에게 배운 뒤에 그를 최측근 참모로 삼았기 때문에 큰 고생을 하지 않고도 지도자 노릇을 잘하였고, 제나라 환공은 관중에게 배운 뒤에 그를 최측근 참모로 삼았기 때문에 큰 고생하지 않고 세상에서 가장 강력한 지도자가 된 것입니다.

지금은 세상의 여러 나라의 영토 크기가 비슷하고, 정치 상황도 비슷하여, 특별히 뛰어나거나 뭐 그런 뚜렷한 나라가 없습니다. 이유는 간단합니다. 자기가 가르칠 수 있는 사람, 말 잘 듣는 사람을 측근 참모로 두기 좋아하고, 자기가 가르침을 받을 수 있는 사람, 즉 진정한 정치의 길을 일러 줄 수 있는 사람을 최측근 참모로 두고 싶어 하지 않기 때문입니다.

탕임금이 이윤을, 환공이 관중을 감히 불러서 보지 않았습니다. 제나라의 환공이 관중도 함부로 부를 수 없었는데, 하물며 관중 같은 사람을 대수롭게 여기지 않는 나 같은 사람에게, 더 말할 것이 있겠는지요?"

맹자의 자긍심과 삶의 지향점이 엿보이는 대목이다. 맹자는 제나라 선왕을 방문하려다 선왕의 명령에 의해 방문하지 못하였다. 그렇다고 애써 구걸하며 찾아가지도 않는다. 그것은 역설적 행동을 통해 선왕을 교화하려는 의지의 표명으로 볼 수도 있다.

조기는 "지도자는 덕망을 존중하고 의리를 즐기면서 훌륭해진다. 지성인의 도리를 지키고 물러서지 않는 것을 그 뜻으로 삼는다."라고 주석하였다.

주자는 『집주』에서 "외부에서 지도자에게 자문을 하러 온 사람은 급하게 달려가서 지도자의 명령을 받드는 것을 공손함으로 여기지 않고,

어려운 일에 대해 책망하고 좋은 의견을 개진하는 것으로 존중을 표시한다. 지도자를 부귀한 존재로 숭앙하여 소중하게 여기지 않고, 덕망을 귀하게 여기고 관리들을 존중하는 지혜를 가지고 있을 때 위아래가 서로 소통이 되어 훌륭한 정치가 이루어진다.'라고 보았다.

12. 도의에 맞지 않는 금품은 받지 말라

맹자의 제자 진진이 물었다.

"예전에 제나라의 지도자가 질이 좋은 황금 2,000냥을 보내왔는데 받지 않았고, 송나라의 지도자가 1,400냥을 보내왔는데 받았습니다. 심지어 설나라의 지도자가 1,000냥을 보내왔는데도 받았습니다. 예전에 받지 않은 것이 옳다면 오늘날 받은 것은 잘못된 일이고, 오늘날 받은 것이 옳다면 예전에 받지 않은 것은 잘못된 일입니다. 이런 논리로 보면 선생님은 옳거나 잘못되거나 반드시 둘 중 하나에 해당합니다."

맹자가 말하였다.

"아니다, 황금을 받았건 받지 않았건, 모두 옳은 행동이었다.

송나라에 있을 때는 내가 먼 길을 떠나려고 하였다. 먼 길을 가는 사람에게는 반드시 여비를 주게 마련이었다. 당시 지도자가 '여비를 보냅니다.'라고 전해 왔는데, 내 어찌 받지 않을 수 있겠는가?

설나라에 있을 때는 나를 해치려는 자가 있어 이를 경계하는 마음이 있었지. 당시 설나라 지도자가 '맹 선생에게 개인 경호가 필요하다는 말을 들었습니다. 개인 경호를 위해서는 경호원이 있어야 할 것이니, 이에 대한 지원금을 보냅니다.'라고 전해 왔었다. 이런 상황인데 내 어찌 받지 않을 수 있겠는가?

하지만 제나라에 있을 때는 사정이 달랐다. 송나라나 설나라에 있을 때처럼 특별한 사정이 없었고, 돈 쓸 일이 없었다. 이런 상황에서 황금을 준다면, 그것은 재물로 사람을 매수하여 환심을 사려는 일밖에 다른 뜻이 없다고 보아야지, 지성인으로서 어찌 재물에 농락될 수 있겠는가? 안 그런가?"

금품수수이나 뇌물수수의 문제는 동서고금을 막론하고 논란의 대상이 된다. 특히 정치 지도자의 경우 높은 지위나 권력이 있으면 이런 사태가 발생하기 마련이다. 그런데 그것이 정당한 것인가, 부정한 것이냐의 기준도 상당히 모호할 수 있다. 보내온 금품의 취사방법에서 시비를 분명하게 판단하는 것이 중요하다.

조기는 『장구』에서 "금품을 주고받는 방법에서 반드시 그것이 합당한지 아닌지, 정당한 예의를 갖추어야 한다. 합당한 경우라면 아무리 적다고 하더라도 거절하지 않고, 도의에 어긋나는 경우에는 아무리 좋은 황금일지라도 거들떠보지 않는다."라고 하였다. 황금 보기를 돌 같이 하라!

13. 직책을 수행하는 자세

하루는 맹자가 제나라의 지방에 있던 조그마한 읍인 평륙에 갔다. 그리고 평륙의 지도자인 공거심을 만나 이렇게 말하였다.

"당신의 군대에서 창을 잡은 전사가 하루에 세 번 대오를 이탈한다면, 그를 죽이겠는가? 그대로 두겠는가?"

평륙의 지도자가 말하였다.

"예? 세 번까지 기다릴 게 뭐 있습니까? 세 번까지 절대 기다리지 않겠습니다."

맹자가 말하였다.

"그래요? 당신 자신도 대오를 이탈하는 경우가 많소이다. 흉년이 든 해에는 당신이 다스리는 사람 중에 노약자들은 도랑에 굴러 떨어져 죽고, 수천 명이나 되는 청장년들은 먹을 것을 찾아 사방으로 흩어져 떠나가지 않습니까?"

평륙의 지도자가 대답하였다.

"이는 최고지도자가 잘못해서 그런 것이지 하급관리에 불과한 제가 어떻게 해 볼 수 있는 일이 아닙니다."

맹자가 말하였다.

"지금, 다른 사람의 소와 양을 맡아서 그를 대신하여 기르는 사람이 있다고 합시다. 소와 양을 기르기 위해 반드시 목장과 풀을 구해야겠지요? 목장과 풀을 구하다가 얻지 못하면 소와 양을 주인에게 되돌려 주어야 하겠소? 아니면 우두커니 서서 소와 양이 굶어 죽는 모습을 지켜보아야 하겠소?"

공거심이 말하였다.

"그것은 저의 잘못입니다."

그 후 어느 날, 맹자가 제나라의 지도자를 만나서 다음과 같이 말해주었다.

"당신이 다스리는 제나라에서, 지방의 조그마한 읍을 다스리는 지도자 다섯 사람을 알고 있습니다. 그 가운데 자신이 제대로 다스리고 있는지 아닌지를 알고 있는 자는 오직 공거심뿐입니다."

제나라 지도자가 말하였다.

"이런 사태가 발생한 것은 모두 나의 책임입니다."

중앙의 최고지도자와 지방 지도자들의 책임에 대해 언급한 장이다. 소규모 단위의 지방 행정책임자는 나름대로 직책에 따른 책임이 있다. 그것을 완수하지 못했을 때는 자신이 스스로 성찰하여 고쳐 나가는 것이 상식이다. 하지만 공거심은 자신의 주 임무를 제대로 깨닫지 못하고 있기에 맹자가 심각하게 인식시켜 주었다. 그리고 나아가 최고지도자에게도 책임이 있음을 일깨워 주었다.

조기는 "최고지도자의 참모나 행정 관리는 올바른 도리로 지도자를 섬겨야 한다. 그렇지 못하면 자신이 물러나야 한다. 단순하게 자리를 지키고 봉급 타먹기에만 급급해서는 안 된다."라고 하였다.

맹자의 충고는 간략하지만 그 파장은 지도자를 깨우쳐 주어 정치를 개혁할 만큼 강력한 것으로 느껴진다. 제나라의 지도자와 관료들에게 모두 각자의 직분을 알게 하고, 사람은 마땅히 각자의 직책을 책임지고 수행해야 함을 인식시켜 주었다. 이것이 유세를 통한 정치이자 교화다.

14. 측근 참모와 자문의 역할을 구분하라

맹자가 제나라의 고위 관리인 지와에게 말하였다.

"당신이 제나라 남쪽 국경 지대의 조그마한 읍인 영구의 지도자를 사양하고, 형벌을 관장하는 관직인 사사가 되기를 요청한 것은 그럴 듯합니다. 왜냐하면 사사라는 자리가 지도자를 가까이에서 모시면서 형벌이 제대로 시행되지 않을 때 간언할 수 있기 때문이지요. 그런데 벌써 그 자리를 맡은 지 몇 개월이 지났는데, 아직도 간언할 수 없는 상황이란 말입니까?"

그 말을 들은 지와가 지도자에게 여러 가지 정치 상황에 대해 간언하였으나 받아들여지지 않았다. 그러자 사사 자리를 사퇴하고 떠나갔다.

제나라 사람들이 말하였다.

"맹자가 지와를 위해 그렇게 말해 준 것은 좋다. 하지만 맹자가 자신을 위해 그렇게 한 것이라면, 왜 그런 방법을 취했는지 이해할 수 없다."

맹자의 제자 공도자가 제나라 사람들이 말한 것을 맹자에게 전해 주자, 맹자가 말하였다.

"'관직을 가진 사람이 그 직책을 수행하지 못하면 그 자리에서 물러나고, 지도자에게 간언하는 사사 자리에 있으면서 그 말이 지도자에게 받아들여지지 않으면 그 자리에서 물러난다.'라고 들었네. 나는 관직을 가진 사람도 아니고, 지도자에게 간언하는 사사 자리에 있지도 않았네. 그렇다면 내가 관직에 나아가고 물러가는 일에 매달리거나, 뭐 그런 데에서는 자유롭지 않은가."

한 지도자의 밑에서 최측근 참모로 자리를 맡고 있는 경우와 단순하게 지도자의 자문을 위해 손님처럼 왔다 갔다 하는 자리를 분명하게 구분하라는 내용이다.

맹자는 최측근 참모로서 지와의 태도를 못마땅한 듯이 비판한다. 사사라는 중요한 관직을 맡은 지 상당한 시간이 흘렀는데도, 지와는 가만히 있다. 간언을 할 시기가 오지 않은 것인가? 간언할 일이 없는 것인가? 아니면 아직도 간언할 수 없어 잠자코 있는 것인가? 몇 개월이 지나는 동안 한 번도 간언하지 않은, 어찌 보면 자기의 직책을 성실하게 수행하지 않는 지와의 태만함을 지적하였다.

조기는 "관직을 가지고 있는 사람은 상대적으로 열등한 지위에 있다. 도리에 충실한 사람은 상대적으로 우위에 있다. 그러므로 옛날 춘추시대 노나라의 정치가인 장무중은 비가 오는 가운데도 길을 계속가고 쉬지 않았으며, 전국시대 위나라 사람인 단간목은 침실에 누워 있으면서 찾아온 손님에게 문 안에서 그대로 인사를 하였다."라고 주석하였다.

이는 지성인으로서 관직에 나아가고 물러나는 자신의 거취 문제에 각각 합당한 도리가 있음을 말한 것이다.

15. 월권행위를 경계하라

맹자가 제나라에서 고위관료인 객경의 자리를 얻었다. 객경은 다른 나라 사람이지만 제나라 지도자의 자문에 응하여 지도자를 도와주는 역할이다. 객경이 되자마자 지도자를 대신하여 등나라 문공의 상에 조문을 가는 역할을 맡았다. 이때 제나라의 지도자 선왕은 조그마한 읍인 합의 지도자 왕환에게 맹자를 수행하도록 하였다. 그리하여 왕환이 아침저녁으로 맹자를 만났다. 하지만 맹자는 제나라와 등나라의 길을 갔다 왔다 왕복하면서도, 조문사절단으로 가서 어떻게 할지 조문 행사에 관해 왕환과 한 마디도 말하지 않았다.

이에 대해 제자인 공손추가 말하였다.

"제나라의 고위관료인 객경은 그 지위가 낮지 않습니다. 왕환도 조그마한 읍이기는 하지만 그 책임자로 있기에 낮은 지위에 있는 사람이 아니지요. 또한 제나라와 등나라의 길이 가깝지 않습니다. 그런데 그 길을 갔다 오는 사이에 왕환과 조문하는 일에 대해 한 마디도 상의하지 않았다는데, 무슨 일입니까?"

맹자가 말하였다.

"조문하는 일에 대해서는 저 왕환이 다 처리할 것인데, 내가 할 말이 뭐 있겠는가."

왕환은 제나라 지도자에게 아첨하여 지도자의 총애를 받은 인물이다. 맹자는 이런 왕환을 달갑게 여기지 않았다. 하지만 제나라의 객경이 되어, 지도자의 명을 받은 왕환과 할 수 없이 등나라 국상에 조문하러 가게 되었다. 하지만 조문의 예의나 실행에 대해 한 마디도 상의하지 않았다. 이유는 간단하다.

제나라 지도자의 총애를 받고 있던 왕환은 아침저녁으로 맹자를 만나 조문 사절단의 일을 조목조목 나열하였다. 마치 자기가 모든 것을 안다는 것처럼 건방지게 굴며 조문사절단의 단장 격인 맹자에게 공손하게 물어 보지 않았다. 그런 오만한 태도에 맹자는 화가 났고, 맹자는 조문에 관해 끝내 한 마디도 꺼내지 않았던 것이다.

조기의 『장구』에서는 "길이 같지 않으면 함께 말하지 않는다. 왕환이 자기 지도자의 명을 받고 행동하는 것은 맹자와는 다르다. 지성인은 시세에 처신하는 데 고답적인 행동은 하지만 말은 겸손하다. 때문에 맹자는 왕환을 탓하거나 꾸짖지 않고, 단 그와 말을 하지 않았다. 공적이 행해지는 조문행사에서도 예의를 갖추는 것을 중시하였다."

요컨대 맹자는 제나라 지도자의 총애를 믿고 월권행위를 한 왕환을 보이지 않게 꾸짖으면서 자신은 함부로 권력에 굴복하지 않는 절개를 지닌 사람임을 보여 주었다.

16. 효도의 의미와 장례의 예법

맹자가 제나라의 객경으로 있을 때 그곳에서 어머니가 별세하자 모국인 노나라에 가서 장례를 치렀다. 그리고 다시 제나라로 돌아올 때, 제나라 남쪽의 조그마한 읍인 영 땅에 머물렀다. 이때 맹자의 제자인 충우가 물었다.

"선생님은 예전에 제가 못난 것을 헤아리지 않고 잘 봐 주시어, 제게 관을 만드는 목수 일을 맡게 하였습니다. 그때는 일이 많고 바쁘고 하여, 제가 속으로 이해되지 않는 것에 대해 감히 묻지 못했습니다. 지금은 시간 좀 있으니 조용히 묻고 싶습니다. 관을 만드는 재목이 너무 좋은 것 아닙니까? 제가 그 일을 하면서 보기에 그렇게 느껴졌습니다."

맹자가 말하였다.

"하나라나 은나라 시기에는 관이나 관을 담는 궤짝인 곽을 어떻게 만들어야 한다는 등 일정한 법도가 없었네. 그런데 주나라에 들어와 주공이 예법을 제정하면서 관의 두께는 20센티미터 가량이고 곽도 이에 걸맞게 하여 최고지도자로부터 서민에 이르기까지 모두 그렇게 하였지. 이는 단순하게 보기 좋으라고 한 것이 아니라네. 그렇게 초상을 치러야만 사람으로서 도리를 다하고 마음을 다하였다고 생각했기 때문일세. 신분이나 제도상의 제약으로 그렇게 할 수 없다면 마음이 편하겠는가? 또한 재력이 없어 그렇게 해드릴 수 없다면 더욱 편치 않을 것일세. 신분이나 제도적으로도 그렇게 할 수 있고 또 재력도 있다면 옛 사람들은 모두 좋은 관과 곽을 썼다네. 내 어찌하여 홀로 그렇게 하지 않겠는가? 죽은 사람을 위하여 흙이 시신의 살갗에 닿지 않게 하는 것이 살아 있는 사람의 마음에도 좋지 않겠는가? 나는 이렇게 들었다네. '지성인은 세상의 이목이나 눈치 때문에 자기 부모의 장례를 무조건 간소하게 치르지는 않는다.'라고 말일세."

맹자는 제나라에서 객경으로 있을 때 모친상을 당하였다. 그리하여 어머니를 선영으로 모시기 위해 노나라에서 장례를 치렀다. 맹자는 추나라에서 출생하였으나 그의 조상이 노나라의 맹손씨였으므로 그 선영이 노나라에 있었다고 한다.

위의 글은 맹자는 노나라에서 삼년상을 마치고 다시 제나라로 돌아가다가 도중에 조그마한 읍인 영 땅에 머무르면서, 제자 충우와 대화를 나누는 장면이다. 충우는 맹자의 제자로 일찍부터 관을 만드는 일을 감독했다고 한다. 맹자가 관과 곽에 대해 잘 아는 제자에게 이런 말을 하는 것은, 모친상에 관과 곽을 이례적으로 두껍게 쓴 이유를 해명하기 위해서다.

조기는 "효성스러우면 반드시 마음에 유감이 없도록 하기 마련이다. 그리고 그것은 예법을 어기는 것이 아니다."라고 주석을 하여 맹자의 편을 들어 주었다.

17. 의리의 기준, 공적이냐 사적이냐

제나라 지도자의 측근 참모인 심동이 개인적으로 물었다.
"연나라를 정벌할 수 있습니까?"
맹자가 말하였다.
"예, 정벌할 수 있습니다. 연나라의 지도자인 자쾌도 남에게 연나라를 줄 수 없고, 그 최고위관료인 자지도 연나라를 자쾌에게 받을 수 없습니다. 여기에 관직을 하는 자가 있다고 합시다. 당신이 그를 좋아하여 지도자에게 보고하지 않고 개인적으로 당신이 봉급을 그에게 주고, 그 관리 또한 지도자의 명령도 없이 개인적으로 당신에게서 봉급을 받는다면, 이게 옳은 일인가요? 연나라 지도자인 자쾌와 그 최고위관료인 자지의 경우, 어찌 이와 다르겠습니까?"
제나라가 연나라를 정벌하자 어떤 사람이 맹자에게 물었다.
"제나라에게 연나라를 정벌하도록 권하였다고 하는데, 그런 일이 있었습니까?"

맹자가 말하였다.

"아니오. 심동이 '연나라를 정벌할 수 있습니까?'라고 개인적으로 묻기에 내가 '예, 정벌할 수 있습니다.'라고 대답했는데, 저 사람이 내 말을 옳다고 생각하고는 정벌한 것입니다. 만약 저 사람이 '누가 정벌할 수 있겠습니까?'라고 물었더라면, 나는 '포학무도한 사람을 징계하는 하늘의 일꾼이 되면 정벌할 수 있다.'고 대답했을 것입니다. 지금, 살인을 한 자가 있는데 어떤 사람이 '그 사람을 죽일 수 있습니까?'라고 물으면, 나는 '예, 죽일 수 있습니다.'라고 할 것입니다. 만약, 저 사람이 '누가 그를 죽일 수 있겠습니까?'라고 물으면 나는 '형벌을 관장하는 관리가 되면 죽일 수 있다.'고 할 것입니다. 지금은 연나라가 연나라를 정벌하는 형국인데, 내가 무엇 때문에 연나라를 치라고 권하였겠습니까?"

이와 관련된 이야기가 앞의 「양혜왕」 17장과 18장에서 보였다. 자쾌는 연나라의 지도자이고, 자지는 연나라의 최고위관료 재상으로 국정을 좌지우지하는 실권자였다. 맹자가 여기에서 자쾌와 자지를 거론한 것은 연나라를 정벌해도 괜찮은 이유를 밝히기 위해서다.

제나라 선왕은 소대를 연나라에 보내 연나라 지도자인 자쾌를 설득하였다. 이에 자쾌는 당시 최고위관료인 자지에게 정권을 맡겨 버리고 국정에 관여하지 않고 있었다. 자지는 그것을 기회로 연나라의 지도자로서 권한을 행사하고 모든 정사를 자신이 멋대로 처결하였다. 그렇다고 하더라도 제나라가 연나라를 정벌할 수 있다는 근거는 없었다. 즉 포학한 정치를 하는 자들을 제거하는 일은 하늘의 명령이 있어야 하는데, 그러한 대의명분을 세울 수 없기 때문이었다. 이에 맹자는 공식적으로 제나라에게 연나라를 치라고 권할 수 없었고, 사적으로 의견을 피력했을 뿐이다.

요지는 포학무도한 나라는 정벌해도 괜찮지만, 덕망을 갖춘 진정한 정치 지도자가 아니면 함부로 정벌할 수 없다는 도리의 문제를 다룬 장이다. 조기는 "불의한 자를 죽이고 멸망시키는 것은 반드시 최고의 덕망을 갖춘 지도자여야 한다. 예악과 정벌이 최고지도자로부터 나온다는 것이 다름 아닌 왕도의 기본 원리이고 올바른 도리다."라고 주석하였다.

18. 개과천선을 충고하라

제나라가 연나라를 정벌하자 연나라 사람들이 제나라에 반기를 들었다. 그러자 제나라의 지도자 선왕이 말하였다.

"나는 맹자를 볼 낯이 없다. 너무나 부끄럽다!"

그러자 핵심 참모였던 진가가 말하였다.

"당신께서는 너무 염려하지 마세요. 당신께서 스스로 생각하시기에 주나라에 비해 누가 더 인자하고 지혜롭다고 생각하십니까?"

어처구니가 없다는 듯이 지도자가 말하였다.

"허허, 그 무슨 소린가?"

진가가 말하였다.

"주공이 자신의 형인 관숙에게 은나라를 감독하게 하였는데, 관숙이 은나라 사람들을 데리고 반란을 일으켰습니다. 주공이 이것을 알고 시켰다면 이는 인자하지 못한 일입니다. 알지 못하고 시켰다면 이는 지혜롭지 못한 일입니다. 인자함과 지혜로움은 주공도 제대로 하지 못한 일인데, 당신께서야 말할 게 있겠습니까? 제가 맹자를 만나 해명해 드리겠습니다."

진가가 맹자를 만나 물었다.

"주공은 어떤 사람입니까?"

맹자가 말하였다.

"옛날 최고의 정치 지도자이자 인격자지요."

진가가 말하였다.

"관숙에게 은나라를 감독하게 하였는데, 관숙이 은나라 사람들을 데리고 반란을 일으켰다고 합니다. 그런 일이 있었습니까?"

맹자가 말하였다.

"그랬었지요."

진가가 말하였다.

"주공이 반란할 것을 알면서 시켰습니까?"

맹자가 말하였다.

"알지 못했어요."

진가가 말하였다.

"그렇다면 최고의 정치 지도자이자 인격자도 잘못을 저지를 수 있는 것입니까?"

맹자가 말하였다.

"주공은 아우요 관숙은 형입니다. 그러니 형이 하는 일에 대해 미리 따지지 않은 주공에게 잘못이 있는 것이 당연하지 않은가요!

옛날의 지도자나 지성인들은 잘못이 있으면 바로바로 고쳤다. 그런데 지금의 지도자나 지성인이라고 하는 이들은 잘못이 있어도 그대로 밀고 나간다. 옛날의 지도자나 지성인들이 잘못하는 것은 해와 달의 일식이나 월식과 같이 뻔히 드러나서 모든 사람들이 그것을 보았고, 잘못을 고치는 장면을 보면서 모든 사람들이 그들을 우러러보았다. 그런데 지금의 지도자나 지성인이라고 하는 이들은 잘못을 그대로 밀고나갈 뿐만 아니라 잘못에 따라서 변명을 늘어놓기까지 한다!"

위의 17장과 연결되는 이야기로 「양혜왕」 17, 18장과 함께 연계하여 읽으면 맥락이 보다 분명해지는 대목이다.

「양혜왕」 17장에 보면, 맹자가 제나라 선왕에게 다음과 같이 말해 주는 장면이 등장한다. "빼앗아서 연나라 사람들이 기뻐하거든 빼앗아 버리세요. 옛날 지도자 중에 그렇게 한 사람이 있었어요. 주나라 무왕이 바로 그 사람입니다. 빼앗아서 연나라 사람들이 기뻐하지 않거든 빼앗지 마세요. 옛날 지도자 중에 그렇게 한 사람이 있었어요. 주나라 문왕이 바로 그 사람입니다." 제나라 지도자는 바로 이런 말을 듣지 않은 것에 대해 부끄럽게 여기는 듯하다.

제나라의 진가는 좀 천박한 존재인지라 자기의 본심을 굽히고 변명을 하며 아첨하는 끼가 있었다. 이에 맹자가 반성하고 잘못을 고치라는 의미로 그의 행태를 비판하였다. 이에 조기는 "주공과 같은 최고의 인격자는 혈육을 혈육으로 여기며 자신의 잘못을 애써 변명하지 않는다. 하지만 조무래기들은 잘못된 것을 따라서 자기의 상관이나 지도자에게 아첨한다."라고 주석하였다.

19. 천박한 사나이의 농단

맹자가 제나라의 고위관료인 객경 자리를 그만두고 집으로 돌아왔다. 제나라의 지도자 선왕이 맹자의 숙소에 찾아와서 말하였다.

"예전에는 만나고 싶었으나 여러 가지 사정으로 쉽게 만날 수 없었는데, 선생을 모시고 정부 부처에서 함께 근무할 수 있어 매우 기뻤습니다. 그런데 이제 또 나를 버리고 떠나가니, 앞으로도 계속해서 뵐 수 있겠습니까?"

맹자가 대답하였다.

"감히 그렇게 하라고 요청할 수는 없습니다만, 그렇게 되기를 원하는 바입니다."

그 후 어느 날, 제나라 지도자가 측근 참모에게 말하였다.

"아, 맹자를 다시 데려오고 싶다! 나는 맹자에게 도심 한복판에 집을 지어 주고, 제자들을 길러 낼 수 있도록 충분한 장학금을 지원하여 여러 관리들과 참모들, 그리고 일반 국민들이 모두 공경하며 본받는 곳이 있게 하려고 한다. 그대는 이 이야기를 맹자에게 전해 주게."

측근 참모가 맹자의 제자 진진을 통하여 이 이야기를 맹자에게 전하였다. 그러자 맹자가 다음과 같이 말하였다.

"아, 그런가? 그것이 불가능하다는 것을 저 측근 참모가 어찌 알겠는가? 내가 부자가 되고 싶었다면 이러겠는가? 객경으로 있을 때 어마어마하게 많은 돈을 받았지. 그것을 사양하고 떠나왔는데, 다시 도심 한복판에 집을 받고 제자 양성을 명목으로 하여 장학금을 받는다고 부자가 되겠는가? 노나라 계손씨 집안의 어떤 사람이 이런 말을 한 적이 있네.

'자숙의란 사람은 참 이상하다. 자기가 정사를 맡아 행하다가 자기 의견이 지도자에게 받아들여지지 않으면 그만두어야 할 텐데, 다시 자기 자식을 지도자의 보좌관으로 만들었다. 사람이라면 누구나 부유하고 귀한 자리에 오르고 싶어 하지 않겠는가? 그런데 자숙의 같은 인간은 저렇게 홀로 부유하고 귀한 자리를 농단하며 독차지하였다.'

옛날 시장에서는 사람들이 자기가 가지고 있는 물건을 자기에게 없는 물건과 바꾸었다. 시장을 관리하는 공직자는 별도의 세금을 거두지 않고 사람들 사이에 분쟁이 생길 경우에 그것을 조정할 뿐이었지. 그런데 탐욕스럽고 이익밖에 모르는 천박한 한 사나이가 농단을 찾아 올라가, 그 높은 곳을 이용하여 왼쪽 오른쪽을 내다보며 살펴서 시장의 이익을 독점하여 거둬 갔다. 그러자 사람들이 모두 그를 천하게 여겼지. 이에 이익을 남기는 행위에 따라서 그들에게 세금을 징수하게 되었다네. 장사꾼에게 세금을 징수한 것이 바로 이 천박한 사나이로부터 비롯된 것이라네."

맹자는 제나라의 객경이라는 고위관료로 있으면서 10만 종이라는 거금을 봉급으로 받았다. 하지만 자신의 견해가 제대로 받아들여지지 않자, 미련 없이 그 자리에서 물러났다. 그러자 제나라 지도자가 다시 맹자를 초빙하려고 제안을 하였다. 도심 한복판에 주택을 제공하고, 제자 양성을 위한 장학기금까지 보장하겠다고 조건을 제시하였다. 하지만 맹자는 비웃기라도 하듯이 이를 거절한다.

조기는 "지성인은 자기 몸을 바르게 하여 올바른 도리를 실천한다. 그런데 상황에 따라 올바른 도리가 행해지지 않을 때도 있다. 이것은 운명이다. 특히 이익을 얻는 데 온 마음을 쏟지는 않는다. 그래도 올바른 도리를 지키면서 자신이 하려는 일을 시작할 수 있다. 때문에 지성인은 어떤 일이건 개인적으로 농단하는 사람을 미워하고 경계 대상으로 삼는다."라고 주석하였다.

주자는 『집주』에서 "제나라 지도자가 맹자를 처우하는 방법은 옳은 것이 아니다. 맹자 또한 제나라 사람들에게 존경받고 본받는 대상이 되는 것을 싫어한 것도 아니었다. 그런데 제나라 지도자는 진정으로 맹자를 존경하려고 했던 것도 아니고, 이익으로 유인했을 뿐이었다. 그래서 맹자가 거절하고 받지 않았다."

일상생활에서 자주 쓰는 유명한 고사인 '농단(壟斷)'이라는 말의 출처가 이 장이다. 이 장은, 지성인이 관직을 하느냐 마느냐는 의리에 따를 뿐 이익에 따라 거취를 정하지는 않음을 절실하게 보여 준다.

20. 현명한 사람을 붙잡아라

맹자가 객경의 자리에서 물러나 고국인 추나라를 향해 떠났다. 추나라로 가면서 제나라의 수도 서남쪽에 위치한 조그마한 읍인 주 땅에서 잠시 머물렀다. 그런데 어떤 사람이 제나라의 지도자 선왕을 위하여 고국으로 돌아가려는 맹자를 붙잡으려고 하였다. 그 사람이 꿇어 앉아서, '가지 말아 달라!'고 부탁하였다. 그러나 맹자는 한 마디 대꾸도 하지 않고 안석에 기대어 누웠다.

그 사람이 불쾌해 하며 말하였다.

"제가 목욕재계하고 하룻밤을 묵으면서 고민을 거듭하다가 겨우 말씀드린 것인데, 선생께서는 누워 버리고 들어 주지 않으니, 다시는 뵙지 않겠습니다."

맹자가 말하였다.

"앉으시게나. 내 그대에게 분명하게 말해 주리다. 옛날 노나라의 지도자 목공은 공자의 손자인 자사를 존경했네. 그래서 수시로 자사에 현명한 사람을 보내어 자사의 의견을 들으며 정치에 반영하겠다는 말을 하였지. 그렇게 자사가 자기를 떠나갈까 봐 염려하였다고 하네. 또한 곁에서 목공을 보좌하던 최측근 참모인 설류와 신상은 자사처럼 훌륭한 지성인이 지도자의 곁에서 자문해 주어야 자신들도 안심했다고 하네. 그대가 이 늙은이를 생각해 주는 건 좋다. 허나 자사의 경우처럼, 나의 주장을 제나라 지도자가 받아들여 실현시켜 주도록 하지는 못한다. 그럼 그대가 이 늙은이를 거절한 것인가? 이 늙은이가 그대를 거절한 것인가?"

맹자는 자기의 주장이 제나라 지도자인 선왕에 의해 받아들여지고 실천에 옮겨지기를 바랐다. 제나라 지도자가 자신이 주장하는 왕도에 대해 성의를 가지고 노력하기를 소망했다. 그러지 않는 한, 제나라에는 머물러 있을 필요가 없었다.

맹자는 자존심과 자부심이 대단했던 인물 같다. 이 장의 대화에서 느껴지는 어조가 그러하다. 맹자는 제나라의 지도자가 자기와의 관계를 끊어 버린 것이지, 맹자 자신이 제나라 지도자와의 관계를 끊어 버리고 나온 것은 아니라는 태도를 보인다.

이에 대해 조기는 "오직 현명한 사람이라야 현명한 사람을 마음 편하게 해 줄 수 있고, 지혜로운 사람만이 사리의 미세한 부분까지도 파악할 수 있다. 우둔한 사람이 지혜로운 사람을 타이르는 경우 도리를 어기는 결과를 가져올 수도 있다."라고 주석하였다.

21. 똑똑한 사람을 붙잡는 방법

맹자가 제나라를 떠나자, 맹자에게 비판적이던 제나라의 윤사가 사람들에게 말하였다.

"우리나라의 지도자가 탕임금이나 무왕 같은 훌륭한 정치 지도자가 될 수 없다는 사실을 모르고 제나라에 왔다면, 그것은 지혜가 밝지 못한 것이다. 불가능함을 알고서도 왔다면, 그것은 봉급을 받고 명예를 얻으려고 한 것이다. 천 리나 되는 먼 길을 달려와 지도자를 만나려고 했는데, 왔다가 뜻이 맞지 않아 떠나가되 사흘이나 머무른 뒤에 주 땅을 출발했다고 하니 어찌 이리도 오랫동안 체류한단 말인가? 나는 맹자가 그렇게 하는 것이 불쾌하다."

맹자의 제자인 고자가 이 말을 전하자 맹자가 말하였다.

"윤사 같은 사람이 어찌 나를 알겠는가? 천 리 길을 멀다 않고 지도자를 만나 보러 온 것은 내가 원해서 한 것이다. 뜻이 맞지 않아 떠나가는 것이 어찌 내가 원해서 한 것이겠는가? 부득이해서 그랬을 뿐이다. 내가 사흘을 머무른 뒤에 주 땅을 출발했는데, 내 마음에는 오히려 너무 빨리 떠났다고 여겼다. 나는 지도자가 마음을 고쳐먹기를 바랐다. 지도자가 마음을 고쳐먹었다면 반드시 나의 발길을 되돌리게 했을 것이다. 주 땅을 떠나가는데도 지도자가 나를 떠나지 못하게 만류하려고 뒤따라오지 않았다. 그러기에 나는 홀홀 털어 버리고 돌아가 버릴 생각을 하였다.

그러나 내 어찌 제나라의 지도자를 버리기야 하겠는가! 제나라의 지도자는 그래도 훌륭한 정치를 할 능력이 있다. 제나라 지도자가 나를 등용한다면, 어찌 제나라 사람들이 편안할 뿐이겠는가? 세상의 모든 사람들이 편안해질 것이다. 제나라의 지도자가 마음을 고쳐먹기 바란다. 나는 날마다 그것을 소망하고 있다.

내 어찌 쫀쫀한 사나이처럼 굴겠는가? 지도자에게 자문하다가 받아주지 않으면 성이나 내고 얼굴빛을 붉히며 떠나면서, 지도자로부터 최대한 멀리 떨어지기 위해 힘을 다해 하루 종일 말을 달려가서, 찾아오기 힘든 지역에 가서야 묵어야 하겠는가?"

윤사가 이 말을 듣고 말하였다.

"나는 진짜로 조무래기다."

당시에는 맹자가 제나라에 와 있는 것을 비판적으로 보는 사람이 꽤 많았던 것 같다. 윤사도 그 중 대표적인 인물이다. 이 장은 특히 맹자가 제나라의 고위관료급인 객경을 맡았다가 떠나갈 때 맹자의 거취에 대해 가혹하게 비판하자 그에 대해 해명한 대목이다. 이유는 맹자가 제나라를 떠나면서 오해 살 만한 행동을 했기 때문이다.

맹자는 제나라 수도를 떠나 주 땅에서 3일이나 머물렀다. 지도자와 뜻이 맞지 않아서 지도자를 버리고 떠난다면 빨리 떠나고 말 일이지,

그것도 수도와 가까운 주 땅에서 3일 간이나 우물쭈물하다가 떠났다. 이는 맹자가 다시 등용되기를 바라면서 봉급이나 더 받기 위한 저열한 행동이 아니냐는 비판이다.

조기는 『장구』에서 "덕망이 큰 사람은 모든 행동에 넓고 여유가 있으며, 속이 트이지 못한 쫀쫀한 사람은 행동이 **빡빡**하고 급하다. 현명한 사람은 큰일에 뜻을 두고, 우둔한 사람은 작은 일에 뜻을 둔다."라고 주석하였다.

주자의 『집주』에서 "최고의 지도자나 지성인은 사람의 도리를 실천하고 세상을 구제하려는 마음으로 가득 차 있고, 지도자를 사랑하고 사람들에게 다양한 복지 혜택을 주려는 마음이 넘쳐흐른다."라는 의미로 이 장을 이해하였다.

22. 지성인의 사회적 책무성

맹자가 제나라를 떠나 고국인 추나라로 가는 도중에 제자 충우가 물었다.

"선생님, 언짢은 일이라도 있습니까? 안색이 별로 유쾌한 기색은 아닙니다. 예전에 선생님께서 '지성인은 하늘을 원망하지 않고, 사람을 허물하지 않는다.'라 하시지 않으셨나요?"

맹자가 말하였다.

"그때도 한 시기이고 지금도 한 시기다. 역사를 살펴보면 500년 정도의 시간이 흐르면 반드시 훌륭한 지도자가 나오고 새로운 나라가 세워

지곤 했지. 그 사이에 반드시 세상을 평화롭게 만드는 유명한 사람이 있다. 주나라가 흥성한지 700여 년이 되었으니 햇수로 보면 그런 시기가 벌써 지났고, 시기로 살펴보면 지금이 가능한 때지. 저 하늘이 아직 세상을 평화롭게 다스리려고 하지 않는 것이다. 세상을 평화롭게 다스리려고 한다면 오늘날과 같은 세상에 직면하여 나 말고 누가 그 일을 담당하겠는가? 내가 무엇 때문에 언짢아하겠는가? 괜찮다."

맹자의 역사의식이 간략하게 드러난 장이다. 맹자는 요임금과 순임금에서부터 은나라 탕임금이 나오기까지를 500년으로 보았고, 은나라 탕임금에서부터 주나라 문왕과 무왕 때까지를 500년으로 보았다. 그래서 500여 년을 주기로 새로운 지도자가 등장하여 나라를 건설한다는 의식을 갖게 되었다.

그러나 맹자는 자기 스스로 자신의 사유를 제대로 펼치지 못하고, 그것을 천명으로 돌리며, 자신의 정치적 소신을 접는다. 이 장은 한 나라의 주기가 500여 년이라는 맹자의 웅장한 역사의식도 담겨 있고 맹자의 포부도 엿보인다. 그것이 온전하게 펼쳐지지 못한 안타까움과 아쉬움이 많이 묻어나는 장이다.

조기는 『장구』에서 "최고지도자나 지성인은 시대의 추세에 따라 나타난다. 하늘은 사람이 아니면 그 뜻을 나타내지 않고 사람은 하늘이 아니면 그 일을 이룩하지 못한다. 때문에 천명을 아는 사람은 근심하지도 않고 두려워하지도 않는다."라고 하였다.

23. 지위에 맞는 보상

맹자가 제나라를 떠나 추나라로 가는 길에 휴 땅에 잠시 머물렀다. 이때 제자인 공손추가 물었다.

"선생님은 제나라 고위관료인 객경으로 있을 때 간혹 봉급을 안 받기도 했습니다. 관직을 하면서 봉급을 받지 않는 것이 옛날 사람들의 예의입니까?"

맹자가 말하였다.

"아닐세. 내가 제나라의 숭 땅에서 제나라 지도자를 만났지. 그때 지도자를 뵙고 물러나면서 떠날 마음을 두었네. 이 마음을 고치고 싶지 않아서 봉급을 받지 않은 것이야. 곧 바로 군대를 동원하라는 명령이 내려져 떠나갈 것을 청할 수 없는 상황이 되었을 뿐이었지. 제나라에 오랫동안 머물렀던 것은 나의 뜻이 아니었네."

맹자는 제나라 객경을 사직하고 고국 추나라로 가는 도중에 휴라는 지역에서 잠시 쉬었다. 휴는 제나라 영토에 속했다고도 하고 노나라 영토였다고도 한다. 제자 공손추가 이런 질문을 한 것은, 맹자가 객경이라는 높은 자리에 있으면서 왜 공식적으로 꼬박꼬박 봉급을 받지 않았는지 약간의 의심이 들기도 하고, 때로는 선생의 행동이 좀 답답하여 비꼬듯이 질문을 한 것 같기도 하다.

조기는 "봉급은 일을 하는 것에 따라 받고, 뜻은 일에 따라 정해진다. 지성인은 그 관직의 자리에 해당하는 일이 없을 때 봉급을 받지 않는다."라고 주석하였다.

핵심은 올바른 정치와 사람의 도리가 제대로 행해지지 않는 나라의 관직에 있으면서 봉급을 받는 것 자체가 지성인이 행할 일이 아님을 강조한 것이다.

제 3 편

등문공

「등문공」편은 문장의 맨 앞에 '등문공'이 있는 것을 그대로 따서 편명으로
하였다. 조기의 『장구』에 의하면, 정치란 옛날 지도자들이 베풀었던 정치로
돌아가는 것이 가장 좋다. 왜냐하면 역사상 그보다 더 아름다운 정치가 시
행된 적은 거의 없기 때문이다. 등나라의 지도자 문공은 이런 점을 인식하고
옛날의 정치를 그리워하고 그것을 회복하고 싶어 하였다.

따라서 맹자가 등나라 문공의 행적을 가져와서 「공손추」 다음에 배치한 것
이다. 문공은 차기지도자 수업을 받으면서부터 어떻게 하면 국민들을 잘 다
스릴 수 있을지 착한 정치의 실천에 대해 고민하였고, 특히 인간에 대한 예의
를 생각하는 마음을 가졌다.

「등문공장구」로 나누면 상편이 5장, 하편이 10장으로 「등문공」편은 모두
15장으로 구성되어 있다.

1. 인간의 본성은 선하다

등나라 문공이 차기지도자인 세자였을 때, 초나라로 가는 길에 송나라에 들러 맹자를 만났다. 그때 맹자가 '인간의 본성은 선하다.'라는 점에 대해 말해 주면서, 말끝마다 요임금과 순임금을 예로 들었다.

차기지도자가 초나라에서 귀국할 때 다시 맹자를 만났는데, 맹자가 다음과 같이 말하였다.

"차기지도자께서는 내 말을 의심하십니까? 인간의 길은 하나일 뿐입니다. 제나라의 지도자 경공의 참모 역할을 하며 과감하고 용맹했던 성간은 차기지도자인 경공에게 '저 훌륭했던 옛날의 지도자들도 사나이이고 저도 사나이입니다. 제가 어찌 저 옛날의 지도자들을 두려워하겠습니까?'라고 하였어요. 공자의 제자 안연도 '순임금은 어떤 사람이고 나는 어떤 사람인가? 그는 훌륭한 일을 하는 사람이고 나 또한 순임금처럼 훌륭한 일을 하는 사람 아닌가!'라고 하였어요. 노나라 때 재주가 뛰어난 사람인 공명의는 이렇게 말했다지요. '주공은 문왕을 아버지이자 스승으로 받들었다.'라고 하였는데, 형인 무왕을 도와 주나라 창건의 주역이 된 주공이 어찌 나를 속였겠는가? 주공이 아버지 문왕의 정치를 본받아 정치를 한 교훈대로 하면 틀림이 없을 겁니다.

지금 등나라 영토에서 길쭉하게 생긴 곳을 잘라 짧은 곳을 보충하고 영토의 평균치를 내면, 사방 50리는 될 것입니다. 좀 작은 나라이기는 하지만, 그래도 좋은 나라를 만들 수 있습니다.

『서경』「열명」에 이런 말이 있습니다.

'약을 마셨는데도 눈앞이 캄캄하고 정신이 어지럽지 않으면, 그 병은 낫지 않는다!'"

맹자가 '인간의 본성은 선하다!'라는 성선(性善)을 처음으로 말한 대목이다. 특히, 성선을 정치와 연결시켜 등나라의 차기지도자에게 권장하였다. 인간의 본성이 착하기 때문에 지도자로서 훌륭한 정치에 대한 소신과 자신을 가지고 자기완성을 위한 노력과 다른 사람을 잘살게 할 수 있다는 목표를 향해 나아가면, 최고지도자가 될 수 있음을 강조하였다.

조기는 "사람은 마땅히 위로 최고의 인격자를 본받아 사람을 사랑하는 열린 마음씨를 갖추고, 사람의 도의를 실천하여 세상에서 가장 훌륭한 행위를 게을리하지 않도록 소망하여야 한다."라고 하였다.

주자는 『집주』에서 "'성선'이란 말은 『맹자』 전체 가운데 여기에서 처음으로 나온다. 이에 대한 자세한 주장은 「고자」편에 있다. 그러나 『맹자』를 공부하는 사람들이 글을 깊이 터득하고 넓게 통달하면, 『맹자』 7편 가운데 성선설을 논의하지 않은 곳이 없음을 알 것이다. 정자에 의하면 맹자의 성선설은 공자를 비롯하여 이전의 유학자들이 제대로 펼치지 못한 학설을 확장한 것으로 유학의 이론 형성에 결정적 기여를 했다."라고 평가하였다.

2. 장례에서 지도자의 솔선수범

등나라의 지도자 정공이 죽었다. 부친 정공을 이을 차기지도자 문공이 당시 자신을 이끌어 주던 스승 연우에게 말하였다.

"지난번 송나라에서 맹자를 만나 이야기를 나눈 적이 있는데, 아직도 그때 나눈 대화가 내 마음에 고스란히 남아 있습니다. 정말 잊을 수가 없어요. 그만큼 믿음이 가는 사람입니다! 지금, 등나라의 지도자이자 나의 부친인 정공의 상을 당하였으니, 수고스럽지만 스승께서 어떻게 하면 좋을지 맹자에게 물은 다음에 장례를 치르고 싶어요."

이에 연우가 추나라에 가서 어떻게 하면 좋을지 맹자에게 물었다.

맹자가 말하였다.

"정말 잘하시는 일입니다! 부모의 장례는 진정으로 효성을 다해 치러야 합니다. 옛날에 증자가 말하였지요. '부모가 살아 계실 때 예의를 다하여 모시고, 돌아가시면 예의를 다하여 장례를 치르며, 이후에도 예의를 다하여 제사를 모셔야 한다. 그래야 효도를 제대로 한다고 할 수 있다.' 한 나라의 지도자가 돌아가셨을 때 어떻게 해야 하는지 그 예의에 대해서는 내가 아직 배우지 못했어요. 하지만 내 일찍이 들은 적이 있습니다. 삼년상을 치르면서 거친 삼베로 만든 상복을 입고, 미음과 거친 죽을 먹고 지내야 합니다. 이는 하나라·은나라·주나라 이후로 최고지도자로부터 서민에 이르기까지 모든 사람이 공통적으로 지켜 왔던 기본 예의입니다."

연우가 맹자를 만나고 돌아오자, 등나라에서는 삼년상을 치르기로 결정하였다. 그런데 상주인 문공의 형제자매, 친인척들과 정부의 고위관리들이 모두 반대하면서 다음과 같이 말하였다.

"우리 등나라의 종주국인 노나라의 여러 지도자들도 삼년상을 치르지 않았고, 우리 등나라의 이전 지도자들도 삼년상을 치르지 않았습니다. 그런데 당신 시대에 와서 전례를 뒤집는 것은 옳지 않습니다. 옛날 기록에도 '상례와 제례는 선조를 따른다.'라고 했어요. 우리 등나라도 조상 대대로 전수 받은 것이 있지 않습니까? 그러니 그걸 따라야지요!"

차기지도자 문공이 스승 연우에게 말하였다.

"내가 지난날에 학문을 열심히 하지 않고, 말 달리기와 칼 쓰기를 좋아하였지요. 그래서 그런지 지금 형제자매들과 친인척, 정부의 고위관리들이 여러 측면에서 나를 부족한 사람으로 여기고 큰일을 제대로 치르지 못할까 염려하는 것 같습니다. 수고스럽지만 나를 위해 다시 한 번 맹자에게 가서 물어봐 주세요."

연우가 다시 추나라로 가서 맹자에게 물었다.

그러자 맹자는 이렇게 말해 주었다.

"그런 상황입니까? 그렇다고 다른 데서 해결책을 찾아서는 안 됩니다. 어디까지나 차기지도자로서, 또 자식으로서 효성을 다해야 합니다.

옛날에 공자가 말하였지요. '한 나라의 지도자가 죽으면 차기지도자는 지도자를 대신하는 최고 참모인 총리에게 모든 정사를 위임하고, 모든 관리들은 총리의 명령을 따른다.' 자식이자 차기지도자는 죽을 먹고, 슬픔을 이기지 못해 낯빛이 검은 색이 되도록 상주의 자리에 나아가 통곡을 해야 합니다. 그렇게 되면 관직에 있는 모든 관리들이 슬퍼하지 않는 사람이 없어요. 왜냐하면 아무리 남들이 반대를 하더라도 윗사람이 솔선수범하였기 때문입니다. 윗사람이 무엇을 좋아하면 아랫사람은 반드시 그보다 더 좋아하게 되어 있습니다. 그래서 공자가 이렇게 비유한 것입니다. '지도자의 덕망이 바람이라면 국민들의 덕망은 풀이다. 풀 위로 바람이 불면 풀은 반드시 그리로 쏠리게 마련이다.' 이와 같이 만드는 것은 차기지도자가 어떻게 하느냐에 달려 있습니다."

연우가 돌아와 이런 내용을 알리자 차기지도자가 말하였다.

"그렇습니다. 이것은 진정 내가 어떻게 하느냐에 달려 있습니다."

그리고는 5개월 동안 여막에 거처하며 어떤 명령도 내리지 않았다. 이에 정부의 모든 관리들과 친인척들이 "차기지도자는 정말 예의를 아는 사람이다."라고 하였다. 5개월이 지난 후 당시 예의에 따라 장례를 치르게 되자, 사방에서 찾아와 구경을 하였다. 차기지도자의 낯빛은 슬픔과 비통함이 가득했고, 애통해 하며 통곡하는 모습에 조문객들이 모두 감탄하였다.

이 장에서 장례식에 대한 논의가 복잡한 것으로 보아, 맹자 당시에는 삼년상이 보편적이지 않았던 것으로 생각된다. 당시의 장례는 부모의 시신을 빈소에 모시는 기간이 있었는데, 최고지도자인 천자는 7개월, 한

나라의 지도자인 제후는 5개월, 관리들인 고급관료인 대부는 3개월, 하급관리인 사는 1개월 간 시신을 빈소에 모셨다가 장사를 지낸 후 매장을 하였다.

어쨌든 맹자는 당시 보편적으로 행해지지 않았던 삼년상을 등나라 차기지도자에게 권하였다. 논란에도 불구하고, 등나라의 차기지도자 문공은 맹자의 조언과 가르침에 따라 삼년상을 치르고, 자식으로서 예의를 다한 결과 세상에 반향을 일으키고 주목을 받았다.

조기는 『장구』에서 "모든 일은 예의에 따라 행하는 것보다 더 큰 것이 없고, 장례식에서의 효도는 애통해 하는 것보다 더 큰 것이 없다. 착한 일에 따르는 것을 물 흐르듯이 해나가는 것은 문공의 경우를 두고 하는 말일 것이다."라고 풀이하였다.

주자는 『집주』에서 "문공이 맹자를 만나 성선(性善)과 요순의 말을 듣고, 그 양심을 일깨운 적이 있었다. 때문에 장례식에 이르러 슬퍼하고 아파하는 마음이 진정으로 일어났고, 친인척들과 관리들이 삼년상을 반대하자 자신이 스스로 반성하고 성찰하면서 성심껏 효성을 다하였다."라고 풀이하였다.

3. 교육과 정전법의 강조

등나라 지도자 문공이 어떻게 하면 나라를 잘 다스릴 수 있는지 물었다.

맹자가 말하였다.

"사람들의 생존과 관계되는 중요한 일, 즉 농사를 느슨하게 해서는 안됩니다. 『시경』 「빈풍」 〈칠월〉에 이런 노래가 있습니다. '낮에는 띠를 베어 오고, 밤에는 새끼를 꼬아, 서둘러 지붕에 올라가 지붕을 이어라. 그렇게 하고 나서 봄이 되면 온갖 곡식을 파종하라!'

사람들이 살아가는 데 삶의 원칙이나 방법이 있습니다. 일정한 생활 근거인 생업이나 직업이 있는 사람은 변함없이 착한 마음을 지니고 있습니다. 일정한 생활 근거인 생업이나 직업이 없는 사람은 변함없이 착한 마음이 없어질 수 있습니다. 변함없이 착한 마음이 없어진다면, 방탕하고 편벽되고 사악하고 사치하는 길로 빠져 무엇이든 하게 됩니다. 사람들이 죄를 저지른 다음에야 그들을 따라가서 처벌한다면, 이는 국민들을 상대로 물고기를 잡듯이 그물질을 하는 것과 같습니다. 사람을 사랑하는 사람이 지도자의 자리에 있으면서, 어찌 국민을 상대로 그물질을 할 수 있겠습니까? 훌륭한 덕망을 지닌 지도자는 반드시 공손하고 검소하게 생활하며, 아랫사람을 예우하고, 국민들에게 세금을 거둬들일 때도 제도를 마련하여 한도를 두는 것입니다.

노나라 계손씨의 집사였던 양호가 말하였지요. '부자가 되려고 재물 모으는 일을 하면 사람을 사랑하는 열린 마음씨를 지니기 힘들고, 사람을 사랑하는 열린 마음씨를 지니고 있으면 재물을 모아 부자가 되기 어렵다.'

하나라 때는 한 가구 당 2,500평 정도의 땅을 경작하게 하고 수확량의 10분의 1 가량을 세금으로 부과하는 공법을 썼고, 은나라 때는 한 가구당 3,500평 정도의 땅을 경작하게 하고, 정전법에 따라 수확량의 9분의 1 가량에 해당하는 공동 경작지의 수확물을 세금으로 부과하는 조법을 썼으며, 주나라 때는 한 가구 당 5,000평 정도의 땅을 경작하게 하고 수확량의 10분의 1 가량을 세금으로 부과하는 철법을 썼습니다. 나라마다 토지와 조세제도가 다르기 때문에 경작의 형태에 따라 약간의 차이는 있습니다만, 하나라·은나라·주나라 모두 실제로는 대략 10분의 1 정도를 세금으로 부과하였습니다. 주나라의 철법이라고 할 때 철은 통한다는 뜻이고, 은나라의 조법이라고 할 때 조는 빌린다는 뜻입니다.

옛날 재능이 뛰어났던 용자라는 사람이 이렇게 말했습니다.

'농지를 다스리는 데는 은나라 때의 조법보다 좋은 것이 없고, 하나라 때의 공법보다 나쁜 것이 없다. 하나라 때의 공법은 몇 년 동안 농사를 짓고 그 수확량의 평균을 계산하여 세금을 부과하는 것이다. 이럴 경우 풍년에는 곡식이 남아돌기 때문에 나라에서 많이 거둬 가도 가혹하지 않다. 그런데도 적게 거둬 가는 꼴이 된다. 흉년에는 농지에 뿌린 거름 값도 안 되는 수확량임에도 불구하고 반드시 일정한 액수를 가득 채워서 거두어 간다. 국민들의 지도자가 되어 사람들이 1년 내내 뼈 빠지게 일하여도 부모조차 봉양할 수 없게 하고, 또 빚을 내고 보태어서 세금을 내게 하여 늙은이와 어린아이들을 시궁창에 굴러 들어가 죽게 만든다면, 지도자로서 보람이 어디에 있겠는가?'

나라를 제대로 다스리기 위해서는 나라를 위해 공헌한 사람들과 그 자손들에게 대대로 지원을 해야 하고, 일반적인 조세도 부과해야 합니다. 등나라에서도 본래부터 나라를 위해 공헌한 사람들과 그 자손들에게 대대로 봉급을 지원하고 있습니다. 『시경』 「소아」 〈대전〉에 이런 노래가 있습니다. '우리 공전에 먼저 비를 내리고, 이어 우리의 개인 땅에도 내려 주소서.' 은나라 조법에만 공동경작지인 공전이 있다고 합니다. 하지만 이 시의 내용으로 미루어 볼 때, 철법을 주로 썼던 주나라에서도 공전을 두어서 어느 정도 조법을 쓴 것 같습니다.

그리고 상·서·학·교라는 교육기관을 세워서 사람들을 가르쳤습니다. 교육기관도 여러 유형입니다. 상은 봉양한다는 뜻이고, 교는 가르친다는 뜻이며, 서는 활쏘기를 익힌다는 뜻입니다. 교는 하나라의 교육기관이고, 서는 은나라의 교육기관이며, 상은 주나라의 교육기관인데, 각 지방에 세웠던 것입니다. 학은 수도에 세웠던 국가의 최고교육기관으로서, 하나라·은나라·주나라에서 다 설치하였습니다. 이들 교육기관은 모두 사람의 도리, 윤리 도덕을 밝히는 데 목적을 두었습니다. 지도자가 사람의 도리, 윤리 도덕을 밝히고 실천하면 아래에서 서민들은 서로서로 권상하며 친해집니다.

훌륭한 정치를 펼치려는 진정한 지도자가 나오면, 반드시 사람의 도리, 윤리 도덕을 밝힐 수 있습니다. 그때 이런 자격을 갖추고 훌륭한 정사를 펼친다면, 문공과 같은 지도자는 세상 모든 나라의 지도자들에게 모범적인 스승이 되는 것입니다. 『시경』「대아」〈문왕〉에 이런 노래가 있지요. '주나라가 오래된 나라지만 그 명은 새롭기만 하네.' 이는 주나라를 창건한 문왕을 찬양한 것입니다. 그대 문공께서 힘써 행한다면, 당연히 문공 당신의 나라를 새롭게 만들 수 있을 것입니다."

이에 등나라 문공은 조법을 시행해 보려고 마음먹고, 측근 참모인 필전을 맹자에게 보내 정전법이 어떤 것인지 알아 오도록 하였다.

맹자가 말하였다.

"그대 나라의 지도자가 훌륭한 정치를 행하려고, 사람을 선택하여 그대를 내게 보냈군요. 그대의 책임감이 막중합니다. 정말 나라를 위해 신경 쓰고 힘을 쏟아야 해요. 훌륭한 정치는 반드시 농지의 경계를 어떻게 제대로 잡느냐로 시작되는 것입니다. 농지의 경계를 똑바로 잡지 못하면 정전법을 시행할 농지가 균등하게 구분되지 못하고, 그렇게 되면 수확량이 공평하지 않게 됩니다. 때문에 포악한 지도자들이나 부패한 공직자들은 조금이라도 착취할 생각을 하며 그 경계를 바로잡는 일에 태만할 수 있어요. 경계를 바로잡는 일이 바르게 되면 사람들에게 농지를 나누어 주고, 수확량을 헤아려 세금을 부과하거나 관리들 봉급을 제정하는 일은 가만히 앉아서도 저절로 정해질 수 있습니다.

등나라는 원래 영토가 좁습니다. 그 안에는 관리가 될 사람도 있고, 들에서 농사를 짓는 사람도 있습니다. 관리가 없으면 농사짓는 사람을 다스리지 못하고, 농사짓는 사람이 없으면 관리들을 봉양할 수가 없습니다.

시골의 농지에는 9분의 1을 세금으로 부과하는 조법, 즉 정전법을 쓰세요. 도심 부근에서는 10분의 1을 세금으로 부과하는 철법을 써서 자진하여 세금을 납부하도록 하세요. 그리고 고위관료들 이하의 하급공무원들에게는 그들의 수입원이자 제사에 쓸 곡식을 마련할 수 있도록 규전이라는 농지를 2,500평 정도 주어야 합니다. 또한 정전법에 따라 약한 힘이 나마 어느 정도 농사를 지을 수 있는 농부에게는 1,250평 정도의 토지를 주어서 먹고살게 해야 합니다.

이렇게 하면 세상의 인심도 후해지고 사회 분위기도 좋아져서, 죽은 사람을 장사 지내거나 이사를 해도 고향을 떠나가는 일은 없을 것입니다. 같은 고향에서 농지를 경작하며 정전법에 따라 공동경작을 하여 농경지에 드나들면서 서로 짝하고, 도둑을 지키고 망볼 때에 서로 돕고 질병이 있을 때는 서로 붙들어 주고 잡아 주면서 사람들이 친하여 화목해질 것입니다.

사방 1리가 하나의 정전인데, 하나의 정전은 4만5,000여 평이 됩니다. 그 가운데가 5,000여 평이 공동경작지인 공전이고, 여덟 가구에서 한 가구당 5,000여 평을 개인 땅인 사전으로 받아 가구별로 농사를 짓습니다. 여덟 가구가 함께 공전에서 농사를 짓는데, 나라에 낼 세금인 공전의 일을 먼저 한 다음에 사전에서 농사를 지어야 합니다. 이는 농사지어 먹고사는 사람들과 그들이 낸 세금으로 봉양을 받는 관리들을 구별하기 위한 것입니다.

이것이 정전법의 대강입니다. 이 정전법을 제대로 시행하여 등나라가 윤택하게 살사는 것은 나라의 지도자와 그대가 어떻게 하느냐에 달려 있습니다."

이 장에서는 크게 두 가지 차원을 논의하고 있다. 앞부분에서는 「양혜왕」에서 제시한 것과 유사하게, 왕도정치의 기본인 민생문제의 해결과 교육을 통해 윤리 도덕을 길러 주는 정치를 말하였다. 뒷부분에서는 토지제도와 조세제도에 대해 논의하였는데, 유명한 정전법이 자세하게 제시되어 있다.

엄밀하게 말하면, 맹자는 제나라 선왕의 사례에서도 보았지만 제나라와 같은 큰 나라에서 자신의 왕도정치가 먹혀들지 않음을 경험하였다. 대신 등나라 문공이 자신의 말을 들어 주는 것 같기에 등나라와 같은 작은 나라에서 자신의 포부를 펼쳐 보려고 한 것 같다. 그러다 보니 「등문공」 2장에서도 나왔지만, 당시에 보편적으로 통용되지 않던 삼년상이

나, 이 장에서 강조하는 은나라 때 시행되었던 정전법 같은 것을 대안으로 제시하며 자신의 정치적 포부를 보여 주었다.

조기는 『장구』에서 "덕망 있는 사람을 존경하고 지식 있는 사람을 스승으로 받들어 다른 사람의 장점을 취하는 것은 매우 좋은 일이다. 학교 교육을 실시하여 예의와 도의를 권장하고, 사람들이 일을 할 수 있도록 독려하며, 농지의 경계를 바로잡고 정전법을 균등하게 실시하며, 10분의 1의 세금을 부과하는 조세제도 등은 나라를 다스리는 데 근본이 되는 일이다."라고 풀이하였다.

주자는 『집주』에서 앞 장에 나온 삼년상을 치러야 한다는 장례제도와 여기에서 강조한 정전법 중심의 경제제도에 맹자 사상의 중요한 포인트가 있다고 보았다. 이렇게 맹자가 장례의식을 중시하게 되면서, 예법이 피폐하고 붕괴하여 옛날의 훌륭한 문물제도를 다시 살필 수 없는 당시의 상황에서도, 맹자가 그것을 인식하게 해 주었다고 치켜세웠다. 또한 옛것을 미루어 새것을 만들어 지나간 자취에 급급하지 않으면서 옛날 훌륭한 지도자들의 뜻에 부합하는 학자로 평가하면서, 진정으로 이 세상에 공자 다음가는 지성인, 이른바 '아성(亞聖)'이라고 하였다.

4. 허행의 농가학설 비판

신농씨는 처음으로 농기구를 만들어 농사 기술을 가르쳤다는 전설상의 제왕이다. 이 신농씨의 가르침을 실천하는 허행이라는 초나라 사람이 있었다. 어느 날 허행이 이끄는 일행이 초나라에서 등나라로 갔다. 등나라 대궐 문에 이르러, 문공에게 말하였다.

"먼 지방, 초나라에 사는 사람이 등나라 지도자께서 훌륭한 정치를 베푼다는 말을 듣고 이렇게 찾아 왔습니다. 집이라도 한 칸 마련해 주세요. 그러면 등나라 사람이 되어 열심히 살아가겠습니다."

문공이 그의 일행에게 거처할 곳을 마련해 주었다. 그러자 그의 일행 수십 명이 모두 거친 털로 짠 옷을 입고, 짚신을 두드려 만들고, 대나왕골로 돗자리를 짜며 그것을 팔아서 먹을 양식을 마련하였다.

초나라 사람 가운데 유학을 좋아했던 진량이라는 사람이 있었다. 진량의 제자 진상이 그의 동생 진신과 함께 농기구를 짊어지고 송나라에서 등나라로 가서 문공에게 말하였다.

"등나라 시노자께서 훌륭한 정치를 베푼다는 말을 들었습니다. 훌륭한 정치를 베푸는 분은 최고의 인격자입니다. 저희들도 최고의 인격자가 지도자인 나라의 사람이 되고 싶습니다."

그런 과정에서 진상 일행은 자기보다 일찍 등나라에 자리잡은 허행을 만났다. 그리고 매우 기뻐하며, 그동안 진량에게서 배운 유학을 모두 버리고, 허행에게서 농가학설을 배웠다. 그 후 진상이 맹자를 만나 허행이 주장하는 농가학설을 전하였다.

"등나라의 지도자는 참으로 현명한 지도자입니다. 그러나 아직 올바른 정치의 길을 듣지 못한 것 같습니다. 훌륭한 덕망을 지닌 지도자는 사람들과 더불어 농사를 짓고 함께 먹고 삽니다. 손수 아침밥과 저녁밥을 지으면서 정치를 합니다. 그런데 지금 등나라의 곡식 창고에는 곡물이 쌓였고, 재물 창고에는 재물이 가득합니다. 이런 창고는 사람들에게 세금을 거두어들여 저장한 것인 만큼 사람들을 괴롭혀서 지도자나 관리들이 자기들을 봉양하기 위한 것입니다. 이렇게 하는데 어찌 현명한 지도자라 할 수 있겠습니까?"

그러자 맹자가 진상에게 물었다.

"그래요? 그럼 허행이라는 분은 반드시 자기가 곡식을 심은 뒤에 먹던가요?"

진상이 대답하였다.

"예, 그렇습니다."

맹자가 물었다.

"허행이라는 분은 반드시 손수 베를 짜서 옷을 지어 입는가요?"

진상이 대답하였다.

"아닙니다. 그 분은 거친 털옷을 입습니다."

맹자가 물었다.

"허행이라는 분은 모자를 쓰는가요?"

진상이 대답하였다.

"예, 모자를 씁니다."

맹자가 물었다.

"무슨 모자를 쓰는가요?"

진상이 대답하였다.

"흰 비단으로 모자를 만듭니다."

맹자가 물었다.

"그럼, 본인이 손수 모자를 만드는가요?"

진상이 대답하였다.

"아닙니다. 곡식을 주고 바꿔 옵니다."

맹자가 물었다.

"허행이라는 분은 어째서 손수 베를 짜지 않는가요?"

진상이 대답하였다.

"아, 그건 농사를 짓는 데 방해되기 때문입니다."

맹자가 물었다.

"허행이라는 분은 가마솥과 시루로 직접 밥을 지어 먹고, 쇠로 만든 농기구로 경작을 하는가요?"

진상이 대답하였다.

"예, 그렇습니다."

맹자가 물었다.

"그럼, 살림 도구나 농기구와 같은 연장은 직접 만든 겁니까?"

진상이 대답하였다.

"아닙니다. 곡식을 주고 바꿔 옵니다."

맹자가 물었다.

"곡식을 가지고 연장이나 생활도구를 바꾸어 쓰는 것은 질그릇을 굽는 도공이나 대장장이를 괴롭히는 일이 아닙니다. 질그릇을 굽는 도공이나 대장장이 또한 그들이 만든 연장이나 생활도구를 가지고 곡식을 바꾸는데, 이것이 어찌 농부를 괴롭히는 일이겠습니까? 서로 편하고 좋은 일 아니겠어요?

허행이라는 분은 누구나 직접 농사짓고 먹고살아야 한다고 했는데, 어찌하여 농사에 필요한 연장이나 생활도구는 일일이 집안에서 만들어 쓰지 않는가요? 어찌하여 귀찮게 여러 장인이나 기술자들과 바꾸어 쓰는가요? 어찌하여 그런 번거로운 일을 피하지 않는지요?"

진상이 대답하였다.

"저마다 전문적인 기술이 있지 않겠습니까? 연장이나 생활도구를 만드는 장인들이 하는 일은 절대로 농사를 지으면서 같이 할 수 있는 일이 아닙니다."

맹자가 말하였다.

"그렇다면 세상을 다스리는 일만은 농사를 지으면서 할 수 있단 말입니까? 정치도 하고 농사도 짓고요? 정치 지도자나 관리들이 할 일이 있고 일반 서민들이 할 일이 있습니다. 한 사람이 어떤 일이건 다 할 수 있는 기술을 골고루 갖추었다고 합시다. 모든 것을 반드시 자기가 만든 뒤에 쓴다면, 세상 사람들은 일을 하다가 지쳐서 나가떨어질 것입니다.

그러므로 옛날부터 '어떤 사람은 정신노동에 종사하고 어떤 사람은 육체노동에 종사하는데, 정신노동에 종사하는 사람은 지도자가 되어 사람들을 다스리고 육체노동에 종사하는 사람은 서민이 되어 다스림을 받는다.'라고 했어요. 그렇지만 다스림을 받는 서민들은 지도자나 관리를 먹여 살리고, 서민을 다스리는 지도자나 관리들은 서민들에게 얻어먹습니다. 이것이 세상 어디에서나 통하는 보편적 이치입니다.

요임금 시절, 세상이 아직 제대로 다스려지지 않아 안정되지 않았을 때였어요. 홍수가 넘쳐흐르고 강물이 범람하여 사방에 초목이 무성하게 자라 엉키고, 짐승들이 번식하여 득실거렸습니다. 논밭에는 곡식도 제대로 심지 못하지요, 짐승들이 사람에게 접근하여 위협을 가하지요, 짐승 발자국과 새 발자국 흔적이 사람이 다니는 길 한복판에 함께 찍혀 있을 정도로 엉망진창이었어요.

이런 미개한 상황을 어떻게 타개해야 할지, 요임금은 걱정이 태산 같았지요. 이에 순임금을 등용하여 그것을 정리하고 세상을 다스리게 했어요. 순임금은 최측근 참모였던 백익에게 불을 다루도록 했습니다. 그리하여 백익이 산과 연못 주변에 크게 자란 초목들을 모조리 불 질러 태웠어요. 그러자 새와 짐승들이 도망쳐 숨었습니다.

그 후, 우임금이 땅 위의 물이 홍수가 나지 않고 잘 흘러갈 수 있도록 아홉 개의 강을 뚫어 정비하였고, 황하의 지류인 제수와 탑수를 뚫어 바다로 흘러가게 만들었습니다. 또한 여수와 한수의 막힌 물줄기를 트고, 회수와 사수를 막고 있던 장애물들을 밀어 내어 양자강으로 흐르게 하였습니다. 그런 다음에 사람들이 농사를 지어 먹고살 수 있게 되었어요. 이때, 우임금은 8년 동안이나 밖에서 일을 했으며, 세 번이나 자기 집 앞을 지나면서도 들어가 가족을 만나 보지 못했다고 합니다. 이렇게 정신없이 공적인 일에 매달리는데 직접 농사를 짓고 싶다고 한들 농사 지을 틈이나 있겠어요?

순임금을 보좌하여 농업을 관장했던 후직은 사람들에게 농사짓는 법을 가르쳐 곡식을 심고 가꾸게 하였어요. 곡식이 잘 익고 먹거리가 풍성해지면서 사람들이 잘살게 되었습니다.

그렇지만 사람이 살아가는 데는 사람 사이에 기본적으로 따르고 지켜야 할 도리가 있어요. 배불리 먹고 따뜻하게 입고 편안하게 살기만 하고 사람의 도리에 관한 교육이 없으면, 사람도 짐승과 다를 바 없는 생활에 빠질 수 있습니다. 때문에 순임금이 이를 근심하여 설에게 교육을 관장하는 고위관료직을 맡겼고, 사람의 도리인 윤리 도덕을 가르치게 하였습니다. 그것이 바로 유교의 오륜이 되는 '부모자식 사이에는 친함이 있고, 지도자와 구성원 사이에는 의리가 있으며, 남편과 아내 사이에는 분별이 있고, 어른과 어린이 사이에는 차례가 있으며, 친구 사이에는 신뢰를 지켜야 한다.'라는 것이지요.

그 이전에 요임금도 이렇게 말했습니다. '세상 사람들을 위로해 주고 그들이 따라오게 한다. 그들의 사악한 것을 바로잡아 주고 굽은 것을 펴 준다. 그들의 애로사항을 도와주고 부축해 준다. 착한 본성을 파악하여 드러나게 해 준다. 흉년이 들면 양곡을 풀어 구휼해 주고 조세와 부역 등을 감면해 준다.' 최고지도자로서 사람을 걱정하는 것이 이와 같았습니다. 이런 상황에서 어느 겨를에 농사를 지을 수 있었겠습니까?

요임금은 순임금 같은 현명한 지도자를 얻지 못하는 것을 자신의 근심 걱정으로 여기고, 순임금은 우임금이나 형벌을 관장한 최측근 참모인 고요를 얻지 못하는 것을 자신의 근심 걱정으로 여겼습니다. 하지만 5,000여 평의 농지를 가지고 농사짓기가 쉽지 않다고 자신의 근심 걱정으로 여기는 사람은 다름 아닌 농부입니다.

다른 사람에게 재물을 나누어 주는 것을 '은혜를 베푸는 시혜'라고 하고, 다른 사람에게 착한 도리를 가르쳐 주는 것을 '자기 성의를 다하는 충실'이라고 하며, 세상 사람들을 위하여 훌륭한 인재를 얻어 정치를 맡기는 것을 '사람을 사랑하는 열린 마음'이라고 합니다. 때문에 세상을 가지고 다른 사람에게 주기는 쉬워도, 세상을 위하여 훌륭한 인재를 얻기는 정말 어렵습니다.

공자가 말하였지요. '위대하구나! 지도자인 요임금이여! 하늘만이 위대하거늘 요임금만이 이를 본받았도다! 넓고도 큰 덕망, 사람들이 형용할 수 없도다! 지도자답구나! 순임금이여! 높고도 커서 세상을 소유하고도 간여하지 않고, 현명한 사람들을 등용하여 다스렸도다!' 요임금,

순임금이 세상을 다스릴 때 어찌 마음을 쓰지 않았겠습니까? 어마어마하게 마음을 썼을 것입니다. 다만, 직접 농사를 짓는 데 마음을 쓰지 않았을 뿐입니다!

나는 문화민족이 미개한 민족을 변화시켰다는 말은 들었어도, 미개민족에 의해 문화민족이 변화했다는 말은 듣지 못했습니다. 당신의 스승인 진량은 저 남쪽의 미개한 족속들이 사는 초나라 태생입니다. 그러나 주공이나 공자의 유교를 좋아하여, 북쪽 지방의 문화민족이 사는 곳에 가서 공부를 했어요. 열심히 공부한 덕택에 북쪽 지방의 학자들 중에도 그보다 나은 사람이 별로 없어요. 진량은 정말 지혜와 용기가 뛰어나고 기개와 풍모를 갖춘 출중한 학자입니다. 그대, 진상·진신 형제는 진량을 수십 년 동안 스승으로 섬겼지요? 그런데 스승이 죽자 결국 스승을 배반하고 허행의 농가학설을 따랐소이다!

옛날에 공자가 별세하자 제자들이 마음으로 삼년상을 마친 후, 짐을 챙겨 각자 집으로 돌아갔습니다. 그때 여러 제자들은 공자의 수제자인 자공의 거실에 들어가 인사를 했어요. 제자들은 서로 마주보고 통곡하며 너무나 슬퍼서 울음소리가 나오지 않을 정도로 목이 쉬어 버린 다음에야 묵묵히 헤어졌다고 합니다. 자공은 마음으로 한 삼년상이 마음에 차지 않았는지, 다시 돌아와 공자의 묘지 마당에 집을 짓고서 홀로 3년을 더 거처한 뒤에 돌아갔어요. 나중에 자하·자장·자유 등 세 제자가 유약이 여러 측면에서 공자와 닮았으니, 형식적으로라도 공자를 모실 때처럼 예의를 갖추고 그를 섬기려고 했어요. 그렇게 하자고 증자에게 강요했으나 증자가 말했어요. '옳지 않다. 우리 스승 공자의 인격은 양자강과 한수의 물로 깨끗이 씻은 듯하고, 맑고 고운 가을 햇볕에 말

리는 것처럼 고결하고 빛난다. 그런데 어찌 형식적으로 다른 사람을 내세워 대신할 수 있으랴!'

지금, 남쪽의 초나라에서 온 미개한 족속 출신인 허행이 요임금이나 순임금이 행했던 훌륭한 정치를 정치의 길이 아니라고 왜가리 소리를 내듯이 떠벌리고 있는데, 그대는 그대의 스승 진량을 배반하고 그의 괴이한 농가학설을 배우고 있으니, 이는 앞에서 말한 증자의 경우와 또 다른 것이오! 『시경』「소아」〈벌목〉에 '도끼로 나무 베는 소리 쩡쩡 울리자, 새가 앵앵 울면서, 깊은 골짜기에서 큰 나무로 옮겨 가네.'라고 하였듯이, 나는 새가 깊은 골짜기에서 나와 높은 나무로 옮아간다는 말은 들었어도, 높은 나무에서 내려와 깊은 골짜기로 들어간다는 말은 듣지 못하였소이다. 『시경』「노송」〈비궁〉에 '서쪽 오랑캐와 북쪽 오랑캐를 치니, 인접한 초나라와 서나라도 응징되었네.'라고 노래하였어요. 주나라의 주공도 그와 같이 미개하고 야만스러운 족속들을 응징하는데, 그대는 오히려 이것을 배우고 따르니 나쁘게 변해도 한참 나쁘게 변한 것이오!"

진상이 이에 굽히지 않고 말하였다.

"허행의 이론에 따라 실천하면, 시장의 물가가 일정하게 되고 나라 안에 거짓이 없어집니다. 따라서 초등학생 정도의 어린아이를 시장에 보내도 그를 속이는 사람이 없을 것입니다. 옷감의 경우 짧고 긴 길이가 같으면 값이 서로 같고, 베나 실, 솜과 같은 것은 가볍고 무거운 무게가 같으면 값이 서로 같으며, 곡식은 많고 적은 양이 같으면 값이 서로 같고, 신발은 크고 작은 크기가 같으면 값이 서로 같습니다. 얼마나 편리하고 좋습니까!"

맹자가 말하였다.

"물건은 질이 같지 않게 마련이오. 어찌 똑같은 물건이 있겠소. 때문에 값의 차이가 어떤 때는 두 배가 되기도 하고 어떤 때는 다섯 배가 되기도 해요. 심한 경우에는 열 배, 백 배가 되고, 천 배가 되고 만 배가 되기도 합니다. 그런데 허행이나 그대들은 모든 물품을 늘어놓고 길이나 무게, 양에 따라 똑같다고 하니, 이런 주장은 세상을 혼란스럽게 만드는 짓이오! 굵게 삼은 신발과 가늘게 삼은 신발의 값이 같다면, 사람들이 어찌 굵게 삼은 신발을 만들겠어요? 허행의 이론을 따른다면, 사람들이 서로 끌고 나서서 속이며 거짓말을 해댈 것이니 어떻게 나라를 다스릴 수 있겠소이까?"

맹자 당시에 유행하던 허행의 농가학설을 신랄하게 비판하는 장이다. 맹자가 활동하던 전국시대에는 유가, 도가, 법가, 묵가, 음양가, 종횡가, 명가, 농가 등 말 그대로 제자백가들이 다양한 이론을 제시하던 백가쟁명시대였다. 이 가운데 허행의 농가 이론도 당시에 상당한 영향력을 미치고 있었던 것으로 보인다.

이 장에는 문장이 긴 만큼, 맹자의 다양한 사상이 조금씩 제시되어 있다. 물건을 교역하여 쓰는 물물교환, 정신노동과 육체노동의 역할을 다룬 분업, 유교의 오륜, 스승과 제자 사이의 사제 관계, 물건의 양과 질 등 다양한 내용들이 복합되어 있다.

조기는 『장구』에서 "신농씨는 농사와 관련되는 일을 담당하였지만 농사의 근본이 무엇인지 애쓰며 사람들에게 그것을 가르친데 반해, 허행은 농사를 중심에 두고서도 올바른 도리가 무엇인지 제대로 파악하지 못하고 지도자와 일반 사람들을 동일하게 다루었다. 진상은 스승을 배반하고 깊은 골짜기로 내려가 온갖 실정을 가리지 않고 그런 것을 오히려 핵심이 되는 중요한 것으로 잘못 인식하였다. 그래서 맹자는 다양한 사례를 들어 요임금과 순임금, 윗사람과 아랫사람이 해야 할 일들에 대해 차례로 늘어놓으며, 허행과 진상 일행을 바로잡아 주려고 질타하였다."라고 풀이하였다.

5. 이지의 묵가학설 비판

묵적의 사상을 신봉하던 이지라는 사람이 맹자의 제자 서벽을 통해, 맹자를 만나려고 요청했다.

그러자 맹자가 서벽에게 말하였다.

"나도 물론 이지를 만나고 싶다. 하지만 자네도 알다시피 내가 지금 몸이 아프지 않은가. 몸이 좀 나으면 내가 가서 만나 볼 것이니, 이지가 지금 당장 오지 않도록 해 주게나."

그 후에 또다시 이지가 맹자를 만나기를 요청하자 맹자가 서벽에게 말하였다.

"지금은 내가 그를 만나 볼 수 있다. 하지만 의견이 다른 그에게 직설적으로 말하지 않으면 우리 유가의 견해가 제대로 드러나지 않을 수 있다. 그러므로 내가 우선 직설적으로 말하겠다. 내가 들으니, 이지는 묵적의 사상이나 주장을 따르는 묵가라고 하더구나. 묵가는 장례를 치를 때, 아주 간소하고 소박하게 치르는 것을 원칙으로 한다. 이지는 그런 묵가의 이론으로 세상 풍속을 바꾸려고 생각한다. 어찌 이지가 장례를 간소

하게 하는 것을 옳지 않다거나 귀하지 않다고 여기겠는가? 그런데 이지
는 부모의 장례를 유가에서 하는 것처럼 성대하게 지냈다. 이는 자기가
따르는 이론인 묵가에서 보면, 그들이 천박하게 여기는 것으로 부모를
모신 꼴이 된다."

서벽이 맹자의 이 말을 이지에게 전하자, 이지가 말하였다.

"『서경』「주서」〈강고〉에 나오는 것처럼, 유가의 이론에 '옛날 사람은
사람을 보호할 때 어린아이를 보호하듯이 한다.'라고 하였는데, 이 말이
무슨 뜻인가요? 나는 그 말이 '사랑에는 차등이 없고, 사랑을 베푸는
일은 부모부터 시작한다.'라는 뜻으로 생각됩니다."

서벽이 이지의 이 말을 맹자에게 전하자, 맹자가 말하였다.

"이지는 진실로, '사람들이 자기 형의 아들을 사랑하는 것이 자기 이
웃집의 아들을 사랑하는 것과 같다.'고 생각하는가? 그렇다면 그 생각
은 잘못이다. 저『서경』「주서」〈강고〉의 말은 그런 뜻이 아니고 다른 뜻
을 기록한 것이다. 어린아이가 엉금엉금 기어서 우물에 빠지려고 한다
고 가정하자. 어린아이가 그런 행동을 하는 것은 우물에 빠지는 것이
얼마나 위험한지 모르기 때문이다. 따라서 그런 행동은 어린아이의 죄
라고 탓할 수 없다. 이런 어린아이는 사랑하고 보호해야 한다. 마찬가지
로 뭘 모르는 우매한 국민을 어린아이처럼 사랑하고 보호하라는 것이
『서경』의 말뜻이다. 하늘은 만물을 생겨나게 하는 데 하나의 근본에 따
르게 한다. 그리고 그 근본에 따라 다른 사람에게 미루어 간다. 그런데
이지는 남의 부모를 자기 부모와 똑같이 본다는 두 가지 근본에 따랐
기 때문에, 모든 사람을 똑같이 사랑해야 한다는 잘못된 생각을 하는
것이다.

아득한 옛날, 부모의 장례를 치르지 않고 매장하지 않은 사람이 있었다. 부모가 죽자, 시신을 들어다가 그냥 골짜기에 버렸다. 며칠 뒤, 그곳을 지나다가 여우와 너구리가 부모의 시신을 뜯어 먹고, 파리와 모기, 땅강아지 같은 것이 시신에 붙어 빨아먹고 있는 것을 목격하였다. 이에 그 사람은 이마에 식은땀을 흘리며 시신을 차마 똑바로 보지 못하고 시선을 돌리고 말았다. 그 사람은 다른 사람의 이목 때문에 식은땀을 흘린 것이 아니다. 그의 속마음이 진정으로 얼굴에까지 나타난 것이다. 그는 얼른 집으로 돌아와 삽을 가지고 가서 흙으로 시신을 덮었다. 흙으로 시신을 덮는 것이 진실로 옳다면, 효성스러운 자식이나 착한 사람이 그 부모를 매장하는 데, 왜 그래야만 하는지 반드시 그 도리가 있을 것이다. 유가에서 장례를 정중하게 치르는 데는 그 이유가 있다는 말이다."

서벽이 맹자의 이 말을 이지에게 전했다. 그러자 이지는 넋을 잃은 듯 멍하게 한동안 있다가, 다음과 같이 말하였다.

"아, 알겠습니다. 맹자께서 저를 잘 가르쳐 주셨습니다!"

묵가의 사상을 정면으로 비판하는 장이다. 이지라는 사람이 유가의 이론을 공격하고 묵가의 학설을 펴 볼 생각으로 맹자를 만나려고 했던 것 같다. 그러나 맹자는 이지의 뜻을 짐작하고서는 점잖게 대하지 않았다. 묵가의 약점이나 급소를 직접적으로 공격하여 그를 굴복시키려고 직설적으로 맞섰다.

유가의 정치이념을 상징적으로 드러낸, 『서경』의 '사람을 보호할 때 어린아이를 보호하듯이 한다.'라는 말에 대해, 묵가인 이지는 독자적인 해석을 하며 자기행위를 합리화하려 했다. 하지만 맹자는 그 잘못을 매몰차게 지적한다. 이지는 '어린아이를 보호하듯이 하라.'는 말을, 모든 어린아이나 모두가 사랑스러워 그들을 차별 없이 사랑하듯 사람을 사랑하는 데 모든 사람을 차등 없이 사랑해야 한다고 해석하였다. 그러면서 그런 사랑을 부모로부터 베풀어 간다고 한 것은 자기가 부모의 장례를 성대히 한 것에 대한 일종의 변명이 되면서도, 묵가의 겸애(兼愛) 사상을 유가에 접근시켜 보려는 꼼수였다. 그것은 결국 차등 없는 사랑을 주장하는 묵가의 자가당착적 견해로 전락한다.

유가의 생각은 그와 다르다. 예를 들면, 어린아이가 기어서 우물에 빠지려는 것은 어린아이의 잘못이 아니다. 아기를 보호할 책임을 지닌 부모의 잘못이다. 정치 지도자를 부모에 비유하고 일반 서민들을 자식에 비유하는 유가에서는, 이와 마찬가지로 정치의 책임을 맡은 지도자는 무지한 서민들이 형벌을 받거나 재난에 빠져 위험한 지경에 처하지 않도록 해야 한다. 부모가 자식을 보살펴 주듯이 잘 보호하여 안정할 수 있도록 마음을 써야 한다. 때문에 사람을 사랑하는 데는, 그 실제 상황을 고려하고 배려해야 하기 때문에 차등이 있을 수밖에 없다.

그러나 이지와 같은 묵가는 남의 부모를 자기 부모와 동일하게 보고, 근본적인 것과 지역적인 것, 또는 후하게 처리해야 할 것과 간소하게 처리해야 할 것 등을 무시하며, 인간이 느끼는 감정과 정서에 어긋나게 무차별 주의를 내세운다. 이는 인지상정으로 볼 때 상당한 위험성을 내포하고 있다.

6. 자신을 굽혀도 정도는 버리지 말라

맹자의 제자 진대가 말하였다.

"요즘 선생님이 각 나라의 지도자들을 찾아다니며 유세하지 않는데, 너무 지나치게 사소한 일에 매여서 그런 것 같습니다. 지금이라도 적극적으로 나서서 지도자들을 만나면, 크게 잘 될 경우에는 왕도정치를 하는 지도자를 만들 수 있고 적어도 패도정치를 하는 지도자 정도는 만들 수 있을 것입니다. 옛 기록에도 '한 자를 굽혀 한 길을 편다.'라고 하지 않았습니까? 한 번 해 볼 만한 일일 듯합니다."

맹자가 말하였다.

"옛날, 제나라의 지도자인 경공이 사냥할 때 깃발을 들어 사냥터를 지키던 관리를 불렀다. 그런데 관리가 오지 않자 그를 죽이려고 했다. 그 이야기를 전해 들은 공자가 '뜻 있는 하급관리는 시신이 시궁창에 버려질 것을 잊지 않는다. 용기 있는 하급관리는 자기 목이 달아날 것을 잊지 않는다.'라고 하였다. 공자는 어떤 점에서 사냥터를 지키던 관리를 칭찬하였을까? 자기의 신분에 맞게 정당한 방법으로 부르지 않았기 때문에 가지 않은 것을 칭찬한 것이다. 그런데 각 나라의 지도자들이 예의를 갖추어 부르기를 기다리지 않고 경솔하게 찾아간다면, 내 꼴이 무엇이 되겠는가? 또 '한 자를 굽혀 한 길을 편다.'라고 했는데, 이것은 이익이 되느냐 아니냐를 가지고 말한 것이다. 이익을 두고 행동한다면, 한 길을 굽히고 한 자를 펴서 이익이 있다면, 그래도 해야 하는가?

옛날, 진나라의 고위관료였던 조간자가 그의 수레를 몰던 왕량에게 개인적으로 아끼던 최측근 참모인 해와 함께 수레를 타고 사냥을 하게 하였다. 그런데 하루 종일 한 마리의 새도 잡지 못하였다.

최측근 참모인 해가 사냥에서 돌아와 보고하였다.

'왕량은 세상에서 가장 몹쓸 수레꾼에 불과합니다.'

어떤 사람이 이 말을 왕량에게 전하자 왕량이 '다시 한 번 수레를 몰아 사냥을 하게 해 주시오.'라고 요청하였다. 한참을 승낙하지 않고 있다가 억지로 부탁하고 강요하자 겨우 승낙하였다. 그런데 이번에는 하루 아침에 열 마리의 새를 잡았다.

최측근 참모인 해가 사냥에서 돌아와 보고하였다.

'세상에 가장 훌륭한 수레꾼이었습니다.'

그러자 조간자가 말하였다.

'내가 그에게 너와 함께 수레를 타도록 하겠다.'

이 말을 전해 들은 왕량은 이를 허락하지 않고 냉정하게 말하였다.

'제가 그를 위해 수레를 정상적으로 운행하였더니, 하루 종일 한 마리의 새도 잡지 못했습니다. 이번에는 그를 위해 부정한 방법으로 수레를 몰아 짐승을 만나게 하였더니, 하루아침에 열 마리의 새를 잡았습니다. 『시경』「소공」〈차공〉에 이런 노래가 있습니다. '수레꾼이 법도를 잃지 않으니 활을 쏘는 데 모두 명중하고도 힘이 남아 물건을 깨뜨리는 것과 같다!' 그는 이렇게 하지 못합니다. 저는 그와 같은 조무래기와 함께 수레를 타는 데 익숙하지 않습니다. 그러니 사양하겠습니다.'

수레를 모는 사람도 활을 쏘는 사람에게 아부하는 것을 부끄러워해서, 아부하여 짐승을 산더미 같이 잡는다 하더라도 하지 않았다네. 그런데 내가 정도를 굽히고 그런 무식한 지도자를 따른다면, 그 꼴이 뭐가 되겠나? 지금 자네의 생각이나 말이 잘못되었다. 자기를 굽히는 사람은 결코 다른 사람을 곧고 바르게 할 수 없는 법이다."

정당한 방법이 아닌데, 자신을 굽히거나 아첨해 가면서까지 지도자를
만나 볼 것은 아님을 설파한 장이다.

맹자의 제자인 진대는 맹자에게 어떤 나라의 지도자를 만나도록 권
한 것 같다. 그런데 맹자는 그 나라의 지도자가 자기를 초빙하는 방법이
정당하지 않다고 생각하고, 그 초빙에 응하지 않았다. 이에 진대는 맹자
가 너무 사소한 데, 혹은 형식적인 데에 얽매여 있다고 생각하였다. 그리
고 그것이 지나치게 고집스러워 실리를 챙길 수 있는 기회조차도 놓칠
수 있다고 생각하여, 맹자에게 들이대는 듯하다.

어떤 측면에서 보면, 진대의 사고방식은 매우 현실적이고 공리적이다.
그것이 혼란한 시대를 극복하는 실용적인 방법일 수도 있다. 그러나 맹
자는 다른 선택을 한다. 어떠한 공명을 위해서도 정도를 굽혀 남에게
굴종하지 않는다. 이런 점에서 맹자는 원칙주의자이자 의리파, 정의파라
고도 할 수 있다.

조기는 『장구』에서 "예의를 닦고 정도를 지키며 올바른 초빙이 아니면
가지 않는다. 정도를 굽혀 재물이 많아지고 부자가 되고 관직이 높아져
귀하게 된다고 해도 지성인은 이를 허락하지 않는다."라고 풀이하였다.

7. 걸출한 사나이, 대장부

전국시대의 종횡가였던 경춘이라는 사람이 맹자에게 말하였다.

"위나라의 장수였던 공손연과 장의는 진정 걸출한 사나이, 대장부가 아니겠습니까? 한 번 나대며 성을 내면 여러 나라의 지도자들이 두려워하고, 조용히 지낼 때는 세상이 잠잠합니다."

맹자가 말하였다.

"이 어찌 대장부라 할 수 있겠습니까? 그대는 예의를 배우지 않았나요? 남자는 성년식을 할 때 아버지가 훈계하고, 여자가 결혼할 때는 어머니가 훈계를 하지요. 시집을 갈 때 문에서 전송하며 이렇게 당부합니다. '네 시댁에 가서는 반드시 어른들을 공경하고, 몸가짐에 유의하여 남편을 거역하지 말라!' 이처럼 도리를 잘 지키는 것을 정도로 삼는 것은 아내들이 지켜야 할 예의입니다"

세상의 모든 사람이 함께하는 사람을 사랑하는 마음으로 살고, 세상의 바른 자리인 예의에 근거하며, 세상의 큰길인 올바른 일을 행하여 그 뜻을 얻으면 사람들과 함께 그 길을 가고, 그 뜻을 얻지 못하면 나 홀로라도 그 길을 간다. 부귀에 마음이 흔들리지 않고, 빈천해도 지조나 절개가 변하지 않으며, 위협이나 무력에도 굴하지 않는 이런 사람을 걸출한 사나이, 대장부라고 한다."

그 유명한 대장부론이 피력되어 있는 장이다. 대장부는 종횡가를 비판하면서 드러나는, 맹자가 추구하는 인간상이다.

종횡가는 각 나라의 이해관계를 이용하여 지도자를 설득하여 복종시키고 영달을 추구하던 일련의 유세가들이다. 그들은 각국의 나라 정세에 능통하고 변론에 능란하다. 공손연은 위나라의 장군을 지내다가 5개국을 설득하고 복종시켜 다섯 나라가 합의한 인증서를 차고 전체 대표를 지낸 일도 있다. 본래는 장의와 사이가 좋지 않았으나, 장의가 죽은 후 진나라에 들어가 최고위급 관료인 재상이 되어 종횡가로서 이름을 날렸다. 장의도 공손연과 같은 위나라 사람인데, 진나라에 들어가 혜왕의 최측근 고위관료가 되어 보좌하면서 진에 대항하는 합종(合縱)을 무너뜨리고 진나라를 지지하도록 하는 연횡(連橫)을 성립시켰다. 장의는 한때 합종에 성공하여 6개국의 대표가 되었던 소진과 더불어 전국시대 말기의 2대 종횡가로 명성을 떨쳤다.

공손연과 장의는 특별한 무력이 있었다기보다는 세치의 혀를 놀려 지도자를 위협하거나 설득하고 복종시켜 세상의 정세를 그들 마음대로 좌지우지하였다. 경춘이 눈여겨본 대목이 바로 이것이었다. 세상의 정세를 마음대로 좌지우지할 수 있는 힘! 경춘은 그들이 대단히 존경스러웠던 모양이다. 이에 맹자에게 이들이 진정한 대장부가 아니냐고 자신 있게 물었던 것이다.

하지만 맹자는 전혀 다른 입장을 보인다. 이 넓은 세상에 사나이 대장부로 태어났다면, 부귀나 빈천, 위협이나 무력 등에 구애됨이 없이, 강직하게 살아가며 자기의 신념을 실천에 옮길 수 있어야 한다. 그런 정신을 바탕으로 지도자를 도와 나라를 다스리는 데 기여할 기회가 오면 사람들과 더불어 자기의 소신을 펼치고, 또 그러한 기회가 오지 않거나 좌절되면 물러나서 조용하게 홀로 자기의 소신을 펼치며 살아가는 사람이 다름 아닌 대장부라는 것이다.

8. 공직 생활에 나아가는 도리

위나라 사람인 주소가 맹자에게 물었다.

"옛날에 지성인도 공직 생활을 하였습니까?"

맹자가 말하였다.

"예, 공직 생활을 했지요. 전해 오는 글에 따르면, '공자는 3개월 이상 섬길 지도자가 없어 공직 생활을 하지 못하면 안타까워하고 불안해했다고 합니다. 그리하여 그 나라를 떠날 때는 반드시 다른 나라에 가서 지도자에게 줄 예물을 수레에 싣고 떠났다.'라고 하였어요. 노나라의 현명한 사람인 공명의도 '옛날 사람은 3개월 동안 지도자를 섬기지 못하면 사람들이 가서 위로해 주었다.'라고 말했습니다."

주소가 말하였다.

"3개월 동안 공직 생활을 못하고 지도자를 섬기지 못했다고 하여, 사람들이 가서 위로하는 것은 너무 조급하게 구는 것이 아닙니까?"

맹자가 말하였다.

"하급관리가 공직을 잃는 것은 나라의 지도자가 나라를 잃은 것과 같습니다. 예의에 대해 기록한 어떤 책에 보면 '한 나라의 지도자가 밭을 갈면 사람들이 와서 경작해 주어 그 수확물을 제사에 바친다. 부인은 양잠을 하여 실을 뽑아 의복을 만든다. 희생으로 바칠 동물이 잘 자라지 않거나 제사에 바칠 곡식이 정결하지 못하거나 의복이 구비되지 않으면 감히 제사를 지내지 못한다. 하급관리가 제사에 바칠 곡식을 수확할 농지가 없으면 또한 제사를 지내지 못한다.'라고 하였어요. 희생이나 제기, 의복이 갖추어지지 않아 감히 제사를 지내지 못하면 사람들에게 베푸는 잔치도 하지 못하게 됩니다. 그러니 공직을 잃은 사람을 찾아가 위로할 만하지 않습니까?"

주소가 말하였다.

"한 나라에서 다른 나라로 갈 때, 반드시 예물을 싣고 가는 이유는 무엇입니까?"

맹자가 말하였다.

"하급관리가 공직 생활을 하는 것은 농부가 밭을 가는 것과 같습니다. 농부가 이 나라를 떠나 다른 나라로 간다고 한들, 어찌 농기구를 두고 가겠습니까?"

주소가 말하였다.

"우리 위나라에도 많은 사람들이 공직 생활을 하고 있습니다. 그런데 공직 생활을 그렇게 조급하게 여긴다는 말은 들어 보지 못했습니다. 공직 생활 하는 것에 대해 이와 같이 조급하게 여기면서, 선생님 같은 지성인들은 왜 공직 생활 하는 것에 대해 그렇게 어렵게 생각하는지요?"

맹자가 말하였다.

"남자가 태어나면 그 아들에게 좋은 아내를 얻어 가정을 갖게 하고, 여자가 태어나면 그 딸이 좋은 남편을 얻어 화목한 가정에서 잘살기를 바라는 것은 자식을 가진 부모의 마음입니다. 그런 마음은 대부분의 사람이 갖고 있는 것이지요. 그러나 자식들이 부모의 명을 기다리지 않거나 중매하는 사람의 말을 기다리지 않고, 저희들끼리 멋대로 담에 구멍을 뚫고 서로 엿보거나 담을 넘어가서 서로 어울린다면, 부모는 물론 나라 사람들 모두 천하게 여길 것입니다. 옛날 사람들이 일찍이 공직 생활에 마음이 없었던 것은 아닙니다. 어쩌면 간절히 원했을 수도 있습니다.

중요한 것은 정도를 따르는 것입니다. 그들은 정도에 어긋나는 것을 싫어하였습니다. 정도를 따르지 않고 공직을 찾아가는 것은 청춘남녀들이 담에 구멍을 뚫고 만나는 것과 같습니다."

이 장은 어떤 자세로 공직 생활을 해야 하는가에 관한 맹자의 견해가 드러난 대목이다. 위나라 사람, 주소의 견해는 좀 단순하다. 현실적으로 조금만 굽히면 얼마든지 공직에 나아갈 수 있는데, 맹자가 그것에 난색을 표하고 있자 공직 생활의 기준이 무엇인가를 따져 물은 것이다.

조기는 『장구』에서 "지성인은 공직 생활에 힘쓰고 자기의 소신을 널리 펴기를 생각한다. 정의를 관철시키고 사람을 사랑하는 마음을 가지고 예의를 실천한다. 구차스럽게 봉급을 구걸하는 것은 미혼의 청춘 남녀가 서로를 찾아 담을 넘어가는 일이나 다를 바 없다. 이런 정상적이지 않은 상황을 사람들은 천하게 여기기 때문에 실천하지 않는다."라고 풀이하였다.

앞의 몇몇 장에서도 강조되었지만, 맹자는 의리정신의 화신처럼 느껴진다. 수시로 정도를 고집하고 정상적인 방법을 고민한다. 그것은 올바름에 대한 지적인 추구다.

9. 정당한 방법, 정당한 대가

맹자의 제자 팽경이 맹자에게 물었다.

"뒤에 따르는 수레가 수십 대이고, 따르는 사람 수백 명을 거느리고,

이 나라 저 나라를 돌아다니며 지도자에게 의식주를 공급받는 것은 너무 지나친 일이 아닙니까?"

맹자가 말하였다.

"정당한 방법이 아니라면 한 그릇의 밥이라도 남에게 받아서는 안 된다. 하지만 정당한 방법이라면 순임금은 요임금이 물려준 세상을 받고도 지나치다고 여기지 않았다. 그런데 자네는 나의 경우를 지나치다고 생각하는가?"

팽경이 말하였다.

"그런 뜻이 아닙니다. 하급관리가 되어, 하는 일없이 봉급을 받아먹어서는 안 된다는 말입니다."

맹자가 말하였다.

"자네가 공직 생활을 한다고 하자. 사람들이 자기의 성과를 상호 교류하고 물건을 서로 교환하여 남는 것으로 부족한 것을 보완하지 못하게 한다면, 어떻게 하겠는가? 농사를 짓는 농부는 곡식이 남아서 버리는 것이 있고, 베를 짜는 여인은 베가 남아서 버리는 것이 있으리라. 그러나 자네가 이런 것을 상호 교류하게 한다면, 목수나 수레를 만드는 기술자들도 모두 밥을 먹을 수 있을 것이다. 여기에 어떤 사람이 있는데, 집안에 들어오면 부모에게 효도하고, 밖에 나가면 사회의 어른에게 공손하며, 옛날 훌륭한 지도자들이 행했던 훌륭한 정치를 실천하여 후대의 학자를 기다리면서도, 자네에게 밥을 얻어먹지 못할 수 있다네. 자네는 어찌하여 목수나 수레 만드는 기술자 같은 사람들은 존중하면서, 사람을 사랑하는 열린 마음을 가지고 도의를 실천하는 사람은 가벼이 여기는가?"

그러자 팽경이 물었다.

"목수나 수레 만드는 기술자들은 먹고살기 위해 일을 합니다. 지성인이 사람을 사랑하는 열린 마음을 가지고 도의를 실천하는 것도 먹고살기 위한 것입니까?"

맹자가 말하였다.

"자네는 왜 목적을 가지고 따지는가? 자네에게 해 준 일이 있어 먹여 줄 만하면 먹여 주면 되는 것 아닌가? 자네는 목적이 무엇인지에 따라 먹여 주는가? 해 준 일이나 해 놓은 일에 따라 먹여 주는가?"

팽경이 말하였다.

"목적이 무엇인지에 따라 먹여 줍니다."

맹자가 말하였다.

"여기에 어떤 사람이, 기왓장을 깨부수어 담장에 마구 그어대며 더럽히고 있네. 이렇게 해만 끼치고 있는 데도, 그 목적이 먹는 것을 얻으려고 한다면 자네는 그 사람을 먹여 주겠는가?"

팽경이 말하였다.

"아닙니다. 먹여 주지 않습니다."

맹자가 말하였다.

"그러면 자네는 목적이 무엇인지에 따라 먹여 주는 것이 아니라, 해 놓은 일에 따라 먹여 주는 것일세!"

이 장은 맹자가 유세를 하며 각 나라를 다닐 때, 나라의 지도자들로부터 물질적인 대우를 받은 것에 대한 정당성을 설명한 글이다. 제자 팽경은 맹자가 수십 명을 거느리고 다니면서, 그것도 별로 하는 일도 없이 후하게 대접을 받으며 다니는 것에 대해 비판적으로 인식하고 있는 듯하다. 팽경의 물음으로 볼 때, 맹자는 주유천하 하며 유세를 할 때, 수십 대의 수레와 수백 명을 사람을 거느리고 돌아다닌 것으로 추측된다. 이 정도라면 상당한 위세를 갖추고 세력을 떨쳤을 것으로 짐작된다.

조기는 『장구』에서 "목공이나 도공, 각종 기술자들은 자기의 노력으로 먹고살고, 나라에서 주는 봉급은 재능이 있고 똑똑한 사람을 기르는 바탕이 된다. 사람을 사랑하는 마음을 닦고 올바른 도리를 숭상하는 것은 나라에서 존중하는 일이다. 나라를 다니며 풍속을 아름다운 방향으로 개량하는 것도 그 공적이 소중하므로, 나라의 지도자로부터 의식주를 제공받더라도 거저먹는 것은 아니다."라고 풀이하였다.

다시 말하면, 사람을 사랑하는 열린 마음을 가지고 도의를 실천하는 사람은 나라를 올바르게 만드는 데 나름대로의 공적이 있기 때문에, 지도자들에게 의식주를 공급받더라도 거만한 것이 아니라는 뜻이다. 이는 맹자가 유세를 하는 자부심과도 상통한다.

10. 인정을 통한 왕도정치

맹자의 제자 만장이 물었다.

"송나라는 작은 나라입니다. 지금 훌륭한 정치를 행하려고 합니다만, 동쪽의 제나라와 남쪽의 초나라가 그것을 반대하고 무력으로 정벌하려고 한다면 어떻게 해야 합니까?"

맹자가 말하였다.

"은나라를 창건한 탕임금이 힘이 없는 지도자였을 때 박읍에 거처하고 있었는데, 그 거처가 갈나라와 인접해 있었다. 갈나라 지도자 백이 방탕하고 무도하여 제사를 지내지 않자 탕임금이 사람을 보내서 그 이유를 물었지.

'어찌하여 제사를 지내지 않습니까?'

갈백이 대답했네.

'제사에 바칠 희생이 없기 때문입니다.'

탕임금이 사람을 시켜 희생으로 쓸 소와 양을 보내 주었는데, 갈백은 이것을 잡아먹고 또 제사를 지내지 않았어. 탕왕이 또 사람을 보내 물었지.

'어찌하여 제사를 지내지 않습니까?'

이번에는 갈백이 이렇게 대답했어.

'제사에 바칠 곡식이 없기 때문입니다.'

탕임금이 박읍의 사람들에게 갈나라에 가서 농지를 일구고 농사를 짓도록 도와주고, 노약자들에게는 먹을 것을 날라다 주게 하였지. 그러자 갈백은 자기 수하의 사람들을 거느리고 나와 술이나 밥, 곡식을 가져온 사람들을 강탈하였고, 주지 않는 사람은 죽이기까지 했다네. 한 어린아이가 기장밥과 고기반찬을 날랐는데, 그 아이를 죽이고 가진 것을 강탈했다는구먼. 아주 포악하지. 『서경』 「상서」 〈중훼지고〉에서 '갈백이 먹을 것을 날라 준 사람과 원수가 되었다.'라고 하였는데, 바로 이를 두고 한 말이라네.

갈백이 그렇게 한 어린 생명을 죽였기 때문에, 탕임금이 무력으로 갈나라를 정벌하였지. 그러자 온 세상 사람들이 '탕임금이 갈나라를 친

것은 세상의 재부를 탐내서가 아니라 보통 사람의 원수를 갚아 준 것이다.'라고 말했어.

이처럼 탕임금의 정벌은 갈나라로부터 시작하여 모두 11개국을 정벌하였는데, 세상에 그를 대적한 이가 없었다네. 동쪽을 향하여 정벌을 나가면 서쪽의 미개족속들이 원망하고, 남쪽을 향하여 정벌을 나가면 북쪽의 미개족속들이 원망하며 다음과 같이 말했지.

'어찌하여 우리 족속들을 나중에 정벌하는가!'

이처럼 온 세상 사람들이 탕임금이 자기 족속을 정벌해 주기를, 큰 가뭄에 비가 내리기를 바라듯이 하였다네. 이에 시장으로 물건을 바꾸러 가는 사람들이 그치지 않았고, 농사일을 하는 사람들은 동요하지 않고 열심히 일을 하였지. 탕임금이 그 족속들의 지도자를 처단하고 사람들을 위로해 주자, 때를 맞추어 단비가 내린 듯이 사람들이 매우 기뻐했던 것이라네. 때문에 『서경』「상서」〈태갑〉에서 '우리의 지도자를 기다리니, 우리 지도자가 오면 무고한 형벌이 없어지겠지!'라고 했어.

한편, 『서경』「주서」〈무성〉에 의하면, 주나라 무왕 때 무왕에게 복종하지 않으려는 자가 있었다네. 그래서 동쪽으로 정벌을 나가 그 나라 사람들을 편안하게 살게 해 주었는데, 고위관료들이 좋은 옷감을 비롯하여 예물을 가지고 와서 바쳤지. 그러고는 무왕을 섬기고 그의 훌륭한 인품을 보게 되면서 큰 도읍인 주나라로 귀순하였다네. 그 나라의 지성인들도 좋은 옷감을 비롯하여 예물을 가지고 와서 주나라의 지성인들을 맞이하고 일반 서민들은 그릇에 밥을 담고 병에 음료를 담아 와서 주나라의 일반 서민들을 맞이하였지. 무왕은 이처럼 토탄에 빠진 사람을 구하고, 그 나라의 잔학한 지도자를 처단했어. 이에 『서경』「주서」

〈태서〉에, '우리 무왕이 위엄을 높이 떨치고, 복종하지 않는 저들의 나라로 진격했노라. 잔학한 자를 처단하고 토벌하여 그 공적이 온 세상에 베풀어지니, 은나라 탕임금보다도 더욱 빛나도다.'라고 찬양하였다네.

홀륭한 정치, 왕도를 행하지 않아서 만장 자네가 지금 그렇게 말하는 것이라네. 왕도를 행한다면 온 세상 사람들이 모두 고개 들어 바라보고, 송나라 지도자를 이 세상의 지도자로 삼으려 할 것이네. 제나라와 초나라가 큰 나라이기는 하지만, 두려워할 게 무엇이 있겠는가?"

이 장은 맹자의 왕도정치에 대한 확신이 더욱 돋보인다. 아무리 작은 나라일지라도 홀륭한 정치의 상징인 왕도를 실천하면 세상에 두려울 것이 없다는 논리가 적나라하게 드러난다.

송나라는 춘추시대 때 제나라의 지도자 평공에 의해 멸망되었다. 그러나 전국시대에 언이 다시 나라를 일으키며 스스로 지도자의 자리에 올랐다. 동쪽으로는 제나라를 침략하여 5개의 읍을 빼앗고 남쪽으로는 초나라를 쳐서 300리의 땅을 빼앗았으며, 서쪽으로 위나라를 굴복시키며 강성해졌다. 그러나 그것을 계기로 제나라·초나라·위나라와 원수지간이 되었다. 한때 언이 홀륭한 정치를 베푼다고 하여 맹자가 송나라를 찾아갔던 일이 있었다. 그러나 왕도를 제대로 베풀지 못하고 포학한 정치를 일삼다가 제나라에게 멸망되었다.

맹자는 만장이 송나라에 대해 걱정하는 것을 보고, 은나라 탕임금과 주나라 무왕의 사례를 들어 주었다. 즉 왕도정치를 실천하여 세상의 모든 사람들이 기뻐하며 홀륭한 정치를 행하는 나라로 귀순해 온 것을 강조하였다. 왕도를 실시하기만 하면, 어떤 어려움도 헤쳐 나갈 수 있다는 강변이 엿보인다.

조기는 『장구』에서 "덕망을 닦는 마당에는 작은 나라라는 것이 통하지 않는다. 반대로 지도자가 포학하고 오만한 정치를 행하면 강한 나라라는 것도 통하지 않는다. 그렇기 때문에 포학무도한 하나라 걸이나 은나라 주가 다스리던 시기에는 온 세상 사람들이 탕임금과 무왕을 사모하였고, 그들이 지도자가 되기를 원하지 않더라도 어쩔 수 없이 지도자가 될 수밖에 없는 상황이었다."라고 풀이하였다.

11. 인재 환경의 중요성

맹자가 송나라의 최고위관료인 대불승에게 말하였다.

"당신은 당신 나라의 지도자가 훌륭해지기를 바라는가요? 내 당신에게 분명하게 말해 주겠소. 잘 들으시오! 여기에 초나라 고위관료가 있다고 합시다. 그의 자식이 제나라 말을 하고 싶어 한다면 제나라 사람에게 그 자식을 가르치게 하겠습니까? 초나라 사람에게 그 자식을 가르치게 하겠습니까?"

그러자 대불승이 대답하였다.

"그야, 당연히 제나라 사람에게 가르치게 할 것입니다."

맹자가 말하였다.

"좋습니다. 한 제나라 사람이 그 자식을 가르치고 있는데, 여러 초나라 사람이 하루 종일 옆에서 떠들어 댄다면, 날마다 종아리를 치면서 제나라 말을 가르치며 잘 하기를 요구하더라도, 잘 안될 것입니다. 그렇겠지요? 그러나 그 자식을 제나라의 번화한 도시 거리인 장이나 악과 같은 곳에 데려다가 몇 년 동안 살게 한다면 날마다 종아리를 치면서 초나라 말을 하도록 요구하더라도, 또한 잘 안될 것입니다.

당신은 설거주를 매우 유능한 하급관리라고 생각하고, 지도자의 거처에서 보좌하게 했어요. 지도자의 곁에 있는 장유와 비존 같은 자들이 모두 설거주와 같이 유능한 사람이라면, 당신의 지도자가 누구와 더불어 나쁜 짓을 저지르겠소? 지도자의 곁에 있는 장유와 비존 같은 자들이 모두 설거주와 같이 유능한 사람이 아니라면, 당신의 지도자가 누구와 더불어 착한 일을 하겠소? 한 번 생각해 보시오! 한 명의 설거주가 자기 홀로 송나라 지도자를 보필할 수 있겠어요? 아무리 유능하다고 한들, 어찌하겠어요?"

이 장은 어학 교육을 사례로 들어 지도자를 인도하는 방법에 비유한 유명한 대목이다. 대불승은 송나라 지도자의 친인척으로 송나라 최고위 관료를 지낸 인물이다. 송나라 지도자였던 강왕을 보좌하였는데, 나름대로 훌륭한 정치를 실시해 보려고 설거주라는 유능한 관리를 추천하여 강왕을 측근에서 보좌하게 하였다. 이때 맹자가 송나라에서도 훌륭한 정치를 편다는 소문을 듣고 가 보았던 것이다.

맹자가 제나라와 초나라의 말을 구체적 사례로 든 것은 당시 지역적 특색이 크고, 방언에서 차이가 심했기 때문에 극단적으로 대비한 것으로 보인다. 초나라는 남쪽의 양자강 일대에 자리 잡고 있던 큰 나라였고, 제나라는 황하 유역, 이른바 중원의 중심에 자리 잡고 있어, 지역 특성상 고대 중국어의 발음이 매우 달랐다. 이에 맹자가 초나라의 방언이 아니라 중원의 큰 나라 언어인 제나라의 말을 배우는 것을 사례로 들어, 송나라의 지도자를 인도하는 방법을 일러 준 것이다.

조기는 『장구』에서 "태어나면서부터 모든 것을 아는 최고지도자가 아닌 다음에야 사람은 환경에 따라 변화하기 마련이다. 그래서 속담에 '흰 모래가 검은 흙탕에 있으면 물들이지 않아도 저절로 검어지고, 쑥이 삼 속에서 자라면 잡아 주지 않아도 저절로 곧아진다.'라고 하였다. 이는 주변에 도와주는 사람이 많은 것을 의미한다."라고 풀이하였다.

내용의 핵심은 측근 참모들은 훌륭한 덕망을 갖춘 사람이나 유능한 관리들을 지도자에게 추천하여 지도자가 올바른 길을 갈 수 있도록 도움을 줄 수 있는 인재를 주변에 많이 배치해야 한다는 것이다.

12. 정도를 실천하는 기준

맹자의 제자 공손추가 물었다.

"선생님, 요즘 각 나라의 지도자를 만나 보지 않는데, 무슨 특별한 까닭이라도 있습니까?"

맹자가 말하였다.

"옛날에는 참모나 보좌관, 공직자가 되지 않으면 지도자를 만나 보지 않았다네."

진나라 사람 단간목은 위나라 지도자 문후가 그를 초빙하려고 집 앞 대문까지 갔으나 담장을 넘어 피하였고, 노나라 사람 설류는 노나라 지도자 목공이 그를 찾아가 만나려고 했으나 문을 닫고 받아들이지 않았다고 하네. 이들의 경우에는 모두 너무 심했다고 생각하네. 지도자가 직접 찾아 왔는데, 그 정성을 봐서라도 만나 볼 수 있는 것 아니겠나!

노나라 때의 고위관료였던 양화가 당시 하급관리 정도에 불과했던 공자에게 자기를 찾아 오게 하려고 했다네. 하지만 양화는 예의가 없다고 비난 받는 것을 싫어하여, 다음과 같은 옛날 예법을 이용했다네. 고위관료가 하급관리에게 선물을 하는 경우, 하급관리가 자기 집에서 그 선물을 직접 받지 못했으면, 고위관료의 집 앞 대문에 가서 절을 하는 예의가 있었지. 그래서 양화는 공자가 집에 없을 때를 엿보아 공자에게 삶은 돼지고기를 보내 주자, 공자도 또한 그가 집에 없을 때를 엿보아 찾아가서 절을 하였다네. 이런 경우 양화가 먼저 예의를 베풀었다면, 공자가 어찌 만나 보지 않았겠는가?

공자의 제자 증자는 '어깨를 추켜올리고 아첨하며 웃음 짓는 것이 여름 땡볕에서 일하는 것보다 더 고통스럽다.'라고 하였고, 공자의 제자 자로는 '뜻이 같지 않은데 억지로 영합하여 말하는 자는 그 얼굴빛을 보면 빨개져 있다. 나는 그렇게 할 수가 없다.'라고 하였다. 이런 차원에서 본다면, 훌륭한 사람들, 지성인이 진정으로 존중하고 지키는 것이 무엇인지를 알 수가 있네."

사람은 무엇으로 사는가? 맹자가 제자 공손추의 물음에 공직을 하는 기준이 무엇이어야 하는지를 설명한다. 개인의 이익을 위해 예의에 벗어나 아첨하지 않는 것이 그것의 생명이다. 공직 생활은 철저하게 공공의 이익을 위한 것이어야 한다.

맹자는 단간목이나 설류의 극단적 행동에 대해 지나치다고 인식한 것으로 보아, 나름대로 합리성을 추구한 듯하다. 지도자가 자기의 집까지 찾아와 간절하게 도움을 호소할 경우, 어쩔 수없이 만나야 한다는 것을 보면, 아무리 강직한 성품을 지녔다고 하더라도 꽉 막힌 인물은 아닌 듯하다.

조기는 『장구』에서 "가야 할 길이 다르면 더불어 의논하지 않으나 할 수 없는 상황이 닥치면 어쩔 수 없이 해야 한다. 단간목과 설류는 지나치게 심하였으며, 부재중임을 살펴보고 한 것은 어느 정도 합리성을 얻는다. 자기를 바로 하고 곧게 행하면 사악함에 받아들여지지 않는다. 얼굴을 붉히고 아첨하는 것은, 그 괴로움이 여름에 아주 더운 날 밭일을 하는 것과 같다."라고 풀이하였다.

주자는 "최고지도자는 가장 알맞은 예의를 갖춘 존재이므로, 지나친 자는 너무 절실함에 상하여 오히려 넓지 못하고, 미치지 못한 자는 더럽고 천한 데 빠져 부끄러울 수 있음을 말한 것"이라고 이 장에 의미를 부여하였다.

13. 올바른 정책은 빨리 시행하라

송나라의 고위관료인 대영지가 맹자에게 말하였다.

"수확물의 10분의 1을 세금으로 부과하는 농지세를 실시하고, 관문을 통과하는 통행세, 시장의 물품세나 감독세 등 각종 세금 폐지를 올해에 곧바로 하기는 힘듭니다. 대신 올해는 세금을 경감하고 내년 이후에 가혹한 세금제도를 폐지하도록 합시다. 어떻겠습니까?"

맹자가 말하였다.

"여기 매일 이웃집의 닭을 훔치는 자가 있는데, 어떤 사람이 그에게 '자네의 행동은 올바른 사람의 도리가 아닐세.'라고 하자 그 사람이 대답하기를 '그럼 그 숫자를 줄여서, 매일이 아니고 한 달에 한 마리씩 훔치다가 내년 이후에는 훔치지 않으려고 합니다.'라고 하는 것과 같소이다! 올바른 도리가 아님을 알았다면 당장에 빨리 그만두어야 합니다. 어찌 내년까지 기다린다고 합니까?"

맹자의 성격이 다시 한 번 드러나는 장이다. 맹자는 정의파여서 그런지, 불의를 보면 서둘러 고칠 것을 주문한다. 성격이 과격한 듯하다. 맹자가 송나라에 권한 훌륭한 정치의 한 방법은, 그가 평소 주장하던 소신인 농지에 대한 세금 부과, 그리고 통행세와 시장세의 폐지다. 송나라의 정치 지도자를 대변하는 대영지는 맹자의 제안에 찬성한다. 그런데 무슨 문제가 있는지 그것을 즉각적으로 시행하는 것에 대해서는 주저한다. 그리고 1년 후에 완전히 실시하는 것이 어떠냐고 다시 의견을 묻는다. 이에 맹자는 화가 난 것 같다. 비유가 절묘하다. 닭을 훔치는 도둑에게 비유하였는데, 요지는 '옳지 않은 것을 알았으면 즉각 시정하는 것이 마땅하다!'다.

조기는 『장구』에서 "착한 일을 따르고 옳지 않은 일을 고치는 것은 앉아서 날 새기를 기다리는 것처럼, 앞을 다투어 행하려고 해야 한다. 나쁘다는 것을 알고 그대로 지속한다는 것은 차라리 그것이 나쁜 것인지를 전혀 몰랐을 때보다 더 중대한 문제이다. 맹자가 비유한 닭을 훔치는 일은 그 수량이 많건 적건 도둑질인 것은 매한가지다. 따라서 나쁜 행동을 고치고, 스스로 새로워져서 착한 행동으로 바뀔 수 있으면 재빨리 그렇게 해야 한다."라고 풀이하였다.

14. 논쟁을 하는 이유, 유가를 변호하라

맹자의 제자 공도자가 맹자에게 물었다.

"제자인 저희들 말고도 외부 사람들이 모두 선생님이 논쟁하기를 좋아한다고 합니다. 왜들 그렇게 말하는지 감히 묻겠습니다."

맹자가 말하였다.

"내가 어찌 논쟁하기를 좋아하겠는가? 할 수 없이, 부득이 해서 그런 것이라네. 세상에 인간이 살아온 지가 오래 되었지. 그동안 세상이 잘 다스려질 때도 있었고 혼란스러울 때도 있었지. 나라의 흥망성쇠가 반복되었다네.

요임금 때는 넘친 강물이 역류하여 나라의 중심부까지 범람했고, 사방에 뱀이나 용과 같은 파충류가 득실해서, 사람들이 편안하게 살 곳이 없었어. 낮은 지대에 사는 사람들은 나무 위에 집을 지었고, 높은 지대에 사는 사람들은 굴을 파고 살았다네. 『서경』「우서」〈대우모〉에 '쏟아져 내리는 물이 우리를 경계하게 만들었다.'라고 하였는데, 이때 쏟아져 내리는 물이 바로 홍수라네.

그러자 순임금이 우임금에게 홍수를 다스리게 하였지. 우임금이 땅을 파서 강물을 바다로 흘러가게 하고, 뱀이나 용과 같은 파충류를 늪지대로 몰아냈어. 강물이 이제 강줄기를 따라 흘러가게 되었는데, 양자강, 회

수, 황하, 한수 등이 바로 그것이야. 사람의 생명을 위협했던 홍수나 사람을 해치는 새와 짐승들이 사라진 다음 이제 사람들이 낮은 지대나 높은 지대를 벗어나 평지에서 살게 되었다.

요임금과 순임금이 세상을 떠나자 최고지도자가 행하였던 훌륭한 정치가 쇠퇴하고, 포악무도한 지도자가 대대로 나와서 서민들이 살던 집을 부수어, 자기들이 이용할 궁전을 짓고 정원을 만들었지. 그러자 사람들이 편안하게 쉴 곳이 없게 되었어. 또한 농지를 강제로 몰수하여 자기들이 즐길 사냥터를 만들어 사람들이 의식주를 해결할 수 없게 되었다. 뿐만이 아니야. 사악한 이론과 포학무도한 행동이 수시로 일어나 사람들은 쫓겨나고, 지배자들이 즐기는 사냥터나 정원들이 많아지면서 짐승들이 번식하여 득실거렸다. 이처럼 은나라 말기 주임금 시대에 세상이 너무나 혼란스러워졌다.

이에 주나라 창건의 주역인 주공이 무왕을 도와 주임금을 처단하고, 주임금을 돕고 있던 엄나라를 정벌하였다. 그렇게 한 지 3년 만에 그 지도자를 토벌하고, 주임금의 최측근이었던 비렴을 바다 모퉁이로 몰아내어 죽였지. 이때 멸망시킨 나라가 50개국이었다. 그리고 사람을 위협하던 범과 표범, 코뿔소와 코끼리를 몰아내어 멀리 쫓아 버리니 세상 사람들이 매우 기뻐하였네. 이에 『서경』「주서」〈군아〉에서 '크게 드러나셨다. 문왕의 가르침이여! 크게 계승하셨다, 무왕의 공적이여! 우리 후대들을 이끌어 주시되, 모두 올바른 도리로 하고 무너지지 않게 하셨도다.'라고 하였다.

그 후 주나라가 약해지고 위세가 시들면서 세상의 윤리 도덕이 미약해져서 사악한 학설과 포학무도한 행동이 일어났다. 최측근 참모가 지도자를 시해하는 자가 있었고, 자식이 부모를 시해하는 자도 있었다.

춘추시대에 공자가 이러한 사태가 지속적으로 발생하는 것을 두려워하여 『춘추』를 지었다. 역사서 『춘추』는 지도자를 시해하고 부모를 시해하는 난신적자를 꾸짖고 선행을 찬양하여 대의명분을 밝히는 저술로, 본디 최고지도자의 일을 기록한 것이라네. 때문에 공자가 '나를 알아 주고 칭찬할 일도 오직 『춘추』이며, 나를 배척하고 벌하는 일도 오직 『춘추』에 근거할 것이다.'라고 하였지.

최고의 인격과 덕망을 갖춘 최고지도자가 나오지 않자, 각 나라의 지도자들이 방자하게 행동하고 민간의 제자백가들이 제멋대로 사악한 주장을 내세웠다. 특히 양주와 묵적의 이론이 세상에 넘쳐흘러 세상의 말이 양주가 아니면 묵적에게로 돌아갔다네. 양주의 이론은 자기만을 위주로 하여 자신의 생명만을 위하는 이론으로, 공동체를 인도하는 지도자를 무시하는 사상이지. 묵적은 모든 사람을 똑같이 사랑하는 이론으로 부모를 무시하는 사상이라네. 부모도 무시하고 지도자도 무시하면 이는 짐승이나 다름없지.

그래서 노나라 때의 현명한 사람인 공명의가 이렇게 말했다네.

'지도자의 푸줏간에 살진 고기가 있고, 고위관료들의 마구간에 살찐 말이 있는데, 일반 사람들에게 굶주린 기색이 있고 들에 굶어 죽은 시체가 있다면 이는 짐승을 몰아다가 사람을 잡아먹게 하는 짓이다!'

양주나 묵적의 이론이 종식되지 않으면, 공자의 유가 학설이 제대로 드러나지 못한다네. 이렇게 되면, 사악한 이론이 사람을 속여, 사람을 사랑하는 열린 마음이나 올바른 도리의 실천이 막히겠지. 사람을 사랑하는 열린 마음이나 올바른 도리의 실천이 막히면, 짐승을 내몰아 사람을 잡아먹게 하다가 끝내는 사람들이 서로 잡아먹게 될 것은 번한 이치야.

내가 이런 사태를 두려워하여 공자가 집대성한 유가의 학설을 지키고 보호하며 양주와 묵적의 사악한 이론을 막으려고 하는 거야. 비뚤어진 말을 추방하고 사악한 이론이 나오지 못하게 하려는 것이야. 사악한 이론은 거의 다가 그 마음에서 나와서 자기가 하는 일에 해를 끼치게 된다. 그 일에서 나와 결국에는 정치에 해를 끼친다네. 앞으로 어떤 훌륭한 인물이 다시 나온다 하더라도 내 말을 바꾸지 않고 옳다고 인정할 걸세.

옛날 우임금이 홍수를 막자 세상이 편안해졌고, 주공이 미개한 족속들을 병합하고 맹수를 몰아내자 사람들이 편안하게 살게 되었으며, 공자가 『춘추』를 완성하자 난신적자들이 두려워하였고 대의명분이 밝혀졌다. 『시경』「노송」〈비궁〉에 '서북쪽의 미개한 족속들을 정벌하니 남쪽의 미개한 족속도 다스려지네. 이제 나를 대적할 자가 없노라!'라고 노래하였으니, 부모를 무시하고 지도자를 무시하는 짐승 같은 자들은 주공도 응징하였다.

나 또한 사람의 마음을 바르게 잡아 주고, 사악한 이론을 종식시키며, 잘못된 행실을 막고, 방자한 말을 추방하여, 우임금이나 주공, 공자와 같은 훌륭한 분들을 계승하려고 한다. 그러니 내가 어찌 논쟁하기를 좋아하겠는가? 할 수 없이, 부득이해서 그렇다네. 지금 저 사악한 양주와 묵적의 이론이 횡행하고 있는데, 이를 막아낼 수 있는 사람은 바로 우리 유가뿐일세!"

맹자의 역사의식과 유가에 대한 자부심이 묻어나는 장이다. 특히, 제자 공도자가 남들에게 손가락질까지 받아 가며 논쟁을 적극적으로 벌여야 하는 이유를 해명하고 그 당위성을 일러 준다. 그것은 유가가 추구했던 사람의 도리를 천명하여 사람을 사랑하는 열린 마음과 올바른 도리의 실천을 위해 부득이하게 해야만 하는 사명임을 강조한다. 다시 말하면, 인의의 도리를 지키기 위해 목숨을 걸고 논쟁을 벌여야 한다. 이것은 어찌 보면 인류의 사활이 걸린 사상투쟁이다.

맹자는 자기 시대 이전까지의 역사를 안정과 혼란이 반복되는 것으로 인식하고 안정을 추구한다. 안정과 혼란의 반복은 다음과 같이 진행되었다.

요임금과 순임금이 다스리던 시대는 안정의 시대이고, 그 다음이 홍수와 가뭄, 짐승들의 위협에 시달리던 혼란의 시기다. 다시 우임금의 치수사업과 국토개발을 통해 안정을 되찾았다가, 하나라의 걸과 은나라의 주가 포학무도한 정치를 펼치던 극심한 혼란의 시기가 온다. 은나라의 주를 물리치고 주나라의 문왕과 무왕, 주공이 토대를 놓은 서주시대는 안정의 시기다. 하지만 다시 주나라가 낙양으로 천도를 하는 동주시대에 들어서면서 혼란이 시작된다. 이에 공자가 『춘추』를 저술하여, 난신적자를 심판하고 대의명분을 바로잡는 시기에 들어선다. 그리고 이때 다시 안정을 모색하게 된다. 어떻게 보면 역사는 안정과 혼란, 평화와 전쟁이 반복되는 듯하다.

맹자는 요임금 순임금 이후, 안정의 시대를 구가했던 우임금과 주공, 공자를 모델로 자신이 그 사명을 담당하는 동시에 적임자임을 천명한다.

조기는 『장구』에서 "인간 세상을 근심하고, 세상의 혼란을 다스려 부지런히 구제하고 올바른 도리로 바로잡아 준다. 그렇기 때문에 우임금과 후직은 손발에 굳은살이 박이도록 열심히 일했던 것이다. 주공은 우러러 생각하고 공자는 바쁘게 다녔다. 묵적도 바삐 돌아다녀 굴뚝이 더러워질 사이가 없었다. 세상을 풍미할 학설과 이론을 제시한 이들이 이렇게 했으니, 맹자가 볼 때 사활이 걸린 문제에서 어찌 논쟁을 하지 않을 수 있겠는가?"라고 풀이하였다.

15. 청렴결백하다는 것

맹자의 제자 광장이 말하였다.

"제나라의 진중자는 참으로 청렴한 인물이 아니겠습니까? 제나라 최고위층의 자제였지만 난세와 타협하기 싫어, 집을 버리고 오릉에 거처하며 청렴결백한 지조를 지키려고 했습니다. 오릉에 살면서 3일 동안 먹지 않아 귀가 들리지 않고 눈이 보이지 않습니다. 우물가에 오얏나무가 있었는데 떨어진 오얏의 태반은 굼벵이가 파먹은 것이었습니다. 진중자는 너무나 배가 고파 기어가서 그것을 집어 먹었는데, 세 번 삼킨 후에야 귀가 들리고 눈이 보이게 되었다고 합니다."

맹자가 말하였다.

"제나라의 인물 중에 나는 반드시 진중자를 최고로 꼽는다네. 그러나 정상적인 상황에서 볼 때 진중자가 어찌 청렴한 인물이라고 할 수 있겠는가? 진중자의 지조를 있는 그대로 지키려면 지렁이가 된 후에야 가능한 일이라네. 지렁이는 땅 위에서는 마른 흙을 먹고 땅 아래에서는 흙탕물 물을 마시고 산다네. 진중자는 사람이니 사람답게 살아야 하지 않겠는가! 진중자가 거처하는 집은 백이와 같이 의로운 사람이 지은 것인가? 아니면 도척과 같은 나쁜 녀석이 지은 것인가? 먹는 곡식은 백이와 같이 의로운 사람이 심고 가꾼 것인가? 아니면 도척과 같은 나쁜 녀석이 심고 키운 것인가? 엄밀하게 말하면 내 이것을 알 수 없네 그려! 청렴결백한 것과 무조건 굶고 가난하게 사는 것은 구별해야 하니까."

광장이 말하였다.

"그런 것이 무슨 상관이겠습니까? 그는 자기가 신발을 만들고, 아내가 실을 뽑고 옷감을 만들어 곡식을 바꾸어 먹으며 살고 있습니다."

맹자가 말하였다.

"진중자는 대대로 제나라의 고위관료를 지냈던 집안사람이네. 그의 형인 대가 합 땅에서 받는 봉급이 어마어마하다네. 그런데도 형의 봉급을 의롭지 않다고 하여 먹지 않았고, 형의 집을 의롭지 않은 집이라 하여 거처하지 않았으며, 형을 피하고 어머니를 떠나 오릉에 거처하였지. 나중에 집으로 돌아갔는데, 그의 형에게 살아 있는 거위를 선물한 사람이 있었지. 그는 이마를 찌푸리며 '저 꽥꽥거리는 거위를 어디에 쓰겠는가.'라고 투덜댔다네.

그 후 어느 날 그 어머니가 이 거위를 잡아 그에게 주어서 먹고 있었지. 형이 밖으로부터 돌아와 그것을 보고, '이것은 꽥꽥거리는 거위 고기이다.'라고 말하자, 그는 밖으로 나가 거위 고기를 토해 버렸다네.

어머니가 해 주면 먹지 않고 아내가 해 주면 먹으며, 형의 집에는 거처하지 않고 오릉에는 거처하였지. 이런 식으로 해서야 그 지조를 채울 수 있겠는가? 진중자와 같은 인간은 지렁이가 된 후에야 그 지조를 채울 수 있을 것으로 보네!"

청렴결백한 것의 의미와 한계를 밝힌 장이다. 맹자의 제자 광장은 진중자를 청렴결백의 대표자라고 칭찬하였다. 그러나 맹자는 단번에 반박하였다. 왜냐하면 의심스러운 대목이 있었기 때문이다.

진중자는 제나라에서 최고의 명문가에 꼽히는 집안의 자식으로, 그 형도 만종이라는 엄청난 봉급을 받고 있었다. 그런데 진중자는 무조건 형의 집이나 형이 받은 봉급, 재물을 정당하지 않다고 배척하였고, 어머니와도 떨어져 살았다. 형을 무시하고 어머니를 홀대하는 행위는 유가에서 볼 때 매우 비윤리적이다. 맹자는 이런 진중자를 달갑게 여기지 않았다. 인간의 기본 도리에서 벗어난 사람에게 아무리 고고한 절개가 있어도 취하지 않는다. 진중자의 청렴결백에 대한 생각은 잘못하면 가난하게 사는 것과 동일시될 수 있다. 그보다 중요한 문제는 부모자식과 형제자매 사이의 윤리다. 그것에 소홀한 진중자가 청렴결백한 사람으로 인정받으려면 상당히 구체적이고 신뢰를 줄 만한 장기적인 행동이 있어야 할 것 같다.

조기는 『장구』에서 "최고 인격자는 사람의 도리상 어버이를 어버이로 받들고 가정의 화목을 중시한다. 지사가 절조가 있고 고고하게 홀로 서는 것을 통해 그 사람이 정치적으로 혼탁한 사람인지 아닌지의 여부는 구분할 수 있어도, 그것을 불변하는 진리로 받들 수는 없다. 때문에 맹자는 청렴결백의 기준을, 진중자와 같은 인간이 지렁이가 된 후에야 이루어질 수 있다고 언급한 것이다."라고 풀이하였다.

맹자가 말하는, 가족을 멀리하고 혼자 살며 무조건 가난하게 사는 것은 청렴결백이 결코 아니다. 그런 짓은 지렁이의 생태와 같다! 사람은 사람답게 살아야 한다!

제 4 편

이루

「이루」편도 문장의 앞부분의 '이루지명(離婁之明)'이라는 말을 그대로 따서 편명으로 하였다. 조기는『장구』를 편집하면서 이 편에 대해 다음과 같이 풀이하였다. 예를 받드는 일을 다른 말로 설명하면 일상의 삶을 '밝게 만드는' 윤활유 역할을 한다. 따라서『맹자』전편 가운데, '밝게 만드는 일'에 대해서는 「이루」편이 가장 분명하게 드러냈다. 그래서 밝은 눈을 지닌 이루라는 사람의 이야기를 제3편 「등문공」에 이어서 배치한 것이다.

하지만 맹자의 편 구분이 의미상, 조기가 말한 것과 반드시 일치하지는 않는 듯하다. 가끔씩 좀 불분명한 측면이 있다.

「이루장구」로 나누면 상편이 28장, 하편이 33장으로, 「이루」편은 모두 61장으로 구성되어 있다. 다른 편에 비해 상대적으로 짧은 문장들이 많이 들어 있다.

여기에서는 내용상 유사한 장은 함께 묶어서 풀이한다. 예를 들면, 5~6장, 15~16장, 18~19장, 20~23장, 24~25장, 26~28장, 32~35장, 36~40장, 42~45장, 46~50장, 51~52장, 53~56장, 60~61장은 유사한 내용이거나 연결해서 보아야 내용상 맥락이 분명해진다. 이렇게 통합하여 「이루장구」상편 19장, 하편 14장으로, 「이루」편을 전체 33장으로 재편하였다. 단, 원래 장구의 표기 번호는 재편한 장 아래에 그대로 두었다.

1. 훌륭한 정치를 본보기로 삼으라

1

맹자가 말하였다.

"전설상의 제왕인 황제 때 눈이 엄청나게 밝았다는 이루의 밝은 눈이 있고, 노나라 때 최고의 기술을 지녔던 장인인 공수자의 뛰어난 솜씨가 있다 할지라도, 원이나 네모를 그리는 기구인 규구를 쓰지 않으면 네모꼴과 원형의 모양을 만들기 어렵다. 진나라 평공 때 음악을 관장하던 태사인 사광의 밝은 귀가 있다 하더라도 음악의 높낮이와 장단 등을 규율하는 육률육려를 쓰지 않으면, 궁상각치우의 다섯 음을 바로잡기 어렵다. 요임금과 순임금이 실천한 정치의 길을 훌륭한 정치의 본보기로 쓰지 않으면, 온 세상을 편안하게 다스리기 어렵다.

지금 지도자들이 사람을 사랑하는 마음이 있고 열린 마음을 지니고 있다는 소문이 있는데도, 사람들이 지도자가 베푸는 훌륭한 정치의 혜택을 제대로 받지 못하며 후세에 본보기가 될 수 없는 것은, 이전의 훌륭한 정치를 실천하지 않기 때문이다.

때문에 나는 감히 이렇게 말하고 싶다.

'과거 훌륭한 정치 지도자들을 본보기로 따르지 않는 한, 한갓 선심을 쓰는 것만으로는 훌륭한 정치를 잘하기에 충분하지 않다. 사람들이 제도를 지키지 않는 한, 한갓 제도를 쓰는 것만으로는 정치가 저절로 행해지지는 않으리라!'

『시경』「대아」〈가락〉에서도 '잘못하지 않고 잊지도 않는 것은, 옛날의 본보기를 따르기 때문이다.'라고 노래하였는데, 옛날의 훌륭한 정치를 본보기로 정치를 하여 과오를 저지른 사람은 여태껏 없다!

옛날 훌륭한 정치를 실천하였던 최고지도자는 밝은 눈을 통해 사물을 파악하고, 자나 줄자, 컴퍼스와 같은 도구를 써서 사각형이나 원형, 평면이나 직선을 만들었으며, 이를 통해 오늘날 우리는 엄청나게 편리한 생활을 하고 있다. 밝은 귀를 통해 소리를 인식하고, 악기를 사용하여 궁상각치우의 오음으로 소리를 바로잡았으며, 이를 통해 오늘날 우리는 좋은 음악을 듣고 있다. 마음으로 온갖 정성을 다하였고, 사람에게 차마 악독하게 굴지 못하는 정치를 실행하여 사람을 사랑하는 열린 마음이 온 세상에 베풀어졌다.

그러므로 『예기』「예기」에서 '높은 것을 만들려면 반드시 언덕을 이용하고, 낮은 것을 만들려면 반드시 개천이나 연못을 이용하라!'라고 하였다. 이런 차원에서 살펴볼 때 오늘날 정치를 하면서 옛날 훌륭한 정치를 행했던 이들의 방법을 이용하지 않는 것을, 어찌 지혜롭다고 할 수 있겠는가?

때문에 오직 사람을 사랑하는 열린 마음씨를 지닌 사람이 지도자의 자리에 있어야 한다. 사람을 미워하고 닫힌 마음씨를 지니고 있으면서 지도자의 자리에 있으면, 그 폐해가 여러 사람에게 미칠 것은 뻔하다. 지도층은 올바른 정치의 길을 고민하지 않고, 아래에 있는 사람들은 법과 질서를 지키지 않으며, 고위관료들이 올바른 정치의 길을 믿지 않고, 하급 공직자들은 법과 질서를 고려하지 않으며, 지도자가 공정성을 잃고, 사람들이 법질서를 해친다면 어떻게 나라가 발전할 수 있겠는가? 그런 나라가 지속가능   느 사실이 요행이다!

이런 정치적 상황을 ㄴ,   ㄱ 보면, 이렇게 말할 수밖에 없다.

'성곽이 완전하게 갖춰지   않았다거나 군대가 강성하지 않은 것이 나라의 재앙이 아니다. 농경ㅈ ㅏ 개간되지 못하고 재물이 모이지 않는 것이 나라의 폐해가 아니다. 지 자가 예의가 없고 아랫사람들이 제대로 배우지 않으면, 나라를 해치는 ᄒ학한 사람이 생겨나게 마련이다. 그러면 얼마 못 가서 망하게 되리라!'

『시경』「대아」〈판〉에 '하늘이 바야흐로 ㄱ ,   를 뒤엎으려고 하니 관리들은 그렇게 왁자지껄하지 말라.'라고 읊조렸다. ᄂ,   지도자를 섬기는 데 의리가 없고, 공직을 맡거나 물러나는 데 사명감이, ` 책임감이 없으며, 지도자의 정치를 끊임없이 헐뜯기만 하면서 분란을 ᄂ ˙키고 있는 것과 같다.

그러므로 나는 감히 이렇게 말하고 싶다.

'지도자가 어려운 일을 실행할 수 있도록 권고해 주는 것이 오만함이 아니라 오히려 공손함이고, 착한 일을 밝혀 비뚤어진 마음을 막는 것이

지도자를 존중하는 일이며, 우리 지도자는 도저히 올바른 정치를 할 수 없다고 떠벌리는 것은 지도자를 철저하게 해치는 짓이리라!'"

「이루」의 첫 장은 정치 방법을 실제적으로 분명하게 일러 주는 장이다. 그것은 한 마디로 말하면 과거의 전례를 철저하게 인식하고, 훌륭한 정치를 본보기로 하여 그것을 발판으로 오늘날의 새로운 정치를 열어 가는 작업이다.

정치 지도자의 자질이 탁월하여 착한 마음으로 훌륭한 정치를 지금 당장 실천하고 있다고 소문이 났다 하더라도, 그것이 옛날의 훌륭한 정치를 모범으로 하고 있지 않다면 진정으로 훌륭한 정치를 실천하는 데 한계가 있다는 것이 맹자의 주장이다. 이는 일종의, 중국에서 정치를 하는 하나의 원칙으로 작용한다. 즉 이전에 행해졌던 훌륭한 정치가 일종의 객관적 기준이 된다.

지도자가 가지고 있는 올바른 마음은 정치의 필요조건이지 충분조건은 아니다. 충분조건은 옛날의 훌륭한 정치 모델에서 찾아야 한다. 그것이 정치의 이상이자 이론의 바탕이고 자산이다.

조기는 『장구』에서 "지도자에게 아무리 교묘한 지혜가 있다고 하더라도 보편적으로 통할 수 있는 법도를 써야 한다. 나라를 다스리는 요체는 옛날 훌륭한 정치 지도자들의 정치 방법을 따르는 것이다. 사람을 미워하며 닫힌 마음을 지닌 공직자들이 있으면 그만큼 악은 널리 퍼지고 지도자를 속이며 어떤 사안이건 충실하게 충고하지 않는다. 그러므로 그런 자들을 '지도자를 해치는 자'라고 부르는 것이다. 지도자와 관리들이 서로 제 기능을 발휘해야 올바른 정치가 행해짐을 밝힌 것이다."

라고 풀이하였다.

2. 최고의 인격자, 윤리 도덕의 기준

2

맹자가 말하였다.

"자는 사각형을 만들고 컴퍼스는 원형을 만드는 표준이자 기준틀이다. 최고의 인격자는 인간의 윤리 도덕을 규정할 수 있는 표준이자 기준틀이다.

한 나라의 지도자가 되려면 지도자의 도리를 다해야 하고, 공직자가되려면 공직자의 도리를 다해야 한다. 지도자나 공직자, 이 두 가지 도리를 다하려면 요임금이나 순임금을 본보기로 하여 행동하면 된다. 순임금이 요임금을 섬기던 방법으로 지도자를 섬기지 않는다면, 그 지도자를 진정으로 공경하지 않는 사람이다. 요임금이 사람을 다스리던 방법으로 사람을 다스리지 않는다면, 그는 사람을 해치는 자이다.

공자가 말하였다.

'지도자의 길은 딱 두 가지 뿐이다. 사람을 사랑하느냐! 사람을 미워하느냐!'

지도자가 자기가 다스리는 사람을 포악하게 대하면, 심할 경우 그 지도자는 사람들에게 시해를 당하고, 나라도 망하게 된다. 심하지 않을 경우에도 지도자는 신변이 늘 위태롭고 나라의 영토는 줄어든다. 그리하여 죽은 이후에도 주나라의 유왕이나 려왕과 같이 악명 높은 사람으로 불리게 되어, 그 후대에서 아무리 효성스럽고 인정미 넘치는 사람이 나온다 하더라도 그 악명을 영원히 바로잡을 수 없다.

때문에 『시경』 「대아」 〈탕편〉에서 '은나라의 거울이 멀리 있지 않다. 그 포악한 하나라 걸 때에 있다.'라고 노래하였으니, 이것이 바로 후대의 지도자가 이전의 포악무도한 지도자를 경계하라는 말이다."

맹자의 정치 이상이 드러난 장이다. 맹자는 전설상의 제왕이자 최고 지도자인 요임금과 순임금을 정치의 최고 이상으로 삼은 듯하다. 그러니까 후세의 지도자나 공직자들에게 요임금과 순임금의 정치를 실천하는 것을 목표로 지도자를 섬기고 사람을 다스릴 것을 강조하였다.

그것은 '요임금과 순임금 같은 최고의 인격자인가? 아니면 주나라의 악명 높은 지도자인 유왕과 려왕인가?'라고 할 정도로 지도자를 대비시키는 장면에서 절정을 이룬다. 즉 '사람을 사랑하는 지도자인가! 사람을 미워하는 지도자인가!'로 대조된다. 이는 지도자상에 대한 너무나 분명하고 단호한 태도다.

조기는 『장구』에서 "맹자는 요임금과 순임금을 본보기로 설정하고, 그들을 자나 컴퍼스와 같이 정치의 기준으로 삼았다. 그리고 하나라의 걸을 포악한 지도자의 상징이자 거울로 삼아 경계하고, 위태로움을 멀리하기 위해 피해야 할 대상으로 보았다. 거기에다 주나라 유왕이나 려왕처럼 죽은 후 나쁜 시호가 한 번 정해지면, 영원히 그것을 바로잡을 수 없음을 말한 것이다."라고 풀이하였다.

3. 누구나 사람을 사랑하는 열린 마음을 지녀라

3 ─────────────────────────────────

맹자가 말하였다.

"하나라, 은나라, 주나라처럼 큰 나라를 창건한 원동력은 최고지도자가 사람을 사랑하는 열린 마음을 지니고 있었기 때문이고 나라가 쇠망한 원인은 사람을 미워하는 닫힌 마음을 지니고 있었기 때문이었다.

조그마한 나라가 일어나고 무너지며, 보존되고 망하는 것도 마찬가지다.

큰 나라의 최고지도자가 사람을 미워하는 닫힌 마음을 지니고 있으면 큰 나라를 지키지 못하고 조그마한 나라의 지도자가 사람을 미워하는 닫힌 마음을 지니고 있으면 조그마한 나라를 지키지 못한다. 고위관료들이 사람을 미워하는 닫힌 마음을 지니고 있으면 자기 집안을 지키지 못하고, 하급관리나 서민들이 사람을 미워하는 닫힌 마음을 지니고 있으면 자기 몸 하나 제대로 지키지 못한다.

요즘 사람들은 죽고 망하는 것을 싫어하면서도 사람을 미워하는 닫힌 마음을 지니기를 좋아한다. 이는 취하는 것을 싫어하면서도 억지로 술을 마시는 것과 같다."

앞의 장에 이어서 사람을 사랑하는 열린 마음과 사람을 미워하는 닫힌 마음, 이른바 인(仁)이냐 불인(不仁)이냐를 심각하게 다시 강조하였다. 특히 최고지도자로부터 서민에 이르기까지 모든 사람이 사람을 사랑하는 열린 마음을 지니면 진보하고, 사람을 미워하는 닫힌 마음을 지니면 퇴보한다는 권선징악적 태도를 드러낸다.

마지막 구절의 '죽음과 술 취함', '사람을 미워하는 닫힌 마음과 억지로 술을 먹음'으로 당시 사람들의 심리를 비유한 것은 재미있는 대목이다.

조기는 『장구』에서, "인간의 삶에서 가장 중요한 것은 사람을 사랑하는 열린 마음의 실천이다. 자신이 싫어하면서 그것을 스스로 자신에게서 없애지 않으면 환란이 반드시 몸에 닥쳐오게 마련이다. 위로부터 아래에 이르기까지 사람이 살아가는 도리는 한가지다."라고 풀이하였다.

4. 자기반성은 행복의 지름길

4

맹자가 말하였다.

"사람을 사랑하였는데도 친해지지 않으면, 진정으로 그 사람을 사랑하는 열린 마음으로 대하였는지 반성해 보라! 사람을 다스렸는데도 다스려지지 않으면, 진정으로 지혜를 모아 그 사람을 다스렸는지 반성해 보라! 사람에게 예의를 다했는데도 그 예의에 반응하지 않으면, 진정으로 존중을 하며 그 사람에게 다가갔는지 반성해 보라!"

다른 사람과의 관계에서 어떤 실천을 하고도 그에 상응하는 결과를 얻지 못하거든, 모두 자신의 행동이 어떤지를 반성하고 찾아야 한다. 자신이 바르게 행동하면 이 세상 모든 사람들은 그것에 호응하게 마련이다.

『시경』「대아」〈문왕〉에 다음과 같은 노래가 있다.

'언제나 합리적으로 생각하라! 그것이 스스로 행복을 추구하는 길이다!'"

일상을 살아가는 사람의 태도에 대한, 일종의 삶의 지침을 일러 준 장이다. 사람들은 자신이 한 일이 뜻대로 되지 않을 경우, 다른 사람을 원망하거나 다양한 환경을 탓할 때가 많다. 하지만 조금만 깊이 생각해 보면, 그 원인이 자기에게 있음을 발견할 수 있다. 때문에 자신의 일은 다른 사람에게 미루기보다는 스스로 반성하여 바로잡아 나갈 필요가 있다. 다른 사람을 핑계하기보다 자신에게 보다 엄격한 맹자 방식의 윤리 도덕관이 드러나 있다.

조기는 『장구』에서 "자신이 다른 사람을 향해 실천했던 일에 대해 기대했던 결과를 제대로 얻지 못했을 경우, 그 원인을 자기에게서 찾는 것은 자기를 책망하는 일이다. 그렇게 하여 행실을 고치고 몸가짐을 바르게 하면 복은 저절로 찾아오게 된다."라고 풀이하였다.

마지막 구절의 『시경』「대아」〈문왕〉은 앞의 「공손추」 4장에서도 나온 시다. 거기에서는 정치 지도자의 사안을 고려하여 '영원히 천명에 합해지기를 생각하고, 스스로 많은 복을 구했도다.'라고 풀이하였다. 그리고 여기에서는 서민에 이르기까지 모든 사람들에게 이런 삶의 자세를 응용하기 위해 천명을 합리(合理)나 순리로 풀이하여 뉘앙스를 다르게 표현하였다.

5. 나의 생존과 국가 존립

5

맹자가 말하였다.

"사람들은 늘 '이 세상, 우리나라, 우리 집안'이 어떠어떠하다고 논의한다.

이 세상은 우리나라를 바탕으로 존재하고, 우리나라는 우리 집안을 바탕으로 존재하며, 우리 집안은 내 몸을 바탕으로 존재한다."

6

맹자가 말하였다.

"정치를 하는 것은 어렵지 않다. 대대로 고위관료를 지낸 큰 집안에 원망과 노여움을 사지 않으면 된다. 큰 집안이 인정해 주어 본받게 되면 나라가 본받고, 나라가 본받게 되면 온 세상이 본받는다. 그렇게 되면 윤리 도덕이 온 세상에 벅차도록 넘친다."

5장은 『대학』의 수신제가치국평천하(修身齊家治國平天下)의 구조와 연계시켜 보면, 보다 이해하기가 쉽다. 『대학』에서는 최고지도자로부터 서민에 이르기까지 모두 한결같이 자신의 덕망을 닦는 것을 공부의 근본으로 삼는다. 특히 정치 지도자는 자신의 수양을 전제로 사람들을 다스리는 것으로 스스로도 조금씩 발돋움한다. 이 장은 『맹자』 가운데 아주 짧은 문장에 속하는데, 유학의 수기치인(修己治人) 사상을 아주 간략하게 보여 준다.

조기는『장구』에서 "이 세상의 모든 나라는 제각기 그 근본이 되는 것에 의존한다. 이때 근본이 바르면 나라가 제대로 존재하고 근본이 비뚤어지면 나라가 무너질 수 있으므로, 늘 하는 말이지만 조심해야 한다."라고 풀이하였다.

6장의 내용을 이어 정치의 원리와 방법을 말하였다. 주자의『집주』에 의하면, "이것은 앞 장의 내용을 이어서 말한 것으로, 지도자는 사람의 마음에 따라 정치를 행한다. 이때 사람의 마음이 자신이 펼치는 정치에 복종하지 않음을 걱정하지 않고, 나의 몸이 닦이지 않음을 근심한다. 나의 몸이 닦여졌다면 마음을 복종시키기 어려운 사람도 먼저 복종하게 되고, 어떤 사람이건 복종하지 않음이 없다."라고 말하였다.

조기는『장구』에서 "온 세상 사람이 마음을 다하여 지도자를 그리워하기에 착한 마음을 드러내고, 고위관료 집안이 잘잘못을 따지지 않고 지도자를 본보기로 섬기게 되면 덕망의 흘러감이 온 세상에 가득 차게 될 것이다."라고 풀이하였다.

6. 세상의 이치를 따르라

7

맹자가 말하였다.

"인간 세상은 윤리 도덕을 삶의 기준으로 삼기 때문에, 세상이 평온할 때는 덕망이 작은 사람이 덕망이 큰 사람을 섬기고, 재능이 적은 사람이 재능이 많은 사람을 섬긴다. 세상이 혼란스러울 때는 작은 나라가 큰 나라를 섬기고 약한 나라가 강한 나라를 섬긴다. 이 두 가지는 세상의 이치다. 세상의 이치를 따르는 사람은 살아남고, 세상의 이치를 어기는 사람은 죽는다.

제나라의 지도자 경공이 말하였다.

'나라의 힘이 약해져 이제 오나라를 지배할 수 없다. 이제 그들에게 어떤 명령도 하지 못한다. 오히려 우리가 그들의 명령을 받지 않는다면 국교가 끊어질 판이다.' 그러고는 눈물을 흘리면서 딸을 오나라에 시집보냈다.

지금 약소국들은 강대국들의 비도덕적 부국강병책을 따라 배우고 있다. 그러면서 강대국의 명령받기를 부끄러워한다. 이는 제자가 선생에게 가르침 받기를 부끄러워함과 같다. 강대국의 명령을 받고 예속되기를 부끄럽게 여긴다면, 주나라 문왕이 어떻게 했는지 그의 행적을 보고 본받아야 하리라. 문왕을 본받으면 큰 나라는 5년, 작은 나라는 7년이면 반드시 세상에 훌륭한 정치를 펼 수 있을 것이다.

『시경』 「대아」 〈문왕〉에 '은나라의 후손들은 그 수가 10만을 넘는다. 하지만 상제가 이미 그들에게 명령을 하였으니, 주나라에 복종하는구나! 주나라에 복종하니, 천명이란 일정한 것이 아니다. 은나라 사람들은 훌륭하고 활달하여, 주나라 수도에 와서 술을 부어 제사를 돕는다.'라고 노래하였다. 공자가 '훌륭한 정치를 하는 사람에게는 아무리 사람의 수가 많아도 당해낼 수 없다. 한 나라의 지도자가 사람을 사랑하는 열린 마음으로 훌륭한 정치하기를 좋아하면, 세상에 대적할 사람이 없다.'라고 말하였다.

그런데 요즘의 지도자들은 세상에 대적할 사람이 없기를 바라면서,

사람을 사랑하는 열린 마음으로 훌륭한 정치를 행하지 않는다. 이는 뜨거운 물건을 잡았다가 그것을 식히려면 찬물에 담가야 하는데, 뜨거운 물건을 잡고 난 후 찬물에 손을 담그지 않는 것과 같다. 그러므로 『시경』「대아」〈상유〉에도 '그 누가 뜨거운 물건을 잡고서도 손을 물에 담그지 않는가.'라고 노래하였다."

세상의 이치에 따라 정치를 행해야 나라의 존망을 예측할 수 있다는, 순리의 중요성에 대해 말한 장이다.

중간에 등장하는 제나라 경공의 이야기는 오나라의 지도자 합려가 제나라를 토벌할 계획을 갖고 있었는데, 그것을 사전에 막기 위한 수단으로 이전에 오나라가 제나라 지도자의 딸에게 청혼해 온 일에 응한 것을 말한다.

조기는 『장구』에서 "국력이 약해지고 난폭한 세상을 만나게 되면 강대국에 굴복할 수밖에 없다. 그래도 지도자가 훌륭한 정치를 행하면 세상에 어떤 사람도 함부로 대적하지는 못한다. 은나라 족속들처럼 10만이 넘는 무리가 있다 하더라도 지도자가 덕망이 없으면 그 아래의 사람들은 결속력이 약해지고 서로 화목해지지 않는다. 뜨거운 물건을 잡으면 반드시 손을 찬물에 담가야 한다는 것은 사람을 사랑하는 마음을 잃어서는 안 됨을 밝힌 것이다."라고 풀이하였다.

주자는 『집주』에서 "스스로 강해지지 못한다면 이치에 합당하게 따르고, 덕망을 높이고 사람을 사랑하는 열린 마음을 가지면 저절로 지도자가 될 수 있음을 말한 것"으로 보았다.

7. 자신이 결정하라

8

맹자가 말하였다.

"사람을 미워하는 닫힌 마음을 지닌 자와 함께 세상일을 논의할 수 있겠는가? 그런 인간은 자기가 위태로워질 일을 편안한 것으로 생각하고, 자기에게 재앙이 될 일도 이롭게 여기며, 자기가 망하게 될 일도 좋아하며 즐긴다. 사람을 미워하는 닫힌 마음을 지닌 자이기는 하지만 자기를 반성할 줄 아는 사람과 함께 세상일을 논의할 수 있다면, 어찌 나라를 망하게 하고, 집안을 망쳐 버리는 일이 있겠는가?

초나라의 민요에 어린아이들이 즐겨 불렀다는 노래가 있다.

'창랑의 물이 맑으면 나의 소중한 갓끈을 빨고, 창랑의 물이 흐리면 나의 더러운 발을 씻으리.'

이를 두고 공자가 말하였다.

'얘들아, 저 노랫소리를 잘 들어 보아라. 물이 맑으면 갓끈을 빨고 물이 흐리면 발을 씻는다고 하니, 이는 결국 물이 맑은지 흐린지에 따라 스스로 그렇게 취하는 것이다.'

사람은 반드시 자신이 스스로를 업신여긴 후에야 다른 사람도 그를 업신여기게 된다. 집안도 반드시 자신이 스스로 망쳐 버린 후에 다른 집안이 그 집안을 망치려 든다. 나라도 반드시 지도자 자신이 스스로 해친 후에 다른 나라가 공격하게 되는 것이다.

『서경』「상서」〈태갑〉에 '하늘이 내리는 재앙은 오히려 피할 수 있으나, 스스로 지은 재앙으로부터는 살아남을 수 없다.'라고 하였는데, 바로 이를 두고 한 말이다.

'사람을 미워하는 닫힌 마음을 지닌 자', 이른바 '불인(不仁)'한 지도자에 대한 경계와 비판을 한층 강조한 장이다. 불인한 인간은 모든 일을 역행하며 만사를 그르치기 일쑤다. 그러고도 책임을 다른 사람에게 전가한다. 이런 점에서 인간 세상의 모든 일이 인(仁)인가, 불인(不仁)인가에 의해 흥망성쇠가 결정되는 듯하다.

중간에 나오는 초나라 민요는 흔히 어린아이들이 부른 노래라고 하여 '유자가(孺子歌)'라고도 하고, 한수 하류의 강물인 창랑에서 부른 노래라고 하여 '창랑가(滄浪歌)'라고도 한다.

조기는 『장구』에서 "사람의 평안과 위협은 모두 자기에게서 연유한다. 때문에 먼저 자기가 자신에 대해 파괴하고 공격하면, 그것을 보고 다른 사람이 공격하고 토벌해 온다. 그렇게 해서 생긴 재해는 자연적으로 생긴 재해보다 그 폐해가 심각하므로 조심해야 한다. 깊은 연못의 물가에 서서 빠지지 않도록 전전긍긍하며 무서워하는 것처럼 해야 한다."라고 풀이하였다.

주자는 『집주』에서 "마음에 깊이 생각하는 것이 있으면, 그것을 바탕으로 자신이 무엇을 얻을 수 있는지 어떤 것을 잃을지 그 기미를 살필 수 있고, 마음에 깊이 생각하는 것이 없으면 그것으로 보존되는 것과 망실될 것이 드러나고, 재앙과 행복이 어떻게 올 것인지 분변할 길이 없게 된다. 이런 것은 모두 자신이 스스로 취함을 말한 것이다."라고 해석하였다.

8. 정치의 시작은 사람의 마음을 얻는 일

9 ——————————————————————————————

맹자가 말하였다.

"하나라의 걸과 은나라의 주 때 나라를 잃은 것은, 그들이 사람을 잃었기 때문이다. 사람을 잃었다는 것은 그 사람의 마음을 잃은 것이다. 이 세상을 얻는 데는 길이 있다. 사람을 얻으면 온 세상을 얻으리라. 사람을 얻는 데도 길이 있다. 그 사람의 마음을 얻으면 사람을 얻으리라. 사람의 마음을 얻는 데 길이 있다. 사람들이 원하는 것을 주어서 모이게 하고, 사람들이 싫어하는 것을 베풀지 말아야 한다.

사람들이 그들을 사랑하는 열린 마음을 지닌 사람을 따라가는 것은, 물이 아래로 흘러내리고, 짐승이 넓은 들로 달려 나가는 것과 같다. 그러므로 연못으로 물고기를 몰아 주는 것은 수달이고, 나무숲으로 새를 몰아 주는 것은 새매이며, 은나라 탕임금과 주나라 무왕에게 사람들을 따라가게 한 것은 하나라의 포학한 걸과 은나라의 포악무도한 주다.

지금 세상의 지도자 가운데 사람을 사랑하는 열린 마음을 지닌 사람이 있으면, 조그마한 나라의 지도자들이 모두 사람들을 그에게 보낼 것이니, 지도자 노릇을 하지 않으려 해도 할 수 없으리라.

지금 지도자 노릇을 하려는 사람은, 7년간 병을 앓은 사람이 3년 동안 묵은 바싹 말린 약쑥을 구해 뜸을 뜨면서 단번에 병을 고치려는 것과 같다. 그러므로 병을 고치려는 사람은 차근차근 지금부터라도 약쑥을 뜯어 비축해 가면서 치료를 준비해야 한다. 그렇지 않으면, 죽을 때까지 병을 치료하지 못할 것이다. 이와 마찬가지로, 훌륭한 정치에 뜻을 두고 덕망을 쌓지 않으면 지도자가 될 수 없다. 죽을 때까지 근심하고 치욕을 받으며, 자신도 죽고 나라도 멸망하는 데 이를 것이다.

『시경』「대아」〈상유〉에서 '그들이 어찌 잘될 수 있겠는가? 다 같이 멸망의 구렁텅이로 빠져 버리리라.'라고 노래하였는데, 바로 이것을 말한 것이다.

세상을 내 편으로 만드는 일은 마음에 달려 있다. 특히 정치를 통해 나라를 다스리려는 지도자들에게는 그들과 함께할 사람들의 마음을 얻는 일이 급선무다. 자신이 그들을 사랑하는 따스한 마음을 지니고 있어야 함은 물론, 그것을 직접적으로 베풀어 사람들이 따라오게 해야 한다. 그것은 사람들이 무엇을 원하는지 그 마음을 파악하여 원하는 것을 들어 주고, 원하지 않는 것은 삼가야 한다.

조기는 『장구』에서 "물의 성질은 아래로 향해 흘러간다. 이처럼 사람들도 자신들을 사랑해 주는 따스한 마음씨를 가진 사람에게 돌아가기를 좋아한다. 하나라의 걸과 은나라의 주가 포악무도한 정치를 행했기 때문에, 사람들은 은나라 탕임금과 주나라 무왕과 같이 덕망을 갖춘 지도자에게 나아갔다. 3년 묵은 약쑥과 같이 특별한 약은 미리 마련해 두면, 장기간의 병환에도 단시간에 효과를 볼 수 있다. 단번에 훌륭한 정치를 행한다는 것은 물에 빠져 죽으려는 것과 같으므로, 약쑥을 준비하는 것처럼 이러한 준비 자세를 거울 삼아 재빠르게 경계할 필요가 있다."라고 풀이하였다.

9. 스스로 포기하는 사람의 특성

10 ────────────────────────────

맹자가 말하였다.

"스스로 자신을 해치는 인간과는 함께 윤리 도덕에 대해 말할 수 없다. 스스로 자신을 버리는 인간과는 함께 훌륭한 정치를 도모할 수 없다. 사람의 도리나 예의에 대해 비난하고 부정하는 것을 '스스로 자기를 해친다.'라고 하고, 자신은 사람을 사랑할 줄 모르고 올바른 사람의 도리를 따를 수 없다고 하는 것을 '스스로 자신을 버린다.'라고 한다.

사람을 사랑하는 열린 마음은 모든 사람이 협동하며 편안하게 잘살수 있는 보금자리이고, 올바른 사람의 도리는 모든 사람이 따라야 할 바른 길이다. 편안한 보금자리를 비워 두고 거처하지 않고 바른 길을 버려 두고 따르지 않으니, 아, 슬프고 안타깝다."

스스로 자기를 해치고, 스스로 자신을 버리는, 이른바 자포자기하는 인간에 대해 엄중하게 경계하는 장이다. 유명한 '자포자기(自暴自棄)'는 '포기'라는 말의 출처이다. 자포자기는 사람이 자신의 모든 것을 부정하는 매우 극단적인 삶의 자세이다. 이는 결국 모든 것을 파멸의 길로 이끄는 근거가 된다. 인간은 어떤 측면에서는 자존심 하나로 살아가기도 하는데, 자포자기는 이와 대척점에 있는 가장 모멸 찬 자기비하다.

조기는 『장구』에서 "사람을 사랑하는 마음을 버리고 사람의 도리를 버리는 것은 자포자기의 길이다."라고 풀이하였다.

주자는 『집주』에서 "인간의 길은 사람이면 모두에게 열려 있는 본래부터 있던 것인데, 어떤 사람이 그것을 스스로 끊어 버리니, 이는 매우 서글프고 안타까운 일이다. 자포자기를 경계하는 것은 최고의 인격자나 훌륭한 덕망을 갖춘 지도자들이 가장 유의하던 일이기 때문에 배우는 사람들이 진정으로 성찰할 부분이다."라고 해설하였다.

10. 사람의 길은 가까이에

11

맹자가 말하였다.

"사람의 길은 아주 가까운 곳에 있다. 그런데 먼 곳에서 구한다. 해야 할 일은 아주 쉬운 데 있다. 그런데 어려운 데서 찾는다. 사람마다 제각기 부모를 정성껏 모시고, 집안이나 지역 사회의 어른, 사회지도층 인사를 존중하면, 온 세상이 평안하게 될 것이다."

유학의 특징 중 하나가 일상생활과의 밀착성이다. 그것은 현실에 매우 적극적이고 일상을 존중하는 사유를 형성한다. 『중용』에서도 드러나듯이 사람의 길은 멀리 떨어져 있지 않다. 우리의 일상생활과 떨어져 있다면 그것은 이미 사람의 길이 아니다.

가까이 있는 사람의 도리 가운데 가장 먼저 다가오는 것이 부모자식 간의 관계인 효(孝)다. 그것은 사회적으로 확장될 때 어른과 어린아이, 지도자와 구성원, 지도층과 일반 사람, 스승과 제자 등 다양한 관계망에 적용된다.

사람과 사람 사이에 발생할 수 있는 모든 인간관계에 합리성을 고민하고 생명력을 불어넣을 때 삶은 활력을 얻는다.

11. 사람으로서 자연스러운 길

12

맹자가 말하였다.

"고위관료나 하급공직자로 있으면서 지도자의 신임을 얻지 못하면, 사람을 제대로 다스리기 어렵다. 지도자에게 신임을 얻는 방법이 있다. 벗에게 신뢰받는 모습을 보여 주지 못하면 지도자에게 신임을 얻지 못하리라. 벗에게 신뢰받는 방법이 있다. 부모를 모셨는데 기뻐하는 모습을 보여 주지 못하면 벗에게 신뢰받지 못하리라. 부모를 기쁘게 하는 방법이 있다. 내 몸을 반성하고 자식으로서 자연스러운 모습을 보이지 못하면 부모를 기쁘게 하지 못하리라. 내 몸을 자식으로서 자연스럽게 하는 방법이 있다. 세상과 사물의 이치를 캐물어서 옳은 도리가 무엇인지 제대로 파악하지 못하면 내 몸을 자연스럽게 하지 못하리라.

그러므로 자연스럽게 하는 우주 자연의 질서이고, 그 질서를 본보기로 하여 자연스럽게 하려고 생각하는 것은 사람의 길이다.

가장 자연스럽게 행동하면서 사람의 마음을 감동시키지 못하는 사람은 세상에 없다. 자연스럽게 행동하지 못하면서 사람의 마음을 감동시킨 사람도 없다."

이 장은 우주 자연의 자연스러운 질서와 인간의 자연스러운 길을 연결시켜 말한, 맹자의 '성(誠)'에 대한 생각이 드러난 곳이다. '지성(至誠)이면 감천(感天)'이라는 말이 있듯이, 인간 세상에서 지성은 감동(感動)을 창출한다는 이론이 담겨 있다.

조기는 『장구』에서 "최고 자리에 있는 지도자를 잘 섬겨서 신임을 얻어야 공직자로서 사람을 다스리는 자리에 나설 수 있다. 친구나 부모를 믿게 하는 것은 자신이 어떻게 처신하느냐에 달려 있다. 때문에 증자는 하루에 세 가지로 반성하여 아름다운 덕망을 기르며 긴장을 늦추지 않았고, 자연스러운 사람의 길을 귀하게 여겼다."라고 풀이하였다.

주자는 『집주』에서 "이 장은 『중용』에 있는 공자의 말을 기술한 것인데, 자연스럽게 하려는 생각은 수양의 근본이 되고 사물의 도리를 밝히는 작업은 자연스럽게 하려는 생각의 근본이 된다. 이는 바로 자사가 증자에게 들은 말이고, 맹자가 자사에게 전수 받은 것이다. 또한 『대학』과 서로 안과 밖의 관계가 되므로, 배우는 사람들은 여러 차원에서 고려할 부분이 있다."라고 해설하였다.

12. 사회의 어른을 대우하라

13

맹자가 말하였다.

"고죽군의 아들인 백이가 은나라의 포악무도한 주왕을 피해 북쪽 바닷가인 발해에 가서 살았다. 주나라의 문왕이 새로운 나라를 일으켰다는 말을 듣고, 이렇게 말하였다.

'내 어찌 그를 찾아가지 않겠는가! 문왕이 나이 든 사람들을 잘 대접해 준다고 하던데!'

한편 강태공 여상도 은나라 주왕을 피해 동해 바닷가에 살았다. 마찬가지로 주나라 문왕이 새로운 나라를 일으켰다는 말을 듣고, 이렇게 말하였다.

'내 어찌 그를 찾아가지 않겠는가! 문왕이 나이 든 사람들을 잘 대접해 준다고 하던데!

백이와 여상, 두 노인은 당시 세상에서 가장 존경하는 지도급 인사였다. 이들이 문왕을 찾아갔으니, 이는 세상의 지도급 인사들이 문왕을 찾아간 것이나 마찬가지였다. 세상의 지도급 인사들이 문왕에게 속속들이 모여드니, 그를 존경하던 수많은 사람들은 문왕을 찾아가지 않고 어디로 가겠는가?

조그마한 나라의 지도자 가운데, 문왕과 같은 훌륭한 정치를 행하는 사람이 있으면, 7년 이내에 반드시 세상을 올바르게 다스리게 되리라."

사마천의 『사기』 「주본기」에 의하면, 백이와 숙제는 고죽국에 살다가 나중에 문왕이 되는 서백이 노인을 잘 봉양한다는 소문을 듣고 그에게 의탁하러 갔다고 한다. 『사기』 「제태공세가」에 의하면, 강태공 여상이 주나라 문공을 찾아가게 된 경위에 대해 몇 가지 설을 제기하고 있다. 맹자는 그 중에서도 다음과 같은 설을 취하였다. 여상은 은둔하고 있던 지성인으로서 어느 바다의 언저리에 숨어 살고 있었다. 그런데 서백이 포학무도한 은나라의 주에 잡혀 유리에 구금되었다가 석방되어 돌아온 후에 여상을 불렀고, 여상 역시 현명하고 노인을 잘 봉양한다는 서백의 말에 주나라로 갔다. 이 장도 사람을 사랑하는 인정(仁政)을 말하고 있는데, 그 핵심이 노인을 잘 길러 주는 정치다.

조기는 『장구』에서 "노인을 길러 주고 훌륭한 인재를 존중하는 것이 나라에서 해야 할 최고 책무이다. 문왕은 그 일에 힘썼다. 때문에 두 노인이 먼 곳에서 찾아왔다. 아버지가 오면 자식이 따라오는 것은 자연스러운 이치이듯이 사회지도층 인사가 문왕을 찾아오니 다른 사람들도 덩달아 모여들었다. 7년 동안 그런 정치를 하도록 작은 나라의 지도자들을 권면한 것은 그들이 선을 행하도록 염원한 것이다."라고 풀이하였다.

13. 전쟁을 피하고 세금을 줄여라

14

맹자가 말하였다.

"공자의 제자 염구가 노나라의 고위관료인 계씨의 집안일을 돌보는 참모가 되었다. 그런데 염구가 그의 마음씨와 행실을 바로잡지 못하고, 세금을 거두어들인 것이 다른 때보다 두 배나 많았다. 사람들을 착취한 것이다.

그러자 공자가 말하였다.

'저 염구는 나의 제자가 아니다. 부끄럽다 나의 제자들아, 너희들 모두가 북을 울리면서 그의 잘못을 성토하고 그를 공격해서 쳐도 좋다.'

염구의 사례에서 보듯이, 지도자가 훌륭한 정치를 행하지 않는데도 그 지도자를 부유하게 만드는 데 기여한다면 모두 공자에게 버림받을 것이다. 하물며 지도자를 위하여 무리하게 전쟁을 하여, 영토를 빼앗느라 들에는 죽은 사람의 시체가 가득하고, 성을 빼앗느라 성에는 죽은 사람의 시체가 가득한 경우는 어떠하겠는가! 이것이 다름 아닌 '땅을 빼앗기 위해 사람을 잡아먹는다.'라는 것이니, 그 죄가 죽어서도 용서받지 못할 일이다.

그러므로 자주 전쟁을 일으키는 자는 사형을 받아야 하고, 조그마한 나라끼리 연합하여 서로 싸우게 하는 자는 그 다음 형벌을 받아야 하며, 풀밭과 황무지를 개간하여 농지를 경작하게 하고 세금을 무겁게 부과한 자는 그 다음 형벌을 받아야 한다."

'염구를 쳐 버리라.'는 말은 『논어』 「선진」에도 나오는 기사다. 계씨는 노나라의 최고관료였는데, 그의 재산은 노나라 시조인 주공보다도 많았다고 한다. 그런 사실만으로도 계씨는 충분히 비난 받을 만한 상황이었는데, 당시 계씨의 참모로 있던 염구가 다시 사람들에게 세금을 두 배로 올려서 계씨의 재산을 불리는 데 사용하였다. 이에 공자가 대단히 화가 나서 염구를 제자 명단에서 빼 버린 것이다.

동서고금을 막론하고 국방과 외교, 농지를 중심으로 하는 조세정책은 국가를 경영하는 필수요소다. 이 장에서는 특히 훌륭한 정치를 농지세와 연관시키고 있다.

조기는 『장구』에서 "사람들에게 거둬들여 지도자를 부유하게 해 주는 자는 공자에게 버림을 받는다. 염구가 그런 짓을 저질렀기 때문에 북을 치라는 말을 듣게 되었다. 전쟁으로 사람들을 죽이고, 땅에 사람 시체가 늘어져 있다면 그 죄는 사형으로도 보상될 수 없다. 극형에 처한다는 것은 사람의 목숨을 존중하는 차원에서의 의미가 크다."라고 풀이하였다.

14. 사람을 관찰하는 방법

15 ───────────────

맹자가 말하였다.

"사람의 마음을 살펴보는 데는 눈동자보다 좋은 것이 없다. 눈동자는 속에 품고 있는 사악한 마음을 숨기지 못한다. 가슴 속이 바르면 눈동자가 밝고, 가슴 속이 바르지 못하면 눈동자가 흐릿하다.

그의 말을 들어 보고 그의 눈동자를 살펴보면, 속마음이나 생각을 알 수 있다. 사람이 어떻게 사악한 마음을 숨길 수 있겠는가?"

16 ───────────────

맹자가 말하였다.

"공손한 사람은 다른 사람을 업신여기지 않고, 검소한 사람은 다른 사람의 것을 빼앗지 않는다. 다른 사람을 업신여기고 다른 사람의 것을 빼앗는 지도자는, 사람들이 자신의 뜻에 순종하지 않을까 두려워한다. 그런데 어떻게 공손하고 검소할 수 있겠는가? 어찌 공손하고 검소한 모습을 목소리와 웃는 모습으로 꾸며서 할 수 있겠는가?"

사람을 관찰하는 방법을 보인 장이다. 마음이 올바르고 착한 사람은 눈동자가 맑고 밝다. 마음이 바르지 않고 사악한 사람은 그것이 흐리다. 맹자는 사람의 눈동자와 말하는 것을 들어 보면, 그 사람의 마음을 알 수 있다고 한다. 엄밀하게 말하면, 사람 마음이 모두 눈동자에 드러나는 것은 아니다. 은밀하게 숨기는 사람도 있다. 그러나 선한 사람의 경우 이런 기본적인 방법으로도 어느 정도 파악할 수 있다는 말이다.

조기는 『장구』에서 "눈은 모든 사물을 펼쳐 나갈 때, 척후병과 같은 역할을 한다. 동시에 사람의 몸에서 모든 에너지가 집중되는 곳이다. 그러므로 사람의 눈동자를 살펴보면 선과 악을 어느 정도 감지할 수 있다. 때문에 이것은 사람을 알아보는 방법으로 이용하기에 적합하다."라고 풀이하였다.

눈동자가 사람 마음을 드러내듯이, 공손하고 검소함도 자연스럽게 그 사람의 몸과 마음이 어떠한지를 구체적으로 드러낸다.

15. 기본 예의와 헤아려 보는 도리

17

제나라 사람으로 변론에 능통했던 순우곤이라는 사람이 맹자에게 물었다.

"남자와 여자가 직접 물건을 주고받지 않는 것이 예의입니까?"

맹자가 대답하였다.

"그렇지요, 그게 예의지요."

순우곤이 다시 물었다.

"형수는 여자이지 않습니까? 그런데 형수가 물에 빠지면 손을 잡고 끌어당겨 주어야 합니까?"

맹자가 대답하였다.

"형수가 물에 빠졌는데도 끌어당겨 주지 않는다면, 그런 인간은 이리 같은 녀석입니다. 남녀 간에 직접적으로 신체 접촉을 하지 않는 것은 기본 예의입니다. 하지만 형수가 물에 빠진 것은 특별한 상황입니다. 이때 손을 잡고 끌어당겨 구해 주는 것은 권도입니다."

순우곤이 말하였다.

"지금 온 세상이 도탄에 빠졌는데, 선생께서 구원하지 않는 것은 어째서입니까?"

맹자가 말하였다.

"온 세상이 도탄에 빠졌을 때는 훌륭한 정치, 올바른 도리로 구원해야 합니다. 형수가 물에 빠져 허우적댈 때 손을 잡고 끌어당겨 구하는 것과는 다릅니다. 그대는 형수를 구해내듯이 손으로 이 세상을 구제하려고 하는가요?"

세상을 구제하는 방법은 정도를 지키는 데서 시작한다. 기본 예의와 변함없는 지조, 위신을 굽히지 않고 자신을 곧게 하는 지도력을 발휘해야 한다. 이 장에서는 그것을 설명하기 위한 예시로 재미있는 비유를 설정한다. 옛날에는 남자와 여자가 직접적으로 피부 접촉을 하면 예의에 어긋났다. 문제는 기본 예의를 지킬 수 없는 상황이다. 이때는 임기응변을 쓸 수밖에 없다. 그런데 실제 현실에서는 이런 사태가 수시로 발생한다. 기본 예의를 '상도(常道)'라 하고 임기응변을 '권도(權道)'라고 한다.

조기는 『장구』에서 "임기응변할 때의 도의로 보면, 형수가 물에 빠졌을 때 손을 내밀어 끌어당겨 주어야 한다. 그렇지 않으면 형수는 물에 빠져 죽는다. 그러나 지성인이 세상을 구제하는 때에는 함부로 임기응변을 써서는 곤란하다. 정도를 써서 구원하는 것이 기본 예의의 궁극 목표이다."라고 풀이하였다.

주자는 『집주』에서 "자신을 곧게 하고 정도를 지키는 것이 세상을 구제한다. 따라서 이 장에서 정도를 버리고 다른 사람을 따르는 것은 자신의 지조를 잃게 됨을 말한 것이다."라고 해석하였다.

16. 부모자식 간의 교육과 효도

18

맹자의 제자 공손추가 물었다.

"지성인들은 자기 자식을 직접 가르치지 않는다고 합니다. 왜 그렇습니까?"

맹자가 말하였다.

"사람의 자연적 정서로 미루어 보아 직접 가르치지 않는 것이지. 가르치는 사람은 반드시 올바른 길을 바탕에 깔고 해야 하지 않은가! 올바른 길을 바탕에 깔고 가르친다 쳐도 제대로 통하지 않으면 성을 내게 되고, 성을 내면 자식의 마음에 상처를 줄 수 있다네. 자식이 생각하기를 '아버지가 나를 올바른 길로 가도록 가르치고 있기는 하지만, 아버지의 행실이 올바른 데서 나온 것이 아니다.'라고 하게 되면 이는 부자간에 감정을 상하는 것이 될 수 있네. 부자간에 서로 감정이 상하면 좋을 것이 없지. 그러니 부모자식 간에는 직접 가르치지 않는 게야.

옛날에는 자식을 서로 바꾸어 가르쳤다네.

부자간에는 열심히 하라고 격려하고 인도하기는 하지만, 윤리적 기준에 대해 따지면서 밝히지 않는다. 윤리적 기준에 대해 따지면서 밝히면 부모자식 간의 정이 떨어지게 된다. 부모자식 간에 정이 떨어질 때, 세상에 이보다 나쁜 일은 없다."

19

맹자가 말하였다.

"이 세상에서 누구를 모시는 것이 가장 중요한 일인가? 부모를 모시는 일이 중요하다. 무엇을 지키는 것이 가장 중요한가? 내 몸을 지키는 일이 중요하다. 내 몸의 지조를 잃지 않고서 그 부모를 잘 모신 사람에 대해서는 내가 들은 적이 있다. 하지만 자기 몸의 지조를 잃고, 그 부모를 잘 모신 사람에 대해서는 들어 보지 못하였다.

모시는 일 가운데 누구인들 모실 수 있는 대상이 아니겠는가마는, 부모를 모시는 일이 모시는 일의 기본이다. 지키는 일 가운데 무엇인들 지킬 수 있는 대상이 아니겠는가마는, 자기 몸을 지키는 일이 지키는 일의 기본이다.

공자의 제자 증삼은 아버지 증석을 봉양할 때 밥상에 반드시 술과 고기를 올렸다. 그리고 밥상을 치울 때, 증삼은 반드시 '남은 음식은 누구에게 줄까요?'하고 청하였다. 증석이 '남은 것이 있느냐?'하고 물으면 반드시 '있습니다.'라고 대답하였다.

증석이 죽고, 증삼의 아들 증원이 아버지 증자를 봉양하였다. 이때에도 여전히 밥상에는 반드시 술과 고기가 있었다. 그러나 밥상을 치울 때, 증원은 '누구에게 줄까요?'하고 청하지 않았다. 증삼이 '남은 것이 있느냐?'하고 물으면 반드시 '없습니다.'라고 대답하였다. 이는 먹다 남은 음식을 나중에 다시 올리기 위해서였다. 이것은 이른바 '먹을 것만을 가지고 물질적인 것만을 봉양한다.'는 것이다. 증삼과 같이 해야 '뜻을 봉양한다.'라고 이를 만하다. 부모를 모실 때는 증삼과 같이 하는 것이 옳다."

18장은 자식 교육의 방법과 진성한 효도를 논의한 장이다. 옛날에는 자식을 서로 바꾸어서 가르쳤다. 분명한 이유가 있다.

조기는 『장구』에서 다음과 같이 설명하였다. "부모와 자식 사이는 모든 관계 중에서 가장 친하다. 따라서 어떤 사안에 대해 서로 따져서 밝히려고 하면 생각이 따로따로 갈라진다. 그렇게 되면 서로 서먹서먹해지기 쉽다. 그래서 자식을 바꿔 가르쳐 사람을 사랑하는 열린 마음을 가질 수 있도록 하는 데 교육의 의미가 있다."

19장의 효도 문제에서는 부모 봉양을 두 가지로 나누어 설명한다. 하나는 부모에게 먹는 문제를 중심으로 하는 물질적 봉양이고 다른 하나는 부모의 뜻까지도 받드는 봉양이다. 앞의 것을 '양구체(養□體)'라고 하고 뒤의 것을 '양지(養志)'라고 한다. 조기는 『장구』에서 "몸을 기르는 효도와 뜻을 기르는 효도에서 증자가 부모를 모신 방법이 중요하다고 보고, 맹자가 후대 사람들이 증자를 본받도록 했다."라고 풀이하였다.

17. 세상만사 사람살이

20

맹자가 말하였다.

"공직 생활을 하는 사람에 대해 일일이 다 꾸짖을 수 없다. 잘못된 정치에 대해 모조리 다 흠잡을 수는 없다. 지성인만이 지도자의 나쁜 마음을 바로잡을 수 있다. 지도자가 사람을 사랑하는 열린 마음을 가지면 모든 일에서 사람을 사랑하게 되고, 지도자가 사람의 올바른 도리를 깨우치게 되면 모든 일에서 예의가 있게 되며, 지도자가 바르게 되면 모든 일에서 바르지 않음이 없다. 이렇게 될 때, 지도자가 한결같이 마음을 올바르게 가지면 나라가 평안해진다."

21

맹자가 말하였다.

"세상일에는, 예상하지 못한 칭찬을 받을 수도 있고 온전함을 추구하다가 비방을 당하는 수도 있다."

22

맹자가 말하였다.

"사람이 말을 쉽게 함부로 하는 것은, 책임을 지지 않겠다는 의미를 내포하고 있다."

23

맹자가 말하였다.

"사람들의 폐단은 다른 사람 앞에 나서서 아는 체하기를 좋아하고 가르쳐 주려고 달려드는 데 있다."

세상에는 오해 받을 일도 있고, 이해할 일도 많다. 나라를 다스리는 핵심은 지도자가 어떤 마음을 지니고 있느냐의 문제이다. 20장에서는 지도자가 나라를 바로 잡는 데 충고할 수 있는 사람은 오직 지성인밖에 없음을 강조하였다. 때문에 지엽적인 일을 가지고 지나치게 논란하거나 공박해서는 안 된다. 그럴 경우, 발전이 없다. 조기는 『장구』에서 "우둔한 소인배들이 정치를 하는 것은 비난할 것이 못된다. 똑똑한 참모가 지도자를 바로잡아 지도자가 실권을 장악하게 해 주는 것이 중요하다. 지도자가 올바르면 나라가 안정되고 참모들은 사악하거나 사치스럽게 굴지 못하게 된다. 이렇게 되면 비난할 것도 없게 된다."라고 풀이하였다.

21장은 세상의 말이 칭찬과 비방으로 얼룩져 있는데, 이를 종잡을 수 없다. 지성인은 오직 자기의 행실을 바로 하고, 이런 칭찬과 비방에 마음을 동요할 필요가 없다. 그러기에 조기는 『장구』에서 "생각지도 않다가 칭찬을 받았는데 그것을 위해 주의를 쏟을 수도 없고, 온전하기를 바라다가 비방을 받았는데 그것만을 징계하고 허물할 것이 못된다. 지성인이 행실을 바르게 하는 것은, 이 두 가지 때문이 아니다."라고 풀이하였다.

22장은 말에 대한 책임감의 의미를 되새기게 하는 대목이다. 한 마디 말일지라도 그것에 책임을 져야 한다는 생각이 투철하다면, 함부로 말하지 못한다. 앞뒤 재보지도 않고 말을 경솔하게 해대는 것은 자기가 하는 말에 책임을 지지 않겠다는 것과 다를 바 없다. 말은 사람의 거울이자 인품이다. 무책임한 말은 사람의 도리를 포기하는 것과 같다.

23장은 22장의 말을 쉽게 함부로 하는 사람과 연계하여 이해할 필요가 있다. 말을 쉽게 함부로 하는 사람은 아는 체하는 사람일 가능성이 높다. 아는 체하는 사람은 자신이 어떤 존재인지, 어느 정도 부족한 사람인지 깨닫지 못하고, 남을 가르쳐 주려는 특성을 드러낸다. 이것이 일반 사람의 병폐다. 지성인은 이와 반대로 자신을 성찰한다.

18. 스승을 존경하라

24

맹자의 제자 악정극이 제나라의 고위관료인 왕환을 따라 제나라에 갔다.

악정극이 맹자를 찾아뵙자 맹자가 말하였다.

"자네도 나를 찾아와 보는가?"

악정극이 말하였다.

"선생님, 어찌 그렇게 말을 하십니까?"

맹자가 물었다.

"자네가 이곳에 온 지 며칠이나 되었는가?"

악정극이 대답하였다.

"며칠 지났습니다."

맹자가 말하였다.

"며칠 지났다면, 내가 이렇게 말을 하는 것이 당연하지 않은가?"

악정극이 말하였다.

"그동안 머무를 숙소를 정하지 못해서 그랬습니다."

맹자가 말하였다.

"자네, 어디서 그런 말을 들었는가? 누가 숙소를 정한 뒤에 선생을 찾아본다 하던가?"

악정극이 말하였다.

"선생님, 제가 큰 죄를 지었습니다."

25

맹자가 악정극에게 말하였다.

"자네가 왕환을 따라 제나라에 온 것은 단순하게 먹고 마시기 위해서네. 나는 자네가 옛날 훌륭한 지성인들의 행적을 배운다고 하면서, 먹고 마시며 노는 데 쓰리라고는 생각하지도 못하였네."

스승에 대한 제자의 예의를 극단적으로 보여 주는 대목이다. 스승이 있는 지역을 방문했다면, 어떻게 해야 하는 것이 도리일까? 특별한 사정이 없는 한, 당연히 스승을 먼저 찾아뵈어야 한다. 그런데 악정극은 개인생활에 해당하는 자기 숙소를 마련하느라 며칠 동안이나 스승을 찾아보지 않고 개인적인 일을 모두 처리한 후 스승을 찾았다. 그것은 스승을 자기보다 뒤에 놓은 자세이다.

더구나 아무런 의미 없이 자신의 안락을 추구하기 위해, 그것도 무례한 사람을 따라 그 지역에 왔을 때, 스승으로서 마음이 어떠하겠는가?

조기는 『장구』에서 다음과 같이 풀이하였다. "스승을 존경하고 사람의 도리를 소중히 여기고 훌륭한 사람을 공경하고 어른을 섬기는 일은 사람에게서 가장 소중한 것들이다. 학문을 좋아하면 고위관료로서 공직 생활을 한다. 공직 생활을 통해 사회적 책무성을 다하다가, 그럴 상황이 안되면 은퇴한다. 지성인으로서 학문이 이루어졌는데도 토끼를 잡으며 궁핍하게 살거나 공직 생활을 하면서도 먹고 마시는 물질적인 것에 얽매여 이랬다저랬다 하지는 않는다."

19. 세상에서 가장 큰 효도

26

맹자가 말하였다.

"불효에는 세 가지가 있다. 첫째는 부모의 생각에 아첨하여 하자는 대로 하면서 부모를 불의에 빠트리는 일이고, 둘째는 집안이 가난하고 부모가 늙었음에도 봉급을 받는 공직 생활을 하지 않는 것이며, 셋째는 결혼을 하지 않아 자식이 없고 이에 조상의 제사가 끊어지는 일이다. 이 가운데 자식이 없는 것이 가장 큰 불효이다.

순임금이 부모에게 알리지 않고 결혼을 한 것은 자식이 없을까 염려했기 때문이다. 후세의 지성인들은 순임금의 그런 행위를 '부모에게 알린 것과 같다.'라고 해석하였다."

27

맹자가 말하였다.

"사람을 사랑하는 따스한 마음, 그 핵심은 부모를 모시는 데 있고, 사람의 올바른 도리, 그 핵심은 형을 따르는 데 있다. 슬기로운 행동의 밑거름이 되는 지혜, 그 핵심은 이 두 가지를 알아서 벗어나지 않는 일이고, 생활 속에서 행동의 강령이자 지침이 되는 예의, 그 핵심은 이 두 가지를 조절하고 적용하는 일이며, 즐거운 삶의 기초가 되는 음악, 그 핵심은 이 두 가지를 통해 일상에서 즐거워하는 일이다. 즐거워하면 이러한 마음이 생겨날 것이고 그런 마음이 생겨나면 이러한 행실을 어찌 그만둘 수 있겠는가? 그만둘 수 없기에, 사신도 모르게 덩실덩실 춤을 추게 된다."

28

맹자가 말하였다.

"순임금은 온 세상 사람들이 매우 기뻐하면서 자기를 따라오려고 해도 그것을 대수롭지 않게 여겼다. 왜냐하면 그보다 중요한 일이 있었기 때문이다. 순임금은 생각했다. 부모를 기쁘게 해 드리지 못하면 사람 노릇을 할 수 없다! 부모를 따르지 못하면 자식 노릇을 할 수 없다!"

순임금이 부모를 모시는 도리를 다하자, 아버지 고수가 기뻐하였다. 고수가 기뻐하게 되자 온 세상의 부모와 자식의 마음이 편하게 되었다. 이것을 큰 효도라고 한다."

26장은 불가피한 경우에 쓰는 임기응변, 이른바 '권도(權道)'를 말하였다. 요임금은 자기의 두 딸 아황과 여영을 순임금에게 시집보냈다. 순임금은 이 둘을 아내로 맞이한 다음에 아버지 고수에게 알렸다. 고수는 완악하였으므로 순임금이 아내를 맞이한다는 사실을 미리 알리면 그렇게 하지 못하게 만들 것이라고 판단하고 임시변통으로 그렇게 하였다. 후세의 지성인들은 순임금이 미리 알리지 않고 아내를 맞이한 것은 자식을 얻기 위한 효성에서 나온 것으로, 미리 알린 것이나 마찬가지라고 해석하였다.

주자의 『집주』에 의하면, "27장은 부모를 모시고 형을 따르는 일을 말한 것으로, 양심이 참되고 간절한 것을 말한다. 세상의 도리가 모두 여기에서 근원하였으나, 반드시 이를 분명하게 알고 굳게 지킨 후에 치밀하게 예절에 맞게 실행하고 깊이 즐거워해야 한다."라고 해석하였다.

28장은 「이루장구」 상편의 마지막 장인데, 순임금이 완악한 아버지 고수까지도 기쁘게 만드는 효도의 상징임을 구체적으로 드러냈다. 이렇게 보면 「이루」의 상편은 효도의 문제가 정치의 문제로 확장되고, 사람이 편안하게 사는 근원임을 알 수 있다.

20. 시공을 초월한 인간 도리의 보편성

29

맹자가 말하였다.

"순임금은 산동 지방의 제풍에서 태어나 하남 지방의 부하로 옮겨 가 살다가, 다시 산동 지방의 명조로 와서 살다가 별세하였는데, 동쪽의 미개민족인 동이 사람이다.

주나라를 창건한 문왕은 섬서 지방의 기주에서 태어나 같은 섬서 지방의 필영에서 별세하였는데, 서쪽의 미개민족 서융 사람이다.

순임금과 문왕은 살았던 지역 간의 거리가 1,000여 리가 되고, 세대 차이도 1,000여 년이나 되지만, 정치 지도자로서 훌륭한 정치를 행하여 나라를 평안하게 잘 다스렸다는 점에서는 부절을 맞춘 듯이 똑같다.

앞 세대의 최고지도자와 뒤 세대의 최고지도자가 세상을 파악하고 사람을 다스리는 정치의 방법은 동일하다."

최고 인격자로서의 덕망이나 최고시도자로서의 징치 방법은 시간과 공간을 초월하여 보편성을 띤다는 말이다. 순임금과 문왕은 거리상, 시간상으로 1,000리나 1,000여 년의 차이가 있음에도 불구하고, 태평성대를 이루고 사람을 편안하게 잘살게 하였다는 차원에서 공통된다.

조기는『장구』에서 "최고지도자는 세대는 달리하면서도, 그들이 실천했던 정치의 길은 합치된다. 다스린 땅이 가깝지 않지만 한 궤도를 통해 간 것과 같다. 그래서 후세의 영원한 지도자로서 본보기가 될 수 있는 것이다."라고 풀이하였다.

21. 큰 은택을 베풀어야 하는 이유

30

정나라의 고위관료인 자산이 정치를 맡고 있을 때, 신발을 벗고 진수와 유수를 건너려는 사람이 있었다. 이때 자산은 자기 수레에 그들을 태워 건너게 하였다.

이를 두고 맹자가 자산을 평가하였다.

"은혜를 베푼 것이기는 하나 정치의 방법을 제대로 알지 못하였다. 그해 11월이 되면 강을 건널 수 있는 다리가 완공되고, 12월에는 수레가 다닐 수 있는 다리가 완공된다. 그러면 사람들은 강물 건너는 일을 괴롭게 여기지 않는다.

지도자가 공평무사하게 정치를 행하면, 수레로 길을 가면서 사람들에게 길을 비키게 하는 것도 무방하다. 어찌 모든 사람을 수레에 태워 강을 건너게 해 줄 수 있겠는가?

그러므로 지도자가 사람마다 일일이 마음을 기쁘게 해 주려 한다면, 매일 그 일을 하여도 시간이 부족할 것이다."

정나라 자산에 대해서는 공자와 맹자의 평가가 다르다. 공자는 『논어』 「공야장」에서 "정나라 자산은 사람다운 사람으로서 갖춰야 할 네 가지를 지니고 있었다. 첫째, 행실이 공손했고 둘째, 윗사람을 존경했으며 셋째, 국민들에게 은혜를 베풀었고 넷째, 국민들을 올바르게 지도했다."

하지만 맹자는 자산이 진수와 유수에서 사람들을 수레에 태워 건네주는 그런 개인적 은택을 베풀어 주기보다는, 공적으로 다리를 놓아 주고 자기는 당당하게 사람을 피하게 하고 길을 다녔어야 한다고 비판적으로 말하였다.

조기는 『장구』에서 "사람을 소중히 여기는 첫 번째 길은 정치를 공평하게 하는 것이다. 지도자는 우주 자연의 질서를 본보기로 정치를 펼치는데, 우주 자연의 질서에 따르면 지도자는 개인적으로 집집마다 어루만져 주지는 않는다. 때문에 자산이 사람들을 개인적으로 건네준 일에 대해 맹자가 본보기로 삼지 않고 비판하였다."라고 풀이하였다.

22. 측근 참모에 대한 지도자의 예의

31

맹자가 제나라 지도자 선왕에게 말하였다.

"지도자가 고위관료나 측근 참모 보기를 자기 수족과 같이 생각하면, 그들도 지도자 보기를 자기의 배나 심장처럼 중요하게 생각합니다. 지도자가 그들 보기를 개와 말처럼 천하게 생각하면, 그들도 지도자 보기를 길거리 가는 일반 사람처럼 생각합니다. 지도자가 그들 보기를 흙먼지같이 아주 미천한 존재로 무시하면, 그들도 지도자 보기를 원수 같이 할 것입니다."

선왕이 말하였다.

"『의례』「상복전」에 공직자들이 예전에 섬기던 지도자를 위해 상복을 입는다고 했는데, 어떤 경우에 상복을 입을 수 있습니까?"

맹자가 말하였다.

"고위관료들의 올곧은 충고를 지도자가 듣고 실천하여 그 은택이 사람들에게 미치게 해야 합니다. 그런 측근 참모가 특별한 사정이 있어 퇴임을 하여 떠나면, 지도자는 사람을 시켜 그를 인도하여 국경까지 정중하게 모셔 주고, 또 그가 가는 곳에 먼저 기별을 하여 그 사람을 칭찬해 주어야 합니다. 그가 떠난 지 3년이 되었는데도 지도자 곁으로 돌아오지 않는다면 그에게 주었던 토지와 주택을 환수합니다. 이것을 세 번의 예의가 있다고 하는 것입니다. 이와 같이 하면, 그런 지도자를 위해 그 관료가 상복을 입어 주는 것입니다.

지금은 고위관료가 되어 훌륭한 정치에 대해 충고를 하면, 지도자는 들은 척도 않고 행하지도 않습니다. 말하면 들어 주지 않으니, 사람들에게 은택이 미치지 못하는 것은 당연하지요. 특별한 사정이 생겨 떠나면, 지도자가 오히려 그를 잡아 가두거나, 그가 가는 곳에 온갖 악선전을 하여 궁지에 몰리게 합니다. 떠나는 날, 당장 토지와 주택을 환수하지요. 이것을 원수라고 합니다. 원수에게 무슨 상복 입을 일이 있겠습니까?"

이 장은 지도자가 가져야 할 측근 참모에 대한 기본 예의를 일러 주는 대목이다. 전제군주 사회에 지도자는 일종의 제왕적 지배자다. 그러므로 모든 사람은 지도자에게 일방적으로 지배를 받고 복종을 해야만 하는 위치에 있다. 하지만 맹자는 군신유의(君臣有義)의 차원에서 이런 견해를 제시한다. '지도자와 참모는 의리로 맺어진 관계이다. 따라서 지도자는 참모를 예의로 대우해야 하고, 참모는 그것에 따라 지켜야 할 의리가 있다.'

조기는 『장구』에서 "지도자와 참모의 도리는 겉으로는 의리를 지키고 안으로는 은혜로 갚는다. 이때 안과 밖이 호응하는 것은 물체의 그림자나 소리의 울림과 같다. 옛날에 모시던 지도자가 죽었을 때 상복을 입어 주는 근원이 이런 데 있다."라고 풀이하였다.

주자는 『집주』에서 "지도자와 참모는 의리로 뭉친 관계이다. 때문에 맹자는 제나라 선왕에게 깊이 갚아 베풀어 주는 도리를 말하여, 지도자는 자기의 참모를 합당하게 예우해야 함을 깨우쳐 주었다."라고 해석하였다.

23. 지도자의 기본 자질

32

맹자가 말하였다.

"지도자에게 저지른 죄가 없는데도 하급관리를 죽이면, 고위관료도 그런 화를 면하기 어렵기 때문에 그 나라를 떠날 것이다. 더구나 죄 없는 서민을 죽이면, 하급관리들이 그 나라를 떠나 버릴 것이다."

33

맹자가 말하였다.

"지도자가 사람을 사랑하는 열린 마음을 가지면 모든 일에서 사람을 사랑하게 되고, 지도자가 사람의 올바른 도리를 깨우치게 되면 모든 일에서 예의가 있게 된다."

34

맹자가 말하였다.

"예의가 아닌 예의와 의리가 아닌 의리를 지성인은 절대 행하지 않는다."

35

맹자가 말하였다.

"사람의 올바른 도리를 터득한 사람이 도리를 터득하지 못한 사람을 길러 준다. 재능 있는 사람이 재능 없는 사람을 길러 준다. 그러므로 사람들은 똑똑한 재주를 지닌 부형에게 배우기를 좋아한다. 사람의 올바른 도리를 터득한 사람이 도리를 터득하지 못한 사람을 버리고, 재능 있는 사람이 재능 없는 사람을 버린다면, 똑똑한 사람과 우둔한 사람의 차이는 거의 없다."

32장은 포학무도한 지도자 밑에 있으면 화를 면하기 어려우므로, 적절한 시기를 보아 미리 다른 데로 옮겨 가는 것이 옳은 길임을 일러 준다. 이는 난세를 살아가는 명철보신의 방법으로 볼 수 있다. 그래서 조기는 『장구』에서 "지성인은 사태의 기미를 보고 움직인다."라고 풀이하였다.

33장은 지도자의 자질과 성격에 따라 사람들이 바뀔 수 있는 가능성을 일러 준다. 조기는 『장구』에서 "지도자가 사람을 사랑하는 따스한 마음으로 대하고 사람의 도리를 펼치면 사람들이 모두 순종한다. 위에서 실천하면 아래에서 본받는다."라고 풀이하였다.

34장은 지성인의 삶의 태도를 말하였다. 지성인은 대인(大人)을 말하는데, 대인은 이 세상 사물의 도리에 통달한 훌륭한 인격자를 의미한다. 즉 훌륭한 덕망을 지닌 인물이다.

35장은 교육에 대한 책무성을 언급한 장이다. 즉 훌륭한 덕망과 재주를 지닌 인물들은 후진 양성에 최선을 다해 주어야 한다. 자신의 재능을 아낌없이 기부해야 한다. 왜냐하면 그것이 그런 지성인들이 사회를 향해 베풀어야 할 의무이기 때문이다.

즉 32장에서 35장은 지도자와 지성인, 이 사회의 지도층 인사들이 어떤 자세로 사람을 대하고, 자신의 권리와 책임과 의무를 받아 안아야 하는지, 충분하게 고려해야 할 대목이다.

24. 지성인의 생활 태도

36

맹자가 말하였다.

"사람은 불의를 행하지 않는 지조가 있어야 훌륭한 일을 할 수 있다."

37

맹자가 말하였다.

"다른 사람의 단점을 말하면 거기에 따라올 후환을 어찌 감당하려고 하는가?"

38

맹자가 말하였다.

"공자는 매우 극단적인 행위는 하지 않았다."

39

맹자가 말하였다.

"지성인은 말을 할 때 반드시 믿도록 하지 않고, 행실에서는 반드시 과단성 있게 하지는 않는다. 왜냐하면 오직 도리에 따라 올바르냐 아니냐를 기준으로 하기 때문이다."

40

맹자가 말하였다.

"지성인은 어린아이처럼 순진무구한 마음을 잃지 않은 사람이다."

36장은 불의(不義)를 저지르지 않을 수 있는 용기를 갖춘 사람만이 정의를 말할 수 있고 실천할 수 있음을 강조한다. 지성인은 수양과 교육을 통해 그것을 깨닫고 터득해야 한다.

37장은 쓸데없이 다른 사람을 비방하고 좋지 않은 점을 부각시키는 말을 하고 다니는 사람에 대한 경종이다. 잘못이나 단점이 있으면 그것을 고칠 수 있도록 충고하고 격려해 주는 것이 지성인의 자세다.

38장은 편파적이고 극단적인 언어와 행위를 경계하고, 공자의 조화와 중용 정신을 본보기로 삼으라는 단언이다.

39장은 지성인의 언행 기준이 올바름에 있음을 강조하였다. 그러기에 반드시 믿게 하고 과감하게 결정하지 않는다. 중요한 것은 정의에 합당하냐 아니냐의 문제이다. 정의에 부합하지 않으면, 믿었거나 과감하게 결정했던 것도 철회해야 한다.

40장은 지성인의 생활 태도를 한눈에 보여 준다. 주자는 『집주』에서

"지성인의 마음은 세상 모든 변화를 통달하고, 어린아이의 마음은 순수하여 거짓이 없다. 지성인이 진정으로 지성인이 될 수 있는 까닭은 물질적 욕심에 유인당하지 않고, 순수하고 억지로 행하지 않는 본연의 마음을 온전히 지니고 있기 때문이다. 그러므로 이 마음을 확충하면, 모르는 것이 없고 능숙하지 않은 것이 없어 그 순진무구한 마음을 다할 수 있다."라고 해석하였다.

25. 인생의 중대사, 장례의식

41

맹자가 말하였다.

"부모의 생전에 봉양하는 일은 중대사에 해당할 수 없다. 오직 돌아가신 부모의 장례를 지내는 일만이 중대사에 해당할 수 있다."

효도의 극치가 무엇인지 일러 주는 장이다. 부모상을 치르는 것은 인생에서 가장 중요한 일이다. 자식으로서 살아생전에 부모를 봉양하는 일은 장례라는 큰일에 비하면 아무것도 아니다. 앞에서 나왔지만, 맹자는 부모의 장례를 아주 후하게 치렀다. 이에 대해 제자들로부터 지나치지 않느냐고 항의를 받을 정도였다. 맹자의 생각은 의외로 간단하다. 부모를 위해 단 한 번 치르는 의식이므로 성의를 다해 장례를 치러야 한다!

조기는 『장구』에서 "생존한 부모를 봉양하는 데 힘을 다하는 것은 인간의 상식적인 일이기에 힘쓸 뿐이다. 부모의 죽음을 슬퍼하고, 이생에서의 마지막을 보내는 것은 사람이 할 수 있는 일 가운데 가장 높은 것이다. 일이 예의에 어긋나지 않기 위해, 매우 어렵고 조심스럽게 해야 하기에 중대사라고 한 것이다."라고 풀이하였다.

주자는 『집주』에서 "살아 있는 사람을 섬기는 것은 당연히 사랑하고 공경해야 한다. 그러나 이는 일상적인 도리일 뿐이다. 죽은 사람을 장례식을 치르며 보내는 일은 사람의 도리 가운데 큰 변고로 특별한 일이다. 효자가 부모를 섬길 때, 이를 버린다면 그 힘을 쓸 데가 없다. 그러므로 이것을 큰일로 여기고 반드시 성실히 하여 훗날 조금이라도 후회가 없도록 하려는 것이다."라고 해석하였다.

26. 사람과 더불어 하는 학문의 자세

42

맹자가 말하였다.

"지성인이 올바른 방법으로 깊이 탐구하는 것은 스스로 자연스럽게 터득하기 위해서이다. 스스로 자연스럽게 터득하면 편안하게 일을 처리한다. 편안하게 일을 처리하면 그 일을 활용하는 범위가 넓고 깊어진다. 활용하는 범위가 넓고 깊어지면 여기저기에서 응용하려고 하고 그 일의 근본과 이치를 만나게 된다. 그러므로 지성인은 스스로 자연스럽게 깨달으려고 한다."

맹자가 말하였다.

"널리 배우고 자세하게 논의하는 것은, 그 본질을 성찰하여 요점을 말하려는 것이다."

맹자가 말하였다.

"다른 사람을 복종시켜 보려는 개인적인 마음에서 선을 말하거나 선을 내세워 다른 사람을 복종시키려고 한 사람 가운데 다른 사람을 제대로 복종시킨 사람은 아직까지 없었다. 선으로 다른 사람을 양성한 뒤에야 온 세상을 따르게 할 수 있다. 온 세상이 진정 마음으로 따르지 않는데, 지도자 노릇을 한 사람은 아직까지 없었다."

맹자가 말하였다.

"세상 사람들이 하는 말 가운데 알맹이가 없는 것이 가장 좋지 않다. 좋지 않은 말의 실제적 폐해는 무고나 참언을 통해 현명한 사람을 질시하고, 그의 능력을 덮고 세상에 알려지지 않도록 하는 것이다."

42장은 학문의 방법에 대한 언급이다. 조기는 『장구』에서 "학문은 반드시 그 근원을 탐구하여 본성이 깨닫게 해야 한다. 그래야만 어떤 상황이 닥쳐와도 처리할 수 있다."라고 풀이하였다. 주자는 『집주』에서 정자의 말을 인용하여 "학문은 말하지 않고 스스로 깨달아 자득하는 것이다. 억지로 안배하고 배치하는 것은 모두 자득이 아니다. 반드시 마음을 잠그고 생각을 쌓아서 그 사이에 오랫동안 푹 노닐고 마음에 차도록 실컷 먹어야 자득할 수 있다. 급하게 구한다면 끝내 얻지 못할 것이다." 라고 해석하였다.

43장은 배움의 자세에 대한 조언이다. 주자는 『집주』에서 "글을 널리 배우고 그 이치를 상세히 말하는 끼닭은 많은 지식을 자랑하고 화려함을 다투기 위해서가 아니다. 내용을 분명하게 깨달아 꿰뚫어 보고, 핵심을 요약하여 설명하기 위해서이다. 이는 42장의 뜻을 이어 말한 것으로, 학문은 박학하고자 할 것만도 아니고, 곧바로 요약만 해서도 안 된다." 라고 해석하였다.

44장은 사람을 양성할 것인가 복종시킬 것인가에 대한 충고이다. 착한 것으로 사람을 복종시키는 사람은 패도(覇道)정치를 행하고, 착한 것으로 사람을 양성하는 사람은 왕도(王道)정치를 행한다. 주자는 『집주』에서 "사람이 사람을 복종시키는 일은 다른 사람을 이기려는 마음 자세이고, 사람을 기르고 키우는 작업, 즉 양성하는 일은 함께 선을 실천하려는 마음 자세이다. 사람의 마음 자세가 공공 의식으로 차 있느냐 사적인 욕심으로 차 있느냐에 따라 사람이 지향하는 지점이 크게 달라진다."라고 해석하였다.

45장은 논란의 여지가 있는 장이다. 어떤 사람은 이 문장을 "세상 사람들이 일상생활에서 하는 말 가운데 실제로 도움이 되지 않는 말, 좋지 않은 말이 없다. 그러나 도움이 되지 않는 말의 실제는 똑똑하고 재능 있는 인재를 은폐하려는 의도가 짙다."로 이해하기도 한다. 핵심은 훌륭한 덕망이나 똑똑한 재주를 덮어 버리는 망언이 세상을 해칠 수 있기에 주의하라는 의미다. 조기는 『장구』에서 "덕망이 훌륭한 사람을 밀어 주면 최고의 상을 받고, 그런 사람을 가리면 보는 데서 살육을 당한다."라고 풀이하였다.

27. 본원의 중요성

46

맹자의 제자 서벽이 물었다.

"공자가 여러 차례 물이 지닌 속성을 칭찬하면서 '물이여! 물이여!'하였는데, 물에서 취하려고 한 것이 무엇입니까?"

맹자가 대답하였다.

"원천에서 솟아나는 좋은 샘물은 밤낮을 쉬지 않고 끊임없이 흘러, 파여진 구덩이가 가득 찬 뒤에야 앞으로 나아가 사방의 바다로 들어가지. 어떤 것이건 근본이 있는 것은 이와 같다네. 이 때문에 공자가 물을 비유로 들었던 게야.

장마철인 7월이나 8월에 빗물이 모여 도랑을 가득 채울 수도 있겠지. 하지만 원천이 없다면 그 물이 마르는 것은 서서도 기다릴 수 있어. 그만큼 빨리 말라 버릴 수도 있지. 그러므로 그 명성과 소문이 실제보다 부풀려 있는 것을 지성인은 부끄러워한다네."

47

맹자가 말하였다.

"엄밀하게 따지면, 사람이 짐승과 다른 이유는 아주 적다. 하지만 서민들은 이것을 깨닫지 못하여 버리고, 지성인이나 지도자는 이것을 인식하고 파악하여 지니고 있다.

순임금은 여러 사물의 이치에 밝아 도리에 맞게 처리하였고, 특히 인간의 윤리를 잘 살피고 사람들이 그것을 지키도록 하였다. 이 모든 것이 사람을 사랑하는 열린 마음으로 사람의 도리가 무엇인지 그에 따라 행한 것이다. 사람을 사랑하는 열린 마음이나 사람의 도리 자체를 억지로 행하려고 한 것은 아니었다."

48

맹자가 말하였다.

"하나라의 우임금은 맛있는 술을 싫어하고, 착한 말을 좋아하였다.

은나라 탕임금은 과불급이 없는 중용의 길을 굳게 잡고, 똑똑한 인재를 등용하되 신분상의 차별을 두지 않았다.

주나라 문왕은 사람들 보기를 다친 사람을 돌보듯이 불쌍하고 가엾게 여겼고, 올바른 길을 바라보고도 이를 보지 못한 것처럼 생각하였다.

주나라 무왕은 가까운 사람이라고 하여 더 친숙하게 대하지 않았고, 멀리 떨어져 있는 사람들을 잊지 않았다.

주나라 주공은 위에서 말한, 우, 탕, 문왕, 세 지도자의 장점을 따서 그들이 행한 네 가지 일을 직접 실행할 것을 생각하였다. 시대에 맞지 않는 것이 있으면, 어떻게 하면 시대에 맞게 할까 밤낮으로 깊이 고민하면서, 시대에 맞게 베풀 정책을 깨달으면 이를 즉시 시행하려고 잠자리에 들지도 않고 그대로 앉아 날이 새기를 기다렸다."

49

맹자가 말하였다.

"지도자가 사람이 살아가는 정황이나 각 나라의 정치적 행적을 살피던 흔적이 사라지자, 각 나라에서 수집하던 시가 없어졌다. 시가 나오지 않게 된 뒤에, 난신적자를 바로 잡고 대의명분을 밝히기 위해 공자에 의해 『춘추』가 지어졌다.

『춘추』가 사람들에게 삶의 거울이 되는 역사책인지라 진나라에서도 『승』을 지었고, 초나라에서는 『도올』을 지었다. 이는 공자가 지은 노나라의 『춘추』와 동일한 성격을 지닌다.

여기에서 나룬 내용은 세나라의 지도자 환공, 진나라의 지도자 문공의 행적이고, 그 글은 사관들이 기록한 것이다. 이에 공자는 다음과 같이 말하였다. '여러 나라의 사관들이 쓴 역사 기록을 놓고, 내가 외람되게 도의와 명분을 밝혀 놓았다.'"

50

맹자가 말하였다.

"국가의 최고의 정치 지도자가 베풀었던 은택이나 영향력도 다섯 세대, 그러니까 150년 정도가 되면 끊어진다. 공직 생활은 하지 않았지만 한 사회의 훌륭한 인격자이자 학자인 지성인들의 은택이나 영향력도 약 150년 쯤 되면 끊긴다.

나는 시대가 같지 않아 공자의 직접 제자가 되지는 못했다. 하지만 나는 몰래 그분을 좋아하였고 사람들을 통해 공자의 유가 정신을 혼자서 잘 배울 수 있었다."

46장은 본원의 중요성을 말한 대목이다. 이하 5장까지는 순임금에서 공자에 이르기까지 그 사례를 든 것으로 생각된다. 조기는 『장구』에서 "본원이 있으면 지속가능하고 본원이 없으면 말라죽는다. 헛된 명성이 실제보다 지나치는 것을 지성인을 부끄러워한다."라고 풀이하였다.

47장은 인간과 금수의 차이를 간략하게 정돈한 구절이다. 인간과 짐승의 차이점은 '사람을 사랑하는 마음과 사람의 도리를 다하는 정신을 잘 보존하여 일상에서 실천하는 것이다. 이른바 윤리 도덕의 유무가 인간과 짐승을 가르는 기준이다. 때문에 맹자는 오륜(五倫)—부자유친, 군신유의, 부부유별, 장유유서, 붕우유신—을 교육의 전체 내용으로 보고, 명인륜(明人倫)이라는 학문의 대전제를 내세웠다. 명인륜은 유학 교육에서 수양의 최우선 순위이자 궁극 목적이다. 여기서는 순임금의 사례를 들어 명인륜을 지시한다.

48장은 47장 순임금을 말을 이어 여러 지도자들을 차례로 서술하였다. 각 지도자마다 한 가지 일을 들어서 걱정하고 부지런히 힘쓰며 두려워한 뜻을 나타냈다.

49장도 위의 48장에 이어서 서술하였고, 특히 공자가 『춘추』를 지은 일을 특별히 말하였다.

50장은 위의 세 장에서 순임금과 우임금을 차례로 서술하고, 주공과 공자에 이른 것으로 마무리하였다.

이 장은 유가의 근본이 무엇인지를 인식시켜 주는 동시에, 학문 도통을 나타내기도 한다. 유학의 본원은 명인륜이고, 그 궁극은 그것의 사회적 실천이다.

28. 진정한 청렴과 은혜와 용기

51

맹자가 말하였다.

"얼핏 보면 받을 만한데 자세히 보면 받지 말아야 할 경우에 받으면 청렴을 해치게 된다. 얼핏 보면 줄 만한데 자세히 보면 주지 말아야 할 경우에 주면 은혜를 해치게 된다. 얼핏 보면 죽을 만한데 자세히 보면 죽지 말아야 할 경우에 죽으면 용맹을 해치게 된다."

52

활을 잘 쏘는 신화적 인물인 방몽이 하나라 말 유궁국의 지도자인 후예에게 활쏘기를 배웠다. 후예는 활의 명수였고, 방몽은 후예의 집안에서 일을 도와주는 최측근 참모였다. 방몽이 후예의 활 쏘는 기술을 다 배우고 난 후, 이렇게 생각하였다.

'이 세상에 나보다 활을 잘 쏘는 사람은 후예밖에 없다. 오직 후예만이 나를 능가한다!'

그리하여 방몽은 자기의 스승인 후예를 죽였다.

이를 두고, 맹자가 이렇게 비평하였다.

"그런 불상사가 일어난 데 대해, 후예에게도 책임이 있습니다."

그러자 노나라의 공명의는 다르게 생각하며 말하였다.

"후예에게 가르친 것 이외에, 무슨 죄가 있어요. 그에게는 죄를 물으면 안 될 것 같습니다. 죄가 없다고 보아야지요."

그러자 맹자가 말하였다.

"대단한 것이 아니고 가볍다고 할 수는 있겠지만, 어찌 완전히 죄가 없다 하겠습니까?

정나라 지도자가 고위관료이자 장군이었던 자탁유자를 시켜 위나라를 침략하게 하였다. 그러자 위나라에서는 고위관료였던 유공사에게 그를 추격하도록 하였다.

자탁유자가 '아, 오늘 갑자기 고질병이 발작을 하여 활을 잡을 수 없으니, 잘못하다가는 죽을지도 모르겠구나!'라고 말하고, 부하인 마부에게 '우리를 추격해 오는 자는 누구인가?'라고 물었다.

부하인 마부가 다급하게 대답하였다.

'유공사입니다.'

자탁유자가 말하였다.

'아, 살았구나!'

부하 마부가 물었다.

'유공사는 위나라에서 활을 잘 쏘기로 소문난 자인데, 장군께서 '살았다!'라고 말하시는 것은 무슨 뜻입니까?'

자탁유자가 대답하였다.

'유공사는 윤공타에게 활쏘기를 배웠고, 윤공타는 나에게 활쏘기를 배웠다. 윤공타는 단정한 사람이기 때문에 선택하여 사귄 친구도 반드시 단정한 사람일 것이다.'

드디어 유공사가 추격해 와서 자탁유자에게 물었다.

'장군은 어찌하여 활을 잡지 않소이까?'

자탁유자가 대답하였다.

'오늘 갑자기 고질병이 발작하여 활을 잡을 수가 없소.'

유공사가 말하였다.

'그렇습니까? 나 유공사는 윤공타에게 활쏘기를 배웠고, 윤공타는 장군에게 활쏘기를 배웠습니다. 이런 상황에서 나는 차마 장군이 전수해 준 기술로 장군을 해칠 수 없소이다. 그러나 오늘의 일은 나라의 일이니 내가 감히 그만둘 수 없습니다.'

그러고는 화살을 뽑아 수레바퀴에 두들겨 살촉을 빼 버리고, 네 개의 화살을 발사한 뒤에 돌아갔어요."

이 장은 진정한 청렴과 진정한 은혜, 그리고 진정한 용기에 대한 견해이다. 51장에서는 그것을 손상시키지 않는 간략한 원칙을 제시하였고, 52장에서는 그것의 사례를 드러낸 것으로 판단된다. 조기는 『장구』에서 "청렴과 은혜와 용기는 사람에게 숭고한 행위다. 이 세 가지를 제대로 이행하지 못한다고 욕을 먹을까 봐 공직에 있는 관리들은 괴로워한다. 왜냐하면 이것이 유능한 인물의 요건이기 때문이다."라고 풀이하였다.

52장은 올바르지 못한 사람을 친구로 사귀거나 제자로 받아들여 교육했는데, 그 결과로 피해를 입게 되면 자신에게도 일정 부분 과오가 있음을 말한 것이다. 주자는 유공사가 자탁유자를 죽이지 않은 데 대해 『집주』에서 "개인적으로 은혜를 갚았다고 볼 수 있으나 한 나라의 장수로서 국가적 의리를 저버렸다."라고 비판하였다.

방몽과 후예, 유공사와 윤공타, 자탁유자의 인간적 얽힘은 청렴과 은혜, 용기가 그물망처럼 얽혀 사람의 도리를 복잡하게 만드는 계기가 된다. 그만큼 인간의 길, 그 정도의 어려움을 엿볼 수 있다.

29. 인간 사회의 법칙

53

맹자가 말하였다.

"오나라의 부차가 총애했던 월나라 출신의 절세미인 서시가 아무리 아름답다고 할지라도, 더러운 것을 뒤집어쓰고 있으면 사람들이 모두 코를 막고 지나갈 것이다. 반대로 아무리 용모가 추악한 사람일지라도 정신이 맑도록 재계하고 신체를 깨끗하게 목욕하면 신에게 제사를 지내게 할 수도 있다."

54

맹자가 말하였다.

"세상에서 논의하고 있는 사람과 사물의 본성은 대부분이 과거에 발생하여 경험한 일을 법칙으로 따를 뿐이다. 과거에 발생하여 경험한 일을 법칙으로 하는 것은, 고의적이고 인위적이지 않은 자연스러운 형세를 근본으로 한다.

그런데 지혜로운 사람이 싫어하는 것은 얕은 지식으로 사물의 이치를 억지로 캐내려는 우둔함이다. 지혜로운 사람이 우임금이 홍수를 다스려 강물을 흘러가게 하듯이 한다면, 그런 지혜를 싫어할 까닭이 없다. 우임금이 강물을 흘러가도록 유도한 곳은 물이 막히는 데가 없는 곳이었다. 지혜로운 사람이 지혜를 막는 곳이 없는 데로 흘러가게 한다면, 그 지혜가 또한 클 것이다.

하늘은 높고 별과 별자리는 저 멀리 있지만, 과거에 발생하고 그에 대한 경험을 법칙으로 추구한다면, 1,000여 년의 세월 동안 하지와 동지가 바뀌는 역법도 가만히 앉아서 알 수 있다."

55

제나라의 고위관료인 공행자가 아들의 상을 당했다. 당시 제나라는 고위관료가 상을 당하면 지도자가 정부의 고위관료들에게 조문을 가라고 명령하였다. 이에 최고위관료였던 우사 왕환도 조문을 하였다. 우사가 문에 들어오자 그 앞으로 다가가 우사와 더불어 말하는 자가 있었고, 우사가 자리에 나아가자 우사의 자리로 가서 우사와 더불어 말하는 자도 있었다.

그때 맹자도 조문을 하고 있었는데, 맹자는 우사와 말을 나누지 않았다. 그러자 우사가 불쾌해 하며 말하였다.

"여기에 조문을 온 고위관료나 공직자들이 모두 나와 말을 나누는데, 맹자 당신만이 나와 말을 하지 않는군요. 이는 이 나라의 우사인 나를 무시하는 처사가 아닙니까?"

맹자가 이 말을 듣고 말하였다.

"『주례』에 보면, 정부 관청에 있을 때 관료는 다른 사람이 있는데 그 자리를 지나 다른 관료와 더불어 말하지 않고, 관직의 지위를 뛰어넘어서 예의를 갖추어 인사하지 않는다고 되어 있습니다. 나는 이런 예의에 충실하려고 했을 뿐인데, 우사인 왕환 당신이 나더러 무시한다고 말하니 그것 참, 도리어 이상하지 않습니까?"

맹자가 말하였다.

"지성인이 일반 서민과 다른 이유는 사람의 윤리 도덕을 마음에 지니기 때문이다. 지성인은 사람을 사랑하는 열린 마음을 지니고, 사람에게 양보하는 예의를 마음에 지닌다.

사람을 사랑하는 열린 마음을 지닌 사람은 다른 사람을 사랑하고, 양보하는 예의를 마음에 지닌 사람은 다른 사람을 공경한다. 다른 사람을 사랑하는 사람은 다른 사람이 항상 사랑해 주고, 다른 사람을 공경하는 사람은 다른 사람이 항상 공경해 준다.

여기에 어떤 사람이 있는데, 그가 나를 방자하고 도리에 어긋나는 일로 대우할 수 있다. 그러면 지성인은 반드시 자신을 돌아보고, '내가 사람을 사랑하는 열린 마음을 지니지 못하고 사람에게 양보하는 예의가 없는가 보다! 그렇지 않다면 이러한 일이 어찌 나에게 있겠는가?'라고 생각한다.

자신을 돌아보았는데, 사람을 사랑하는 열린 마음을 지니고 있고 사람에게 양보하는 예의가 있었는데도 여전히 방자하고 도리에 어긋나는 일로 대우한다면, 지성인은 반드시 자신을 돌아보고 '내가 사람들에게 성실하지 못한가 보다!'라고 한다.

자신을 돌아보았는데, 사람들에게 성실하였는데도 여전히 방자하고 도리에 어긋나는 일로 대우한다면, 지성인은 '이 인간은 망령된 자일뿐이다. 사사건건 이렇게 나온다면 짐승과 무엇이 다르겠는가? 짐승 같은 사람과 또 실랑이를 해서 무엇 하겠는가!'라고 말한다.

때문에 지성인은 평생토록 하는 근심은 있어도, 하루아침에 겪는 걱정은 없다.

근심은 다름 아닌 이런 것이다. 순임금도 사람이며 나도 또한 사람이다. 그런데 순임금은 온 세상에 본보기가 되어 그 공적이 후세에까지 널리 전해지는데, 나는 아직도 시골의 평범한 사람 노릇을 하고 있다! 이것이 바로 근심할 만한 일이다. 이런 근심을 계속하면 어찌할 것인가? 순임금과 같이 할 뿐이다.

지성인은 걱정하는 것이 없다. 사람을 사랑하는 열린 마음을 지니지 않고 실천하지 않으며, 사람에게 양보하는 예의가 아니면 실천하지 않는다. 따라서 끼니 걱정과 같이 하루아침에 겪는 일시적인 걱정이 있다 하더라도, 지성인은 걱정하지 않는다."

이 장의 대체적인 의미는 자연의 법칙과 인간 사회의 법칙에 자연스러움과 당연함이 있음을 설파한 것이다.

53장은 아무리 타고난 자질이 뛰어나더라도 학문 수양을 게을리하면 장점마저도 사라지게 된다. 아무리 못난 사람일지라도 열심히 노력하여 마음을 바르게 갖게 되면 착한 일을 맡아 할 수 있는 의미다. 때문에 자신이 스스로 마음을 새롭게 하여 악을 버리고 선을 추구할 것을 권고하였다. 『대학』에서 말하는 '일신우일신'과도 통한다.

54장은 주자의 『집주』에 의하면 "세상 사물의 이치는 저절로 그러하지 않음이 없다. 따라서 그대로 잘 따르면 큰 지혜가 되고, 얕은 지식으로 멋대로 천착하면 본성을 해쳐 지혜롭지 않게 된다."라고 해석하였다.

55장은 맹자가 어떤 권위에도 굴종하지 않고, 본분과 예의에 따라 처신하였음을 일러 준다. 맹자의 삶의 태도도 꼿꼿하지만, 인간 사회의 올바른 법칙이 어떠해야 하는지 본보기를 제공한다.

56장은 지성인이 예의를 지켜나가는 것을 인간 사회의 법칙으로 정립한 구절이다. 핵심은 지성인으로서 착한 마음을 보존하고 지속적으로 함양하는 작업이다.

30. 공공의식과 직무충실

57

하나라의 시조인 우임금이나 주나라의 시조인 후직은 나름대로의 태평성세를 맞이하였으나, 홍수를 다스리고 농사일을 가르치는 직무에 쫓겨 자기 집 문 앞을 세 번이나 지나면서도 집에 들어가지 않았다. 공자는 그들이 덕행이 있고 재주가 뛰어나다고 생각하였다.

공자의 제자 안회가 어지러운 세상을 만나, 누추한 골목에서 한 그릇의 밥과 한 바가지의 물로 고생스럽게 살았다. 다른 사람들은 그런 고생을 견디지 못하는데, 안회는 그런 생활을 기꺼이 받아들이며 바르게 살았다. 공자는 그가 덕행이 있고 재주가 뛰어나다고 생각하였다.

맹자가 말하였다.

"우임금과 후직, 안회는 시대 상황이나 처한 일이 다르지만 그 정신은 같다.

우임금은 세상에 물에 빠진 사람이 있으면 자신이 그를 물에 빠뜨린 것처럼 여겼다. 후직은 세상에 굶주리는 사람이 있으면 자신이 그를 굶주리게 한 것처럼 여겼다. 이 때문에 그렇게 급하게, 집에도 들어가 보지 않고 일을 한 것이다. 우임금과 후직은 자신이 그 직책을 맡았기 때문에, 자기의 책임을 완수하려고 시간을 다투며 구제한 것이다. 안회는 우임금이나 후직처럼 정치적인 책임이 없었기에 어지러운 세상에서 자신의 처지를 인식하고 올바르게 살았다. 하지만 우임금과 후직의 입장으로 안회도 처지가 바뀌면, 그에 맞게 처신했으리라.

우임금과 후직의 경우, 한 방에서 같이 있는 사람이 싸우고 있을 때 빨리 말리는 것과 같다. 이런 상황은 갑자기 벌어진 일이라 옷매무새를 바로잡을 겨를도 없이 가서 뜯어말려야 한다. 그런데 안회의 경우, 늘 보던 동네 이웃집에서 사람이 싸우고 있는 것과 같다. 갑자기 벌어진 일도 아닌데, 옷매무새를 바로잡을 겨를도 없이 가서 뜯어말리면 오히려 어리석고 잘못된 생각이다. 이런 경우에는 문을 닫고 있더라도 괜찮다."

우임금이 세상일을 돌보기에 바빠 자기 집 대문 앞을 여러 차례 지나가면서도 집에 들어가지 않았다는 이야기는 앞의 「등문공」편에 보인다. 그러나 후직이 우임금과 비슷하게 세 번이나 집 앞을 지나면서도 집에 들어가지 않았다는 이야기는 기록에 잘 보이지 않는다. 안회의 안빈낙도에 관한 이야기는 『논어』 「옹야」에 있다.

우임금이나 후직, 안회와 같은 옛날의 훌륭한 인격자는 자신이 처한 상황이나 처지에 따라 행동상의 표현은 다르지만, 근본 정신은 유사한 것이 많다.

조기는 『장구』에서 "훌륭한 사람은 사람을 사랑하는 마음의 차원에서 터득하는 것이 동일하므로 안회의 마음은 우임금이나 후직과 같은 것이 있다. 때가 통하면 행하고 때가 막히면 그만둔다. 절조를 잃으면 잘못이다."라고 풀이하였다.

주자는 『집주』에서 "훌륭한 지도자나 지성인은 마음 씀씀이가 같은데, 만나는 상황에 따라 일이 다르다. 만나는 일에 대처할 때 제각기 그이치에 맞게 하는 것이 바로 같음이 된다."라고 해석하였다.

31. 다섯 가지 불효

58

맹자의 제자 공도자가 말하였다.

"제나라의 고위관료이자 장수인 광장에 대해 온 나라 사람들이 모두 '불효'를 저지른다고 합니다. 선생님은 그와 교유를 하고 있고, 그에 따라 예우도 하는 것 같은데, 어째서 사람들이 그렇게 말하는지요?"

맹자가 말하였다.

"세상에서 말하는 불효에는 다섯 가지가 있다. 첫 번째 불효는 빈둥빈둥 놀면서 몸을 게을리하여 부모를 제대로 봉양하지 않는 것이다. 두 번째 불효는 노름이나 하고 장기나 바둑을 두며, 술 마시기를 좋아하여 부모를 제대로 봉양하지 않는 것이다. 세 번째 불효는 재물을 지나치게 좋아하고 처자식만을 사랑하며 부모를 제대로 봉양하지 않는 것이다. 네 번째 불효는 귀나 눈이 즐겁도록 쾌락과 향락을 즐기며 부모를 욕되게 하는 것이다. 다섯 번째 불효는 만용을 부리고 수시로 사람들과 싸워서 부모를 위태롭게 하는 일이다. 이 가운데 한 가지라도, 광장에게 해당하는 것이 있는가?

아마 광장의 경우, 부모자식 사이에 '착하게 살라!'고 지나치게 요구하다가, 부자간에 뜻이 서로 맞지 않았을 게야. 착하게 살라고 요구하는 것은 친구 사이에 하는 말이지, 부모자식 사이에 할 말은 아니거든. 그런 부분에서 부친이 섭섭해 할 수 있고 그 은혜를 해쳤다고 오해할 수는 있지.

광장이 어찌하여 남편과 아내, 자식과 어머니가 함께 어울려 단란하게 살기를 바라지 않겠는가? 단지 부친에게 노여움을 받고 집에서 쫓겨났으므로 가족을 가까이 할 수 없었다네. 그러니 당연히 자식으로서 부친을 제대로 봉양할 수 없었겠지. 이 때문에 자신도 처자식의 봉양을 받는 것이 옳지 않다고 생각하여 아내도 내보내고 자식들도 멀리하며, 평생토록 홀로 고생스럽게 살며 처자식의 봉양을 받지 않았다네. 그 마음이 어떠했겠나? 광장은 자신의 행동을 평생토록 반성하며 '부친을 노엽게 한 죄가 더욱 크다.'라고 여겼다네. 이것이 광장의 전부라네."

광장은 제나라의 장군으로, 불효막심한 사람이 절대 아니었다. 광장의 어머니가 그의 아버지에게 잘못을 저지르자 아버지는 어머니를 죽여서 마구간에 파묻어 버렸다. 광장은 아버지에게 어머니를 용서하고 어머니의 시신을 다른 곳에 옮겨 장례를 치러 주자고 여러 차례 간청하였다. 그러나 아버지는 끝내 광장의 말을 들어 주지 않았다. 이에 광장은 아버지가 돌아가신 어머니를 저렇게 대하는 상황에서는 처자식의 봉양을 받을 수 없다고 하여, 처를 내보내고 자식을 자기 앞에 오지 못하게 했다. 그렇게 세월이 지나고 아버지가 돌아가시자 광장은 혼자 살면서 어머니의 시신도 제대로 모시지 못했다. 그 후, 제나라 위왕 때 광장이 군대를 거느리고 진나라의 침략군을 막아 내고 승전해서 돌아오자, 위왕은 그에게 어머니의 장례식을 잘 치러 줄 것을 권장하였다. 하지만 광장은 그런 행동을 하는 것은 돌아가신 아버지를 속이는 것이 되므로 그렇게는 할 수 없다며 그대로 두었다고 한다. 그런 일이 있고 한참 뒤 광장이 진나라와 맞서 전투를 할 때, 어떤 자가 위왕에게 광장이 진나라 군대에 항복했다고 비방을 하며 모함을 했다. 그러자 위왕은 '죽은 아버지도 속이지 않는데 어찌 살아 있는 지도자를 속이겠는가!'하고 그 사람의 말을 듣지 않았는데, 정말로 광장은 진나라를 물리치고 대승을 하고 돌아왔다고 한다.

이런 광장의 삶을 보고, 맹자는 그가 진짜 불효자가 아니라고 두둔하며 제자 공도자를 이해시켰다. 엄밀하게 따지면 광장의 마음은 효성스럽고 예의를 아는 사람이다. 그런데 제나라 사람들이 그런 실상을 모르고 광장을 비난했던 것이다.

이에 주자는 『집주』에서 "이 장의 뜻은 여러 사람들이 미워하는 것에 대해서도 반드시 그 진정한 면모를 살펴야 한다는 것이다."라고 해석하였다.

32. 직분의 실천

59 ─────────────────────────────────────

증자가 노나라 무성에 있을 때, 월나라 군대가 침략한 일이 있었다. 그때 어떤 사람이 말하였다.

"적군이 쳐들어오는데, 어찌 빨리 피하지 않습니까?"

그러자 증자가 피신을 하면서 하인 한 사람에게 집을 지키라고 말하였다.

"내가 피난하고 있는 동안, 내 집안에 아무도 들어오지 못하게 하고, 정원의 초목들을 망가뜨리지 못하게 해라."

월나라 군대가 물러간 후 다시 이렇게 말하였다.

"우리 집의 담장과 지붕을 수리해라. 내가 곧 집으로 돌아갈 것이다."

그 후, 월나라 군대가 완전히 물러간 다음, 증자가 집으로 돌아와 다시 살았다.

이에 수변에 있던 증자의 제자늘이 선생의 그런 행동을 비판하며 말하였다.

"무성의 지도자가 선생님에게 이렇게 충실하고 또 공경하게 대우하는데, 월나라 군대가 침략하자 누구보다 먼저 집을 떠나 피난을 가서 사람들이 그것을 바라보고 본받게 하고, 적이 물러가자 집을 수리한 후 다시 돌아오니 옳지 않은 듯합니다."

증자의 제자 심유행이 말하였다.

"이는 그대들이 뭘 제대로 알지 못하고 하는 소리이다. 옛날 우리 심유씨 집안에 부추라는 자가 반란을 일으켜 환난을 겪은 적이 있었다. 그때 선생을 따르는 제자 70명 정도가 있었는데, 모두가 환난을 피해 떠나가 버리고, 단 한 사람도 선생과 함께 있지 않았다."

자사가 위나라에서 관직을 하고 있을 때 제나라 군대의 침략이 있자 어떤 사람이 말하였다.

"적이 침략해 오는데, 어찌 빨리 떠나가지 않습니까?"

자사가 대답하였다.

"내가 떠나가면, 이 나라의 지도자가 누구와 더불어 나라를 지키겠는가?"

맹자가 말하였다.

"증자와 자사가 지키고 행한 도리는 같다. 증자는 스승이며 부형의 자리에서 그렇게 행하였고, 자사는 공직자로 미천한 자리에서 자신의 본분을 실천한 것이다. 증자와 자사가 처지를 바꾼다면, 모두 그렇게 했을 것이다."

증자는 많은 이들에게 스승이었고, 노나라 무성에 있을 때는 지도자의 자문역할을 맡았다. 그리고 자사는 위나라에서 관리 생활을 하고 있던 공직자이다. 증자와 자사가 맡은 역할과 임무, 그 직분은 제각기 다르다. 하지만 직분에 따른 의리를 지키는 차원은 동일하다. 상황은 다르지만 그에 따라 적합하게 행동하는 행위의 일관성 차원에서는 동일하다.

조기는 『장구』에서 "참모는 마땅히 지도자를 감싸야 하고, 스승은 제자들에 비해 여유 있는 행동을 할 수 있다. 증자와 자사가 의리를 지킨다는 점에서는 다르지 않다. 같은 정신을 얻었다."라고 풀이하였다.

주자는 『집주』에서 "옛날 훌륭한 인물들은 그 언행이 같지 않고 그 사업이 달라도, 그것을 실천하는 방법이나 정신 측면에서는 동일하였다."라고 해석하였다.

33. 조무래기들의 부귀영달

60

제나라의 고위관료인 저자가 맹자에게 물었다.

"우리나라 지도자가 사람을 시켜 선생을 몰래 엿보게 했습니다. 선생은 보통 사람과 다른 점이 있습니까?"

맹자가 말하였다.

"어찌 보통 사람과 다르겠소? 요임금이나 순임금도 보통 사람과 같습니다."

61

맹자가 말하였다.

"제나라 사람 중에 한 아내와 한 첩을 두고 같은 집에 사는 자가 있었다. 그런데 그 사람이 밖으로 나가기만 하면 반드시 술과 고기를 배불리 먹은 뒤에 집으로 돌아오곤 하였다. 그 아내가 남편에게 누구와 더불어 음식을 먹었는가를 물었는데, 모두 부귀한 사람이었다. 그 아내가 첩에게 말하였다.

'남편이 외출하면 반드시 술과 고기를 배불리 먹은 뒤에 집으로 돌아오기에 내가 누구와 함께 음식을 먹었는가를 물어보니 모두 부귀한 사람이었다. 헌데 지금까지 똑똑한 재능을 갖춘 사람이 집으로 찾아오는 일이 없었다. 뭔가 좀 이상하니, 내가 남편이 어디를 가는지 몰래 엿보아야겠다.'

그러고는 아침 일찍 일어나 남편이 가는 곳을 미행하여 따라가 보았다. 남편은 성안의 거리를 두루 배회하였다. 도중에 함께 서서 말하는 사람도 없었다. 그러더니 마침내 성안의 동쪽 끝머리 북망산에 있는 무덤 사이에서 제사를 지내는 사람에게 가서 남은 음식을 조금 빌어먹었다. 거기에서 부족하면 또 돌아보고 딴 곳으로 가서 빌어먹었다. 이것이 술과 고기를 배불리 얻어먹는 방법이었다.

그 아내가 집으로 돌아와서 첩에게 말하였다.

'남편은 우러러 바라보면서 함께 일생을 마쳐야 할 사람인데, 지금 이 모양이다.'

그러고는 첩과 더불어 남편을 원망하며 뜰 가운데서 울고 있었다. 남편은 그런 사실을 전혀 알지 못하고는 의기양양하게 밖으로부터 와서 처와 첩에게 교만을 떨었다.

지성인의 관점에서 보면, 요즘 사람 중에 부귀와 영달을 구하는 자들의 태도가 위에서 말한 저런 남편과 같다. 그의 처와 첩이 그것을 보면 부끄러워하고 서로 울지 않을 자가 거의 없으리라."

사람은 누구나 비슷한 성품이나 품격을 지니고 있음을 강조한 장이다.

60장은 사람의 차이가 외모에 있는 것이 아니고 '사람을 사랑하는 마음씨를 지녔는가?', '사람의 도리를 이해할 수 있는 사람인가?' 등 사람의 길을 가려는 의지 여부에 있다는 의미이다.

61장은 사람의 길을 모르는 제나라 사람의 어리석음과 추태를 실감 있게 비유하였다. 부귀와 영달을 추구하는 데 여념이 없는 인간은 저급한 소인배다. 지도자나 서민이거나 모두 똑같은 사람이건만, 저급하고 추잡스러운 행동을 하면 인간의 모습은 그만큼 사라진다. 문제는 그런 행동을 하더라도 다른 사람은 그것을 모를 것이라는 착각이다.

조기는 『장구』에서 "조무래기들은 자기가 구차스럽게 얻는 것을 다른 사람이 모를 것이라고 착각한다. 지성인이 볼 때 그것은 정도에 어긋나는 짓이다. 처나 첩도 그 일을 부끄러워하는데, 다른 사람들이 보면 어떻게 느끼겠는가!"라고 풀이하였다.

주자는 『집주』에서 "지금 부귀를 추구하는 자들이 대부분 정도에 어긋나는 방법을 쓴다. 밤중에 아무도 보지 않는 때는 애걸하며 얻으러 다니고, 남들이 모두 보는 대낮에는 사람들에게 그것을 뽐내는 것과 같다. 그러니 그 남편과 요즘 부귀영달을 추구하는 자들이 전혀 다를 바 없다."라고 해석하였다.

제 5 편

만장

「만장」편도 문장의 앞부분에 '만장문왈(萬章問曰)'이라는 말을 그대로 따서 편명으로 하였다. 이 편은 대부분이 맹자가 제자인 만장과 문답한 것으로 이루어져 있다. 만장 이외의 인물과 대화한 것은 4장의 함구몽, 11장의 북궁기, 18장의 제나라 선왕 정도다. 특히 순임금의 효도를 비롯하여 옛날 훌륭한 인물들의 행실에 관한 내용이 많다.

조기는 『장구』를 편집하면서 이 편에 대해 다음과 같이 풀이하였다. "명석한 사람의 행실은 분명하게 밝혀야 한다. 사람의 행실 중에는 효보다 더 큰 것이 없다. 때문에 제4편 「이루」에 이어 이 편을 두었고, 순임금이 밭에 나가 울부짖은 것을 묻게 한 것이다. 만장이 맹자에게 순임금의 효(孝)에 대해 물은 것은 『논어』에서 안회가 인(仁)에 대해 물은 것과 같다. 그래서 그 이름으로 편명을 붙인 것이다."

「만장장구」로 나누면 상편이 9장, 하편이 9장으로 「만장」편은 모두 18장으로 구성되어 있다. 다른 편에 비해 상대적으로 짧은 문장들이 많이 들어있다.

1. 세상에서 가장 큰 효도

맹자의 수제자 만장이 물었다.

"순임금이 역산에서 농사짓고 있을 때, 밭에 나가 하늘을 향해 크게 소리치며 울부짖었다고 했는데, 어찌하여 크게 소리치며 울부짖으며 호소한 것입니까?"

맹자가 말하였다.

"한편으로는 부모 사랑을 받지 못하여 원망하면서, 한편으로는 부모를 사모한 것이다."

만장이 물었다.

"부모가 사랑하거든 기뻐하고 잊지 말며, 부모가 미워하거든 더욱 노력하고 원망하지 말아야 한다고 했습니다. 그렇다면 순임금은 부모를 원망했습니까?"

맹자가 말하였다.

"옛날에 공명고의 제자 중에 장식이라는 사람이 있었다. 공명고는 효도로 유명한 증자의 제자이다. 장식이 공명고에게 물었다.

'순임금이 밭에 나간 이유에 대해서는 제가 이미 들어서 알고 있습니다. 그런데 하늘을 우러러보고 부모를 그리워하며 울부짖었다는 것에 대해서는 제가 알지 못하겠습니다.'

그러자 공명고가 말하였다.

'이것은 네가 알 바가 아니다.'

내가 공명고의 마음을 헤아려 보건대, 공명고는 '실제로 효도를 다하는 효자로서 순임금의 마음이 어찌 그토록 근심이 없겠는가?'라고 생각하고, '나는 힘을 다해 밭을 갈고, 공손하게 자식으로서 직분을 다할 따름이다. 그런데 부모가 나를 사랑하지 않는 것은 나에게 무슨 죄가 있어서가 아닐까?'하고 근심하였다.

요임금은 자식인 9남 2녀를 시켜 여러 관리들, 소와 양 같은 가축, 곡식창고와 재물창고 등을 갖추어 순임금이 농사를 지으면서 살고 있는 곳에서 순임금을 모시게 하였다. 그러자 세상의 여러 인사들이 순임금의 덕망을 보고 찾아가는 사람이 많았다. 이에 요임금은 세상이 돌아가는 추세와 인심을 살펴보고, 순임금에게 지도자 자리를 물려주려고 하였다. 그런데 순임금은 자기의 효도가 부모에게 순탄하게 받아들여지지 않고 부모의 사랑을 받지 못하였기 때문에, 곤궁한 사람이 돌아갈 집이 없는 것처럼 어찌할 줄을 몰랐다. 왜냐하면 세상을 얻어 지도자가 되는 것보다 부모의 사랑을 받는 것이 소중했기 때문이다.

세상의 여러 인사들이 모여들어 지도자인 자기를 좋아하고 따라 주는 일은 사람들이 원하는 것이다. 하지만 순임금은 그것으로 자신의 근심을 제대로 풀지 못하였다. 아름다운 여인은 사람들이 원하는 것이다. 순임금은 요임금의 두 딸을 아내로 얻었지만, 자신의 근심을 제대로 풀지 못하였다. 부유함은 사람들이 원하는 것이다. 순임금은 온 세상을 다 소유하는 경제적 부를 가졌으나 자신의 근심을 제대로 풀지 못하였다. 귀함은 사람들이 원하는 것이다. 순임금은 최고지도자의 자리에서 정치적 고귀함을 누렸으나 자신의 근심을 제대로 풀지 못하였다. 사람들이 자기를 좋아하고 따라 주는 일과 아름다운 여인, 경제적 부유함과 정치적 고귀함에도 불구하고, 충분하게 근심을 풀 만한 것이 없었다. 오직 부모에게 효도하여 사랑을 받아야 순임금은 근심을 풀 수 있었다.

사람들은 대개 어릴 때는 부모를 그리워한다. 여인을 알고 좋아하게 되면 젊고 예쁜 소녀를 그리워하게 된다. 처자식을 두면 처자식을 그리워하게 된다. 관리가 되어 공직 생활을 하면 지도자를 그리워하다가 지도자에게 신임을 얻지 못하면 가슴 속에 열병이 나게 마련이다. 큰 효도는 평생토록 부모를 그리워하는 일인데, 나이 오십이 되어도 부모를 그리워하는 사람을 나는 저 위대한 순임금에게서 보았노라."

이 장은 순임금이 얼마나 지극한 효성과 사람을 사랑하는 마음씨를 지니고 있는지 상세하게 논의한 대목이다.

순임금은 유우씨라고도 한다. 그의 부친인 고수는 너무나 완악한 성격의 소유자였다. 고수는 후처를 들이고 그 사이에 순임금의 이복동생 상을 낳았다. 순임금의 새어머니와 고수는 상을 사랑한 나머지 순임금을 죽여 없애려고 온갖 계략을 꾸며대며 갖은 학대를 다하였다. 순임금은 역산에서 밭을 갈고 연못에서 물고기를 잡으며 엄청난 고생을 하며 살았으나, 부모의 사랑을 제대로 받지 못하였다. 이에 자기에게 무슨 죄가 있어서 그러는 것은 아닌지 하고 근심에 사로잡혀 살면서, 그 마음을 호소할 길이 없어 수시로 밭에 나가 하늘에다 대고 소리쳐 울었다고 한다.

조기는 『장구』에서 "인간에게 효도는 모든 행위의 근본이다. 재물이 부유하여 이 세상을 모두 살 수 있다고 할지라도 부모를 기쁘게 해 줄 수 없다면, 오히려 이 세상을 갖지 않는 것이 좋다. 사람들 사이에 효도가 밝게 드러나면 이 세상이 온통 사람이 서로를 사랑하는 아름다운 세상으로 바뀌게 될 것이다."라고 풀이하였다.

주자는 『집주』에서 "이 장은 순임금이 일반 사람들이 원하는 것을 얻는 데 자신의 즐거움을 두지 않고, 부모의 마음에 자신이 받아들여지지 않는 것을 근심으로 삼은 점을 말한 것이다. 본성을 모두 발휘하는 최고의 인격자가 아니면, 그 누가 이렇게 할 수 있겠는가?"라고 해석하였다.

2. 권도를 쓰는 의미

만장이 물었다.

"『시경』 「제풍」 〈남산〉에 '결혼을 하려면 어떻게 해야 하나? 반드시 부모에게 알려야 한다.'라고 읊었지 않습니까? 진정 이 말대로 한다면 순임금처럼 해서는 안 되지 않습니까? 순임금이 부모에게 알리지 않고 결혼을 한 것은 어째서입니까?"

맹자가 말하였다.

"부모에게 알렸다면 결혼할 수 없었을 것이야. 남자와 여자가 결혼을 하여 같이 사는 것은 인생에서 중대한 일이라네. 결혼 사실을 부모에게 알렸다면, 인생에서 중대한 일이 깨져 부모를 원망하게 되었을 걸세. 이 때문에 알리지 않은 것이라네."

만장이 물었다.

"순임금이 부모에게 알리지 않고 결혼한 일에 대해서는 제가 이미 들어서 알고 있습니다. 요임금이 순임금에게 두 딸을 시집보내면서도, 부모에게 말하지 않은 것은 어째서입니까?"

맹자가 말하였다.

"요임금 또한 부모에게 알리면, 딸을 시집보낼 수 없다는 것을 알았기 때문이었지."

만장이 말하였다.

"전해 오는 말에 의하면, '어느 날 순임금의 부모가 순임금에게 곡식 창고의 지붕을 수리하게 하였습니다. 순임금이 사다리를 타고 창고 지붕으로 올라가자, 사다리를 치운 다음 아버지 고수가 창고에 불을 질렀습니다. 또 어느 날은 순임금에게 우물을 파게 하였습니다. 순임금이 우물을 다 파고 나오려고 하자 그 위에 흙을 덮어 생매장하려 하였습니다.

이때 순임금의 이복동생인 상이 순임금의 재산 처리 문제를 논의하며 이렇게 말했다지요.

'이런 일을 도모하여 이복형인 순을 생매장한 것은 모두 나의 공로이다. 소와 양을 비롯한 가축은 부모가 갖고, 곡식 창고와 재물 창고도 부모의 것이다. 창과 방패와 같은 무기는 내가 갖고, 거문고도 내가 가지며, 요임금이 준 붉은 칠을 한 활도 내가 갖는다. 그리고 두 형수는 내가 데리고 살면서 내 잠자리 시중을 들도록 하겠다.'

그리고 상은 의기양양하게 순임금의 궁궐에 들어갔습니다. 그런데 죽은 줄로만 알았던 순임금이 평상에 앉아 거문고를 타고 있었습니다.

이에 교활하기 짝이 없던 상이 '너무나 우울하고 답답하고, 형님 생각이 나서 이렇게 왔습니다.'라고 하고는 겸연쩍어 했습니다.

그럼에도 불구하고 순임금은 이렇게 말합니다.

'네가 여기 와서 여러 관리들과 더불어 나를 도와주기 바란다.'

아, 참 알다가도 모를 일입니다. 순임금은 상이 자신을 죽이려 한 것을 몰랐습니까?"

맹자가 말하였다.

"어찌 알지 못했겠는가? 잘 알고 있었다. 단지, 상이 근심하면 자기도 근심하고, 상이 기뻐하면 또한 기뻐하였다."

만장이 물었다.

"그렇다면 순임금은 거짓으로 기쁜 척한 것입니까?"

맹자가 말하였다.

"아니다. 옛날에 어떤 사람이 정나라 자산에게 살아 있는 물고기를 선물한 적이 있었어. 자산은 연못을 돌보는 사람에게 그것을 연못에서 기르라고 하였지. 그런데 연못지기가 그 물고기를 삶아 먹어 버렸어. 그리고는 자산에게 이렇게 말하였지.

'처음에 고기를 놓아주자 어릿어릿하더니, 조금 있다가는 꼬리를 치며 깊은 곳으로 들어가 버렸습니다.'

그러자 자산이 말하였지.

'아, 그 물고기가 살 곳을 얻었구나! 살 곳을 얻었구나!'

연못지기가 나와서 이렇게 말했어.

'누가 자산을 지혜롭다 말하는가! 내가 속여도 모르더라. 내가 이미 물고기를 삶아 먹었는데, 자산은 내게 속은 줄도 모르고 '살 곳을 얻었구나! 살 곳을 얻었구나!'라고 했다.'

자산과 연못지기의 사례에서 보았겠지만, 실제 도리에 맞는 방법으로 지성인을 속일 수는 있다. 하지만 올바른 도리가 아닌 방법으로 터무니없이 속이기는 어렵다. 저 상은 형을 사랑하는 인간적인 도리로 찾아왔다고 했다. 그러므로 순임금이 그것을 정말로 믿고 기뻐하였다. 어찌 거짓으로 그랬겠는가?"

이 장의 앞부분은 부모에게 알리지 않고 결혼한 순임금의 권도에 관한 이야기이다. 앞에서도 등장하는 권도는 순임금 같은 큰 인물에 의해 실천될 때, 그 본래의 의미를 상실하지 않는다. 상도를 실천할 수 있음에도 불구하고, 자기 편리에 의해 제멋대로 임기응변으로 혹은 기회주의적으로 쓰는 도리가 아니다.

순임금이 죽을 고비를 여러 번 넘겼다. 그 중에 대표적인 것은 두 가지 사건이다. 하나는 창고 지붕을 수리하러 올라갔다가 불에 타 죽을 뻔한 일이고, 다른 하나는 우물을 파러 들어갔다가 땅에 묻힐 뻔한 일이다. 지붕을 수리할 때 순임금은 변고가 있을 것을 짐작하고, 미리 삿갓을 두 개 마련해서 올라갔다. 불이 붙어 올라오자 두 삿갓을 양쪽 겨드랑이에 끼고 뛰어 내려와 무사했다고 한다. 우물을 팔 때도 마찬가지였다. 순임금은 미리 우물로 통하는 굴을 뚫어 두었다가 그쪽으로 무사히 빠져 나왔다고 한다. 『열녀전』에 의하면, 이러한 지혜는 모두 요임금의 두 딸이자 순임금의 아내가 제시하였다.

특히 순임금의 마음이 잘 드러나는 것은 자신을 살해하려고 했던 이복동생 상이 찾아온 것에 대한 대처 방식이다. 순은 동생 상을 기쁘게 받아들였다. 왜냐하면 순리에 맞고 실제에 맞는 방법으로 속였기 때문에 진심으로 그것을 받아들였기 때문이다. 이를 비유한 정나라 자산의 이야기는 요즘도 널리 회자되는 이야기 중의 하나다.

조기는 『장구』에서 "최고의 인격자가 지니고 있는 사람을 사랑하는 마음씨는 너무나 크다. 권도는 작은 것을 버리고 큰 것을 따르는 데 그 의의가 있다. 부모에게 알리지 않고 결혼을 한 것은 정도를 지킨 것이다."라고 풀이하였다.

주자는 『집주』에서 "이 장은 순임금이 인간의 윤리 도덕상 있을 수 없는 변고를 당하면서도 부모자식, 형제자매 사이의 도리를 꿋꿋하게 지켜 낸 것을 말한 것이다."라고 해석하였다.

3. 형제자매 사이의 최고 우애

만장이 물었다.

"이복동생인 상은 매일같이, 어떻게 하면 형인 순임금을 죽일 것인가를 자기의 일을 삼았습니다. 순임금이 최고지도자가 되자, 그를 죽이지 않고 먼 곳으로 추방했다고 하는데, 왜 그렇게 했습니까?"

맹자가 말하였다.

"상에게 영토를 주어 멀리 가서 살게 하였다네. 유비에 지도자로 보냈지. 그런데 어떤 사람들은 그것을 '추방했다.'라고 한다네."

만장이 말하였다.

"순임금이 고위관직인 공공의 책임자가 나쁜 짓을 저지르자 유주에 유배하고, 공공과 함께 나쁜 짓을 저지른 환도를 숭산으로 추방하며, 좋은 정치를 행해도 복종해 오지 않던 삼묘 부족의 족장을 삼위에서 죽이고, 홍수를 제대로 다스리지 않는 우임금의 아버지 곤을 우산에 가두었습니다. 이 네 사람을 처벌하자, 온 세상이 모두 순임금에게 복종하였습니다. 이는 사람을 미워하는 닫힌 마음을 지닌, 사람답지 못한 자를 처벌했기 때문입니다. 상이 사람을 미워하고 닫힌 마음을 지니고 있는 자임에도 불구하고, 그를 유비 지역에 영토를 주고 지도자로 보냈습니다. 상의 지배를 받는 유비 지역 사람들은 무슨 죄입니까? 사람을 사랑하는 열린 마음을 지닌 사람도, 진정 이와 같이 한단 말입니까. 다른 사람들은 유배하고 가두고 죽이고 하면서, 동생은 영토를 주어 그 지역의 지도자로 보내는 군요!"

맹자가 말하였다.

"사람을 사랑하는 열린 마음을 지닌 사람은 동생이라고 하여 노여움을 감춘다거나, 원망을 묵혀 둔다거나 하지 않네. 단지 동생이기에 친하게 굴고 사랑하는 것일 뿐이라네. 그에게 친하게 굴면 그가 고귀하게 되기를 바라고, 그를 사랑한다면 그가 부유해지기를 바라지. 그를 유비 지역에 영토를 주어 지도자로 보낸 것은 동생이 경제적으로 부유하고 정치 지도자로서 고귀하게 되길 바란 것이라네. 자신은 최고지도자가 되고, 동생은 한갓 일반 서민이 된다면, 어찌 동생에게 친하게 굴고 사랑했다고 할 수 있겠는가?"

만장이 물었다.

"그럼, 어떤 사람들이 '추방했다.'라고 말하는 것은 어째서입니까?"

맹자가 말하였다.

"아, 그건 다 이유가 있지. 상이 그 나라에서 실제로 정치를 하지 못하게 한 것이지. 최고지도자인 순임금이 믿을 만한 사람을 관리자로 보내서 그 나라를 다스리게 하고, 그 지역의 세금을 받아 주게 하였다네. 그래서 그를 '추방했다.'라고 한 것이라네. 그러니 상이 어찌 저 유비 지역 사람들에게 포학한 정치를 할 수 있었겠는가! 그러나 순임금은 항상 동생인 상을 만나 보려고 하였지. 그래서 상에게 끊임없이 찾아오게 하였다네. 옛말에 '각 지역의 특산물을 정기적으로 최고지도자에게 바치는 시기가 되지 않았는데도, 순임금은 정치적인 일을 구실로 유비 지역의 지도자인 동생 상을 수시로 접견했다.'라고 하였는데, 바로 이것을 말한 것이다."

이 장은 순임금이 형제간의 우애가 어떠해야 하는지, 그 본보기를 설명한 대목이다. 순임금은 자기를 죽이려고 했던 동생을 미워하지 않고 오히려 친애하였다. 형으로서 동생을 부귀하게 해 주는 개인적인 은혜를 베푸는 동시에 공공의 이익을 해치지 않도록 지도자로서의 처신을 올바르게 하였다.

특히 마지막 부분에서 때가 되지 않았는데도 동생을 수시로 만나면서 돌보는 장면은 눈물겹다. 옛날에는 최고지도자를 접견하려면, 각 지방의 지도자들은 1년에 한 번은 지역 특산물을 공물로 바치면서 가볍게 만나고 5년에 한 번씩은 정치 현안을 두고 신중하게 만났다고 한다. 그러나 순임금은 동생 상에게 만큼은 이런 정기적인 만남 이외에 예외적으로 만나면서 형제간의 우애를 나누었다.

조기는 『장구』에서 "깊이 묻어 둔 간절하고 성실한 것이 밖으로 나타나게 되는 것이 사람을 사랑하는 지도자의 마음이다. 이복동생 상은 극단적으로 무도하지만, 순임금이 형제간의 우애의 본성을 몸소 실천함으로서 오히려 상의 어긋난 행동을 묻어버렸다."라고 풀이하였다.

주자는 『집주』에서 "순임금은 공공의 이익과 도리를 잊지 않았기 때문에 개인적인 은혜를 저버리지 않았고, 또 개인적인 은혜를 베풀면서도 공공의 이익을 해치지 않았다. 순임금이 동생 상에게 베풀었던 일은 최고의 사랑이고 최상의 도의다."라고 해석하였다.

4. 부모의 권위와 지도자의 권위

맹자의 제자 함구몽이 물었다.

"옛날부터 이런 말이 전해 옵니다.

'덕망이 훌륭한 사람은, 지도자가 함부로 그를 고위관료나 측근 참모로 삼을 수 없고, 부모가 함부로 그를 자식으로 취급할 수 없다. 순임금이 최고지도자가 되어 남쪽을 바라보고 서자, 지도자 자리를 물려 준 요임금도 여러 고위관료들을 거느리고 북쪽을 바라보며 조회를 하였다. 아버지 고수 또한 북쪽을 바라보며 조회를 하자, 순임금이 고수를 보고 얼굴에 불안한 기색이 돌며 약간 위축되었다.'

이 시대를 두고 공자가 '그때는 세상이 아주 불안하고 위태로웠다.'라고 하였습니다.

공자가 왜 이런 말을 했는지 잘 모르겠습니다."

맹자가 말하였다.

"아니다. 그렇지 않다. 그런 말이 떠도는데, 이는 지성인의 말이 아니다. 제나라 동쪽에 사는 어떤 서민이 한 말이라네. 요임금이 나이가 들어 노쇠하자 순임금이 섭정을 하였지.『서경』「우서」〈요전〉에 다음과 같은 기록이 있다.

'순임금이 섭정을 한 지 28년 만에 요임금이 별세하였다. 그러자 사람들이 자기 부모를 잃은 것처럼 3년 동안 상복을 입고 삼년상으로 장례식을 치렀다. 주변의 모든 나라에서는 음악을 연주하며 노는 것을 금하였다.'

그리고 공자는 이렇게 말했다네.

'하늘에는 두 개의 태양이 없고, 세상 사람들에게는 두 명의 지도자가 없다.'

순임금이 최고지도자가 되고, 또 세상 여러 나라의 지도자들과 정부의 고위관료들을 거느리고 요임금을 위하여 삼년상을 치른다면, 이는 한 나라에 두 명의 최고지도자가 있는 꼴이 되지 않는가."

다시 함구몽이 물었다.

"순임금이 요임금을 고위관료나 측근 참모로 삼지 않은 것은 무슨 뜻인지 이제 제가 들어서 알겠습니다. 그런데『시경』「소아」〈북산〉에 '온 세상에 순임금의 영토가 아닌 것이 없고, 온 영토 안에 순임금의 관리가 아닌 사람이 없도다.'라는 노래가 있지 않습니까? 순임금이 이미 최고지도자가 되었는데, 아버지 고수가 고위관료가 아닌 것은 어째서입니까?"

맹자가 말하였다.

"이 시는 그런 뜻을 노래한 것이 아니다. 최고지도자가 나라 일에 힘을 쏟다 보니, 공직자들이 부모를 제대로 봉양하지 못함을 불평한 것이라네. 이에 공직자들은 한탄 섞인 목소리로 '모든 일이 최고지도자를 위한 것인데, 왜 나만 홀로 똑똑하다고 하여 힘을 쏟아야 하는가!'라는 한 것이지. 그러므로 시를 해석하는 사람은 한 두 글자로 그 구절이 나타내려는 말을 해치지 않아야 하고, 한 구절의 말로 그 시에서 나타내려는 본래의 뜻을 해치지 말아야 한다네.

시를 보는 사람이 마음으로 시를 지은 사람의 뜻을 헤아려야만, 그 시를 알 수 있다네. 시를 해석할 때, 말만 가지고 본다면 위험하다. 예컨대 『시경』「대아」〈운한〉에서 '주나라의 려왕의 난을 겪은 다음, 주나라에 살아남은 사람이 하나도 없다.'라고 노래하였는데, 이 시를 말 그대로 해석한다면, '주나라에 남은 사람이 없다!'라는 뜻이 되어, 주나라의 유민이 한 사람도 없어야 한다. 그런데 그렇지 않다네.

효자로서 최고의 도리는 부모를 존경하는 일보다 큰 것이 없고, 부모를 존경하는 일 가운데 최고는 온 세상을 소유한 최고지도자로서 봉양하는 일보다 더 큰 것이 없다네. 순임금의 아버지 고수는 최고지도자의 아버지가 되었다. 그러니 세상에서 가장 존경받는 사람이 되었다. 또 순임금이 최고지도자가 되어 봉양을 하였으니, 가장 봉양을 잘한 것이다. 『시경』「대아」〈하무〉에 '늘 효도하고 그리워하네. 효도하고 그리워함이 세상의 법도가 되었네.'라고 노래하였는데, 바로 순임금의 경우를 두고 말한 것이라네. 『서경』 「우서」 〈대우모〉에 다음과 같은 기록이 있다네. '순임금이 자식으로서 도리를 다하여 아버지 고수를 뵐 적에 최고로 존경하고 조심스럽게 모셨는데, 고수 또한 점잖고 부드럽게 대하였다.' 이것이 부모가 함부로 자식을 취급할 수 없다는 증거라네."

이 장은 몇 가지 사례를 꿰뚫으면서, 다시 순임금이 최고지도자이자 자식으로서 효도를 다하는 인물임을 강조하였다. 그 하나는 순임금이 요임금을 고위관료로 신분을 낮추어 다루지 않았다는 점이고, 또 하나는 나라에 두 사람의 지도자가 있지 않다는 것이다. 그리고 순임금은 아버지 고수를 절대 자기보다 아래의 지위로 다루지 않았고, 오히려 더 조심스럽게 자식으로서 효도를 다했다는 점을 설명하였다.

요임금과 순임금의 관계를 보면, 요임금이 생존하고 있을 때 순임금은 요임금이 노쇠하여 정사를 대신하였을 뿐이다. 순임금이 최고지도자 자리를 물려받은 것은 요임금이 별세한 후, 요임금의 유지를 받들고 주변의 여러 지도자들이 추대를 했기 때문이다. 따라서 요임금과 순임금은 동시에 최고지도자가 되어 나라에 두 임금으로 있었던 적은 없다.

조기는 『장구』에서 "효도는 부모를 가장 권위 있는 사람으로 존경하는 일이 가장 중요하다. 행실은 자식의 도리를 한결같이 지켜 나가 효도를 다하는 일이 가장 중요하다. 순임금이 이렇게 실천해 나갔기 때문에, 그 이상의 본보기를 찾기 어렵다."라고 풀이하였다.

5. 최고지도자는 누가 만드는가

만장이 말하였다.

"요임금이 온 세상을 순임금에게 물려주었다고 하는데, 그게 사실입니까?"

맹자가 말하였다.

"아니다. 그렇지 않다. 최고지도자라고 하여 자기 마음대로 이 세상을 다른 사람에게 물려줄 수는 없다."

만장이 물었다.

"그렇다면 순임금이 최고지도자가 되어 이 세상을 다스렸는데, 이는 누가 준 것입니까?"

맹자가 대답하였다.

"하늘이 준 것이다."

만장이 물었다.

"하늘이 주었다면, 하늘이 차근차근 말로 명령을 내린 것입니까?"

맹자가 대답하였다.

"아니지. 하늘은 말을 하지 않지. 그 사람의 행실이나 그 행실로 나타나는 업적을 가지고 하늘의 뜻을 보여 줄 뿐이지."

만장이 물었다.

"행실과 업적을 가지고 하늘의 뜻을 보여 주었다는 것은 무엇을 말합니까?"

맹자가 말하였다.

"최고지도자는 사람을 하늘에 천거할 수 있을 뿐이라네. 하늘이 그에게 이 세상을 물려주게 할 수는 없다네. 최고위관료가 최고지도자에게 사람을 추천할 수 있지만, 최고지도자가 그에게 최고위관료를 물려주게 할 수는 없다네. 고위관료가 사람을 최고위관료에게 추천할 수는 있지만, 최고위관료가 그에게 고위관료를 물려주게 할 수는 없다네. 옛날에 요임금이 순임금을 하늘에 천거했을 때 하늘이 받아들였고, 사람들에게 그의 행실과 업적을 드러내었을 때 사람들이 받아들였다네. 그러므로 '하늘은 말하지 않고 행실과 업적으로 보여 줄 뿐이다.'라고 한 것이라네."

만장이 물었다.

"잘 알겠습니다. 그런데 하늘에 천거했을 때 하늘이 받아들였고, 사람들에게 그의 행실과 업적을 드러내었을 때 사람들이 받아들였다 것은 무엇을 말합니까?"

맹자가 말하였다.

"순임금에게 제사를 주관하도록 하였는데, 모든 신들이 제사를 잘 받아들였지. 이것이 다름 아닌 하늘이 받아들였다는 뜻이라네. 순임금에게 정치를 하도록 맡겼는데, 나라가 잘 다스려지고 사람들이 편안하게 여겼지. 이것이 바로 사람들이 받아들였다는 뜻이라네. 하늘이 받아들였고 사람들이 받아들였기 때문에, '최고지도자라고 하여 자기 마음대로 이 세상을 다른 사람에게 물려줄 수는 없다.'라고 말하는 것이지.

순임금은 28년 동안이나 요임금을 도와주었다네. 이는 사람의 힘으로 할 수 있는 일이 아니지. 하늘의 뜻이지. 요임금이 별세하자, 순임금은 삼년상을 마치고, 요임금의 아들 단주를 피하여 기주의 남쪽인 예주로 갔다네. 그런데 작은 나라의 지도자들과 고위급 관료들이 요임금의 아들에게 가서 조회하지 않고 순임금에게 달려갔지. 소송을 하는 사람들은 요임금의 아들에게 가지 않고 순임금에게 갔고, 지도자의 덕망이나 업적을 칭송하는 자들은 요임금의 아들을 칭송하지 않고 순임금을 칭송하였다네. 그러므로 '하늘의 뜻'이라고 말한 것이라네.

그런 다음에 순임금은 중앙으로 가서 최고지도자의 자리에 올랐지. 처음부터 요임금의 궁궐에 거처하며 요임금의 아들 단주를 몰아냈다면, 이는 최고지도자의 자리를 빼앗은 것이지, 하늘이 준 것이 아니라네.

『서경』「주서」〈태서〉에 '하늘이 보는 것은 사람을 통해 보고, 하늘이 듣는 것은 사람을 통해 듣는다.'라고 하였는데, 바로 이런 것을 두고 한 말이라네."

'하늘의 뜻이 사람의 뜻이다.' 이른바 '하늘이 사람이다!'라는 의미가 잘 전개된 대목이다. 온 세상을 다스리는 최고지도자의 자리는 하늘의 뜻에 따라 내려 준다. 그 하늘의 뜻은 사람들의 뜻이다. 그것을 파악하는 방법은 다시 구체적으로 제시된다. 먼저 최고지도자의 자리를 물려주려는 사람에게 제사를 맡겨 본다. 다음으로는 정치를 맡겨 본다. 이는 중국 고대 사회에서 종교와 정치가 일치되는 제정일치 시대의 지도자상에 해당한다. 중요한 것은 모든 것이 사람들이 원하는 방향에 맞아야 한다는 것이다. 그것이 사람들의 뜻인 민의(民意)다. 이 민의가 바탕으로, 그것을 존중하고 실천하는 사람이 최고지도자로 등극한다.

조기는 『장구』에서 "덕망이 하늘의 뜻, 즉 사람의 뜻에 맞으면 최고지도자의 자리가 그에게 돌아가고, 행위가 사람을 사랑하는 마음씨로 귀결되면 온 세상이 모두 그의 편을 든다. 하늘의 명령이 일정하지 않다는 것은 바로 이것을 두고 한 말이다."라고 풀이하였다.

6. 하늘의 명령, 사람의 마음

만장이 물었다.

"사람들이 이렇게 말합니다. '우임금에게 이르러 지도자의 덕망이 쇠하여, 최고지도자의 자리를 똑똑한 사람에게 물려주지 않고, 자식에게 물려주었다.' 그 말이 사실입니까?"

맹자가 말하였다.

"아니야, 그렇지 않네. 하늘이 똑똑한 사람에게 물려주게 하면 똑똑한 사람에게 물려주고, 하늘이 자식에게 물려주게 하면 자식에게 물려주는 것이지.

옛날에 순임금이 우임금을 하늘에 천거한 지 17년만에 순임금이 별세하였어. 우임금이 삼년상을 마치고 순임금의 아들 상균을 피하여 숭산 아래의 양성으로 갔다네. 이때 세상 사람들이 모두 우임금을 따라왔다네. 요임금이 별세한 뒤에 사람들이 요임금의 아들 단주를 따르지 않고 순임금을 따르듯이 말일세.

우임금은 당시 현명하고 공이 많았던 백익을 하늘에 천거한 지 7년만에 별세하셨어. 백익도 삼년상을 마치고 우임금의 아들 계를 피하여 기산의 북쪽 마을로 갔다네. 그런데 조회하고 소송하는 사람들이 백익에게 가지 않고, 우임금의 아들 계에게 가서 '우리 최고지도자의 아들이다.'라고 하였다네. 지도자의 덕망이나 업적을 칭송하는 자들은 백익을 칭송하지 않고 우임금의 아들 계를 칭송하며 '우리 최고지도자의 아들이다!'라고 하였다네."

요임금의 아들 단주가 똑똑하지 못하였고, 순임금의 아들 상균 또한 똑똑하지 못했다네. 순임금이 요임금을 돕고, 우임금이 순임금을 도운 것은 그 햇수가 28년, 17년이나 되어 사람들에게 은택을 베푼 지가 오래되었다. 우임금의 아들 계는 나름대로 덕망이 있고 똑똑하여 우임금의 장치를 조심스럽게 승계할 수 있었지. 대신 백익이 우임금을 도운 것은 그 햇수가 7년 정도가 되어, 사람들에게 은택을 베푼 것이 상대적으로 짧은 편이었지.

순임금, 우임금, 백익이 최고지도자를 보좌한 것이 세월의 차이가 있고, 그 아들이 똑똑하고 그렇지 못함도 모두 하늘의 뜻이라네. 사람의 힘으로 할 수 있는 일이 아니지. 그렇게 하려던 것이 아닌데 저절로 그렇게 되는 것은 하늘의 뜻이라네. 부르지 않았는데도 닥쳐오는 것은 운명일세. 어찌하겠는가!

일반 서민으로서 최고지도자가 되어 세상을 소유하는 사람은, 그 덕망이 반드시 순임금이나 우임금 같아야 하고, 또 최고지도자가 천거해 주어야 한다네. 공자도 덕망으로 본다면 순임금이나 우임금에 못지않으나 그를 하늘에 천거해 주는 최고지도자가 없었지. 그러니까 이 세상의 최고지도자가 되지 못한 것일세.

윗대를 이어 최고지도자가 되었는데도 하늘이 버리는 것은 반드시 하나라의 걸이나 은나라의 주와 같은 자일세. 윗대의 선조에게 큰 업적이 있는 자손을 하늘이 경솔하게 버리지는 않는다네. 하나라의 백익이나 은나라의 이윤, 주나라의 주공 같은 사람들은 큰 업적을 남겼고 최고지도자가 될 만한 인물이었지. 그럼에도 불구하고 당시의 정황상, 이들이 계나 태갑, 무왕의 아들인 성왕을 대신하여 최고지도자가 되는 것이 옳지 않았기에, 그들은 최고지도자가 되지 못한 것이라네.

은나라를 창건할 때, 이윤이 탕임금을 보좌하여 최고지도자 노릇을 하게 하였지. 탕임금이 별세하자, 그 아들 태정은 최고지도자 자리에 올라 보지도 못하고 죽었고, 태정의 동생인 외병은 2년 동안, 중임은 4년 동안 지도자 자리에 있다가 죽었다네. 그 후, 태정의 아들인 태갑이 어린 나이에 최고지도자 자리에 오르자 할아버지 탕임금이 만들어 놓은 제도를 뒤집어엎고 파괴하였지. 그러자 이윤이 그를 징계하고 각성시키기 위해 탕임금의 묘가 있는 동 땅에 3년 동안 추방하였지. 이에 태갑이 자신의 잘못을 뉘우치고, 스스로 깊이 반성하였다네. 3년 동안 동 땅에 있으면서 사람을 사랑하는 마음씨와 사람의 올바른 도리를 깨우치고 실천하여 이윤이 자기에게 훈계하며 가르쳐 준, 정치의 의미를 되새기며 따랐지. 그리하여 다시 수도인 박읍으로 돌아왔다네.

주공이 주나라의 최고지도자가 되지 못한 것도 백익이 하나라의 최고지도자가 되지 못하고 이윤이 은나라에 최고지도자가 되지 못한 경우와 같다네.

그래서 공자가 이렇게 말한 것이라네.

'요임금과 순임금은 최고지도자 자리를 현명한 사람에게 물려주었고, 하나라 은나라 주나라는 자식에게 물려주었다. 이것이 이른바 선양과 계승인데, 그 뜻은 같다.'"

이 장은 그 유명한 맹자의 '천명(天命)' 사상을 자세하게 설명하고 있다. 내용은 크게 세 단락으로 나눌 수 있다. 첫째 단락은 최고지도자의 천거가 있더라도 하늘의 뜻에 따라 어떤 경우에는 현명한 사람에게, 어떤 경우에는 자식에게 그 자리가 주어짐을 말하였다. 둘째 단락은 순임금과 우임금은 최고지도자의 천거와 하늘의 뜻에 따라 최고지도자가 되었고, 백익은 최고지도자로서의 자격이 있었으나 천거가 없었기에 최고지도자가 되지 못하였고, 공자 또한 최고지도자의 천거가 없어 이 세상을 다스리는 지위를 얻지 못한 이유를 밝혔다. 셋째 단락은 이윤과 주공이 세상을 다스리는 지위를 얻지 못한 일을 말하고, 공자의 말로 끝을 맺었다.

핵심은 '하늘의 뜻'인 천명(天命)이 있어야 최고지도자의 자리를 얻을 수 있다는 것이다. 그것이 훌륭한 사람에게 물려주는 '선양(禪讓)'이 되었건, 자식에게 물려주는 '계위(繼位)'가 되었건, 사람들의 뜻, 인심(人心)에 따라 이루어진다는 점에서는 동일하다.

조기는 『장구』에서 "사람을 사랑하는 일에 최선을 다하면, 온 세상이 그에게 마음을 의지한다. 정의를 지키는 데 소홀히 하면 최고지도자의 자리를 계승하지 못한다. 요임금의 아들인 단주와 순임금의 아들인 상균이 그 예다. 때문에 최고의 인격자로서 덕망을 갖기에 힘써야 하는 것이다."라고 풀이하였다.

7. 정도를 굽히지 말라

만장이 물었다.

"사람들이 이렇게 말합니다. '이윤이 탕임금에게 고기를 썰어 요리하는 일로 접근하여 등용되기를 요구하였다.' 그 말이 사실입니까?"

맹자가 말하였다.

"아니야, 그렇지 않아. 이윤은 포학무도한 하나라 걸의 치하에서 정치에 뜻을 두지 않고 유신이라는 지역에 은둔해 살았어. 밭을 갈면서 요임금과 순임금이 행하였던 정치를 좋아했지. 그리하여 그 의리가 아니고 그 도리가 아니면 이 세상을 다 소유하게 해도 돌아보지 않고, 말 4,000마리를 매어 놓아도 돌아보지 않았다네. 그 의리가 아니고 그 도리가 아니면 지푸라기처럼 하찮은 것 하나도 남에게 주지 않았고, 지푸라기처럼 하찮은 것 하나도 남에게서 취하지 않았다네.

그런 행실을 보고 탕임금이 사람을 시켜 예물을 가지고 가서 이윤을 초빙했지. 그러자 이윤은 태연하게 이렇게 말했다네. '탕임금이 가져온 예물을 가지고 무엇을 하겠는가? 탕임금에게 초빙되어 가는 것이 밭도랑 사이에 살면서 요임금과 순임금의 정치를 즐기는 것만 같겠는가?'

이후에 탕임금은 세 번이나 사람을 보내어 이윤을 초빙하였다네. 그런데 이윤이 어느 순간에 마음을 바꾼 듯, 이렇게 말하였다네. '내가 밭도랑 사이에 살면서 이대로 요임금과 순임금의 정치를 즐기기보다는 차라리 탕임금을 도와 요임금과 순임금과 같은 최고지도자로 만드는 것이 낫지 않은가! 사람들에게 요임금과 순임금의 시대처럼 편안하게 살게 하는 것보다 좋은 것이 어디 있겠는가! 내가 직접 이런 사회를 보는 것이 더 좋은 일 아닌가! 하늘이 이 사람을 세상에 보낸 것은 먼저 안 사람에게 나중에 안 사람을 깨우치고, 먼저 깨달은 사람에게 나중에 깨달은 사람을 깨우치게 한 것이다. 나는 하늘이 낸 사람 중에 먼저 깨달은 사람이다. 나는 올바른 도리로 이 사람들을 깨우쳐야 할 책임이 있다. 내가 이들을 깨우치지 않는다면 누가 그 일을 하겠는가!'

이윤은 세상 사람 가운데에 누구이건 요임금과 순임금이 베풀었던 혜택을 입지 못하는 사람이 있으면, 자신이 그들을 도랑으로 밀어 넣은 것처럼 생각했던 것 같네. 그가 세상의 중대한 사명을 스스로 맡겠다고 자원한 것이 이와 같았다네. 그러므로 탕임금에게 가서 설득을 하고, 하나라의 걸을 정벌하여 사람을 구제하였지.

나는 자기 몸을 바로 세우지 않고 다른 사람을 바로잡았다는 말은 들어 보지 못하였다네. 하물며 자신을 욕되게 하여 이 세상을 바로잡았다는 사람을 말해서 무엇하겠는가! 지성인들의 행실은 똑같지가 않다네. 어떤 때는 멀리 물러나 있기도 하고, 어떤 때는 가까이에서 지도자를 모시며, 어떤 때는 떠나가고, 어떤 때는 떠나가지 않았지. 하지만 그 결과는 모두 자신의 몸을 깨끗이 하는 데 둘 뿐일세.

나는 이윤이 요임금과 순임금의 정치를 탕임금에게 요구했다는 말은 들었네. 하지만 요리하는 일을 가지고 접근하여 등용되기를 요구했다는 말은 들어 보지 못했다네.

지금은 남아 있지 않지만 『서경』 「이훈」에 '하늘이 하나라 걸을 토벌할 때, 걸의 궁전인 목궁부터 쳐부수게 한 것은 이윤이 박으로부터 그렇게 하라고 했다.'라고 전해 온다네."

맹자가 이윤이라는 인물의 논평을 통해 자신의 인물됨과 자기의 숭고한 사명이 어디에 있는지를 밝혔다. 맹자는 자기 스스로를 욕되게 하면서 세상을 바로잡는 일은 도저히 있을 수 없다고 자기 소신을 명백히 밝힌다.

이윤이라는 인물에게는 재미있는 전설이 있다. 『여씨춘추』「본미」에 의하면, 유신씨가 공상이라는 지역에서 어린아이를 얻어다가 자신의 요리사에게 기르도록 하였다. 나중에 그 어린아이는 자라면서 이수라는 곳에서 살았는데, 이수의 '이'자를 따서 이윤이라고 불렀다고 한다.

훗날 탕임금이 유신씨에게 청혼을 하였는데, 이때 유신씨가 이윤을 시켜 자기의 딸을 호송하게 하였다. 이윤은 요리사인 양부모 아래에서 자라서 그런지, 맛있는 음식에 대해 상당히 도통하고 있었다. 물과 불을 어떻게 다루느냐에 따라 맛이 달라지는 일을 비롯하여, 이 세상에서 맛있는 부류는 꿰뚫고 있었다. 생선과 육류, 채소와 과일, 다양한 재료를 섞어서 맛있게 만드는 것, 밥 맛, 물 맛 등 맛있는 것은 모조리 열거하였다. 유신씨의 딸을 호송하던 젊은 청년 이윤은 이런 맛깔 나는 요리는 최고지도자가 아니면 갖추지 못한다고 말했다고 한다. 이 때문에 이윤이 요리하는 것을 가지고 탕임금에게 접근하여 자신이 등용되기를 바랐다는 소문이 있게 되었다. 그러나 이는 신빙성이 떨어지는 일종의 소설이라고 한다.

조기는 『장구』에서 "현명하고 통달한 사람이 세상의 올바른 정치를 시행할 때는 바른 것을 빌어서 때에 맞게 사물을 구제한다. 자기를 지키고 곧게 행하며, 정도를 버려두고 받아들여지는 일을 하지 않는다. 정치를 하는 데 도움이 되기를 주력할 따름이다."라고 풀이하였다.

8. 예의와 도리

만장이 물었다.

"어떤 사람들은 이렇게 말합니다. '공자가 위나라에서는 당시 지도자의 최측근이었던 의사 옹저의 집에 머물렀고, 제나라에서는 당시 지도자의 최측근이었던 내시 척환의 집에 머물렀다.' 이런 사실이 있습니까?"

맹자가 말하였다.

"아니야, 그렇지 않네. 그건 일을 좋아하는 자들이 꾸며 낸 말이라네. 공자는 위나라에 있을 때는 고위관료이자 현명한 사람이었던 안탁추의 집에 기숙하였지. 당시에 이런 일이 있었다네. 위나라의 지도자였던 영공의 최측근 중에 미자하라는 사람이 있었는데, 그 아내가 공자의 수제자인 자로의 아내와 자매 간이었다지. 그러니까 미자하와 자로는 동서가 되지. 그래서 미자하가 자로에게 '공자가 우리 집에 기숙하면, 내가 위나라의 최고위급 관료로 추천할 수 있다.'라고 하자, 자로가 이 말을 공자에게 알렸다네. 그러자 공자가 말하기를 '그런 일은 하늘의 뜻에 달려 있다.'고 하였다네. 공자가 나아갈 때 예의를 다하고, 물러날 때 의리를 다하며, 어떤 일이든 그것을 얻건 얻지 못하건, 모두 '하늘의 뜻에 달려 있다.'라고 하였네. 옹저나 척환의 집에 머물렀다면, 이는 의리도 없고 하늘의 뜻도 없는 것일세.

공자가 노나라와 위나라에 머무르기가 불편한 일이 생겨, 노나라와 위나라를 떠나 송나라로 갔지. 그때 송나라의 군대 일을 맡아 보던 사마환퇴라는 자가 공자가 가는 길을 가로막고 죽이려고 하였네. 공자는 너덜너덜한 옷을 입고 변장을 하여 무사히 송나라를 지나갔다네. 공자는 이런 곤경에 처하는 경험을 여러 번 겪으며, 머무를 곳을 신중하게 골랐다네. 송나라에서는 진나라 지도자의 참모였던 사성정자의 집에 기숙하였다네.

나는 듣고 또 알고 있다네. '가까운 곳에서 온 지도자의 참모를 살필 때도 누구의 집에 기숙하는지를 보고, 먼 곳으로부터 온 지도자의 참모를 살필 때도 누구의 집에 기숙하는 지를 보라.'고 하였네. 공자가 옹저와 척환의 집에 머물면서 그들을 주인으로 삼았다면, 어떻게 공자라 할 수 있겠는가?"

공자가 예의와 도리에 합당한 행위로 삶을 견지하였음을 본보기로 든 장이다. 공자는 자신이 공직 생활을 할 때, 진퇴를 분명하게 하였다. 그 기준은 예의와 도리에 합당하냐의 여부이다. 공자는 예의와 도리에 의거하면서도, 하늘의 뜻이 있다는 사실을 믿는다. 따라서 안 되는 것을 억지로 되게 하려고 발버둥치지 않는다. 위기나 환란에 처해 몸을 내맡길 때도 일시적인 피난처를 구하는 등 과오를 저지르는 일을 최소화하였다. 모든 측면에서 소홀하게 굴지 않았다.

조기는 『장구』에서 "지성인은 올바른 데 살고, 예의와 도리로 자신의 거취를 분명히 한다. 어떤 일이건 굽히고 펴고 끊고 맺을 때, 곧고 신뢰를 준다. 때문에 맹자는 그런 점을 변론하여 자기 삶의 지침으로 삼았다."라고 풀이하였다.

옹저와 척환, 안탁추, 사마환퇴, 사성정자 등에 관한 이야기는 사마천의 『사기』「공자세가」나 『논어』에 구체적으로 나와 있다.

9. 올바른 길을 가려고 노력한 사람

만장이 물었다.

"어떤 사람들은 이렇게 말합니다. '백리해가 진나라의 희생을 기르는 사람에게, 자신의 몸을 팔아 다섯 마리의 양 가죽을 받기로 하고 가서, 소를 먹이다가 진나라 지도자인 목공에게 등용되었다.' 이런 사실이 있습니까?"

맹자가 말하였다.

"아니야, 그렇지 않아. 그건 일을 좋아하는 자들이 꾸며 낸 말이라네. 백리해는 원래 우나라의 현명한 사람이었지. 그런데 진나라가 괵나라를 정벌하려고 했어. 진나라가 괵나라를 치려면 우나라를 거쳐 가야만 했지. 그러자 진나라 사람이 수극 지역에서 생산된 구슬과 굴 지역에서 생산된 말을 가지고 와서 우나라의 길을 빌리려고 했어. 이때 궁지기라는 현명한 관리는 그것을 반대하며 우나라 지도자에게 간청했어. 왜냐하면 진나라로부터 뇌물을 받고 길을 빌려 주면 진나라는 괵나라를 정벌하는 데 그치지 않고 나중에 우나라도 같이 멸망시킬 것이라고 보았기 때문이지. 하지만 우나라 지도자는 궁지기의 간청을 받아들이지 않았지. 백리해는 이를 알고 간청하지 않았다네.

우나라 지도자가 간청해도 듣지 않는 인물임을 알고, 백리해는 우나라를 떠나 진나라로 갔다네. 이때 나이가 이미 70세나 되는 노인이었지. 소를 먹여 진나라 지도자 목공에게 등용되기를 요구하는 것이 더러운 일이 될 줄을 몰랐다면, 어찌 그를 지혜롭다 할 수 있겠는가? 지도자가 간청할 수 없는 인물이기에 간청하지 않았으니, 지혜롭지 않다고 할 수 있겠는가? 조만간에 우리나라가 멸망할 것을 알고 먼저 그곳을 떠났으니 지혜롭지 않다고 할 수 없다. 당시 진나라에 등용되어 지도자 목공이 함께 정치를 행할 만한 인물임을 알고 그를 도왔으니, 지혜롭지 않다고 이를 수 있겠는가? 진나라를 도와 그 지도자를 온 세상에 드러내어 후세에 전할 만하게 했으니, 현명하지 않고서야 이렇게 할 수 있겠는가? 자신의 몸을 팔려 가면서 훌륭한 지도자로 만드는 일은, 저 시골에서 자기 지조를 아끼는 자들도 하지 않는 짓인데, 하물며 현명한 사람이 이런 짓을 했다고 할 수 있겠는가?"

백리해에 관해 떠도는 소문이 사실이 아님을 밝히고 옛 성현들의 공직 진출이 구차하지 않았음을 설파한 장이다. 이를 통해 맹자 자신도 그렇지 않다는 점을 대변한다고 볼 수 있다.

'다섯 마리의 양 가죽' 전설 때문에 '오고대부'라는 별칭이 붙은 백리해에 대해, 사마천의 『사기』 「상군열전」에 다음과 같은 이야기가 있다.

저 오고대부는 초나라의 보잘것없는 인물이었다. 그는 진나라 목공이 현명하다는 소문을 듣고, 그를 만나 보고 싶었지만 진나라까지 찾아갈 여비가 없었다. 그는 할 수 없이 진나라로 가는 돈 있는 사람에게 자기 몸을 팔았다. 그리고는 너덜너덜한 홑옷을 입고 소를 기르며 따라 갔다. 그로부터 1년 후, 진나라 목공은 백리해가 훌륭한 인물이라는 것을 알게 되었다. 미천한 소몰이였던 그를 하루아침에 사람들을 다스리는 관리로 등용하였다. 진나라에서는 이 일에 불만을 갖는 자는 아무도 없었다. 그가 진나라 재상이 된 지 7년쯤 지나자 동쪽의 정나라를 정복하는 등 사방을 여러 나라를 평안하게 만들었다. 나라 안에서는 사람들을 교육하면서 소문이 나자, 사방의 여러 오랑캐들이 복종해 왔다. 오고대부는 진나라 재상이 된 후 아무리 피곤해도 수레에 걸터앉지 않았고 더위도 수레에 햇빛 가리개를 치지 않았다. 나라 안을 순시할 때도 호위하는 수레를 거느리지 않고 무장한 호위병도 없었다. 그만큼 열심히 부지런히 사명감을 갖고 직책을 수행하였다. 그의 공로와 명예는 역사에 기록되고 덕행은 후세에까지 전해 오고 있다. 오고대부가 별세하자, 진나라 사람들은 남녀노소 할 것 없이 눈물을 흘렸고, 아이들은 노래를 부르지 않았으며, 심지어는 절구질을 할 때에도 방아타령을 부르지 않았다. 이것은 오고대부 백리해의 덕망에 의한 올바른 정치 때문이었다.

조기는 『장구』에서 "지성인은 때가 맞으면 행하고 때가 맞지 않으면 내버려 둔다. 때문에 지도자의 아름다운 이름을 드러내 주고, 정도를 밝히며, 구차스럽게 몸을 굽혀 바른 것을 어기는 짓은 하지 않는다."라고 풀이하였다.

10. 훌륭한 인물들의 품격

맹자가 말하였다.

"백이는 눈으로는 나쁜 빛을 보지 않았고, 귀로는 나쁜 소리를 듣지 않았으며, 지도자다운 지도자가 아니면 섬기지 않았고, 자기에게 맞는 사람이 아니면 부리지 않았다. 세상이 잘 다스려지면 공직에 나아가고 혼란스러우면 물러났다. 포악한 정치를 하는 나라나 포악한 사람들이 사는 곳에는 참고 살지 못하였다. 시골 사람들과 함께 섞여 살고 있는 것을 깨끗하고 말끔하게 옷을 차려 입고 더러운 진흙과 숯 구덩이에 앉아 있는 것처럼 여겼다. 은나라의 포학무도한 주가 다스릴 때는 북쪽 바닷가에 살면서 이 세상이 깨끗해지기를 기다렸다. 그러므로 백이의 삶의 모습을 들으면 완악한 사나이도 청렴해지고, 나약한 사나이도 지조를 세우게 된다.

이윤은 '어떤 지도자를 섬긴들 지도자가 아니며 어떤 사람을 다스린들 사람이 아니겠느냐.'라고 하며 세상이 제대로 다스려져도 관직에 나아가고 혼란스러워져도 나아갔다. 하늘이 그런 사람을 세상에 보낸 것은 먼저 안 사람이 나중에 안 사람을 깨우치고, 먼저 깨달은 사람이 나중에 깨달은 사람을 깨우치게 하기 위해서다. 나는 하늘이 낸 사람 중에 먼저 깨달은 사람이다. 나는 올바른 도리로 이 사람들을 깨우쳐야 할 책임이 있다. 내가 이들을 깨우치지 않는다면, 누가 그 일을 하겠는가! 이윤은 세상 사람 가운데 누구건, 요임금과 순임금이 베풀었던 혜택을 입지 못하는 사람이 있으면, 자신이 그들을 도랑으로 밀어 넣은 것처럼 생각하고, 세상의 중대한 사명을 스스로 맡겠다고 자원하였다.

유하혜는 부정을 자행하는 더러운 지도자일지라도 그를 섬기는 것에 대해 부끄러워하지 않았고, 지위가 낮은 하찮은 관직일지라도 그 자리를 낮게 여기지 않았다. 관직에 나아가면 자기의 장점을 숨기지 않고 반드시 자신이 옳다고 믿는 대로 밀어붙였다. 관직에 등용되지 못하고 버려져도 원망하지 않았고, 곤궁에 빠져도 근심하지 않았다. 때문에 유하혜는 당당하게 말하였다. '너는 너고 나는 나다. 네가 내 곁에서 웃통을 벗고 벌거벗는다 할지라도, 네가 어찌 나를 더럽힐 수 있겠는가?' 그러므로 유하혜의 삶의 모습을 들으면 마음과 도량이 좁은 사나이는 너그러워지고, 경박한 사나이는 마음이 두터워진다.

공자가 제나라를 떠날 때는 밥을 지으려고 물에 담갔던 쌀을 건져서 떠날 만큼 급하게 떠났고, 노나라를 떠날 때는 '더디고 더디다, 내 걸음이여!'라고 말하였는데, 이는 조국을 떠나기 싫어 더디게 하는 것이다. 빨리 떠날 만하면 빨리 떠나고, 오래 머무를 만하면 오래 머무르며, 관직에 나아갈 만하면 나아가고 물러나야 한다면 물러나는 사람이 공자다.

맹자가 말하였다.

"백이는 훌륭한 인품을 지닌 사람 가운데 청렴결백을 대표하는 맑은 사람이고, 이윤은 훌륭한 인품을 지닌 사람 가운데 책무성을 대표하는 일에 책임을 지는 사람이며, 유하혜는 훌륭한 인품을 지닌 사람 가운데 사람 사이의 호응을 대표하는 화합하는 사람이고, 공자는 훌륭한 인품을 지닌 사람 가운데 시대정신을 대표하는 때에 맞고 바르게 행동하는 사람이다.

공자 같은 사람을 집대성이라고 하는데, 집대성이란 쇳소리로 울려서 옥 소리로 이를 종합하여 거두는 것이다. 쇳소리로 울리는 것은 여러 소리가 어울려 흐트러지지 않고 이어지는 일을 시작하는 것이고, 옥 소리로 거둔다는 것은 여러 소리가 어울려 흐트러지지 않고 이어지는 일을 끝내는 것이다. 여러 소리가 어울려 흐트러지지 않고 이어지는 일을 시작하는 것은 지혜에 속하는 일이고, 여러 소리가 어울려 흐트러지지 않고 이어지는 일을 끝내는 것은 덕망에 속하는 일이다.

활쏘기에 비유하면, 지혜는 활을 당기는 재주이고 덕망은 활을 당기는 힘이다. 100보 밖에서 활을 쏘는 것과 같아서 과녁에 이르는 것은 너의 힘이지만 과녁에 맞히는 것은 너의 힘이 아니다."

이 장은 이미 나온 내용을 다시 반복한 것이 많다. 「공손추」 9장의 백이와 유하혜, 「만장」 7장의 이윤, 『논어』 「미자」 등에 나오는 이야기와 동일하다. 맹자는 훌륭한 인물들의 언행을 다양한 차원에서 정돈하여 공통점과 차이점을 말하고, 특히 공자를 보다 존중하는 태도를 보인다.

백이의 경우에는 청렴결백함을, 이윤은 사명감을 지닌 책무성을, 유하혜는 너그러운 융통성을, 공자는 시의적절성을 품격으로 지닌 인물이다. 이 중에서 공자는 여러 훌륭한 인물들의 덕망을 집대성한 가장 훌륭한 인격자로 부각된다.

조기는 『장구』에서 "최고의 인격자는 힘을 통해 행동하는데 그 힘에는 변하지 않는 어떤 것이 있다. 재능이 똑똑한 사람은 기교를 통해 행동하는데 그 기교는 늘릴 수가 있다. 공자는 하늘 같이 높은 존재다. 따라서 그에 이르는 층계를 놓을 수는 없다. 다른 사람은 언덕 같은 존재다. 언덕은 그래도 넘을 수 있다. 이렇게 보면 훌륭한 품격을 지닌 인물들이 작은 부분에서는 같고 큰 부분에서는 다르다."라고 풀이하였다.

주자는 『집주』에서 "이 장에서 백이, 이윤, 유하혜 세 인물의 행실은 각기 그 한쪽에서는 최고의 경지에 도달하였고, 공자는 모든 이치에 두루 통하며 온전하다. 한쪽에 치우치게 된 이유는 처음에 가리는 부분이 있어 끝까지 그 부분에 결함이 있기 때문이다. 온전하게 된 이유는 그 지혜가 꿰뚫어 행실이 뒷받침되기 때문이다. 백이, 이윤, 유하혜 세 사람은 봄, 여름, 가을, 겨울이 각기 그 계절을 하나씩 맡고 있는 것과 같고, 공자는 우주 자연의 기운이 모든 계절에 차 있는 것과 같다."라고 해석하였다.

11. 제도 이행의 중요성

위나라 사람 북궁기가 맹자에게 물었다.

"주나라 때 신분상의 서열이나 지위, 봉급 등의 제도가 어떠했습니까?"

맹자가 말하였다.

"지금 자세한 내용은 알 수가 없습니다. 각 나라의 지도자들이나 고위관료들이 그 제도가 자기들에게 해가 되는 것을 싫어하여, 제도가 적힌 기록을 모조리 없애 버렸습니다. 하지만 나는 일찍이 그것에 대해 배운 적이 있어 조금 알고 있습니다.

주나라 왕실의 신분 위계제도는 천자가 한 자리이고, 공이 한 자리이며, 후가 한 자리이고, 백이 한 자리이고, 자와 남이 똑같이 한 자리로, 천자 – 공 – 후 – 백 – 자·남, 모두 다섯 등급입니다.

주나라 왕실이 봉토를 준 제후가 다스리는 나라의 신분 위계제도는 군이 한 자리이고, 경이 한 자리이고, 대부가 한 자리이고, 상사가 한 자리이고, 중사가 한 자리이고, 하사가 한 자리로, 모두 여섯 등급입니다.

요즘으로 이해하면, 최고지도자 아래 작은 나라의 지도자, 최고위관료, 고위관료, 중급, 하급관리들이 있는 셈입니다.

토지 제도로 보면 다음과 같습니다. 최고지도자인 천자의 토지는 사방 1,000리이고, 공·후는 사방 100리이고, 백은 사방 70리이고, 자·남은 사방 50리로, 모두 네 등급입니다. 50리가 못되는 봉토를 받은 나라의 경우, 최고지도자인 천자와 직접 통하지 못하고 작은 나라의 지도자인 제후에게 붙습니다. 이를 부용국이라고 합니다.

최고지도자인 천자의 직속 참모이자 최고위급관료인 경은 땅을 받을 때 작은 나라의 지도자인 후작에 버금가는 토지를 받고, 고위급관료인 대부는 땅을 받을 때 백작에 버금가는 토지를 받고, 하급관리인 원사는 땅을 받을 때 자·남에 버금가는 토지를 받습니다.

큰 나라는 영토가 사방 100리입니다. 그 지도자인 군주는 최고위급관료인 경이 받는 봉급의 열 배를 받고, 경의 봉급은 고위급관료인 대부의 네 배를 받으며, 대부는 하급관리인 상사의 두 배를 받고, 상사는 중사의 두 배, 중사는 하사의 두 배를 받습니다. 말단 관리인 하사와 서민으로서 관직에 있는 자는 봉급이 같습니다. 이때 봉급은 농지를 경작하는 수입을 대신할 만하였습니다.

그 다음으로 큰 나라의 영토는 사방 70리입니다. 그 지도자인 군주는 최고위급관료인 경이 받는 봉급의 열 배를 받고, 경의 봉급은 고위급관료인 대부의 세 배를 받으며, 대부는 하급관리인 상사의 두 배를 받고, 상사는 중사의 두 배, 중사는 하사의 두 배, 하사와 서민으로서 관직에 있는 자는 봉급이 같습니다. 이때도 봉급은 농지를 경작하는 수입을 대신할 만하였습니다.

작은 나라의 영토는 사방 50리입니다. 그 지도자인 군주는 최고위급관료인 경이 받는 봉급의 열 배를 받고, 경의 봉급은 고위급관료인 대부의 두 배를 받으며, 대부는 하급관리인 상사의 두 배를 받고, 상사는 중사의 두 배, 중사는 하사의 두 배, 하사와 서민으로서 관직에 있는 자는 봉급이 같습니다. 이때도 봉급은 농지를 경작하는 수입을 대신할 만하였습니다.

농지를 직접 경작하는 서민은 한 집의 가장이 농지 5,000평 정도를 받습니다. 5,000평의 땅에 농사를 짓는데, 땅이 얼마나 비옥한지의 정도에 따라 농사를 아주 잘 짓는 상농부는 아홉 명의 식구를 먹일 수 있고, 조금 잘 짓는 상농부는 여덟 명의 식구를 먹일 수 있습니다. 보통 정도의 중농부는 일곱 명의 식구를 먹일 수 있고, 그보다 조금 못한 중농부는 여섯 명의 식구를 먹일 수 있으며, 농사에 좀 서툰 하농부는 다섯 명의 식구를 먹일 수 있습니다. 서민으로서 관직에 있는 자의 봉급도 이와 같이 다섯 등급으로 나누어 차등해서 지급합니다."

이 장은 단순하게 주나라의 제도를 알려 주기 위해 설명한 것이 아니다. 당시 전국시대 지도자들이 자신들의 전횡에 걸림돌이 된다고 하여, 주나라의 신분제도나 토지제도 등 구체적으로 잘 정비된 제도의 기록을 없애 버렸다. 이는 주나라 제도를 기준으로 볼 때, 올바르고 훌륭한 정치를 하지 않겠다는 선언이나 마찬가지이다. 즉, 훌륭한 정치의 포기 선언이다. 이에 대해 맹자는 주나라의 제도를 아는 대로 설명하면서, 상당부분 그것의 회복을 주장하는 듯하다.

주자는 『집주』에서 "이 장의 말이 『주례』나 『예기』 「왕제」의 기록과 같지 않은 부분이 있다고 보고, 고증하지 않고 그냥 놔둔다."는 입장을 취하였다.

주나라 제도의 특징은 엄정함과 유연함을 동시에 지니고 있다. 신분제도의 경우, 최고지도자인 천자에서 최하층인 서민에 이르기까지 엄연한 차등을 두어, 함부로 그 등급을 무시하고 방자하게 굴 수 없게 하였다. 녹봉제도에서는 고위직일수록 봉급을 많이 주어 경제적 우위에 있게 하고, 최하위 관리일지라도 최소한 5인의 가족은 먹여 살릴 수 있을 정도의 최저 수입을 보장해 주었다. 그것이 고대 중국에서 고려했던 좋은 정치의 형태였다.

조기는 『장구』에서 "최고지도자가 봉급을 제정할 때, 위아래 차등이 있게 했다. 정치적으로 높은 신분에게는 늘 존경의 표시를 하였으나, 낮은 신분에는 직급에 따라 등위를 달리했다. 이때는 각 나라의 지도자들이 제도적으로 자신들의 정치에 불리한 내용들을 무시하여 기록을 없애고, 제멋대로 시행하였다. 이에 맹자가 제도의 내용을 개략적으로 기억하고 그 대강을 논의하여, 북궁기의 질문에 답해 주었다."라고 풀이하였다.

12. 벗을 사귀는 기본 정신

만장이 물었다.

"선생님, 친구는 어떻게 사귀어야 합니까? 벗을 사귀는 도리를 일러 주십시오."

맹자가 말하였다.

"나이가 많거나 어른이라는 점을 강조하지 않고, 자신의 신분이 귀하다는 것을 강조하지 않으며, 형제자매가 어떤 힘을 가지고 있는가를 강조하지 않고 친구를 사귀어야 하네. 벗을 사귀는 것은 그 사람의 덕망을 벗하는 것이지 인품이나 재능 이외에 다른 것을 믿고 뽐내며 벗해서는 안 된다네.

노나라 최고위관료를 지낸 맹헌자는 수레 100승을 낼 수 있을 정도로 부유하고 권력이 있던 집안이었지. 그에게 친구 다섯 명이 있었는데,

악정구와 목중, 그리고 나머지 세 사람은 내가 이름을 잊었네. 맹헌자가 이 다섯 사람과 친구로 지낼 때, 이 사람들 가운데 맹헌자의 집안을 의식했던 사람은 아무도 없었다네. 이 사람들이 마음에 맹헌자의 집안을 의식하고 있었다면 맹헌자는 이들과 더불어 벗하지 않았을 것이야.

수레 100승을 가진 집안만이 그러한 것이 아니지. 조그마한 나라의 지도자 중에도 그러한 경우가 있었지. 노나라 비읍의 지도자였던 혜공이 말했지. '나는 자사를 스승으로 모신다. 안반은 벗으로 대하고, 왕순과 장식은 나를 따르며 섬기는 사람들이다.'

조그마한 나라의 지도자만이 그러한 것이 아니라네. 큰 나라의 지도자 중에도 또한 그러한 경우가 있었지. 진나라 평공이 해당을 벗으로 사귈 때 그러했다. 들어오라고 하면 들어가고, 앉으라고 하면 앉고, 먹으라고 하면 먹었는데, 거친 밥과 나물국이라도 배불리 먹지 않은 적이 없었다. 친구 사이였기에 감히 배불리 먹지 않을 수가 없었던 것이다. 그리고 끝내 그렇게 순수한 벗의 도리로 사귈 뿐이었다. 평공이 최고지도자라고 하여 해당에게 관직을 준 것도 아니고, 함께 나라를 다스리지도 않았으며, 어떤 봉급을 나누어 주지도 않았다. 그것은 친구로서 한 지성인이 지성인을 존경한 것이지, 나라의 지도자로서 현명한 사람을 존경한 것이 아니었다.

순임금이 일반 서민의 신분에서 요임금의 두 딸과 결혼을 하게 되자 신분이 높아졌다. 그 후, 순임금이 요임금을 만나 뵈었다. 그러자 요임금은 사위인 순임금을 별관에 머물게 하였다. 순임금이 별관에서 잔치를 베풀 때, 요임금은 순임금에게 가서 음식을 얻어먹었다. 이렇게 요임금과 순임금이 서로 번갈아 가며 주인과 손님이 되었는데, 이는 최고지도자가 일반 서민과 벗한 것이다.

아랫사람이 윗사람을 존경하는 일을 고귀한 사람을 고귀하게 여기는 것이라고 하고, 윗사람이 아랫사람을 존경하는 일을 현명한 사람을 존중하는 것이라 한다. 고귀한 사람을 고귀하게 여기는 것과 현명한 사람을 존중하는 것은 그 뜻이 같다."

요임금과 순임금을 사례로 들어 친구 사이의 도리, 벗을 사귀는 방법에 대해 말한 장이다. 벗을 사귀는 기본 정신은 상호간의 덕망을 존중하는 것이다. 그것 이외에 경제적 부유함이나 정치적 권세 등을 개입시켜서는 안 된다. 또한 자신의 신분을 이용하여 오만을 피워서도 안 된다.

아랫사람과 윗사람의 관계는 기본적으로 지위의 상하관계다. 이때는 아랫사람은 윗사람에 대해 그 자리에서 직책을 수행하며 책임을 완수하는 것만큼 존경을 표하는 것이 도리다.

윗사람과 아랫사람의 관계는 지위의 상하관계가 아니다. 이는 나이가 어리거나 지위가 낮은 것이 문제가 아니라, 현명함의 여부 문제이다. 따라서 지위가 높다고 할지라도 현명한 사람이 있으면 그를 존중하고 그 현명함을 기준으로 벗 삼아야 한다.

조기는 『장구』에서 "보통 사람이 현명한 사람과 친구로 사귈 때는 덕망을 통해 그에게 겸손하고, 높은 관직에 있는 지도자가 현명한 사람과 친구로 사귈 때는 그를 등용하여 관직을 준다. 요임금이나 순임금처럼 최고의 인격자로서 지도자의 자리에 있으면서 보여 주는 아름다운 친구 관계는 수천 년에 걸쳐 하나의 본보기가 된다."라고 풀이하였다.

주자의 『집주』에는 "친구 관계는 사람의 기본 도리인 오륜 가운데 하나로, 그것으로 사람을 사랑하는 마음씨를 가질 수 있도록 서로 격려한다. 때문에 최고지도자이면서도 일반 서민과 친구로 사귀어도 굽히는 것이 되지 않는다. 일반 서민이면서도 최고지도자와 친구로 사귀어도 어긋나거나 벗어나는 것이 되지 않는다. 이런 점에서 요임금과 순임금은 최고의 인륜의 발휘하였고, 맹자가 말끝마다 그들을 칭찬한 이유다."라고 해석하였다.

13. 교류의 전제 조건, 공손

만장이 물었다.

"선생님, 각 나라의 지도자들과 교제할 때는 어떠한 마음가짐으로 해야 합니까?"

맹자가 말하였다.

"서로 공손한 마음을 지녀야 한다네."

만장이 물었다.

"상대편에서 보내온 예물을 사양하고 받지 않는 것을, '공손하지 않다.'라고 하지 않습니까? 왜 그렇게 말합니까?"

맹자가 말하였다.

"지위가 높은 사람, 즉 나라의 지도자가 예물을 내려 주면, 받는 사람은 그 물건을 받는 것이 옳은지 옳지 않은지 나름대로 헤아리고 따져 보면서 받을 수가 있겠지. 이것을 '공손하지 않다.'라고 하네. 윗사람이 예물을 내려 주면 물리치지 않고 받는 것이 예의이기 때문이지."

만장이 말하였다.

"그렇다면, 예물을 받지 않는 이유를 정면으로 반박하지 말고 사양하면 되지 않습니까? 상대방의 체면을 고려하여 겉으로 드러내지 않고 마음속으로 '아, 국민들에게 많은 부분을 착취하여 나에게 주는 것은 아닐까?'라고 생각하면서, 다른 말로 핑계를 대며 사양하면 안 됩니까?"

맹자가 말하였다.

"정당한 방법으로 교제하고 예의를 갖추어 대접을 할 경우 그런 예물은 공자도 받았다네. 문제는 도의에 어긋날 때지."

만장이 물었다.

"지금 국경의 관문 부근에서 여행객들의 길을 막고 사람을 죽이거나 재물을 강탈하는 강도가 있다고 한다면, 그런 녀석들과 정당한 방법으로 교제하고, 예의를 갖추어 대접을 할 경우 그들이 강탈한 물건을 예물로 주면 받을 수 있습니까?"

맹자가 말하였다.

"안 되지, 그건 절대 안 되지. 『서경』 「주서」 〈강고〉에 '사람을 죽이고 재물을 강탈하며 포악하고 죽음을 두려워하지 않는 자를 모든 사람들이 원망하지 않는 이가 없다.'고 기록하고 있네. 그런 악랄한 범죄자는 명령을 기다리지 않고 죽여야 할 존재들이지. 그런 범법자에게 형벌을 가하는 법은 은나라는 하나라에서, 주나라는 은나라에서 물려받았는데, 지금도 뚜렷이 살아 있다네. 어찌 그런 물건을 받을 수 있겠는가?"

만장이 말하였다.

"요즘 각 나라의 지도자들이 국민들에게 하는 행태가 이렇게 강도질한 것과 같습니다. '정당한 방법으로 교제하고, 예의를 갖추어 대접을 할 경우, 그런 예물은 지성인도 받는다.'라고 했는데, 이는 무슨 말입니까?"

맹자가 말하였다.

"자네가 생각하기에, 훌륭한 지도자가 나온다면, 지금 각 나라의 지도자들을 모조리 몰아서 죽이겠는가? 아니면 그들을 깨우치고 이끌어 주었는데도 잘못을 고치지 않으면 그때 죽이겠는가? 물론 후자의 경우겠지? 자기의 소유가 아닌데 그것을 취하는 자를 도둑이라고 하지. 그런데 이것을 너무 지나치게 유추하여 적용하면 극단적인 생각에 이를 수 있다네. 공자가 노나라에서 관직 생활을 할 때, 노나라 사람들이 사냥시합을 했지. 이때 사냥한 짐승을 서로 비교하여 빼앗고, 뭐 그런 적이 있었지. 공자 또한 그렇게 했다네. 이렇게 사냥한 것을 비교하며 서로 빼앗고 그러는 것도 허용되는데, 예물로 주는 것을 받는 것쯤이야 괜찮은 일일세."

만장이 물었다.

"그렇다면, 공자가 관직 생활을 한 것은 올바른 정치를 하기 위해서가 아닙니까?"

맹자가 대답하였다.

"올바른 정치를 하기 위해서였지."

만장이 물었다.

"올바른 정치를 한다고 하면서 어찌하여 사냥시합을 하며 사냥한 짐승을 서로 비교하여 빼앗는 그런 행동을 합니까?"

맹자가 대답하였다.

"공자는, 그 이전에 먼저 사치에 빠져 문란해진 제도를 바로잡고, 공급하기 어려운 물건들을 각 지역에서 억지로 가지고 와서 공급하지 않도록 불합리한 점을 고쳤다네."

만장이 물었다.

"아니, 그렇게 올바른 정치를 시행하기 어려웠다면, 어찌하여 빨리 그 나라를 떠나지 않았습니까?"

맹자가 말하였다.

"그래도 올바른 정치를 실천할 수 있는 가능성을 보여 주었지. 그런 가능성을 남겨 두고, 정말 최선을 다했음에도 불구하고 제대로 시행되지 않자 떠났다네. 그렇게 하다 보니, 한 나라에 3년 이상 머무른 곳이 없었지."

공자는 올바른 정치를 행할 만하다고 생각하고 관직 생활을 했고, 예의와 도리를 지키며 교제가 가능하다고 생각하고 관직 생활을 하였으며, 정성을 다해 현명한 사람을 대접하며 길러 준다고 생각할 때 관직 생활을 하였다. 노나라의 계환자 때는 올바른 정치를 행할 만하다고 보았고, 위나라 영공 때는 도리를 지키며 교제가 가능하다고 보았으며, 위나라 효공 때는 정성을 다해 현명한 사람을 대접하며 길러 준다고 보고 관직 생활을 하였다."

맹자의 수제자답게 만장의 질문이 번뜩이는 장이다. 이 장은 나라의 지도자급 인사 사이의 교제 방법을 보여 준다. 지도자급의 교제는 공손한 마음가짐이 기본이다. 따라서 손윗사람이 교제의 예의를 갖추고 도리에 맞게 예물을 보내오면 받아도 되는, 사례를 보여 준다.

다시 말하면, 한 나라의 지도자급 인사가 정당한 방법으로 접근하여 교제를 요청하며, 예의를 갖추어 예물을 보내올 경우 그 예물의 출처를 따질 필요 없이 받아들여도 좋다. 왜냐하면 고귀한 지위에 있는 사람을 공손한 마음으로 대한다는 성의의 표시이기 때문이다. 그러나 강도짓을 하여 빼앗은 약탈물을 받아서는 안 된다.

여기서 놓치지 않아야 할 대목은, 당시 지도자들이 서민들을 착취하여 축적한 재물을 예물로 보내왔다고 하여 그것을 강도가 빼앗은 약탈물과 동일하게 보아서는 안 된다는 범주의 구분이다. 조폭이 강탈하는 것과 정치 지도자가 세금을 지나치게 부과한 부분에서는 어떤 차이나 구별이 있을 것이라는 인식이다. 특히 공자의 경우, 사냥시합과 공직의 진퇴 문제에서 시의적절한 행동을 하고 있어, 교제에서도 큰 무리가 없었음을 이해시키려는 듯하다.

조기는 『장구』에서 "지도자는 서민들의 생활을 근심하고 자신의 정치를 제대로 시행하는 것을 즐거워했다. 맡은 일을 잘하기만 하면 어떤 일이건 차마 거역하지 못했다. 그러므로 맞지 않으면 떠나 버리고 또 오래 머물지 않았다. 이것이 공자의 시의적절한 행동이다."라고 풀이하였다.

14. 공직 생활의 진정한 의미

맹자가 말하였다.

"공직 생활을 하는 것은 가난을 면하기 위해서 하는 것은 아니다. 하지만 때로는 가난을 면하기 위해서 하는 경우도 있다. 결혼을 하여 아내를 얻는 것은 집안 살림을 돌보기 위한 것은 아니다. 하지만 때로는 집안 살림을 돌보기 위한 경우가 있다.

가난을 면하기 위해 공직 생활을 하는 자는 높은 자리를 사양하고 낮은 자리에 있어야 한다. 부유한 생활을 사양하고 청빈하게 살아야 한다. 높은 자리를 사양하고 낮은 자리에 있으며, 부유한 생활을 사양하고 청빈하게 살려면, 어떤 관직이 좋을까? 국경의 관문을 지키는 문지기나 딱따기를 치는 야경꾼이면 된다.

공자가 젊은 시절 곡물창고를 지키던 하급관리인 위리가 되어서는 '회계를 정당하게 할 뿐이다.'라고 말하였고, 동물 사육을 담당하던 하급관리인 승전이 되어서는 '소와 양을 잘 키울 뿐이다.'라고 하였다.

공직 생활을 할 때, 낮은 지위에 있으면서 높은 자리에 있는 사람들의 일인 국가 대사를 논의하는 말을 하는 것은 죄다. 남의 나라 성부에서 관직 생활을 하며 올바른 정치를 시행하지 않는 것은 부끄러운 일이다."

공직 생활의 의미를 심각하게 고민하게 하는 장이다.

주자의 『집주』에 의하면, 공직 생활은 본디 올바른 정치를 행하기 위해 하는 것이다. 그런데 집이 가난하고 늘 부모를 봉양해야 하는 경우, 좋은 정치를 행하기 위해 공직의 길에 들어섰다고 할지라도, 본래의 길과 어긋날 때가 있다. 그러다 보니, 결국은 공직 생활에서 받는 봉급이 먹고살기 위한 호구지책으로 바뀌었다. 결혼은 본디 아내가 자식을 낳아 대를 잇기 위한 것이다. 그러나 물을 긷거나 방아를 찧는 등 집안의 살림까지도 담당해야 할 일이 생기게 마련이다. 그럴 경우, 본질이 바뀔 수도 있다.

어쨌건 일단 공직 생활에 들어서면, 특히 정부의 고위관료가 되었을 경우, 정도에 맞게 행해져야 한다. 높은 자리에 있으면서 정도가 제대로 행해지지 않으면 그것은 매우 수치스러운 일이다.

조기는 『장구』에서 "나라에 정도가 행해지면 유능한 사람은 최고위급 관료에 등용되고, 나라에 정도가 행해지지 않으면 아무리 훌륭한 사람일지라도 하급관리의 자리에 있을 수 있다. 때를 헤아려 낮은 자리를 편안하게 여기고, 말의 책임을 추궁 받지 않는 것은 자기 자신만이라도 홀로 착하게 하는 길이다."라고 풀이하였다.

주자는 『집주』에서 "가난을 극복하기 위해 공직 생활을 하는 사람은 높은 자리에 있어서는 안 된다. 높은 자리에 있는 사람은 반드시 그 자리를 통해 자기의 책임과 의무를 다하며 훌륭한 정치를 행하려 노력해야 한다."라고 해석하였다.

15. 등용과 부양

만장이 말하였다.

"고위급도 아니고 하급관리 신분을 지닌 사람이, 관직 생활을 하지 않으면서 다른 나라의 지도자에게 의탁하여 봉급을 받아서는 안 된다고 하는데, 왜 그렇습니까?"

맹자가 말하였다.

"감히 하지 못하는 것이지. 한 나라의 지도자가 나라를 잃은 뒤에 다른 나라의 지도자에게 의탁하는 것은 예의지만, 하위관리 정도가 지도자에게 의탁하는 것은 예의가 아니지. 급이 안 맞잖아!"

만장이 말하였다.

"그럼, 지도자가 곡식을 보내 주면, 그것은 받습니까?"

맹자가 대답하였다.

"당연히 받지."

만장이 물었다.

"당연히 받는 것은 무슨 뜻입니까?"

맹자가 대답하였다.

"지도자는 다른 나라로부터 흘러 들어온 사람들에 대해, 기본적으로 구휼해 주는 거야."

만장이 말하였다.

"지도자가 구휼하는 차원에서 주면 받고, 봉급을 하사하는 차원에서 주면 받지 않는 것은 어째서 입니까?"

맹자가 대답하였다.

"감히 하지 못하는 것이지."

만장이 물었다.

"아니, 왜 감히 하지 못하는 것입니까?"

맹자가 대답하였다

"생각을 해 보게. 국경의 관문을 지키는 문지기나 딱따기를 치는 야경꾼들도 모두 일정한 직책이 있어, 지도자가 주는 봉급을 먹고 산다네. 그런데 일정한 직책도 없는데, 지도자가 주면 그것을 받는다고? 허허 참. 이것을 '공손하지 않다.'고 여기는 거야."

만장이 말하였다.

"지도자가 구휼해 주면 받는다 했는데, 모르겠습니다만, 보내 주는 것을 계속해서 받을 수 있겠습니까?"

맹자가 말하였다.

"옛날 노나라의 지도자였던 목공이 공자의 손자인 자사에게 자주 문안을 하고 삶은 고기를 보내 주었다. 하지만 자사는 별로 좋아하지 않았다. 마지막에는 손을 내저으며 심부름 온 사람을 대문 밖으로 내보내며 받지 않았다. 그리고는 목공이 있는 북쪽을 향해 기본 예의를 표하며 이렇게 말하였다.

'이제 와서야, 이 나라의 지도자라는 목공이 나를 개나 말을 키우듯이 대하고 있음을 알았다!'

그 다음부터 하인들이 물건을 갖다 주는 일이 없었다. 한 나라의 지도자가 되어, 현명한 사람을 좋아하기만 하고, 제대로 등용하지 못하며, 또 봉급을 주어 스스로를 봉양도 하지 못하게 한다면, 어찌 현명한 사람을 좋아한다고 말할 수 있겠는가?"

만장이 물었다.

"감히 묻겠습니다. 한 나라의 지도자가 지성인을 봉양하려면, 어떻게 해야 진정으로 봉양한다고 할 수 있겠습니까?"

맹자가 말하였다.

"맨 처음에는 지도자가 명령을 내려 하인을 시켜 예물을 보낸다. 그러면 지성인은 기본 예의를 표하며 감사의 마음으로 받든다. 그 다음부터는 담당자가 직접 보낸다. 곡물 창고지기는 곡식을 대 주고 푸줏간 관리인은 고기를 대 준다. 이제 별도로 지도자의 명령이 필요 없다. 자사는 지도자가 삶은 고기를 직접 보내어 자기에게 번거롭게 자주 예의를 갖추게 하였기 때문에, 이는 지성인을 봉양하는 예의가 아니라고 생각했다.

요임금은 아홉 명의 아들에게 일반 서민이지만 현명한 사람인 순임금을 섬기게 하고, 두 딸을 시집보냈다. 뿐만 아니라, 온갖 관리들에게 보좌하게 하고, 소와 양 등의 가축을 보냈으며, 곡식창고와 재물 창고 등을 갖추어 순임금을 밭도랑 가운데서 봉양하도록 하였다. 그리고 나중에 최고지도자의 자리에 등용하여 나라를 다스리게 하였다. 이것이 바로 지도자가 지성인을 존경하는 태도다."

하급관리는 고위급에 비해 상당히 낮은 지위에 있는 사람이다. 신분과 지위의 차이가 너무나 크기 때문에 지도자와 쉽게 만날 수 있는 위치에 있지 못하다. 이 장에서 중요한 것은 신분의 고하나 지위의 차이가 아니라 각자의 본분이다.

하급관리도 아닌 사람이 그 정도의 신분에 있다고 하여, 지도자에게 빌붙어서 일정한 생활보조를 받는 것은 예의가 아니다. 그러려면 반드시 관리의 신분을 유지해야 한다. 그러나 지도자가 그런 사람들을 위해 구휼하기 위해 보내 주는 양식은 받아먹어도 된다. 왜냐하면 사람을 구휼하는 일은 인도적 차원에서 지도자가 해야 하는 의무이기 때문이다. 여기에서 각자의 직책에 맞는 예의와 도리가 드러난다. 그것은 일종의 사회적 책무성이다.

그렇다고 지도자가 구휼만 해 주고, 사람들이 모두 그것만을 기다리고 있는 것도 문제이다. 주변에 현명한 사람을 등용하여 일을 하게 만들어야 하고, 책임을 지고 일을 하는 만큼 봉급을 주면 되는 것이다. 이것 또한 예의이자 도리이다.

조기는 『장구』에서 "현명한 사람을 알아 주는 방법이 있다. 첫째는 그를 등용하는 일이고, 두 번째는 그를 부양해 주는 일이다. 등용하지도 않고 부양하지도 않으면 현명한 사람은 어느 누구에게도 자신의 지성을 드러내지 않는다. 때문에 맹자가 위로는 요임금과 순임금이 보여 준 큰 법을 본보기로 삼고, 아래로는 목공의 행태를 풍자한 것이다."라고 풀이하였다.

16. 정당한 방법을 동원하라

만장이 물었다.

"선생님은 자진하여 각 나라의 지도자를 만나 보지 않는데, 무슨 특별한 뜻이라도 있습니까?"

맹자가 말하였다.

"공직에 나아가지 않고, 서울에 있는 사람은 시정의 지성인이라 하고, 시골의 초야에 있는 사람을 초망의 지성인이라고 한다네. 이들을 모두 서민이라고 부르지. 서민은 예물을 바쳐 공직에 나아가 관리가 되지 않고는 감히 지도자를 만나 보지 않는 것이 예의라네."

만장이 말하였다.

"서민은 지도자가 자신을 불러 일을 시키면 가서 일을 합니다. 그런데 지도자가 그를 만나 보려고 하여 그를 불러도, 가서 만나 보지 않는 것은 어째서입니까?"

맹자가 말하였다.

"불러서 일을 시키는 부역은 국민으로서 의무이고, 가서 만나 보는 것은 의무가 아니기 때문이지.

그런데, 지도자가 나를 만나 보려고 하는 것은 무엇 때문이지?"

만장이 대답하였다.

"그것은 선생님이 보고 들은 것이 많아 다문박식하고, 또한 현명하기 때문이겠지요."

맹자가 말하였다.

"다문박식하기 때문이라면, 마땅히 스승을 존경하며 예우해야 하므로, 최고지도자도 함부로 스승을 오라고 부르지 않는데, 하물며 조그마한 나라의 지도자가 스승을 오라고 부를 수 있겠는가! 현명하기 때문이라면, 마땅히 그 지성인에게 예의를 갖추고 등용해야 하네. 현명한 사람을 보고 싶다고 하면서, 그렇게 함부로 오라고 한 사례를 나는 들어 보지 못했다네.

옛날 노나라 지도자 목공이 공자의 손자인 자사를 만나면서 이렇게 말하였지.

'옛날에 수레 1,000대를 낼 수 있을 정도로 큰 나라의 지도자가 하급 관리 정도의 신분을 지닌 지성인과 벗하였다고 하는데, 어떻습니까?'

그러자 자사는 불쾌한 듯이 이렇게 말했다네.

'옛사람이 '현명한 지성인을 섬긴다.'라고 했지요. 어찌 '벗한다.'라고 했겠습니까?'

자사가 목공의 그런 제안에 기뻐하지 않은 이유는 간단하다네. 지위로 보면 목공은 지도자이고, 자사는 그 아래에 관리나 서민에 불과하지. 그러니 어찌 감히 지도자와 벗할 수 있겠는가? 덕망으로 보면 목공은 자사를 현명한 지성인으로 보고 섬기는 사람이지. 그러니 어찌 자사와 더불어 벗할 수 있겠는가? 자사의 생각이 이런 것 같네. 수레 1,000대를 낼 만한 큰 나라의 지도자가 이렇게 벗하기를 구하여도 될 수 없는데, 하물며 조그마한 나라의 지도자가 나를 함부로 부를 수 있단 말인가!

제나라의 지도자 경공이 사냥을 할 때, 깃발을 흔들어 사냥터를 지키던 관리를 불렀다. 그런데 그 관리가 오지 않자 죽이려고 하였다. 그때 공자가 말하였지. '뜻 있는 하급관리는 시신이 시궁창에 버려질 것을 잊지 않는다. 용기 있는 하급관리는 자기 목이 달아날 것을 잊지 않는다.' 공자는 어떤 점에서 사냥터를 지키던 관리를 칭찬하였을까? 자기의 신분에 맞게 정당한 방법으로 부르지 않았기 때문에, 가지 않은 것을 칭찬한 것이네.

만장이 말하였다.

"아니 그럼, 사냥터 관리를 부를 때는 무엇을 사용합니까?"

맹자가 말하였다.

"사슴 가죽으로 만든 모자를 사용한다네. 공직 생활을 하지 않는 서민은 비단으로 만든 깃발을 사용하고, 하급관리는 두 마리의 용 그림이 그려져 있는 깃발에 방울 달린 깃대를 사용하며, 고위관료는 두 마리의 용 그림이 그려져 있는 깃발에 깃털을 쪼개서 깃대의 머리에 씌운 것을 사용한다네.

고위관료를 부르는 깃발로 사냥터의 하급관리를 부르는데, 사냥터 관리는 죽어도 감히 가지 못하지. 상식 아닌가! 하급관리를 부르는 것으로 서민을 부른다면 서민이 어찌 감히 갈 수 있겠는가? 하물며 현명한 사람을 초빙하는 예의도 갖추지 않고 현명한 지성인을 부르는데, 내가 어찌 그것에 응하겠는가!

현명한 지성인을 만나 보려고 하면서 그에 맞는 예의를 지키지 않는다면, 그것은 문으로 들어가려고 하면서 문을 닫는 것과 같다네. 의리는 사람이 걸어가야 할 길이고, 예의는 사람이 출입하는 문에 비유할 수 있지. 지성인만이 제대로 이 길을 따를 수 있고, 이 문으로 출입할 수 있다네. 그러니까 『시경』 「소아」 〈대동〉에 '큰길은 숫돌처럼 평평하고 화살같이 곧도다. 지도자가 밟고 가는 길이고 사람들이 우러러보는 곳이로다.'라고 노래하였지.

만장이 물었다.

"공자는 지도자가 부르면 수레에 멍에 하기를 기다리지 않고 달려갔다고 했는데, 그렇다면 공자가 잘못한 겁니까?"

맹자가 대답하였다.

"공자가 공직 생활을 할 때 맡은 직책이 있었지 않은가? 그 관직으로 불렀기 때문에 그렇게 한 것이라네."

맹자의 자존심과 결연한 자신의 인생철학이 돋보이는 장이다. 맹자는 정당한 방법으로 자기를 부르지 않는 이상, 절대 각 나라의 지도자를 만나 보러 가지 않는다. 앞의 「등문공」 6장에서 제자인 진대가 "요즘 선생님이 각 나라의 지도자들을 찾아다니며 유세하지 않는데, 너무 지나치게 사소한 일에 매여서 그런 것 같습니다. 지금이라도 한바탕 나서서 지도자들을 만나 보시지요."라고 했고, 12장에서는 공손추가 "선생님, 요즘 각 나라의 지도자를 만나 보지 않는데, 무슨 특별한 까닭이라도 있습니까?"라고 물었을 때도 눈 하나 깜짝하지 않고 자신의 자존감을 고수한다.

엄밀히 말하면, 한 나라의 지도자라고 하여 현명한 사람들, 지성인을 멋대로 불러내서 만날 권한이 있는 것은 아니다. 또한 지조가 있는 지성인이라면 정당한 방법으로 초청하지 않는 이상 자진하여 지도자를 만나 보러 가지도 않는다. 지도자는 지도자대로, 지성인은 지성인대로 할 일이 있으니, 사회적 책무성이 다른 것이다. 이것 또한 인간의 예의이자 도리에 해당한다.

조기는 『장구』에서 "지성인의 뜻은 자신의 정치적 도리를 행하는 데 있다. 하지만 합당한 예의를 얻지 못하면 구차스럽게 나아가지 않는다. 예의가 올바른 경우, 이윤은 세 번 초빙 받은 후에 탕임금에게 나아갔다. 도리가 미흡하면 저익은 나란히 밭 갈며 지냈고 접여는 거짓으로 미친 척하였다. 어찌 한 나라의 지도자라고 하여 현명한 지성인들을 쉽게 만날 수 있었겠는가."라고 풀이하였다.

17. 시대를 초월한 벗, 지성인

맹자가 만장에게 말하였다.

"만장 자네, 잘 알아 두기 바라네. 훌륭한 인물이라고 칭찬 받는 지성인이 어떤 사람을 벗하는지 말일세.

한 지역 사회의 지성인이라야 그에 맞게 그 지역 사회의 지성인과 벗할 수 있다네. 한 나라의 지성인이라야 그에 맞게 그 나라의 지성인과 벗할 수 있다네. 이 세상의 지성인이라야 그에 맞게 이 세상의 지성인과 벗할 수 있다네.

오늘 살아 있는 이 세상의 지성인과 벗하는 것만으로 만족스럽지 않을 때도 있을 걸세. 그때는 다시 시대를 거슬러 위로 올라가, 옛날의 지성인들을 벗 삼아 논의해 보게나. 그들의 시를 읊고 글을 읽으며. 그런데 그 옛날 지성인의 사람다움을 몰라서야 되겠는가? 이 때문에 그 시대정신을 논의하는 것이니, 이것이 옛 지성인들이 살았던 시대로 거슬러 올라가, 그들을 벗하는 이유라네."

왜 동서고금의 위대한 지성인을 존중하고, 만나야 하는지, 그 필요성을 일러 주는 중요한 대목이다. 훌륭한 덕망과 똑똑한 재능을 지닌 지성인을 만난다는 건 일종의 행복이다. 인생의 멘토를 요청하고 영혼을 정화할 수 있는 좋은 계기가 되기 때문이다.

지성인과 정신적 소통을 하는 데는 다양한 방법이 있다. 직접 만나서 대화할 수도 있고, 방송이나 신문, 인터넷을 통해 접할 수도 있고, 문집이나 전집, 전기 등 다양한 형태로 존재하는 텍스트를 읽을 수도 있다. 어떤 차원이건, 삶의 궤적이나 행적, 저작을 살펴볼 필요가 있는 것이다. 그래야만이 그들이 살았던 시대정신을 논의하여, 그들을 이해하고, 오늘의 귀감으로 삼을 수 있기 때문이다.

이 장의 앞부분에서는 현세의 지성인과 벗하는 길을 말하였고, 뒷부분에서는 과거의 지성인과 벗하는 방법을 말하였다.

조기는 『장구』에서 "고상함을 좋아하고 심원한 것을 그리워하는 것은 지성인의 길이다. 그것은 분류하기에 따라 달라지지만 그 내용이 숭고하고 성대함을 즐기는 것이다. 때문에 공자는 '자기보다 못한 사람을 벗으로 사귀지 말라.'고 하였다. 높은 산은 우러러보고 훌륭한 행실은 따라 행한다."라고 풀이하였다.

18. 최고위급 관료의 간절한 충고

제나라 지도자 선왕이 최고위관료의 지위에 있는 사람은 어떻게 행동해야 하는지 물었다.

맹자가 대답하였다.

"어떤 최고위급 관료를 말하는지요?"

선왕이 말하였다.

"최고위급 관료는 다 같지 않습니까?"

맹자가 말하였다.

"다 같지 않습니다. 지도자와 같은 집안인 친인척으로서 최고위급 관료가 있고, 친인척이 아닌 다른 집안사람으로서 최고위급 관료가 있습니다."

선왕이 말하였다.

"친인척으로서 최고위급 관료에 대해 묻고 싶습니다."

맹자가 말하였다.

"지도자에게 큰 잘못이 있으면, '정치 좀 잘하라!'고 간절하게 충고합니다. 계속하여 충고를 하는데도 듣지 않으면, 지도자를 바꿔 버립니다."

선왕이 발끈하여 화를 내며 낯빛이 확 바뀌었다.

그러자 맹자가 말하였다.

"이상하게 생각하지는 마세요. 당신께서 제게 물었기에, 제가 있는 그대로 바르게 대답해 드린 것입니다."

조금 지나자 선왕의 낯빛이 가라앉았고, 선왕이 다시 다른 집안사람으로서 최고위급 관료에 대해 물었다.

맹자가 말하였다.

"지도자가 잘못이 있으면, 적절하게 충고합니다. 계속하여 충고를 하는데도 듣지 않으면 지도자 곁을 떠나갑니다."

한 나라의 지도자에게 최고위급 관료인 최측근 참모는 매우 중요한 자리다. 이들은 러닝메이트처럼 호흡을 나누며 올바른 정치를 행하기 위해 함께 뒹굴어야 한다. 맹자 당시의 전국시대는 주나라 봉건제도의 잔재들이 남아 있어, 지도자의 친인척이 최고위급 관료를 맡기도 하고, 때로는 나라에 공을 세우거나 맹자와 같은 유세객들 가운데 현명한 사람들이 최고위급 관료로 등용되기도 하였다. 그러나 지도자의 혈육과 혈육이 아닌 경우, 지도자를 섬기는 방법에서 상당한 차이가 있었던 모양이다.

혈육들은 지도자가 잘못하면 지도자를 폐위하고 다른 지도자를 내세울 수도 있었다. 그러나 혈육이 아닌 사람들은 떠나면 그만이었다.

조기는 『장구』에서 "나라에서 현명한 관리를 등용할 때는 반드시 충실하고 양심적인 인물을 택해야 한다. 친인척에게는 재난을 당하는 수가 있다. 이윤은 유신씨의 나라에서 일어나 은나라 탕임금을 도와 올바른 정치의 길을 열었다. 때문에 탕임금은 현명한 인물을 등용하는 데 기준을 세울 수 있었고, 올바른 태도를 지니고 있으면 어떤 사람이건 제한을 두지 않았다."라고 풀이하였다.

주자는 『집주』에서 "이 장은 최고위급 관료의 의리는 친인척이나 아니냐에 따라 같지 않다. 따라서 정도를 지키고 권도를 행하는 것에 제각기 분별이 있음을 말한 것이다. 친인척으로서 최고위급 관료는 작은 잘못에 대해서도 충고한다. 하지만 지도자가 큰 잘못을 저지른 데 대해 충고했을 때, 듣지 않아야 지도자 자리를 바꿀 수 있다. 친인척이 아닌 데 최고위급 관료는 큰 잘못에 대해 충고한다. 하지만 지도자가 작은 잘 못을 저지른 데 대해 충고했을 때 듣지 않더라도 떠날 수 있는 것이다." 라고 해석하였다.

제
6
편

고
자

「고자」편도 문장의 앞부분에 '고자왈(告子曰)'이라는 말을 그대로 따서 편명으로 하였다. 이 편은 고자와 인간의 본성에 관한 논쟁이 주요 부분을 이루고 있다. 흔히 말하는 성선설, 선단론(善端論)이 제시되어 있고, 아름다운 말과 명언명구, 수양과 교육을 통한 인간의 공부론도 담겨 있다.

조기는 『장구』를 편집하면서, 이 편에 대해 다음과 같이 풀이하였다. "효도의 근본은 본성과 정감에 있다. 따라서 「고자」편을 「만장」편 다음에 두어 본성과 감정을 논의한 것이다."

이 편에서는 특히 인간의 마음과 본성, 감정 등 형이하학적으로 파악하기 힘든 문제들을 논의하고 있으므로, 정치나 제도를 논의하는 편에 비해서는 이해하는 데 까다로울 수 있다. 하지만 맹자를 심학이라고도 하듯이, 맹자의 사상에서 심성론이 매우 중함을 고려할 때 눈여겨볼 필요가 있다.

「고자장구」로 나누면 상편이 20장, 하편이 16장으로 「고자」편은 모두 36장으로 구성되어 있다. 여기에서는 내용상 유사한 장을 과감하게 함께 묶어서 풀이한다. 예를 들면 1~4장, 5~6장, 7~8장, 9~10장, 11~14장, 15~20장, 22~23장, 24~26장, 27~29장, 30~32장, 33~36장은 유사한 내용이거나 연결해서 보아야 내용상 맥락이 분명해진다. 이렇게 통합하여 「고자장구」 상편 6장, 하편 6장으로 「고자」편을 전체 12장으로 재편하였다. 단 원래 장구의 표기 번호는 그대로 두었다.

1. 인간의 본성

1 _____

고자가 말하였다.

"사람의 본성은 어느 쪽으로도 휘어질 수 있는 버드나무와 같습니다. 사람의 도리는 사람이 버드나무를 휘어서 만든 나무 그릇과 같아요. 그러므로 사람의 본성을 가지고 사람을 사랑하는 마음을 갖게 하거나 사람의 도리를 행하는 것은, 버드나무를 가지고 나무 그릇을 만드는 것과 같습니다."

맹자가 말하였다.

"그대는 버드나무의 본성을 살려서 나무 그릇을 만듭니까? 나무 그릇을 만들려면, 버드나무의 본성을 해칠 수밖에 없잖아요. 버드나무의 본성을 해쳐서 나무 그릇을 만든다면, 사람 본성을 해쳐서 사람을 사랑하는 마음을 갖게 하거나 사람의 도리를 행하게 한단 말인가요? 세상 사람들을 거느리고, 사람을 사랑하는 마음을 갖지 못하게 하거나 사람의 도리를 행하지 못하게 하는 것은, 이러한 그대의 말 때문일 것입니다."

2

고자가 말하였다.

"사람의 본성은 빙빙 돌고 있는 여울물과 같습니다. 때문에 이것을 동쪽으로 터놓으면 동쪽으로 흐르고, 서쪽으로 터놓으면 서쪽으로 흐르게 됩니다. 사람의 본성은 '착하다!'거나 '착하지 않다!'라는 구분이 없어요. 이는 물이 동쪽과 서쪽, 어디로 흐를시 분별이 없는 것과 같습니다."

맹자가 말하였다.

"좋습니다. 물이 진실로 동쪽과 서쪽, 어디로 흐를지 분별이 없다고 합시다. 그렇다면, 위로 튀어 오를지 아래로 흐를지, 그 분별도 없단 말인가요? 사람의 본성이 '착하다!'라는 것은 물이 아래로 흘러 내려가는 것과 같습니다. 사람 가운데 '착하지 않은' 사람은 없어요. 물은 아래로 흘러 내려가지 않는 것이 없는 것과 같아요.

지금 손바닥이나 다른 도구를 이용하여 저 물을 튀어 오르게 쳐 보세요. 우리 이마를 넘어가게도 할 수 있고, 물길을 막아 거꾸로 흘러가게 하면 산에 머물게 할 수도 있어요. 이것이 어찌 물의 본성이겠어요? 물이 외부로부터 받는 힘이 그렇게 만든 것입니다. 사람이 '착하지 않은' 짓을 할 수 있게 되는 이유는, 그 본성이 또한 물의 경우처럼 외부로부터 받는 힘 때문입니다."

3

고자가 말하였다.

"사람이 태어나면서 생긴 그대로의 본능을 본성이라 합니다."

맹자가 말하였다.

"그래요? '사람이 태어나면서 생긴 그대로의 본능을 본성'이라고 하면, '흰 것은 흰 것 그대로이다.'라는 말과 같은 뜻인가요?"

고자가 말하였다.

"그렇습니다."

맹자가 말하였다.

"그렇다면, 흰 깃털의 흰 것은 흰 눈의 흰 것과 같고, 흰 눈의 흰 것은 흰 옥의 흰 것과 같은가요?

고자가 말하였다.

"그렇습니다."

맹자가 말하였다.

"그렇다면 개의 본성이 소의 본성과 같고, 소의 본성이 사람의 본성과 같단 말인가요?"

4

고자가 말하였다.

"사람이 음식을 먹는 일과 남녀가 성생활을 하는 일은 자연스러운 본성입니다. 사람을 사랑하는 마음은 내면에 있는 것이지 외면에 있는 것이 아닙니다. 사람의 도리는 외면에 있는 것이지, 내면에 있는 것이 아닙니다."

맹자가 말하였다.

"어찌하여 사람을 사랑하는 마음은 내면에 있고, 사람의 도리는 외면에 있다고 하나요?"

고자가 말하였다.

"저 사람이 나이 많은 어른이므로 내가 그를 어른으로 여기는 것이지, 나에게 그를 어른으로 섬기려는 존경심이 있는 것은 아닙니다. 저것은 흰 것이므로 내가 그것을 흰 것으로 여기는 것과 같습니다. 그 흰 것은 외면에 있는 것을 따릅니다. 그러므로 이것을 외면에 있다고 말하는 것입니다."

맹자가 말하였다.

"그건 아니지요. 흰 것의 경우와는 다르다고 생각합니다. 백마의 흰 빛은 백인의 흰 빛과 다르지 않습니다. 그대가 뭘 잘 모르고 하는 소리 같은데, 겉모습만 보고서 늙은 말을 늙었다고 생각하는 것과 노인을 어른으로 존경함에 차이가 없단 말인가요? 생각해 보시오. 어른이라는 것이 사람의 도리입니까? 그를 어른으로 존경하는 일이 사람의 도리입니까?"

고자가 말하였다.

"자, 여기 동생이 있습니다. 내 동생이니까 내가 사랑하고, 진나라 사람의 동생이면 나는 그를 사랑하지 않습니다. 이는 나를 중심으로 기쁨을 삼는 것이지요. 그러므로 사람을 사랑하는 마음을 내면에 있다고 한 것입니다. 여기 어른이 있다고 합시다. 저 멀리 초나라의 어른도 존경하고, 우리나라의 어른도 존경합니다. 왜 어른이니까요. 이는 어른을 중심으로 기쁨을 삼는 것이지요. 그러므로 사람의 도리인 존경이 외면에 있다고 한 것입니다."

맹자가 말하였다.

"진나라 사람이 불고기를 즐겨 먹는 것과 내가 불고기를 즐겨 먹는 것은 다를 게 없어요. 객관적으로 외부에 있는 물건은 그것이 어디에 있건 비슷한 속성을 지니니까요. 그런데 불고기를 즐겨 먹는 주관적 기호도 외면에 있단 말인가요?"

인간의 본성에 관한 견해가 강력하게 제시된 장이다. 맹자는 고자와의 본성에 관한 논쟁을 통해, 인간의 본성을 선하게 보고 그에 따라 자신의 윤리 도덕관이나 가치론을 언급한다. 고자는 인간의 본성에 선(善)과 불선(不善)의 구분이 없다는 이른바 '성무선무악설(性無善無惡說)'을 얘기하지만, 맹자는 이를 강력히 부인하고 성선설을 제기한다. 특히, 인간의 본성은 선하지만 불선을 저지르게 되는 이유는 외부의 힘이 선한 본성을 누르고 불선한 곳으로 나아가도록 무리하게 작용하기 때문이라고 지적한다.

엄밀하게 따지면, 고자와 맹자의 논의에서 서로 반박하기 어려운 지점이 꽤 존재한다. 고자는 동물적 본능 중심의 자연적 본성을 주장한다. 이에 반해 맹자는 본능적 욕구를 절제하고, 인간관계나 사회질서를 유지하는 도덕 가치가 선천적으로 인간에게 갖추어져 있다는 점을 고집한다. 맹자는 적극적으로 윤리 도덕의 가치를 개입시키고 있고, 고자는 소극적으로 자연적 본능에 충실하려고 한다.

조기는 『장구』에서 "고자의 주장은 편파적이고 그 견해에 불순한 것이 있다. 물건의 본성과 사람의 본성은 구분해야 된다. 오직 사람의 본성이 선(善)과 더불어 살아 있다. 그런데 고자는 그것을 모두 같다고 하여 조잡한 이론을 제시하였다. 모든 일은 외부에 있으나 그 일을 실천하는 것은 마음에서 시작되므로 사람을 사랑하는 마음이나 사람의 도리 등이 안에서부터 우러나온다."라고 풀이하였다.

주자는 『집주』에서 성리학적 관점에서 본성을 리기론(理氣論)으로 설명해 낸다. "성(性)은 사람이 하늘에서 받은 리(理)이다. 생(生)이란 사람이 하늘에서 받은 기(氣)이다. 성은 형이상의 것이고 기는 형이하의 것이다. 사람과 물건이 생겨나면 모두 이러한 성을 지니게 되고, 또 그러한 기를 지니게 된다. 그러나 기의 측면에서 보면 지각과 운동은 사람과 물건이 다르지 않다. 하지만, 리의 차원에서 보면 사람은 인의예지를 타고 났지만, 물건은 이를 온전하게 지닐 수 없다. 이것이 바로 사람의 본성이 선하지 않음이 없고, 만물의 영장이 되는 이유이다. 고자는 본성이 리라는 것을 모르고, 그것을 기로 충당시키는 것으로 보았다."라고 해석하였다.

2. 인의예지의 네 가지 단서

5

맹계자라는 사람이 맹자의 제자 공도자에게 물었다.

"그대의 선생 맹자가 '사람의 도리가 내면에 있다.'고 하는데, 무슨 말인가?"

공도자가 말하였다.

"내 마음 속에 있는 존경심을 행하기 때문에 내면에 있다고 하는 것입니다."

맹계자가 물었다.

"그럼, 고향 어른 중에 당신의 맏형보다 나이가 한 살 많은 사람이 있으면, 당신은 누구를 더 존경합니까?"

공도자가 말하였다.

"당연히 내 형을 더 존경합니다."

맹계자가 물었다.

"그래요? 술을 따를 때는 누구에게 먼저 합니까?"

공도자가 말하였다.

"당연히, 고향 어른에게 먼저 술을 따르지요."

맹계자가 말하였다.

"그렇다면, 공경하는 것은 당신의 맏형에게 있고, 어른을 높이는 것은 고향 어른에 있는 거지요. 그러니 사람의 도리는 외면에 있는 것이고, 내면으로부터 나오는 것은 아니지 않습니까?"

이에 공도자가 답변을 제대로 하지 못하고, 맹자에게 알리자 맹자가 말하였다.

"아, 그랬구나! 그럼 맹계자에게 가서 '숙부를 존경하는가? 동생을 존경하는가?'라고 물어 보거라. 그러면 맹계자는 '숙부를 존경한다.'라고 대답할 것이다. 또 '동생이 조상에게 제사를 지낼 때 시동이 되면 누구를 존경하는가?'라고 물어 보거라. 그러면 맹계자는 '동생을 존경한다.'고 대답할 것이다. 이때 자네가 다시 강조해서 말해 보거나. '아니, 당신의 논리대로라면 숙부를 존경해야 하는데, 왜 숙부를 존경하지 않는 거지요?'라고 물으면, 맹계자는 '동생이 시동의 자리에 있기 때문이다.'라고 대답할 것이네. 그러면, 자네는 이렇게 받아치겠나. '내가 맏형을 존경한 이유가 그런 것입니다. 고향 사람은 빈객의 자리에 있기 때문이지요.' 평상시에 늘 존경하는 것은 맏형에게 있고, 그때그때 상황에 따라 잠시 존경하는 것은 고향 어른에게 있다."

맹계자가 이 말을 듣고 말하였다.

"숙부를 존경하게 되면 숙부를 존경하고, 동생을 존경하게 되면 동생을 존경하는 것이지요. 그러니까 사람의 도리는 외면에 있는 것입니다. 내면에서 나오는 것이 아닙니다."

그러자 공도자가 말하였다.

"겨울철에는 끓여서 따뜻한 물을 마시고, 여름철에는 시원하게 찬물을 마시지요? 그렇다면, 마시고 먹고 하는 사람의 욕구나 본성 또한 외면에 있다고 주장하는 꼴이 됩니다."

6

공도자가 말하였다.

"앞에서, 고자가 말하기를 '사람의 본성은 착하다거나 착하지 않다는 구분이 없다.'라고 했고, 어떤 사람은 '본성은 착한 일을 할 수도 있고 착하지 않은 일을 할 수도 있다. 때문에 주나라 때 문왕이나 무왕 같은 훌륭한 지도자가 나오면 사람들이 착한 것을 좋아하고, 유왕이나 려왕 같은 포악한 지도자가 나오면 사람들이 포악함을 좋아한다.'라고 합니다. 또 어떤 사람은 '본성이 착한 사람도 있고, 본성 착하지 않은 사람도 있다. 그러므로 요임금처럼 착한 사람이 최고지도자가 되었는데도 순임금의 이복동생이 상과 같이 극악무도한 사나이가 있었고, 고수와 같이 완악한 아버지가 있어도 순임금과 같이 효성스러운 자식도 있었으며, 은나라 주왕같이 포악한 지도자를 조카로 두어도 미자계나 왕자비간과 같은 충실한 측근 참모도 있었다.'라고 했습니다.

지금 선생님께서 '본성이 착하다!'라고 말하는데, 그렇다면 저 사람들의 말이 모두 틀린 것입니까?"

맹자가 말하였다.

"사람의 타고난 본성에 따라 행동하면 '착하다!'라고 할 수 있다. 이것이 내가 말하는 '착하다!'라는 것이다. 어쩌다가 착하지 않은 행동을 할 수도 있다. 하지만 그것은 물욕 때문에 본성이 가려진 것이지, 사람이 타고난 본바탕이 잘못되어서 그런 것은 아니다.

가슴 쓰라리게 아파하는 마음인 측은지심은 사람이면 누구나 지니고 있다. 부끄러워할 줄 아는 마음인 수오지심은 사람이면 누구나 지니고 있다. 양보하는 마음인 공경지심은 사람이면 누구나 지니고 있다. 옳고 그름을 분별할 줄 아는 시비지심은 사람이면 누구나 지니고 있다. 측은지심 사람을 사랑하는 열린 마음인 인이고, 수오지심은 사람이 추구하는 올바른 도리인 의이며, 공경지심은 사람이 지켜야 할 기본 예의인 예이고, 시비지심은 옳고 그름을 판단할 줄 아는 지혜인 지이다. 이런 인·의·예·지는 외부로부터 꾸미고 덧붙인 가식적인 것이 아니고, 내가 본디부터 지니고 있던 것인데, 사람들이 생각하지 못하고 있을 뿐이다. 그러므로 '내가 스스로 생각하여 구하면 얻고, 생각하지 않고 버려두면 잃는다.'고 하는 것이다. 얻는 사람과 잃는 사람의 착함과 착하지 않음을 비교해 보면, 때로는 두 배가 되고, 때로는 다섯 배 정도로 차이가 난다. 이처럼 헤아릴 수 없을 정도로 크게 차이가 나는 것은 사람들이 본성으로 타고난 자질을 모두 발휘하지 못했기 때문이다.

그러므로 『시경』「대아」〈증민〉에 '하늘이 모든 사람을 낳으면서 모든 사물에 일정한 법칙이 있게 했도다. 사람들은 마음으로 지키는 본성을 지니고 있고, 이 아름다운 덕망을 좋아한다.'라고 노래하였다. 이에 공자가 평하였다. '이 시를 지은 자는 그 우주 자연과 인간의 도리를 알리라! 사물이 있으면 반드시 법칙이 있고, 사람들이 마음으로 지키는 본성을 가지고 있다. 그러므로 이 아름다운 덕망을 좋아한다.'"

유명한 인의예지의 단서가 설명되어 있는 장이다. 맹자의 성선설에 대한 근거가 다름 아닌 사단설이다. 네 가지 단서는 우리 마음에 단지 가능성으로 존재하는 것이지만, 그것이 가만히 있을 때는 본성이 되고, 표출되면 인정이 된다. 그러므로 마음과 본성, 감정이 하나의 세트가 되어 움직인다.

주지하다시피 사단은 측은지심, 수오지심, 사양지심, 시비지심이다. 이것은 각각 인의예지의 단서가 된다. 그것은 사물과 감응하면서 가슴 쓰라리게 아파하는 측은, 부끄러워하는 수오, 양보하는 사양, 옳고 그름을 판단하는 시비의 정감으로 드러난다. 그 마음이 내면에 조용하게 간직하고 있는 것이 본성이고, 이것이 선천적으로 간직되어 있기에 인간의 본성은 선한 것이다. 따라서 '인간의 본성이 선하다!'라고 할 때, 그 선함의 구체적 내용이 바로 인의예지의 단서가 구비되어 있다는 말이다.

조기는 『장구』에서 "하늘이 이 세상에 사람을 내면 모두 선한 본성을 갖게 마련이다. 그 본성을 가지고 살아가다 보면 선과 악이 그 길을 달리하게 된다. 즉 숭고하고 비천한 것의 차이가 현격해지고 잘나고 못난 것의 차이가 아주 달라진다. 그 근본을 찾는 사람만이 그것들을 선한 본성으로 회복시킬 수 있다."라고 풀이하였다.

3. 인간의 양심과 욕망

7

맹자가 말하였다.

"풍년에는 젊은이들이 먹고살기에 부족함이 없으므로 착한 일을 행하기 쉽고, 흉년에는 그 반대로 착하지 않은 일을 행하는 경우가 많다. 타고난 자질이 달라서 그런 것이 아니라, 흉년에 곡식이 부족한 것을 채우려는 욕망 때문에 마음이 흐려져 그렇게 된 것이다.

지금 밀과 보리농사를 예로 들어 보자. 밀알이나 보리 종자를 파종하고 흙으로 덮었다. 그 땅도 비슷하고 심는 시기도 비슷하면, 밀이나 보리싹이 불쑥불쑥 자라나서 하지가 될 무렵 알곡이 모두 여물 것이다. 그러나 수확량은 같지 않을 수 있다. 왜냐하면 밭의 토질이 비옥한 땅도 있고 척박한 땅도 있으며, 기후 풍토에 따라 어떤 땅에는 비나 이슬이 많이 내리고 어떤 땅에는 적게 내리며, 부지런한 사람과 게으른 사람이 그 땅을 어떻게 가꾸느냐에 차이가 있기 때문이다.

그러므로 같은 부류의 사물들은 대부분 서로 비슷하기 마련이다. 어찌 인간만이 그렇지 않다고 의심하겠는가. 훌륭한 사람도 나와 같은 부류의 사람이다.

옛날의 현인인 용자라는 사람이 말하였다. '내가 아무리 발 크기를 모르고 신발을 만들더라도, 신발보다도 엄청나게 크고 모양도 전혀 다른 삼태기를 만들지는 않는다.' 이유는 간단하다. 신발의 크기나 모양이 서로 비슷한 것은 세상 사람들의 신발 모양이 같기 때문이다.

입으로 맛보는 음식에서 모든 사람이 좋아하며 즐기는 것이 있다. 춘추시대 제나라 환공의 요리사였던 역아는 사람들의 입에 맞는 음식이 어떤 것인지 터득한 사람이다. 입으로 맛보는 음식에서, 개와 말이 우리 사람과 같은 부류가 아닌 것처럼, 그 맛을 즐기는 사람의 본성이 다르다면 세상의 음식 맛을 어찌 역아가 조리한 것에만 따르겠는가. 음식의 맛에 관해서는 온 세상이 역아가 만들어 놓은 것을 즐기려 하는데, 이것은 세상 사람들의 입맛이 서로 같기 때문이다.

음악을 듣는 귀도 또한 그러하다. 온 세상 사람들이 주나라 때의 악사인 사광이 들려 주는 아름다운 음악을 즐기려 한다. 이것도 온 세상 사람들의 음악에 대한 취향이 서로 같기 때문이다.

눈으로 보는 것도 그러하다. 옛날의 미인인 자도를 보고 온 세상 사람들이 그 아름다움을 알지 못하는 사람이 없었다. 자도의 아름다움을 알지 못하는 사람은 눈이 없는 사람과 같다.

그러므로 '입에 맞는 음식은 누구나 똑같이 즐기고, 귀에 맞는 음악은 누구나 똑같이 들으며, 눈에 맞는 색깔은 누구나 똑같이 아름답게 여긴다.'라고 한다. 그런데 마음에서만 유독 똑같은 것이 없겠는가. 마음에서만 유독 똑같은 것은 무엇을 말하는가? 그것은 이치와 의리다. 훌륭한 사람은 우리 마음에 똑같은 것이 무엇인지를 먼저 알았다. 때문에 이치와 의리가 우리 마음에 기쁘다는 것은, 고기 요리가 우리 입을 즐겁게 하는 것과 같다.”

8

맹자가 말하였다.

"산동 지방의 임치 남쪽에 있는 우산의 수목이 울창하게 우거져 아름다웠다. 그런데 우산이 큰 나라인 제나라의 수도 교외에 있었기 때문에 사람들이 도끼로 거의 매일 나무를 베어 갔다. 이렇게 벌목이 심한데, 어찌 그 울창했던 아름다운 산이 제대로 보존될 수 있겠는가?

그렇게 벌목을 당해도 수목들은 밤낮으로 숨을 쉬고 비나 이슬을 맞으며 싹이 자라난다. 그러나 또다시 소와 양이 우산에 방목되어 그 수목의 잎사귀를 뜯어 먹었다. 이 때문에 저와 같이 뻔질뻔질한 헐벗은 민둥산이 되었다. 사람들은 그 헐벗은 민둥산만을 보고는, 저 우산에는 이전부터 좋은 재목이 없었다고 생각한다. 하지만 이것이 어찌 우산의 본성이겠는가?"

사람에게 보존된 본성에 어찌 사람을 사랑하고 사람의 도리를 실천하는 마음이 없겠는가? 사람들이 양심을 잃어버리게 되는 것 또한, 저 아름답던 우산의 수목을 매일 아침 도끼로 베어 가는 것과 같으니, 이렇게 하고서도 어찌 아름답게 될 수 있겠는가?

사람의 착한 본성도 밤낮으로 성숙되고, 새벽의 맑은 기운을 받아 맑고 깨끗한 기운이 있으리라. 좋아하고 미워하는 것을 대할 때, 양심을 잃지 않고 보존하여 그것을 대하는 사람이 드물어졌다. 그 이유는 낮에 행하는 세속적이고 물욕에 찌든 일들에 구속되어 새벽의 맑은 기운을 보존하여 새싹을 기르는 힘이 스러지기 때문이다. 구속되고 스러지기를 반복하면 양심의 싹을 기르는 기운이 보존될 수 없고, 그 기운이 보존될 수 없으면 짐승과 다를 바 없게 된다. 사람들은 그 짐승 같은 행실만 보고는 본래부터 훌륭한 자질이 있지 않았다고 생각한다. 이것이 어찌 사람의 성정이겠는가. 그러므로 기르는 힘을 얻으면 어떤 물건이건 잘 자랄 수 있고, 기르는 힘을 잃으면 어떤 물건이건 사라지게 마련이다.

공자가 말하였다. '잡으면 보존되고 놓으면 없다. 나가고 들어오는 데 때가 없고, 그 방향을 알 수 없는 것은 바로 사람의 마음을 두고 말한 것이다.'"

유학에서 욕망과 욕구, 욕심 등 넘쳐 나거나 지나친 욕심을 조절하는 문제는 매우 중요하다. 이를 흔히 '천리를 보존하고 욕망을 없애라!'라는 뜻으로 '존천리거인욕(存天理去人欲)' 혹은 '존천리알인욕(存天理遏人欲)' 이라 한다. 이때 천리는 본성이고 인욕은 외부의 다양한 사물에서 가해 지는 영향들로 인해 착한 본성이 착하지 않은 쪽으로 이끌리는 근거다.

맹자의 성선설이나 선단에서 강변하는 것은 어찌 보면 아주 간단하 다. 사람이 타고난 본성은 모두 선한데, 어떤 때는 선량하게 드러나고 어 떤 때는 포악하게 드러나는 것은 욕망에 좌우되기 때문이다.

조기는 『장구』에서 "사람이 타고난 본성은 선하지만, 그 나름대로 좋 아하고 싫어하는 것이 있다. 인간의 감각 기관인 귀나 눈, 입과 마음은 기뻐하는 것이 같다. 어떤 경우는 훌륭한 사람이 되고 어떤 경우는 미 천한 사람이 되기도 하는데, 이는 밀과 보리와 같은 곡식이 어떤 것은 알곡이 잘 여물고 어떤 것은 쭉정이가 되어 있는 것과 같다. 그것은 비 나 이슬을 적절하게 잘 맞아 잘 자랐느냐 그렇지 않았느냐와 관계된다. 맹자가 이런 비유를 든 것은 사람들이 자신의 본성을 인지하고 힘써 발 전할 수 있도록 하기 위한 일종의 권고이자 격려다."라고 풀이하였다.

특히 우산의 나무 비유는 명문장으로 소문이 난 대목인데, 양심을 지켜 그것을 보존하는 일의 중요성을 말하였다. 여기에 등장하는 새벽의 맑은 기운을 '야기(夜氣)'라고 하는데, 맹자의 독특한 이론이다. 새벽의 맑은 기운으로 다시 일상을 이어가고, 낮 동안 소진한 기운은 다시 보완하는 삶의 논리는 고려할 만하다.

4. 양심과 예의염치

9

맹자가 말하였다.

"제나라의 지도자가 '지혜롭지 않다!'라고 하는데, 이상할 것이 없다! 세상에 아무리 자라나기 쉬운 사물이 있다 하더라도, 하루 동안만 따스한 햇볕을 받게 하고 열흘 동안 춥게 내버려 두면 제대로 자라날 사물이 있지 않다. 내가 지도자를 만나 설득하는 시간이 하루 동안 햇빛을 받는 것처럼 드물고, 내가 물러나면 지도자의 마음을 차갑게 하는 자들이 열흘 동안 춥게 내버려 두는 것처럼 곁에서 아첨하고 있으니, 지도자가 훌륭한 정치의 싹을 지니고 있은들 내가 어떻게 할 수 있겠는가?

지금 저 바둑을 두는 기술은 하찮은 것이다. 하지만 마음을 오로지하고 뜻을 다하지 않으면 그 기술을 터득하지 못한다. 혁추라는 사람은 전국에서 바둑을 가장 잘 두는 자이다. 그런 혁추를 불러 두 사람에게 바둑을 가르치게 하였다. 그 중 한 사람은 마음을 오로지하고 뜻을 다하여 오직 혁추의 말을 듣게 하였다. 다른 한 사람은 혁추의 말을 듣기는 하지만, 마음 한편에는 기러기와 고니가 날아올 때 활과 주살을 당겨 사냥할 일을 생각하고 있다. 이 사람이 앞의 사람과 같이 배운다고는 하지만, 마음을 오로지하는 사람만 같지는 않으리라. 이것은 그의 지혜가 앞사람보다 못해서인가? 그렇지 않다!"

10

맹자가 말하였다.

"생선 요리도 내가 원하는 것이고, 곰 발바닥 요리도 내가 원하는 것이다. 하지만 이 두 가지를 동시에 얻을 수 없다면, 생선 요리를 버리고 그보다 더 맛있는 곰 발바닥 요리를 취하겠다. 이렇게 사는 삶도 내가 원하는 것이고, 삶의 도리도 내가 원하는 것이다. 하지만 이 두 가지를 동시에 얻을 수 없다면, 삶을 버리고 도리를 취하리라.

삶도 내가 원하는 것이지만, 그보다 삶에는 더 중요한 것이 있다. 그러므로 삶을 구차하게 얻으려 하지 않는다. 나는 죽음을 싫어하지만 그보다 더 중요한 것이 있다. 그러므로 환난이 닥쳐오더라도 피하지 않는 때가 있다.

사람들이 원하는 것 중 삶보다 중요한 것이 없다면, 어찌 삶을 얻을 수 있는 모든 방법을 쓰지 않겠는가? 사람들이 싫어하는 것 중 죽음보다 싫어하는 것이 없다면, 어찌 환난을 피할 수 있는 모든 방법을 쓰지 않겠는가?

이 때문에 살 수 있는데도 그 방법을 쓰지 않는 때가 있고, 이 때문에 화를 피할 수 있는데도 하지 않는 때가 있다. 그러므로 원하는 것에는 삶보다 중요한 것이 있고, 싫어하는 것이 죽음보다 더할 수 있다. 홀룽한 덕망과 똑똑한 재능을 지닌 사람만이 이러한 마음을 지니고 있는 것이 아니라 모든 사람이 이러한 마음을 지니고 있다. 그러나 훌륭한 덕망과 똑똑한 재능을 지닌 사람은 이것을 잃지 않을 뿐이다.

한 그릇의 밥과 한 그릇의 국을 얻으면 살고, 얻지 못하면 죽을 지경이라고 하자. 쯧하고 혀를 차고 꾸짖으며 밥과 국을 던져 주면 거리를 떠도는 사람도 이를 받으려 하지 않고, 발로 차듯이 하며 밥과 국을 던져 주면 거지도 받으려 달려들지 않는다.

사람들이 상상하지 못할 정도의 엄청난 봉급을 주면 예의에 맞는지 의리에 합당한지 따지지 않고 받으니, 그 봉급이 나에게 무슨 보탬이 되겠는가? 화려한 저택을 짓기 위해서인가? 처와 첩들이 풍족하게 받들어 주기를 바라서인가? 아니면 내가 알고 있는 궁핍한 자가 나에게서 무언가를 얻어 가게 하기 위해인가?

지난번에는 자신의 양심을 지키기 위해 죽어도 받지 않다가 이제는 저택을 화려하게 꾸미기 위해 그것을 받고, 지난번에는 자신의 양심을 지키기 위해 죽어도 받지 않다가 이제는 처와 첩을 거느리고 풍족하게 살기 위해 그것을 받으며, 이제는 개인적으로 알고 있는 궁핍한 사람들에게 나누어 주기 위해 재물을 받았다. 이런 일을 그만둘 수는 없는가? 이것을 '그 착한 본래의 마음을 잃었다.'라고 하는 것이다."

양심과 그것을 지키기 위한 간략한 방법이 제시된 장이다. 양심은 착한 본성을 말하는데, 그것을 보존하는 방법은 시시각각 다가오는 사악한 무리들을 경계하는 작업이다. 사악한 인간들이 주변에 있으면 선한 본성이 가려져 양심을 잃어버리기 쉽다. 때문에 온 마음과 모든 힘을 동원하여 양심 지키기에 열중해야 한다. 이런 점에서 본성을 지킨다는 것 자체가 자연스러울 수도 있지만 대단히 피곤할 수 있다.

특히 보통 사람의 경우, 조그마한 이익에 눈이 어두워 그것에 목숨을 걸면서 예의를 따지는 경우가 많다. 이에 예의염치를 가지라는 충고가 바닥에 깔린 대목이다.

조기는 『장구』에서 "바둑을 둘 때 그 수를 따지는 것은 대수롭지 않은 일이기는 하지만 그것에 세심하게 신경을 쓰지 않으면 바둑의 원리를 제대로 터득하지 못한다. 사람의 경우에도 한 사람만이 그를 착하게 이끌고 열 사람이 그를 나쁜 길로 인도한다면 아무리 올바른 방법을 취한다고 하더라도 지혜롭게 할 방법이 없다."라고 풀이하였다.

주자는 『집주』에서 "부끄러워할 줄 아는 마음인 수오지심은 사람이 본디부터 간직하고 있는 것이지만, 위험하고 절박한 상황에 처하면 사생을 결단하면서도 풍부하고 편안한 때에는 그것을 제대로 따지지 못한다. 때문에 지성인은 한 순간도 놓치지 말고 이런 점을 성찰해야 한다."라고 해석하였다.

5. 학문과 수양

11

맹자가 말하였다.

"사람을 사랑하는 열린 마음인 인은 사람이 본래부터 지니고 있는 마음의 발로 그 자체이고, 사람의 도리인 의는 사람의 본래 마음을 따라가는 길이다.

그 길을 버리고 따라가지 않고, 그 마음을 내버리고 찾을 줄을 모르니, 참 슬프다!

사람이 자기 집에서 기르던 닭과 개가 도망가면 찾을 줄 알면서, 자기 마음을 내버려 두고도 찾을 줄을 모른다.

학문을 하는 방법은 다른 것이 없다. 그 내버린 착한 마음을 찾는 것일 뿐이다."

12

맹자가 말하였다.

"지금, 넷째 손가락이 구부러져 펴지지 않는다고 하자. 그렇다고 일을 하는데 아파서 손을 쓸 수 없는 지경은 아니다. 그래도 넷째 손가락을 펴 주는 사람이 있으면 진나라나 초나라처럼 멀리 있는 나라의 사람일지라도 멀다 여기지 않고 찾아갈 것이다. 이는 손가락이 다른 사람과 같지 않기 때문이다.

손가락이 펴지지 않아 다른 사람들과 같지 않으면 그것을 걱정할 줄 알면서, 마음이 착하지 못하고 물욕에 찌들어 다른 사람들과 같지 않아도 그것을 걱정할 줄 모른다. 이를 두고, 무엇이 중요한지 그 '우선순위를 알지 못한다.'라고 하는 것이다."

13

맹자가 말하였다.

"두 손으로 움켜지거나 한 손으로 움켜쥘 수 있을 정도의 작은 오동

나무와 가래나무가 있다고 하자. 사람들이 그것을 재배하려고 한다면 모두 그것을 재배하는 방법을 안다. 그런데 자기 몸에 대해서는, 왜 바르게 길러야 하는지 그 까닭을 알지 못한다. 사람이 어찌 자기 몸을 사랑하는 것이 오동나무와 가래나무를 재배하는 것만도 못하겠는가? 자기를 나무보다 덜 사랑하는 것이 아니라는 점을 생각하지 않기 때문이다."

14

맹자가 말하였다.

"사람은 자기 몸의 모든 부위를 아끼고 사랑한다. 모든 부위를 아끼므로 전체를 보호하고 기르려고 한다. 한 자와 한 치의 살도 모두 아끼기에, 한 자와 한 치의 살도 남김없이 기른다. 잘 기르고 잘못 기르고를 살피는 기준이 어찌 다른 데 있겠는가? 바로 자기 자신을 가지고 보아야 한다!

몸에는 귀하고 천한 것, 크고 작은 것이 있다. 귀하고 큰 것은 정신적으로 자기를 양육하기 위한 의지를 말하고, 천하고 작은 것은 육체적으로 자기를 양육하는 물질적 측면이다. 따라서 작은 것을 가지고 큰 것을 해치지 말고, 천한 것을 가지고 귀한 것을 해치지 말아야 한다. 즉 육체적 양육에 치우쳐 정신적 양육을 소홀히 하지 않아야 한다. 작은 것을 기르는 자는 조무래기가 되고, 큰 것을 기르는 자는 지성인이 된다.

지금, 정원사가 오동나무와 가래나무를 버리고 멧대추나무와 가시나무를 기른다면 천박한 정원사가 될 것이다. 손가락 하나만을 기르고 어깨와 등을 돌아볼 줄 모른다면, 이는 전반적으로 몸을 보지 못하는 폐쇄적인 의사가 될 것이다.

먹고 마시는 데 급급하여 음식을 밝히는 사람을 사람들은 천하게 여긴다. 그 이유는 작은 것을 기르고 큰 것을 잃기 때문이다. 음식에 급급한 사람일지라도 큰 것을 잃지 않는다면, 어찌 그 음식이 한 자나 한 치의 살이 될 뿐이겠는가? 정신을 양육하는 밑거름이 되리라."

맹자의 학문론과 수양론이 아주 짧으면서도 굵게 드러난 대목이다. 오늘날의 학문은 지나치게 지식에 치우쳐 있어 지식 습득이 목적처럼 되어 있는 경우가 많다. 하지만 맹자는 그의 철학에 입각하여 마음의 문제를 학문의 중심에 둔다.

맹자의 학문은 학문(學文)이 아니라 학문(學問)이다. 해이해진 마음, 놓아 버린 마음을 찾는 일이다. 그것을 흔히 '구방심(求放心)'이라고 하는데, 유학 수양론이 제시하는 가장 중요한 화두이기도 하다.

학문은 방심한 마음을 되찾는 것 자체다. 주자는 『장구』에서 "학문은 방심한 본심을 되찾는 데 있다. 하지만 방심한 본심을 되찾은 후에 다시 학문에 종사하여야 비로소 학문 발전이 있다."고 보고, 한 발짝 더 나아가서 방심한 마음을 되찾는 일과 학문을 상호작용의 차원에서 점층적으로 진행해 나가기를 권고하였다.

조기는 『장구』에서 "사람의 길을 따라 그 마음을 찾아야 기본을 얻는다. 닭과 개를 쫓아다니는 것은 말단에 힘쓰는 짓이다. 배워서 본심을 찾으면 그 의미가 무엇인지 파악할 수 있다. 사람은 대부분 큰일은 버리고 작은 일은 싫어한다. 이는 그 요점을 모르는 짓이다. 해야 할 일을 놓치고 힘써야 할 곳을 잘못 잡아 서둘러야 할 일을 하지 못하는 것도 인간의 결점이다. 이에 자기 행실을 기르고 자기를 올바름으로 다스리는

데 모든 힘을 쏟아야 한다."라고 풀이하였다.

6. 수양과 인간의 품격

15 ────────────────────────────

맹자의 제자 공도자가 물었다.

"다 같은 사람인데, 어떤 사람은 지성인이 되고, 어떤 사람은 조무래기가 되는데, 그것은 어째서 그렇습니까?"

맹자가 말하였다.

"사람의 착한 마음을 따라서 행동하면 지성인이 되고, 물질적 욕구나 감각에 이끌려 행동하면 조무래기가 된다네."

공도자가 물었다.

"다 같은 사람인데, 어떤 사람은 착한 마음을 따라서 행동하고, 어떤 사람은 물질적 욕구나 감각에 이끌려 행동하는데, 그것은 어째서입니까?"

맹자가 말하였다.

"귀나 눈 같은 감각 기관은 생각을 하지 못하기 때문에 사물에 가려진다네. 귀나 눈 같은 감각 기관은 외부의 사물을 만나면 거기에 끌려갈 뿐이라네. 마음은 그 기능상 큰 특징이 생각할 수 있다는 것이지. 생각하면 사물의 이치를 얻고 생각하지 않으면 그것을 깨닫지 못한다네. 이것은 우리 인간이 천부적으로 타고난 것이라네. 그러므로 큰마음을 앞세우고 사람의 도리를 터득하면, 주변의 감각 기관이 함부로 하지 못할 것이네. 이것이 지성인이 되는 이유일세."

16

맹자가 말하였다.

"하늘이 내려 주는 벼슬인 천작이 있고, 지도자가 내려 주는 벼슬인 인작이 있다. 사람을 사랑하고 사람의 도리를 행하며, 자기 직분에 충실하고 다른 사람과의 신뢰를 지키며, 착한 일을 즐거워하며 게을리 하지 않는 것이 천작이고, 최고위관료나 고위관료, 하급관리와 같은 것은 인작이다.

옛날 사람들은 자기의 천작을 닦으면, 인작이 그것에 뒤따라왔다.

지금 사람들은 자기의 천작을 닦아서 인작을 요구한다. 심지어는 인작을 얻고 나면 천작을 버린다. 이것은 잘못되어도 한참 잘못된 일이다! 이런 경우, 끝내는 인작마저 잃을 뿐이다."

17

맹자가 말하였다.

"고귀하게 되려는 마음은 모든 사람에게 똑같이 존재한다. 사람은 누구나 고귀함을 지니고 있다. 이를 생각하지 않아서 모를 뿐이다.

사람들이 고귀하게 여기는 것, 인작과 같은 것은 본래 귀한 것이 아니다. 예를 들어 진나라 때 권문세가였던 조맹이 고귀하게 여긴 것은 조맹이 다시 거두어들여 천하게 만들 수 있다.

『시경』「대아」〈기취〉에 '이미 술로 취하고 이미 덕망으로 충족하였다.'라고 노래하였는데, 사람을 사랑하는 마음과 사람의 도리, 이른바 천작에 충족함을 말한 것이다. 이 때문에 다른 사람의 살진 고기와 맛있는 쌀밥을 원하지 않는 까닭이다. 좋은 명성과 널리 알려진 명예가 몸에 갖추어져 있기 때문에 다른 사람이 꾸며 주는 수놓은 비단옷을 원하지 않는 것이다.

18

맹자가 말하였다.

"인자함이 잔혹함을 이기는 것은 물이 불을 이기는 것과 같다. 지금, 인자함을 해치는 자들은 한 잔의 물로 수레에 가득 실은 나무에 난 불을 끄는 것과 같다. 그리하여 불이 꺼지지 않으면 물이 불을 이기지 못한다고 말한다. 이는 또 잔혹함에 빠져 헤어나지 못하는 자들이다. 이러다가는 조그마한 인자함도 끝내 잃을 뿐이다.

19

맹자가 말하였다.

"벼, 수수, 기장, 보리, 콩과 같은 오곡은 씨앗 중에서도 가장 좋은 것이다. 하지만 제대로 익지 못하면 피보다도 못하다. 사람을 사랑하는 열린 마음씨 또한 그것을 어떻게 성숙하게 하느냐에 달려 있을 뿐이다."

20

맹자가 말하였다.

"활의 명수였던 후예가 사람들에게 활쏘기를 가르칠 때, 반드시 활을 힘껏 당기고 화살을 쏘는 순간에 뜻을 두게 하였다. 때문에 활쏘기를 배우는 사람은 반드시 활을 힘껏 당기고 화살을 쏘는 순간에 뜻을 둔다.

큰 목수가 사람을 가르칠 때, 반드시 컴퍼스와 곱자로 하였다. 때문에 목수 일을 배우는 사람은 반드시 컴퍼스와 곱자로 한다.

이 대목은 학문과 수양의 결과, 인간의 품격이 어떻게 드러나는지를 엿볼 수 있는 장이다. 대인(大人)과 소인(小人), 천작(天爵)과 인작(人爵) 등 사람의 모습과 부귀빈천, 그 모든 기준은 마음 수련에서 제기된다.

조기는 『장구』에서 "하늘이 사람에게 본성을 부여하였다. 먼저 자기에게 있는 큰 것을 확립하면 마음이라는 기관이 그것을 생각하게 되고, 사악한 것이 함부로 어기고 넘어서지 않게 된다. 그런 사람이 다름 아닌 대인이다. 소인은 그와 반대로 스스로 미혹되어 멸망을 초래한다. 사람의 본성은 선하고, 고귀하게 되는 것은 자신에게 달려 있는데, 사람들이 그것을 구할 줄 모른다. 그런 것을 구할 줄 아는 지성인은 빈곤한 가운데서도 즐겁게 산다. 모든 일에는 각각 근본이 있고, 사람의 길에는 높일 곳이 있다. 중요한 것은 마음의 눈으로, 전심을 다하여 배우고, 반드시 기준을 가지고 점점 노력해 가는 것이다."라고 풀이하였다.

주자는 『집주』에서 "사람이 하는 모든 일은 반드시 기준이 있어야 하고 그것을 통해 노력한 후에 성취할 수 있다. 스승이 그 기준을 버리면 가르칠 수 없고, 제자가 이 기준을 버리면 배울 수가 없다. 하찮은 기예도 그러한데, 사람다움을 꿈꾸는 품격 있는 사람의 길은 말할 필요가 없다."라고 해석하였다.

7. 경중의 분별

21

산동 지역의 임성에 있던 조그마한 나라인 임나라의 어떤 사람이 맹자의 제자인 옥려자에게 물었다.

"예의와 음식을 먹는 일 가운데 어느 것이 더 중요합니까?"

옥려자 대답하였다.

"그야 당연히 예의가 중요하지요."

임나라 사람이 또 물었다.

"그러면 남자와 여자가 함께 사는 것과 예의 가운데 어느 것이 중요합니까?"

옥려자가 대답하였다.

"당연히 예의가 중요합니다."

임나라 사람이 말하였다.

"아, 그래요? 예의를 차려 가며 음식을 먹으려니 굶어 죽을 판이고, 예의를 차리지 않고 음식을 먹으면 음식을 얻을 수 있어요. 이런 경우에도 반드시 예의대로 해야 하는가요? 혼인의 예의를 갖추면 아내를 얻지 못하고, 혼인의 예의를 갖추지 않으면 아내를 얻을 수 있어요. 이런 경우에도 반드시 혼인의 예의를 갖추어야 하는가요?"

옥려자가 이에 대답하지 못하고, 그 이튿날 추나라에 가서 임나라 사람의 이야기를 맹자에게 알렸다.

그러자 맹자가 말하였다.

"뭐, 그런 질문에 답하는 데 무슨 문제라도 있는가? 뿌리를 제대로 헤아리지 않고 그 위의 가지나 잎만을 가지런하게 한다면, 사방 한 치의 작은 나무를 가지런히 하여 높이 솟은 잠루 위에 얹어 놓고 그것으로 '잠루보다 높게 만들 수 있다.'고 말할 수 있다. '쇳덩어리가 깃털보다 무겁다.'라고 말할 때, 그것이 어찌 한 혁대 고리의 쇠뭉치가 한 수레 가득 실은 깃털의 무게보다 무겁다는 것을 말하는 것이겠는가? '음식을 먹어야 사람이 살 수 있다.'는 소중한 뜻을 예의 가운데 상대적으로 덜 중요한 것과 비교한다면, 어찌 음식이 중요하지 않겠는가! 남자와 여자가 함께 사는 것이 소중한데, 이를 예의 가운데 상대적으로 덜 중요한 것과 비교한다면 어찌 남녀가 함께 사는 것이 중요하지 않겠는가!

자네 말이야, 가서 그 사람에게 다음과 같이 말하게나. '형의 팔을 비틀고 음식을 빼앗으면 음식을 먹을 수 있고, 형의 팔을 비틀지 않으면 음식을 얻어먹지 못하는 경우 형의 팔을 비틀겠는가? 동쪽 집의 담장을 뛰어넘어 그 집의 처녀를 끌어오면 아내를 얻게 되고, 끌어오지 않으면 아내를 얻지 못하는 경우 처녀를 끌어오겠는가?'"

이 장은 「고자장구」 하편의 1장에 해당한다. 「고자장구」 상편이 인간의 본성과 학문, 수양, 품격 등을 논의하였다면, 여기에서는 생활 가운데 사람이 무엇을 중시해야 하는지, 방법적 측면을 다룬 것이 많다.

인간의 삶에는 정신적인 차원도 있고 물질적인 측면도 있다. 또 그 사이에 무엇이 급하고 무엇이 중요한지 따져 볼 필요도 있다. 여기에서는 인간이 만든 제도적 차원의 예법과 자연스럽게 본능에 따르는 식욕과 색욕의 경우에도 상황에 따라 그 중요도가 달라질 수 있음을 설명하였다. 요컨대, 모든 일을 처리하는 데 선후와 경중을 고려하라! 그렇지 않

으면 무리하게 억측할 수 있고, 중요한 것을 가볍게 넘길 수도 있어 실
수를 할 수 있다.

조기는 『장구』에서 "어떤 일에 임해서 마땅히 해야 하는 것이 무엇인
지 헤아려야 하고, 그 경중을 달아보아야 한다. 예의를 앞세우고 식욕과
색욕을 뒤로 돌릴 수 있다. 하지만 그것이 한쪽으로 치우치거나 특수한
경우가 생기면, 그 상황을 보고 무엇이 중요하고 급선무인지를 따질 필
요가 있다."라고 풀이하였다.

주자는 『집주』에서 "사람의 도리와 객관적 사물을 다루는 문제에서
어느 것이 중요한지, 그 경중을 나누어 볼 때 진정으로 구분할 필요가
있다. 크게 나누어 중요한 것이 있고 그 속에서도 또 각자의 우선순위
가 있다. 최고의 인격자나 지성인들은 이런 문제에 대해 이리저리 종합
하고 참작하여 털끝만큼도 어긋나지 않게 한다. 한 자를 굽혀 한 길 펴
기를 즐거워하지도 않고, 결단을 할 때 한결같이 그 이치가 당연한지 아
닌지를 볼 뿐이다."라고 해석하였다.

8. 원망함과 사모함

22

조나라 지도자의 동생인 조교가 맹자에게 물었다.

"사람은 모두 요임금이나 순임금이 될 수 있다고 합니다. 사실이 그렇
습니까?"

맹자가 말하였다.

"예, 그렇습니다."

조교가 말하였다.

"제가 듣기에, 주나라를 세운 문왕은 키가 2미터가 넘고, 은나라 탕임금도 2미터에 가깝다고 했습니다. 지금 제 키는 탕임금보다 크고 문왕보다는 작지만, 2미터에 가깝습니다. 그러나 그들처럼 재능을 발휘하여 나라를 세우거나 훌륭한 지도자가 되지 못하고, 별 재능도 없이 곡식만 축내고 있을 뿐이니 어찌하면 좋습니까?"

맹자가 말하였다.

"키가 크고 작고, 그런 것이 무슨 관계가 있겠습니까? 훌륭한 정치를 힘껏 해볼 따름이지요. 여기에 어떤 사람이 있다고 합시다. 그 사람이 '나는 한 마리의 병아리를 들어 올릴 힘도 없다!'라고 하면, 그는 힘이 없는 사람이 되고, '3,000근의 무게를 들 수 있다!'라고 하면, 힘이 있는 사람이 될 것입니다. 나아가 옛날 3만 근의 무게를 들어 올렸다고 하는 장사 오확이 들었던 만큼의 무거운 짐을 들어 올린다면, 그도 또한 오확과 같은 장사가 될 것입니다. 사람이 어찌 다른 사람보다 잘하지 못함을 걱정합니까? 자신이 스스로 하지 않음을 걱정해야 합니다.

천천히 걸어서 어른보다 뒤서 가는 것을 '공경한다.'고 하고, 빨리 걸어서 어른보다 앞서 가는 것을 '공경하지 않는다.'고 합니다. 천천히 걸어가는 것을 어찌 사람들이 할 수 없겠습니까? 자기가 하지 않는 것이지요. 요임금이나 순임금이 실천한 길은 효도와 공경일 뿐입니다.

당신이 훌륭한 인물의 상징인 요임금이 입던 옷을 입고, 요임금의 말씀을 외우며, 요임금의 행실을 행한다면, 그게 바로 요임금과 같이 훌륭한 인품이 되는 겁니다. 당신이 포악한 인물의 상징인 하나라의 걸이 입던 옷을 입고, 걸의 말을 외우며, 걸의 행실을 행한다면, 그게 바로 걸과 같이 포악한 사람이 되는 겁니다."

조교가 말하였다.

"제가 추나라의 지도사를 만나면, 관사를 하나 빌릴 수 있습니다. 여기에 머물면서 선생 문하에서 배우고 싶습니다."

맹자가 말하였다.

"사람의 도리는 큰길과 같습니다. 그 큰길을 어찌 알기 어렵겠습니까? 사람들이 스스로 구하지 않는 것이 문제입니다. 그대도 돌아가, 좀 스스로 찾아보세요! 스승은 남아돌 정도로 많이 있습니다."

23

맹자의 제자 공손추가 물었다.

"고자가 『시경』 「소아」 〈소변〉은 조무래기들의 시다!'라고 했습니다."

맹자가 말하였다.

"무엇으로 그렇게 말한 것인가?"

공손추가 말하였다.

"자식이 부모를 원망했기 때문이라고 합니다."

맹자가 말하였다.

"참, 꽉 막혔네 그려! 어찌 그렇게 시를 해석하는가! 여기에 어떤 사람이 있다고 하세. 월나라 사람이 활을 당겨 그를 쏘았다면, 자기는 떠들고 웃고 하면서 그것에 대해 이야기 할 것이야. 왜냐고? 그 월나라 사람은 남쪽에 있는 먼 나라 사람으로 자기와 별 상관이 없기 때문이지. 그런데 자기 형이 활을 당겨 그 사람을 쏘았다면 사정이 달라지지. 눈물을 떨구며 그것에 대해 이야기 할 것이야. 왜냐고? 그 형을 친근하게 여기기 때문이지. 『시경』 「소아」 〈소변〉에서 원망한 것은 부모를 친근하게 대한 것일세. 부모를 친근하게 대하는 것은 사랑하는 마음에서 우러나오는 것이지. 꽉 막혔네 그려! 고자가 시를 보는 눈이 말일세."

공손추가 말하였다.

"『시경』 「국풍」 〈개풍〉에서는 어찌하여 부모를 원망하지 않았습니까?"

맹자가 말하였다.

"『시경』 「국풍」 〈개풍〉은 부모의 조그마한 잘못을 다룬 시이고, 〈소변〉은 부모의 큰 잘못을 다룬 시일세. 부모의 잘못이 큰데도 모른 체하고 원망하지 않는다면, 이는 부모자식 관계가 더욱 멀어질 수 있는 원인이 되지. 반면에 부모의 잘못이 조그마한 것인데도 지나치게 원망한다면, 부모자식 간에 조금만 부딪혀도 감정이 상할 수 있는 것일세. 부모자식 사이가 멀어지는 것도 불효이고, 감정이 상하게 하는 것도 불효이다.

그래서 공자가 순임금을 본보기로 들어 이렇게 말했지.

'순임금은 역사상 최고의 효자이리라. 나이 50세에도 부모를 그리워하였다.'"

인간관계 중에서 가장 쉬우면서도 정말 어려운 것이 부모자식 사이의 관계이다. 어떤 측면에서 보면, 모든 인간사의 근원이 여기에 있는지도 모른다. 유가의 오륜 가운데 다른 어떤 관계와도 다르기에, 옛날부터 이를 인륜(人倫)을 넘어서서 천륜(天倫)이라고 했는지도 모를 일이다.

이 장은 부모자식 사이의 효에 관한 문제를 다시 거론한다. 앞 장에서는 누구나 노력만 하면 요임금이나 순임금과 같은 최고의 인격자가 될 수 있는데, 그 근원은 그들이 실천했던 부모형제에 대한 효도와 그것을 바탕으로 확장되는 사람에 대한 존경이다.

조기는 『장구』에서 "이 세상에 가장 큰 도리로 효도와 존경이 있는데, 사람은 모두 그것을 따라간다. 문제는 하지 않는 것이다. 따라서 누구든지 할 수 없음을 미리 근심해서는 안 된다."라고 풀이하였다.

뒤에 나오는 〈소변〉의 시에 대해서는 여러 가지 해설이 있는데, 노시설(魯詩說)에 의하면, 윤길보라는 사람의 전처 아들인 백기가 지은 것이라고 한다. 윤길보가 후처를 얻어 아들 백방을 낳았는데, 후처가 백기를 헐뜯으며 황야로 내쫓자, 백기가 〈소변〉을 지어 그의 원통한 심정을 나타냈다고 한다. 〈개풍〉은 효자를 찬미한 시다. 당시 위나라에 음풍(淫風)이 유행하여 아들 일곱을 둔 홀어머니도 집에서 가만히 견디지 못했을 정도였다. 이에 일곱 아들이 어머니를 위로하여 마음이 동요되지 않도록 한 것을 찬미한 노래라고 한다.

9. 지성인은 어떤 자리에 머물러야 하는가

24

송나라 사람 송경이 초나라로 가고 있었다. 맹자가 석구라는 지역에서 그를 만났다.

맹자가 말하였다.

"선생께서는 어디를 가려고 하십니까?"

송경이 말하였다.

"아, 내가 진나라와 초나라 사이에 전란이 발생했다는 소문을 들었어요. 초나라로 가서 지도자를 만나 보고 설득하여, 전쟁을 그만두게 하고 싶어요. 초나라 지도자가 좋아하지 않을 수도 있겠지만, 전쟁을 진짜 기뻐하지 않는다면 진나라 지도자를 만나 보고 설득하여, 전쟁을 그만두게 하려고 합니다. 두 나라 지도자 중에 내 말을 들어 주는 사람이 있지 않겠습니까?"

맹자가 말하였다.

"아, 참 좋은 뜻을 갖고 계십니다. 전쟁을 하지 않아야지요. 그런데 어떻게 설득하려고 합니까? 자세한 내용은 묻지 않겠습니다만, 그 취지는 한 번 듣고 싶습니다."

송경이 말하였다.

"그 전쟁이 두 나라 모두에게 이익이 되지 않는다는 점을 강조하려고 해요."

맹자가 말하였다.

"전란을 막으려는 선생의 의도는 참 좋습니다. 하지만, 전쟁 중지를 위해 선생이 내세우는 명분은 옳지 않습니다.

선생이 이익을 가지고 진나라와 초나라의 지도자를 설득하면, 진나라와 초나라의 지도자가 모두 이익 때문에 전쟁을 멈추고 군대를 해산할 것입니다. 이는 군대의 해산을 즐거워하는 동시에 이익을 기뻐하는 것입니다. 최측근 참모가 이익을 생각하여 지도자를 섬기고, 자식이 이익을 생각하여 부모를 모시며, 동생이 이익을 생각하여 형을 존경한다면, 이는 지도자와 측근 참모, 부모와 자식, 형제자매 사이에 사람을 사랑하는 마음이나 사람의 도리를 버리고 이익을 생각하여 서로 대하는 꼴이 됩니다. 이렇게 하면 망하기 쉽습니다.

선생이 사람을 사랑하는 마음이나 사람의 도리로 진나라와 초나라의 왕을 설득하면, 진나라와 초나라의 지도자가 사람을 사랑하는 마음이나 사람의 도리에 근거하여 전쟁을 멈추고 군대를 해산할 것입니다. 이는 군대의 해산을 즐거워하는 동시에 사람을 사랑하는 마음이나 사람의 도리가 실천되는 것을 기뻐하는 것입니다. 최측근 참모가 사람을 사랑하는 마음이나 사람의 도리를 생각하여 지도자를 섬기고, 자식이 사람을 사랑하는 마음이나 사람의 도리를 생각하여 부모를 모시며, 동생이 사람을 사랑하는 마음이나 사람의 도리를 생각하여 형을 존경한다면, 이는 지도자와 측근 참모, 부모와 자식, 형제자매 사이에 이익 추구를 버리고 사람을 사랑하는 마음이나 사람의 도리를 생각하여 서로 대하는 것입니다. 이렇게 하고도 지도자 노릇을 하지 못한 사람은 아직까지 없었습니다. 어찌 이익만을 말하는지요?"

25

맹자가 고국인 추나라에 있을 때, 임나라 지도자의 막내 동생 계임이 지도자인 맏형을 대신하여 나라를 다스리고 있으면서, 예물을 보내와서 교제를 하고 싶다고 요청해 왔다. 그러자 맹자는 예물을 받기만 하고 감사의 표시를 하지 않았다.

제나라의 평륙 지역에 있을 때, 제나라의 고위관료인 저자가 예물을 보내와서 교제를 하고 싶다고 요청해 왔다. 그러자 맹자는 예물을 받기만 하고 감사의 표시를 하지 않았다.

나중에 추나라에서 임나라에 가서는 계임을 만나 보았고, 평륙 지역에서 제나라 중앙에 가서는 저자를 만나 보지 않았다.

그러자 제자 옥려자가 무슨 꼬투리라도 잡은 듯이 기뻐하며 말하였다.

"아, 나도 선생님에게 따져 볼 거리가 생겼다! 선생님은 임나라에 가서는 계임을 만나고, 제나라에 가서는 저자를 만나 보지 않았습니다. 그건 혹시 저자가 제나라의 고위관료가 되었기 때문입니까?"

맹자가 말하였다.

"아니야, 그런 게 결코 아니야.『서경』「주서」〈막고〉에 '예물을 보내올 때는 예의를 중시하니, 예의가 물건에 미치지 못하면 이는 예물을 보내온 것이 아니라고 하니 이는 예물을 보내는 데 마음을 쓰지 않았기 때문이다.'라고 하였잖은가! 제나라 저자의 경우 바로 예물을 보낼 때 예의를 지키지 않았기 때문일세."

이에 옥려자가 기뻐하자, 어떤 사람이 옥려자가 왜 기뻐하는지 물었다.

옥려자가 말하였다.

"임나라의 계임은 지도자를 대신하여 나라를 지키고 있는 처지라 추나라에 가기 어려운 형편이었고, 제나라의 저자는 중앙의 고위관료로 있었기 때문에 마음만 먹으면 언제든지 같은 제나라 안에 있던 평륙에 갈 수 있었다. 그러니까, 계임은 예의를 잃은 것이 아니었고, 저자는 예의를 잃은 꼴이 되므로, 답례하지 않은 것이다."

26

제나라의 지식인 순우곤이 맹자에게 말하였다.

"덕망으로 인해 쌓인 명예와 나라를 위해 일한 공적을 앞세우는 사람은 다른 사람을 위하는 것이고, 명예와 공적을 뒤로 돌리는 사람은 자신을 위하는 것입니다. 선생께서는 제나라의 객경이라는 고위관료를 지냈는데, 명예와 공적이 지도자와 일반 서민들에게 제대로 베풀어지지 못하고 떠났습니다. 인자한 사람도 본래 그렇습니까?"

맹자가 말하였다.

"낮은 자리에서 훌륭한 덕망을 지니고서 똑똑하지 않은 지도자를 섬기지 않은 사람은 백이였고, 다섯 번 탕임금을 찾아가고 다섯 번 걸을 찾아간 사람은 이윤이었으며, 더러운 지도자를 싫어하지 않고 낮은 관직을 사양하지 않은 사람은 유하혜입니다. 이 세 사람의 길은 같지 않았으나, 그 나아감은 똑같았어요. 이때 똑같다는 것이 무엇인가요? 다름 아닌, 사람을 사랑하는 열린 마음입니다. 지성인은 사람을 사랑하는 열린 마음을 지닐 뿐입니다. 그러니 어찌 걷는 길이 반드시 같겠습니까?"

순우곤이 말하였다.

"노나라의 목공이 지도자였을 때, 공의자가 고위관료를 지냈고, 설류와 자사가 측근으로서 자문 역할을 했습니다. 그러나 노나라의 영토가 침략당하여 많이 빼앗겼습니다. 훌륭한 인물이 있었는데도, 나라에 도움이 되지 않았습니다."

맹자가 말하였다.

"우나라는 백리해를 등용하지 않아 망하였고, 진나라 목공은 그를 등용하여 힘 있는 나라가 되었습니다. 훌륭한 덕망과 똑똑한 재능을 가진 인물을 등용하지 않으면 나라가 망하기 마련입니다. 어찌 영토를 빼앗기는 것으로 끝나겠습니까?"

순우곤이 말하였다.

"옛날에 위나라 사람으로 노래를 잘했던 왕표가 기수 주변에 살게 되자, 하서 지방 사람들이 노래를 잘 부르게 되었습니다. 제나라 사람으로 노래를 잘했던 면구가 고당 지역에 살게 되자, 제나라 서쪽 지방 사람들이 노래를 잘 부르게 되었습니다. 제나라의 장수였던 화주와 기량의 아내가 남편이 전사하여 애통하게 곡소리를 잘하자, 나라의 풍속이 바뀌었습니다. 안에 들어 있는 것은 반드시 밖으로 나타나게 마련입니다. 할 일을 잘했는데 공적이나 효과가 없는 경우를 저는 일찍이 보지 못했습니다. 그러므로 이 세상에는 덕망이 훌륭하거나 재능이 똑똑한 사람이 없습니다. 있다면 제가 반드시 알 것입니다."

맹자가 말하였다.

"공자가 노나라의 법무장관이 되었습니다. 그러나 공자가 추진하려는 정책들은 받아들여지지 않았습니다. 그때 공자는 고국인 노나라를 떠나려고 했지요. 또한 공자는 나라에서 지내는 제사에 참여하였습니다. 통상적으로 제사 때 사용한 고기를 나누어 주는 것이 관례인데, 지도자가 공자에게 고기를 내려 주지 않았어요. 이에 제사 때 입었던 예복을 벗지도 않은 채, 급하게 노나라를 떠났습니다. 공자를 알지 못하는 자들은 제사 고기를 받지 못했기 때문에 떠났다고 하고, 공자를 아는 자들은 예의가 없기 때문에 떠났다고 말하곤 합니다. 그러나 사실, 공자는 이전부터 조그마한 잘못을 핑계로 떠나려고 하였어요. 이유 없이 떠났다는 오해를 받고 싶어 하지 않았어요. 훌륭한 인격을 갖춘 사람은 특히 고국에서 지도자나 고위관료의 실수를 드러내지 않으려고 합니다. 또 이유 없이 함부로 떠나려고도 하지 않는 법이지요. 이처럼 지성인의 행동을 일반 사람들은 정확하게 알지 못하는 것입니다."

맹자 시대의 지성인이 어떤 자리에 머물러야 하는지를 고민해 볼 수 있는 대목이다. 일반적으로 지성인은 다양한 자리에 나아가기도 하고 물러나기도 하는 데 그것을 '진퇴출처(進退出處)'라고 한다.

맨 앞에서는 전쟁과 평화에 대한 맹자의 관점이 드러나 있다. 앞에서도 많이 언급되었지만, 맹자는 이익보다는 사람을 사랑하는 마음과 사람의 도리를 먼저 생각하는 유세를 한다. 조기는 『장구』에서 "나라의 지도자들이 원하는 것은 아랫사람들의 속성에 의해 만들어진다. 그들의 선한 속성이 점차 오래되어 쌓이면 나라에 평화를 가져 온다. 악한 속성이 오래되어 점차 쌓이면 나라의 패망을 가져온다."라고 풀이하였다.

주자는 『집주』에서 "이 장을 보면 전쟁을 그치게 하고 일반 서민들을 쉬게 하는 일은 똑같다. 그러나 그 마음에는 의리와 이익 측면에서 다른 점이 있다. 그에 따라 결과는 완전히 달라진다. 나라를 흥하고 망하게 하는 데 엄청난 차이가 있다."라고 해석하였다.

뒤의 두 장은 지성인이 어떻게 교제하는지 엄중한 면모를 엿볼 수 있다. 조기는 『장구』에서 "지성인이 교제를 할 때는 예의를 어기지 않는다. 상대가 어떻게 처신하느냐에 따라 당당하게 답하며 응한다. 만날 만하면 만나고, 만날 만하지 않으면 만나 주지 않는다. 어떤 일이건 기회를 보고 움직이는데, 많은 시간을 들이지 않는다. 하루가 다 가기를 기다리지 않는다. 공자의 경우, 떠나가려고 마음먹은 다음 바로 떠나 버린다. 심지어는 제사의식을 행하다가 아니다 싶으면 예복을 벗을 겨를도 없이 가 버렸다. 하지만 보통 사람들은 그런 지성인의 정신을 제대로 인지하지 못하고 공과를 따진다."라고 풀이하였다.

10. 패도 지양, 왕도 지향

27

맹자가 말하였다.

"춘추시대에 무력으로 실권을 장악한 제나라 환공, 진나라 문공, 진나라 목공, 송나라 양공, 초나라 장왕, 이른바 춘추오패는 훌륭한 덕망으로 지도자가 된 하나라의 우임금, 은나라 탕임금, 주나라의 문왕과 무왕의 죄인이다. 지금, 전국시대의 각 나라 지도자들은 춘추시대 오패의 죄인이다. 지금, 전국시대의 중간급 지도자들은 각 나라 지도자들의 죄인이다. 왜냐하면 아래로 내려올수록 훌륭한 정치는 사라지고 포악한 정치가 등장했기 때문이다.

최고지도자인 천자가 각 나라를 순시하는 것을 '순수'라 하고, 각 나라의 지도자인 제후가 최고지도자 천자에게 조회 가는 것을 '술직'이라한다. 봄에는 사람들이 농지를 경작하는 것을 살펴 부족한 것을 보충해주고, 가을에는 수확한 상태를 살펴 부족한 것을 보충해 준다. 천자가 제후의 나라에 들어가 영토가 잘 개척되고 농지가 잘 가꾸어졌으며, 노인을 봉양하고 훌륭한 덕망을 지닌 사람을 높이며, 똑똑한 재능을 지닌 사람을 등용하였으면 상을 내린다. 상으로는 봉토인 땅을 늘려 준다. 천자가 제후의 나라에 들어가 영토가 황폐하고 노인을 버리며, 훌륭한 덕망을 지닌 사람을 존경하지 않고, 재물을 거둬들이고 오만한 자들을 등용하였으면 꾸짖는다. 한 번 조회에 오지 않으면 그 지위를 낮추고, 두번 조회에 오지 않으면 그 땅을 떼어 내어 봉토를 줄이고, 세 번 조회에 오지 않으면 군대를 동원하여 지도자를 바꿔 놓는다. 그러므로 최고지도자인 천자는 죄를 성토만 하고 정벌하지 않으며, 각 나라의 지도자인 제후는 정벌하기만 하고 성토하지 않는다. 그런데 춘추시대 오패는 각 나라의 지도자인 제후를 이끌어 제후를 정벌하였다. 그러므로 내가 오패는 삼왕의 죄인이라고 말하는 것이다.

춘추시대 오패 가운데 제나라 환공이 가장 위세가 컸다. 제나라 환공이 맹주가 되어 송나라 규구에서 여러 나라의 지도자들을 모아 놓고 맹약을 할 때, 제후들이 희생을 묶어 놓은 다음 그 위에 맹약한 내용을 올려 놓고서 피를 마시지는 않았다. 맹약의 내용은 다음과 같다.

첫 번째, 불효하는 자를 처벌하고, 차기지도자로 세워 놓은 아들을 바꾸지 말며 첩을 아내로 삼지 말라.

두 번째, 덕망이 훌륭한 사람을 존경하고 인재를 길러서 덕망이 있는 이를 표창하라.

세 번째, 노인을 공경하고 어린이를 사랑하며 손님과 나그네를 잊지 말라.

네 번째, 하급관리에게는 관직을 세습시키지 말고, 관리에게 일을 겸직시키지 말며, 실무를 맡은 하급관리는 똑똑한 인물을 쓰고, 고위급관료를 함부로 죽이지 말라.

다섯 번째, 제방을 급게 쌓지 말고, 양곡 수입을 막지 말며, 고위관료에게 특정 지역을 봉토로 주었으면 반드시 알리도록 한다.

그리고 '지금 여기에서 동맹을 맺은 지도자들은 맹약한 이후부터 우호적으로 지낸다.'라고 하였다.

문제는 지금 각 나라의 지도자들이다. 지금 지도자들은 모두 이 다섯 가지 맹약 사항을 무시하고 어기고 있다. 그러므로 내가 지금 각 나라의 지도자들인 제후들이 춘추 오패의 죄인이라고 말하는 것이다.

한 나라 지도자의 악덕을 조장하는 것은 그 죄가 작다. 한 나라 지도자의 악덕에 영합하는 것은 그 죄가 크다. 지금의 중간급 지도자들은 모두 지도자의 악덕에 영합한다. 그러므로 내가 지금 중간급 지도자들이 지도자들의 죄인이라고 말하는 것이다."

28

노나라에서 법가를 신봉하던 신도를 장군으로 임명하려고 하였다.

그러자 맹자가 말하였다.

"사람을 가르치지 않고 전쟁에 동원하는 것은 사람들을 재앙에 빠트리는 짓입니다. 사람들을 재앙에 빠트리는 짓은 요임금이나 순임금의 세상에서는 용납할 수 없는 일이었어요. 한 번 전쟁을 하여 제나라를 치고, 제나라의 영토인 남양을 차지한다고 하더라도 안 되는 일입니다!"

그러자 신도가 발끈하고 불쾌해 하며 말하였다.

"그런 일은, 나 활리는 알 바가 아닙니다!"

맹자가 말하였다.

"내 분명히 그대에게 말하겠소! 최고지도자의 영토는 사방 1,000리입니다. 1,000리가 못되면 각 나라의 제후를 대접할 수 없습니다. 각 나라 지도자인 제후의 영토는 사방 100리입니다. 100리가 못되면 각 나라에서 대대로 내려오는 조상의 유업과 법전, 제도 등을 지킬 수 없습니다.

주나라의 주공을 노나라의 지도자로 임명할 때, 영토가 사방 100리였습니다. 영토가 부족하지 않았기 때문에 100리에 제한하였습니다. 강태공 여상을 제나라의 지도자로 임명할 때 또한 사방 100리였습니다.

영토가 부족하지 않았기 때문에 100리에 제한하였습니다.

지금 노나라는 사방 100리 되는 땅이 다섯이나 됩니다. 그대가 생각하건대, 훌륭한 지도자가 나온다면 노나라는 영토를 줄일 것 같습니까? 늘릴 것 같습니까? 노나라는 제후가 지도자로 있는 나라입니다. 그러므로 훌륭한 지도자가 나오면 사방 100리가 넘는 땅은 원래 제후에게 돌려주어야 합니다. 힘들이지 않고 맨손으로 저쪽 땅을 얻어 이쪽에 줄 수 있는 상황이어도, 훌륭한 덕망을 지닌 지도자는 그런 짓을 하지 않습니다. 그런데 군대를 동원하여 전쟁을 일으켜 사람을 죽이면서 땅을 빼앗아 늘린단 말입니까?

지성인은 지도자를 섬길 때, 그 지도자를 이끌어 올바른 길로 가도록 인도하고, 사람을 사랑하는 열린 마음에 뜻을 두도록 할 뿐입니다."

29

맹자가 말하였다.

"지금 지도자를 섬기는 자들은 이렇게 말한다. '내 지도자를 위하여 농지를 개간하고, 곡식창고와 재물 창고를 채우게 할 수 있다.' 이런 인간이 바로 지금의 훌륭한 참모이다. 옛날로 보면 사람을 해치던 도적들이다. 지도자가 올바른 정치의 길을 가지 않고, 사람을 사랑하는 일에 뜻을 두지 않는데도, 그를 부유하게 만들려고 하니 이것은 하나라의 폭군인 걸을 부유하게 하는 것과 같다.

뿐만 아니라 이렇게까지 말한다. '내 지도자를 위하여 동맹국과 맹약하고 전쟁을 하면 반드시 승리한다.' 이런 인간이 바로 지금의 훌륭한 참모이다. 옛날로 보면 사람을 해치던 도적들이다. 지도자가 올바른 정치의 길을 가지 않고, 사람을 사랑하는 일에 뜻을 두지 않는데도, 그를 위하여 억지로 전쟁을 일으키려 하니 이것은 하나라의 폭군인 걸을 도와주는 것과 같다.

지금, 부국강병으로 가는 길을 따르고 전국시대의 포악한 정치 풍토를 고치지 않는다면, 온 세상을 다 준다고 하더라도 하루아침을 견디지 못하고 무너질 것이다."

패도와 왕도, 전쟁과 평화, 그리고 지도자의 길에 대해 고민해 볼 수 있는 장이다. 맹자는 시대가 내려올수록 난세라는 입장을 취한다. 아울러 패도정치를 이룩한 각 나라의 지도자들이 결국은 전쟁을 통한 군국주의적 침략을 자행하는 데 대해, 왕도를 내세우며 강력하게 반대한다. 이 모든 유세는 당대의 포악무도한 시대정신을 비판하고 사람을 사랑하는 정치를 펴 나가기를 소망한다. 그리고 정도에 어긋나는 방법으로 나라의 지도자가 된다고 해도 결국은 그것을 지켜 내기 힘들 것을 예고하였다.

조기는 『장구』에서 "훌륭한 지도자 정신이 점점 쇠약하여 전국시대에는 지도자가 죄인 수준으로 전락하였다. 맹자는 그것을 슬퍼하였다. 그리고 예전의 훌륭한 정치 방법을 깊이 고려하여 지도자들을 바로잡으려고 하였다.

각 나라와의 평화를 이루기 위해서는 이웃나라와 제휴하고 멀리 있는 나라를 회유해야 한다. 그때 덕망과 예의로 하는 것이 중요하다. 부득이하게 전쟁을 한다면 가능한 한 싸우지 않고 승리를 거두는 것이 상책이고 전투를 하여 피를 보면서 승리를 거두는 것은 졸렬한 정책이다.

이처럼 맹자는 전쟁을 경계하였다.

그 결과로 한 나라의 지도자는 반드시 사람들을 잘살게 해야 한다. 자기가 다스리는 사람들을 해치는 지도자에게 무엇을 기대할 수 있단 말인가? 풍속을 고치고 생활습관을 바꾸려면 사람들이 즐거워하는 것으로 해야 한다. 난폭한 방법으로 사람을 구제하려 든다면 어찌 되겠는가?"라고 풀이하였다.

11. 지성인의 판단

30

주나라의 부호였던 백규라는 사람이 맹자에게 말하였다.

"나는 조세로 20분의 1만을 받으려고 합니다. 내 생각이 어떻습니까?"

맹자가 말하였다.

"당신의 방법은 북쪽의 미개민족인 맥족이 쓰는 방법입니다. 1만 가구가 사는 나라에서 한 사람만이 도자기를 만든다면 되겠습니까?"

백규가 말하였다.

"안 되지요. 물량이 부족하여 사람들이 그릇을 충분히 쓸 수 없을 겁니다."

맹자가 말하였다.

"아, 맥족은 오곡이 제대로 자라지 않고, 수수만이 자라지요? 성곽, 궁실, 종묘, 제사와 같은 제도나 예의도 없고, 각 나라의 지도자들과 예물을 교환하고 음식을 대접하는 일이 없으며, 다양한 관직이나 담당 공직자도 별도로 없습니다. 그러므로 20분의 1만 징수하여도 충분합니다. 지금 문화민족으로서 나라의 중앙에 살면서 사람의 윤리 도덕을 버리고, 관직을 담당할 지성인이 없다면 어찌 되겠습니까? 도자기 생산량이 적어도 나라를 다스릴 수 없는데, 지성인이 없다면 뭘 생각할 수 있겠습니까?

세금 문제에서 요임금이나 순임금이 부과했던 방법보다 가볍게 부과하려는 자는 큰 맥족이나 작은 맥족이고, 요임금이나 순임금보다 무겁게 부과하려는 자는 하나라 폭군인 큰 걸이나 작은 걸에 해당합니다."

31

백규가 말하였다.

"조그마한 나라에 홍수가 났는데, 제가 가서 제방을 쌓고 물을 막아 다른 나라로 흘러가게 하였습니다. 제가 홍수를 다스린 것이 우임금보다 낫습니다."

맹자가 말하였다.

"당신, 뭔가 잘못 이해하고 있소. 우임금이 물을 다스린 것은, 물이 물길을 따라 제 길로 가게 한 것입니다. 때문에 우임금은 바다를 도랑이나 골짜기로 삼아 홍수를 다스렸어요. 그런데 그대는 지금 이웃나라를 도랑이나 골짜기로 삼고 있소이다. 물이 거꾸로 가는 것을 '홍수'라고 합니다. '홍수'라는 것은 큰 물난리지요. 이런 난리는 인자한 사람이 싫어하는 것입니다. 당신이 잘못한 것입니다."

32

맹자가 말하였다.

"지성인이 신뢰가 없으면, 어떻게 무슨 일을 잡을 수 있겠는가?"

백규와 대화를 통해 지성인이 어떤 판단을 내려야 하는지 정책 결정 시의 태도에 관해 시사점을 주는 대목이다.

백규는 주나라 사람으로, 위나라 무후(기원전 386~371) 시기에 활동한 사람이라고 한다. 그는 시세의 변천에 낙관적으로 대처하였다. 그래서 다른 사람이 버리면 자기는 취하고, 남이 취하면 자기는 주었다. 음식과 의복 등을 간소하게 하고, 욕망을 절제하며 취미생활 같은 것을 즐기지 않았으며, 하인들과 노고를 같이 하였다고 한다. 그러나 어떤 시기를 이용할 때는 맹수나 맹금이 달려드는 것 같이 사납고 날래게 하였다. 그래서 수입을 만들 기회가 오면 이윤과 여상의 책모, 손빈과 오기의 병법, 상앙의 법치를 모조리 동원하여 물불을 가리지 않고 챙겼다고 한다.

조기는 『장구』에서 "옛날 훌륭한 지도자들의 법도와 제도, 예의는 영원히 준수해야 한다. 10분의 1을 세금으로 징수하면 일반 서민들은 부유해지고 지도층 인사들은 존귀해진다. 변방의 미개 족속들은 문명의 혜택 없이 간단히 살고 게으르기 때문에 20분의 1만을 징수한다.

지도자는 서민들에게 피해가 가지 않도록 다양한 방법을 동원한다. 그런데 백규는 홍수 대책을 세우면서도 물을 바다로 흘려보내지 않고 이웃 나라의 골짜기로 내보냈으므로 도량이 좁다. 다양한 방법을 동원하지 않았다. 그러므로 현명한 인물은 원대한 것에 뜻을 두었다."고 풀이하였다.

마지막 장, 신용과 연관된 짧은 구절에 대해서는 해석이 분분하다. 조기는 "지도자의 길은 서민들과의 약속, 신용 이외에는 다른 아무 것도 잡을 것이 없다."라고 풀이하였고, 주자는 "신용을 덕망으로 지니지 않으면 어떤 것도 잡을 수 없고 가질 수 없다."라는 뜻으로 보았다. 어떻게 이해하건, 지성을 근거로 하는 지도자는 조그마한 신용에 사로잡혀 융통성을 발휘하지 않고 하나에만 매달려 있는 그런 위인은 결코 아니다.

12. 정책을 펴는 방법

33

노나라에서 맹자의 제자인 악정자에게 정치를 맡기려고 하였다.

그러자 맹자가 말하였다.

"아, 내 이 말을 듣고 기뻐서 잠을 이루지 못했노라!"

그러자 제자 공손추가 다그치듯 물었다.

"아니, 선생님, 악정자가 강합니까?"

맹자가 답하였다.

"아닐세."

공손추가 물었다.

"그에게 지혜와 분별력이 있습니까?"

맹자가 답하였다.

"아닐세."

공손추가 물었다.

"견문과 식견은 많습니까?"

맹자가 대답하였다.

"아닐세."

공손추가 물었다.

"그렇다면, 어찌하여 선생님께서는 기뻐서 잠을 이루지 못하셨습니까?"

맹자가 말하였다.

"그 사람됨이 착한 것을 좋아한다."

공손추가 물었다.

"착한 것을 좋아하면, 한 나라의 정치를 맡는 데 충분합니까?"

맹자가 말하였다.

"착한 것을 좋아하면, 온 세상을 다스리는 데도 충분하다. 노나라 같은 작은 나라는 볼 것도 없지! 진정 착한 것을 좋아하면 이 세상에서 1,000리를 가볍게 여기고 찾아와 착한 것을 말해 주고, 진정 착한 것을 좋아하지 않으면 세상 사람들이 '그 지도자가 자만함을 내 이미 안다.'라고 할 것이네. 자만하는 사람의 목소리와 낯빛은 사람의 발걸음을 1,000리 밖에서 막는다네. 그리하여 똑똑한 재능을 지닌 사람들이 1,000리 밖에서 발걸음을 멈춘다면, 아첨하고 비위 맞추는 사람들이 올 것이 뻔하네. 아첨하고 비위 맞추는 사람들과 더불어 산다면, 나라가 잘 다스려지기를 바란다고 한들, 다스려지겠는가?"

34

맹자의 제자 진진이 맹자에게 물었다.

"옛날의 지성인들은 어떠하면 공직에 나갔습니까?"

맹자가 말하였다.

"공직에 나아가는 경우가 세 가지 있고, 공직에서 물러나는 경우가 세 가지 있네.

하나, 자기를 맞이할 때 존경해 주고 예의가 있으며 자기의 말을 받아들여 행한다고 하면 나아가고, 예의가 있다고 하더라도 말이 받아들여지지 않으면 물러난다네.

둘, 말이 받아들여지지는 않으나, 자기를 맞이할 때 존경해 주고 예의가 있으면 나아가고, 예의가 없으면 물러난다네.

셋, 지성인이 아침도 먹지 못하고 저녁도 먹지 못하여 굶주려 문밖에도 나가지 못하게 되었을 때, 지도자가 이 말을 듣고 '내 크게는 지성인이 조언해 주는 훌륭한 정치를 행하지 못하고, 또 그 말을 따르지 못했지만, 내 나라에서 지성인을 굶주리게 하는 일에 대해서는 내 부끄러워한다.'라고 말하고, 지성인을 구제해 준다면 나아갈 수 있다네. 그런 경우에는 죽음을 면할 정도의 낮은 관직과 봉급을 받아야만 한다네."

35

맹자가 말하였다.

"순임금은 역산에서 농사를 짓다가 기용되었고, 은나라 무정 때 부열은 성벽을 쌓는 일을 하다가 등용되었으며, 주나라 문왕 때 교격은 은나라 주의 폭정을 피해 생선과 소금을 팔고 살다가 등용되었다. 제나라 환공 때 관중은 옥에 갇혔다가 등용되었고, 초나라 장왕 때 손숙오는 바닷가에 살다가 등용되었으며, 진나라 목공 때 백리해는 시장에 숨어 살다가 등용되었다.

그러므로 하늘이 큰 임무를 이 사람들에게 내리려고 할 때는, 반드시 먼저 그 마음의 뜻을 괴롭게 하고, 그 체력을 힘들게 하며, 그 육체를 굶주리게 하고, 그 몸을 빈궁하게 하여, 일을 할 때도 그가 하려는 것과 어긋나게 만들었다. 이것은 마음을 움직이고 성질을 참게 하여, 그들이 이전에는 해내지 못하던 일을 더 많이 할 수 있게 하기 위해서였다.

사람은 항상 잘못을 저지른 뒤에 고친다. 마음에 괴로움을 느끼고, 생각이 가로막히고 난 뒤에 분발한다. 괴로움이 낯빛에 나타나고 말소리에 드러난 뒤에 깨닫는다.

나라 안에는 법도 있는 측근 참모와 보좌를 제대로 하는 관리가 없고, 나라 밖에는 적국과 근심 걱정이 없는 자, 그런 나라, 그런 지도자는 항상 멸망한다. 그런 다음에야, 사람은 걱정과 근심 속에서 바른 삶의 길을 고민하면서 살다가, 편안하게 즐기는 가운데 타락하여 인생을 망치면서 죽어 간다는 사실을 알게 된다."

36

맹자가 말하였다.

"가르치는 방법은 매우 다양하다! 내가 탐탁하게 여기지 않아 가르쳐 주지 않는 것, 그것 또한 가르치는 방법의 하나일 뿐이다."

「고자」편의 마지막 장이다. 어떻게 보면 이 장 「고자」 전체를 마무리하는 대목이다. 「고자」편은 '인간의 본성이 착하다!'라는 데서 시작하였다. 그러므로 이 장의 끝에서는 본성을 보존하여, 본성 그대로 선을 좋아하는 사람이 정치를 펴는, 정책의 방법을 간략하게 요약한다. 그것은 지성인의 거취와 연계되고, 사람들을 격려하고 추동하는 방식으로 나아가되, 모든 것은 자발적으로 깨달아 가는 방법론으로 귀결된다.

착한 본성에 의거하여 정치 지도자가 취해야 하는 최고의 방법은, 온갖 사람의 훌륭한 지혜를 종합하고, 여러 가지 장점을 취하여 적용하는 일이다. 반대로 나 홀로 의견인 독선은 금물이다.

조기의 『장구』는 다음과 같이 풀이한다.

"선을 좋아하고 다른 사람의 좋은 의견을 따르는 것은 훌륭한 지도자들의 공통점이다. 우임금은 착한 말을 들으면 그것에 대답하고 큰 절을 하였다. 아는 체하며 말을 토해 내면 착한 사람은 떠나가 버린다. 선이 가면 악이 오는 것은 자명한 이치이다.

정치의 흐름은 이렇게 이어진다. 훌륭한 지도자들이 곤궁을 겪는 것은 그들의 뜻을 더욱 굳게 하려는 책무성 때문이다. 그 다음 중간급 관리들은 그것에 감격하여 그들의 생각을 더욱 펼치려고 한다. 일반 서민들은 그런 것도 모르고 쾌락에 홀려 지혜와 능력을 상실하기 쉽다. 그래서 지도자들은 서민들의 삶을 잘 정돈해야 한다.

일반 사람들에 대한 교화는 교육으로 이어진다. 그런데 배우면서 스승에게 천대받는 것은 수치다. 격려해 주면 능력 있는 사람은 자기 잘못을 고친다. 가르쳐 주는 방법에는 때로는 꺾고 때로는 인도하는 방법이 있다. 그 귀착점은 같으나 그 길을 달리한다. 핵심은 모든 사람이 착한 본성을 성취할 수 있도록 해 줄 따름이다."라고 풀이하였다.

제 7 편

진심

「진심」편은 맹자의 마지막 편이다. 「진심」도 문장의 앞부분에 '진기심자(盡其心者)'라는 말에서 '진심'을 두 글자를 따서 편명으로 하였다. 이 편은 인간의 품성 도야, 자질 향상 등 수양이나 교육과 관련된 내용이 많다. 그러다 보니 심오한 예지, 고매한 인격의 발로 등 수련의 극치가 곳곳에서 발견된다. 조기는 『장구』를 편집하면서, 이 편에 대해 다음과 같이 풀이하였다. "인간의 감정과 본성은 안에 있고 마음에 의해 주관된다. 따라서 「고자」다음에 「진심」을 둔 것이다. 사람이 자기의 마음을 다하면, 우주 자연의 질서와 통하고, 그렇게 되면 인간의 길이 무엇인지 통달하게 된다. 따라서 『맹자』를 「진심」편으로 끝낸 것이다."

「진심장구」는 상하를 합쳐 모두 84장인데, 맹자 전편을 통틀어 가장 많은 장이며, 그 문장이 간결하다. 짧은 구절인 만큼 명언명구가 많고 의미심장하다. 상편이 46장, 하편이 38장으로 「진심」편은 모두 84장으로 구성되어 있다. 여기에서는 내용상 유사한 장은 함께 묶어서 풀이한다.

예를 들면 1∼7장, 8∼14장, 15∼18장, 19∼25장, 26∼35장, 36∼46장, 47∼54장, 55∼59장, 60∼66장, 67∼76장, 77∼79장, 80∼83장은 유사한 내용이거나 연결해서 보아야 내용상 맥락이 분명해진다. 이렇게 통합하여 「진심장구」 상편 6장, 하편 7장으로, 「진심」편을 전체 13장으로 재편하였다. 단 원래 장구의 표기 번호는 재편한 장 아래에 그대로 두었다.

1. 본성은 어디에서 오는가

1

맹자가 말하였다.

"자기의 착한 마음을 온전하게 간직하고 충분히 발휘하는 사람은 그 본성을 안다. 자기의 본성을 알면 우주 자연의 이치를 알게 된다.

자기의 마음을 보존하여 그 본성을 수양하는 것은 우주 자연의 이치를 깨닫는 근거다. 수명이 짧아 요절하거나 수명이 길어 장수하거나, 그것이 우주 자연의 이치임을 의심해서는 안 된다. 사람은 늘 자기의 몸을 닦고 우주 자연의 이치에 따라야 한다. 그것이 자기의 착한 본성을 바르게 세우는 방법이다."

2

맹자가 말하였다.

"모든 사물의 길흉화복이 우주 자연의 이치가 아닌 것이 없기에, 사
람은 올바른 이치를 파악하여 잘 따라야 한다. 그러므로 올바른 이치를
제대로 인식한 사람은 무너져 내릴 듯이 위험한 담장 아래에 서지 않는
다. 자기의 도리를 다하고 죽는 사람은 올바른 이치를 살다 간 사람이
고, 죄를 짓고 잡혀서 형벌을 받고 죽은 사람은 올바른 이치로 살다간
사람이 아니다."

3

맹자가 말하였다.

"나에게 있는 인의예지의 덕을 구하면 얻고, 내버려 두면 잃게 된다.
구하기만 하면 얻을 수 있는 것은 그것이 바로 내 안에 있기 때문이다.

그것을 구하는 데는 거쳐야 할 길이 있고, 그것을 얻는 데는 우주 자
연의 이치를 따라야 한다. 구하기만 한다고 해서 얻어지지 않는 것은 그
것이 바로 나의 밖에 있기 때문이다."

4

맹자가 말하였다.

"우주 자연의 이치는 모두 나의 본성에 갖추어져 있다. 자신을 반성
해 보고 우주 자연의 이치에 맞게 자연스러우면, 즐거움이 이보다 클
수 없다. 이런 경지에 이르지 못했더라도, 자신의 일에 충실하고 다른
사람을 배려하는 데 힘쓰면, 사람을 사랑하는 열린 마음씨를 터득할 수

있으리라."

5

맹자가 말하였다.

"어떤 일을 하고 있으면서도 왜 그 일을 하는지 제대로 알지 못하고, 일을 능숙하게 잘하고 있으면서도 왜 그렇게 되는지 제대로 살피지 못하는 사람이 많다. 그러므로 평생토록 일을 하면서도 사람의 올바른 도리가 무엇인지 모르는 사람이 많은 것이다."

6

맹자가 말하였다.

"사람은 수치심이 없거나 창피스러움을 몰라서는 안 된다. 염치가 없는 것을 창피하게 여긴다면 치욕스러운 일도 없게 되리라."

7

맹자가 말하였다.

"창피스러움을 아는 일은 사람에게 매우 중요하다. 임시변통으로 기교를 부리는 사람은 수치스럽거나 창피스럽다는 마음을 두지 않는다. 정상적으로 살아가는 사람들처럼 창피해 할 줄 모른다면, 어찌 그를 인간이라고 하겠는가?"

이 장은 「진심」편의 첫 장이다. 말 그대로 '마음을 다하는' 것에 관한 내용이다. 그 마음은 본성으로 존재하고, 맹자는 본성이 착한 것을 전제로 자아 완성을 지향한다. 이는 맹자에게서 일종의 신념이다.

특히 '이 세상 모든 만물의 이치가 나에게 갖추어져 있다.'라는 전제는 이 우주에서 인간의 존재 의의를 천명한 대목으로 볼 만하다. 모든 것을 받아 안은 인간은 만물의 영장이다. 이는 인간의 자존심과 자부심을 최고도로 높인 말처럼 들리기도 한다. 그것은 일종의 주체의식의 발로다.

주자는 성리학의 관점에서 "만물의 이치가 내 몸에 갖추어져 있다. 그러므로 이것을 몸소 실천하여 성실히 하면, 사람의 도리가 내 몸에 있어 늘 즐겁다. 다른 사람을 배려하며 함께 실천하면 개인적으로 사사로운 감정이 용납되지 않아, 사람을 사랑하는 마음씨를 얻는 데까지 나아간다."라고 해석하였다.

그런데 맹자가 보기에 타고난 본성에 대한 자각과 이해, 의식적 실천을 담보하지 못하는 사람이 대부분이다. 이에 부끄러워하는 마음의 중요성이 강조된다. 모든 인간은 반성하라! 부끄러워할 줄 알라! 자기의 부정과 불의를 깨달아 그것을 부끄럽게 여기고 개과천선하라!

'진정 부끄러워하는 마음이 없다.'라고 할 수 있을 정도로 자아를 성찰하고 비판하는 단계에 이르면, 부끄러워할 일이 저절로 없어진다.

2. 인격 함양과 정치

8 ――――――――――――――――――――――――――――――――

맹자가 말하였다.

"옛날의 훌륭한 지도자들은 착한 일을 좋아하여 따르며 행하였고, 권세나 무력을 제쳐 놓고 쓰지 않았다. 옛날의 지성인들이라고 어찌 그렇지 않았겠는가? 올바른 이치와 도리에 따라 행하기를 즐거워하고, 다른 사람의 권세나 무력에 기대지 않았다. 그러므로 지도층 인사가 존경을 다하고 예의를 갖추어 지성인들을 대하지 않으면, 그들을 자주 만나 볼 수 없었다. 자주 만나 보기도 어려운데, 그들을 측근 참모로 기용할 때는 어떻게 했겠는가?"

9

맹자가 당시의 유세객이던 송구천에게 말하였다.

"그대는 각 나라의 지도자들에게 유세하기를 좋아하는가요? 내 그대에게 어떻게 유세하면 좋은지 한마디 해 주고 싶소이다. 다른 사람이 당신 말을 알아 주더라도 태연하게 욕심이 없는 것처럼 해야 합니다. 반대로 다른 사람이 당신 말을 알아 주지 못하더라도 또한 태연하게 욕심이 없는 것처럼 해야 합니다."

송구천이 물었다.

"어떠해야 태연하게 욕심이 없는 것처럼 할 수 있습니까?"

맹자가 대답하였다.

"덕망을 높이고 사람의 도리를 따라 행하며 즐거워하면, 태연하게 욕심이 없는 것처럼 할 수 있어요. 그러므로 공직에 있는 사람은 아무리 곤궁해도 사람의 도리를 잃지 않고, 아무리 영화를 누려도 올바른 길을 벗어나지 않는 것입니다. 곤궁해도 사람의 도리를 잃지 않기 때문에 공직자가 자신의 지조를 지키고, 영화를 누려도 올바른 길을 벗어나지 않기 때문에 사람들이 실망하지 않는 것이지요.

옛날 사람들은 올바른 길을 행해 보려던 뜻을 얻으면, 그 은택을 사람들에게 베풀었습니다. 뜻을 얻지 못하면 자신의 몸을 닦아 그 이름을 세상에 드러냈습니다. 곤궁에 빠지면 홀로 자신의 몸을 착하게 하고, 영화를 누리면 자신만이 아니라 다른 사람과 더불어 착하게 세상을 가꾸었습니다."

10

맹자가 말하였다.

"일반 서민들은 주나라 문왕과 같은 훌륭한 지도자의 교화를 받아야 사람의 도리를 갖추게 된다. 훌륭한 덕망과 똑똑한 재주를 지닌 사람들은 문왕과 같은 훌륭한 지도자의 교화가 없어도 수양을 통해 스스로 사람의 도리를 갖춘다."

11

맹자가 말하였다.

"진나라 때 최고위급 관료인 한이나 위의 권세나 재산을 덧붙여 주어도, 그보다 중요한 사람의 도리를 다하지 못하였다고 생각하고, 그런 권력이나 재력을 담담하게 여긴다면, 다른 사람보다 훨씬 뛰어난 사람이리라."

12

맹자가 말하였다.

"사람을 편안하게 살게 해 주기 위해 농사에 힘쓰게 하거나 공공 부역을 하게 하면, 힘이 들어도 사람들이 원망하지 않는다. 다른 사람을 살려 주기 위해 살인을 저지르거나 흉악한 자를 죽이면, 그들을 죽인다 하더라도 사람들은 죽이는 자를 원망하지 않는다."

13

맹자가 말하였다.

"무력으로 권세를 부리는 패도정치 아래 있는 사람들은 조그마한 혜택을 받아도 매우 즐거워한다. 왜냐하면 그들은 사람의 환심을 사기 위해 일시적으로 인기 있는 정책을 펴기 때문이다. 높은 덕망과 사랑의 왕도정치 아래 있는 사람들은 덤덤하게 만족해하는 듯하다. 왜냐하면 그들은 덕망이 넓고 크기에 일부러 사람들을 즐겁게 해 주는 짓은 하지 않기 때문이다.

왕도정치를 받는 사람들은 부득이하여 지도자가 죽여도 원망하지 않고, 이롭게 하여도 지도자의 공으로 여기지 않는다. 그러므로 사람들이 지도자의 덕망에 감화되어 날로 개과천선을 하면서도, 누가 그렇게 만든 줄을 알지 못한다.

훌륭한 지도자가 지나는 곳의 사람들은 지도자와 더불어 느끼며, 마음에 간직하고 있는 것은 헤아릴 수 없을 만큼 벅차다. 그러므로 윗사람과 아랫사람이 우주 자연의 이치와 함께 그 덕망과 혜택을 나눈다. 이를 어찌 인기에 영합하여 반짝 혜택을 주며 패도정치를 하는 조무래기의 그런 조그마한 보탬과 같다고 말하겠는가?"

14

맹자가 말하였다.

"착한 정치를 베풀겠다고 말만 하는 것보다는, 지도자가 실제로 착한 정치를 잘 베풀고 있다고 칭찬 받을 때, 그것이 사람들 마음에 깊이 새겨진다.

제도나 법령을 통해 행하는 정치보다는, 지도자가 예의와 염치, 효도와 충실 등을 가르쳐서 실천하는 교육이 마음을 얻어 사람들을 따르게 할 수 있다.

제도나 법령을 바탕으로 다스리는 정치는 사람들이 그것을 지키지 못할까 겁을 먹고 따르게 하고, 윤리 도덕을 가르치는 교육은 사람들이 서로 사랑하게 한다. 법치는 세금을 부과하여 거두어들이므로 사람의 재물을 얻고, 교육은 교화를 통해 복종하게 만들므로 사람의 마음을 얻는다."

현명한 지도자와 지성인이 어떤 차원에서 인격이 함양되었는지, 그런 인격자의 삶의 태도가 어떠한지를 파편적으로 설명한 장이다.

현명한 지도자는 자기가 누리는 권세나 부귀영달을 잊고 오직 착한 일을 좋아한다. 그를 보좌하는 지성인은 권세에 굴복하지 않고 사람이 실천해야 하는 올바른 도리를 즐긴다. 그런데 일반 서민은 조금 다른 입장에 있다. 그들은 훌륭한 지도자나 지성인의 가르침을 통해 느끼고 조금씩 바뀌어 가면서 사람의 도리를 행하려고 한다. 그들이 모두 지성인의 수준에 다가서면, 그들은 이제 스스로 분발하여 정도를 실천하려고 한다. 부귀빈천에 쉽게 마음이 흔들리지 않고 자신의 인격 향상에 마음을 쓴다. 그것이 인격자로서의 발돋움이다.

조기는 『장구』에서 다음과 같이 풀이하였다.

정치 지도자들이 훌륭한 덕망과 똑똑한 재능을 지닌 인물을 존중하는 것은, 고귀한 신분으로 미천한 사람과 함께하려는 태도이다. 그런 자세가 갖추어지면 그 지도자는 사람이 더불어 사는 도리를 즐기고 권세를 잊은 채, 부귀영화에도 마음이 동요되지 않는다. 마음이 안정되면 늘 기쁨에 충만하여 태연하다. 스스로 깨닫고 얻은 것이 있기에 근심도 없다. 세상에 나갈 수도 있고 혼자 머무를 수도 있다. 이런 것이 인격을 갖춘 지성인의 당당한 삶이다.

그런데 인간의 일상적인 정서는 부유해지면 교만해지기 십상이다. 그럼에도 불구하고 사람들을 대할 때, 그런 물질적 차원에 만족하지 않고 다른 사람에 비해 다양한 측면에서 부족한 것이 많다고 말할 수 있다면, 과오를 범하지 않게 된다. 뿐만 아니라 그런 마음가짐을 가진 사람은 일반 서민들에 비해 탁월한 인물이다.

제대로 인격을 갖춘 지도자는 마음이 넓고 넓어서 우주 자연의 이치와 더불어 인간의 길을 간다. 그러나 사리사욕에 눈먼 지도자는 덕망이 작아서 사람들이 아주 빨리 알아본다. 그러므로 법도를 밝히고 금지령을 살펴 사람들이 숨통을 터 주면 서민들은 자연스럽게 지도자를 따라간다. 너그러운 마음을 숭상하고 교화에 힘쓰면 서민들은 지도자의 덕망을 고귀하게 여긴다. 그렇게 서민과 함께 즐기는 것이 생활양식을 바꾸는 최고의 방법이다.

3. 저절로 잘하고 잘 아는 능력

15 ──────────────────────────────

맹자가 말하였다.

"사람들이 배우지 않고도 잘하는 것은 태어나면서부터 저절로 잘하는 능력이고, 생각하지 않고도 아는 것은 태어나면서부터 저절로 잘 아는 능력이다.

방긋방긋 웃기 시작하고 손에 이끌려 걷기 시작하는 두세 살배기 어린아이 중에 부모를 사랑할 줄 모르는 아이가 없고, 그 아이가 점점 자라나면서 그 형을 존경할 줄 모르는 사람이 없다.

부모를 사랑하는 것이 사람을 사랑하는 마음의 대표적인 일이고, 어른을 존경하는 것이 사람의 도리를 잘하는 것의 대표적인 일이다. 따라서 그것을 온 세상으로 확대하여 적용하여 나가는 것이 중요하다."

16 ──────────────────────────────

맹자가 말하였다.

"순임금이 깊은 산속에 살 때, 나무 사이나 바윗돌 위를 오가며 사슴이나 멧돼지를 자주 보며 함께 놀았는데, 깊은 산속의 야인과 다른 것이 별로 없었다. 그러나 한 마디 착한 말을 듣고 한 가지 착한 행실을 보게 되면, 양자강과 황하가 세차게 흘러가듯이, 본성적으로 착한 말을 하고 착한 행실을 하여 아무도 막을 수가 없었다."

17

맹자가 말하였다.

"자기의 본심에 비추어 보아 하지 않아야 할 것을 하지 말고, 원하지 않는 것을 원하지 말아야 한다. 그렇게만 하면 된다."

18

맹자가 말하였다.

"사람이 덕망과 지혜, 기술과 지식을 지니고 끊임없이 활동을 할 경우, 항상 열병 같은 근심 걱정 속에 처하게 마련이다.

그중에서도 유독 지도자에게 버림받은 참모나 부모에게 인정받지 못하는 서자들은 늘 신병이 불안하여 마음을 잡기 어려운 사람들이다. 근심 걱정이 깊기 때문에, 오히려 이전에 하지 못했던 일들도 감당하며 일에 통달할 수 있다."

인간의 본성이 착하다는 것을 다시 확인할 수 있는 장이다. 맹자의 이론은 인간의 본성은 본래부터 착하기 때문에, 배우고 익히고 하는 일 없이 나면서부터 잘하는 능력을 지니고 있다. 그것이 이른바 '양지양능(良知良能)'이다. 이 양지양능은 맹자의 본성을 상징하는 말로, 수양의 근거가 되는 동시에 교육과 정치, 제도, 법도 등 인간의 가치 추구 행위의 기본 바탕이 된다. 그러므로 양지양능을 그대로 실천해 나간 것이 유학의 최고인격자이자 최고지도자의 모습이 될 수밖에 없다.

조기는 『장구』에서 다음과 같이 풀이하였다.

사람의 본성에서 양능은 사람을 사랑하는 마음과 사람의 도리다. 그것을 온 세상에 펴는 것은 다른 사람을 자기와 같이 배려하는 일이다.

이런 양능은 마음에 갖추어져 있어 보이지 않는다. 그러므로 최고의 인격자가 숨기고 있는 것처럼 느껴진다. 신령한 용이 하늘을 날 수도 있듯이, 훌륭한 사람은 어떤 측면에서도 보이지 않게 펼칠 수 있는 일종의 가능성이다. 앞에서 여러 차례 언급했던 순임금이 사람들에게 정치를 펴는 것도 이런 양지양능에 속한다.

자기를 알고 이미 자기가 할 수 있는 것을 아는 사람은 보편성에 입각하여 행동하기 때문에, 자기가 원하지 않는 것을 다른 사람에게 베풀지 않는다. 지도자에게 버림받은 참모나 부모에게 인정받지 못하는 서자와 같이 소외된 사람들, 사회적 약자들은 스스로 위험을 느끼기 때문에 생존 방법을 터득할 수가 있다. 그러나 고생을 모르고 자라는 부귀한 가문의 자식들은 오히려 바로잡기 어려워서 안일한 가운데 빠져 헤어나지 못하는 경우가 많다. 때문에 윗자리에 있으면 있을수록 교만하고 오만한 마음을 없애야 한다. 문제는 양지양능을 어떻게 펼치느냐다.

4. 양지양능의 품격과 정치

19

맹자가 말하였다.

"사람의 품격에 네 가지가 있다.

첫째, 지도자 한 사람만을 잘 섬기는 최측근 참모 유형이다. 그런 인간은 아첨으로 일관하여 지도자에게 총애를 받으며, 지도자를 기쁘게 하는 일에 몰두한다.

둘째, 나라를 편안하게 만들려는 고위급관료 유형이다. 그런 인간은 오직 나라가 안정되기를 바라며, 이들 또한 지도자를 즐겁게 하는 일에 집착한다.

셋째, 세상을 바로잡아 사람을 도탄에서 구해 내려는 열의에 찬 인간이다. 그는 자기가 도달한 지위를 바탕으로, 세상에 자기의 소신을 행할 수 있게 된 다음에 행한다.

넷째, 훌륭한 인격을 갖춘 지성인이다. 그는 자기 몸을 바르게 하여 다른 사람도 바르게 되도록 한다."

20

맹자가 말하였다.

"지성인에게 인생의 세 가지 즐거움이 있다. 세상에서 정치 지도자 노릇 하는 것은 여기에 포함되지 않는다.

부모가 모두 생존해 계시며, 형제자매가 별 탈 없이 잘 지내는 것이 첫 번째 즐거움이고, 위로는 하늘에 부끄럽지 않으며, 아래로는 사람들에게 부끄럽지 않은 것이 두 번째 즐거움이며, 세상에 밝고 슬기로운 인재를 얻어 교육하는 것이 세 번째 즐거움이다.

지성인에게 인생의 세 가지 즐거움이 있다. 세상에서 정치 지도자 노릇을 하는 것은 여기에 포함되지 않는다."

21

맹자가 말하였다.

"나라의 영토가 넓어지고 인구수가 많아지는 것은 지도자가 원하는 일이다. 그러나 인생의 진정한 즐거움은 그 속에 있지 않다.

세상의 중심에 서서 훌륭한 지도자가 되어 온 세상 사람들을 편안하게 살게 하는 것은 지도자도 즐거워한다. 그러나 사람의 본성인 덕망으로 하는 정치가 여기에 있지 않다.

지도자의 본성은 어떤 큰일을 한다고 하여 본성에 보태지는 것도 아니고, 곤궁하게 산다고 하여 본성이 줄어드는 것도 아니다. 왜냐하면 원래 타고난 분수가 정해져 있기 때문이다.

지도자의 본성은 인의예지가 마음에 뿌리를 내려 그 덕망이 형색을 갖추고 살아나면, 맑고 밝은 빛이 얼굴에 나타나고, 등에도 두둑하게 넘쳐 어깨가 쫙 펴지며, 온몸에 베풀어진다. 온몸이 굳이 말하지 않아도 저절로 깨달아 행한다."

22

맹자가 말하였다.

"백이가 은나라 폭군인 주를 피하여 북쪽 바닷가에 살았다. 주나라 문왕이 나라를 일으켜 사람을 잘살게 한다는 말을 듣고, '내 어찌 문왕에게 돌아가지 않겠는가? 내가 들었는데, 서백은 늙은이를 잘 봉양한다.'라고 하였다. 강태공 여상도 폭군인 주를 피하여 동쪽 바닷가에 살았다. 문왕이 나라를 일으켜 사람을 잘살게 한다는 말을 듣고, '내 어찌 문왕에게 돌아가지 않겠는가? 내가 들었는데, 서백은 늙은이를 잘 봉양한다.'라고 하였다. 이처럼 세상에 늙은이를 잘 봉양하는 지도자가 있으면, 훌륭한 사람들이 자기가 돌아갈 곳으로 삼을 것이다.

250평 정도의 되는 집 담장 아래의 텃밭에 뽕나무를 심어 부녀자들이 누에를 치면, 늙은이가 따스한 비단옷을 입을 수 있다. 다섯 마리의 암탉과 두 마리의 암퇘지를 기르면서 때를 놓치지 않고 잘 번식시키면, 늙은이가 영양을 보충할 수 있는 고기를 먹을 수 있다. 5,000평 정도의 땅을 농부가 경작한다면, 여덟 식구가 사는 한 가구가 굶지 않고 잘살 수 있다.

이른바 '서백이 늙은이를 잘 봉양했다!'라는 것은 그 농지 제도를 잘 만들어 주어, 농사짓는 법과 가축 기르는 방법을 가르치고, 그 처자식을 인도하여 그들에게 늙은이를 봉양하게 한 것이다. 50세에는 비단이 아니면 따뜻하게 입지 못하고, 70세에는 고기가 아니면 배부르게 먹지 못한다. 따뜻하게 입지 못하고 배부르게 먹지 못하는 것을 '춥고 배고프다.'라고 한다. 문왕이 다스린 사람 가운데, '춥고 배고픈 늙은이가 없다.'라는 것은 이를 말한다."

23

맹자가 말하였다.

"농지 정비를 잘하여, 세금 부과를 적게 한다면 사람들을 잘살게 할 수 있다. 제철에 나는 음식을 먹고살고, 예의에 맞게 용도를 조절하여 쓰면, 재물을 풍족하게 쓸 수 있다. 사람들은 물과 불이 없으면 살기가 힘들다. 하지만 저녁에 남의 문을 두드리며 물과 불을 구하면, 주지 않는 사람이 없는 것은 사람들이 아주 넉넉하기 때문이다. 훌륭한 인격자가 세상을 다스리면, 사람들이 먹고 살 곡식을 물과 불처럼 충분히 소유할 수 있게 해야 한다. 곡식이 물과 불처럼 충분하다면, 사람들이 어찌 인자하지 않겠는가?"

24

맹자가 말하였다.

"공자가 노나라 동쪽에 위치한 몽산에 올라가 내려다보면서 노나라를 작다고 생각하였다. 태산에 올라가 내려다보면서 이 세상을 작다고 생각하였다. 그러므로 넓은 바다를 본 사람에게 다른 물은 조그맣게 보이기 때문에 큰 물에 대한 이야기를 하기 어렵고, 훌륭한 인격자의 문하에서 노닐며 배운 사람에게 다른 배움은 조그맣게 보이기 때문에 훌륭한 말에 대한 이야기를 하기 어려운 것이다."

물을 보는 데 방법이 있다. 반드시 물결과 세차게 솟아 흐르는 여울목을 보아야 한다. 왜냐하면 물결이 큰지 작은지를 보면 그 물의 흐름이 큰지 작은지를 알 수 있기 때문이다. 해와 달은 밝은 빛을 지니고 있기에 빛을 용납하는 작은 틈바구니까지도 모두 비춘다.

흐르는 물의 속성은 샘에서 솟아 바다에 이르기까지 그 중간에 있는, 여러 군데의 웅덩이가 차지 않으면 흘러가지 않는다. 지성인이 훌륭한 덕망과 인격, 좋은 정치를 지향하는 데 뜻을 둔 이상, 그것이 찬란하게 빛나지 않으면 높은 경지에 도달하지 못한다."

25

맹자가 말하였다.

"새벽에 닭이 울면 일어나서 부지런히 착한 행동을 실천하는 사람은 순임금의 길을 따르는 사람들이다. 닭이 울면 일어나서 부지런히 이익을 채우려는 자는 춘추시대 강도인 도척의 길을 따르는 무리다. 순임금과 도척의 차이는 간단하다. 사리사욕을 채우기 위해 이익을 추구하는가? 세상 모든 사람들을 위해 착한 일을 하는가?"

이 장은 양지양능을 발휘하는 인물과 그것을 펼쳐 낸 정치의 모습을 제시한 대목이다. 이는 본성과 정치의 적용 사례를 보다 구체적으로 보여 준다.

맹자는 양지양능을 발휘한 인물을 훌륭한 인격을 갖춘 지성인으로 이해한다. 그를 흔히 대인(大人)이라고도 하는데, 대인은 자기 몸을 바르게 하여 다른 사람도 바르게 되도록 한다. 다른 사람을 바르게 하는 행위는 교육으로 이어진다. 교육은 지성인이 세상에 밝고 슬기로운 인재를 얻어 함께하는 즐거움에서 그 극치를 보인다.

그리고 다시, 앞에서 여러 차례 제기되었던 바와 같이, 어른인 늙은이를 봉양하는 것을 비롯하여 서민 생활의 안정을 강조한다. 그것은 농지 정책에서 의식개혁에 이르기까지 다양한 정치의 실천으로 드러난다.

조기는 『장구』에서 다음과 같이 풀이하였다.

양지양능을 발휘한 훌륭한 정치, 이른바 왕도정치는 너무나 넓고 크다. 사람들이 평상시에 생업에 종사할 수 있도록 가르쳐 각각 그들의 늙은이를 길러 주고, 추위에 떨고 굶주리지 않게 만든다. 백이와 강태공 두 노인은 문왕이 그런 정치를 편다는 소문을 듣고 문왕에게 자신을 의탁하였다.

이때 사람을 가르치는 방법은 부유하게 만들면서도 재물을 절제하여 사용하는 것이다. 저축하여 쌓아 놓은 것이 여유가 있는데, 어찌 사람을 인자함을 펼치지 않겠는가? 그래서 '곡식창고와 재물창고가 차면 예절을 안다.'라고 한다.

이렇게 되면, 궁극적으로는 이익을 얻기에 급급하지 않고 선을 지향하여 살아 나가게 마련이다. 선을 따르면 순임금과 같은 착한 사람이 되고, 이익만을 추구하면 도척과 같은 도둑이 된다.

5. 공평무사의 실천

26

맹자가 말하였다.

"양주는 '자기만을 위한다!'라는 위아주의를 주장하기 때문에, 한 오라기의 털을 뽑아서 세상을 이롭게 하는 일도 하지 않았다.

묵적은 '모든 사람을 평등하게 사랑하라!'라는 일종의 무차별주의나 겸애를 주장하기 때문에, 머리끝부터 발끝까지 털이 다 닳아 없어질 정도가 되어도 세상에 이로우면 하였다.

자막은 양주와 묵적의 중간 입장을 취하였다. 중간 입장을 취하는 것이 건전한 생각에 가까운 것 같지만, 중간 입장을 취하면서 상황에 따라 제대로 헤아려 보지 않으면, 한쪽 입장을 고집하는 것과 같다.

한쪽 입장만을 고집하는 것을 미워하는 까닭은, 인간의 진정한 길을 해치고 한 가지만을 내걸면서 다른 모든 것을 없애 버리기 때문이다."

27

맹자가 말하였다.

"굶주린 사람은 맛있게 먹고 목마른 사람은 맛있게 마신다. 이는 음식의 바른 맛을 알지 못하는 것이다. 왜냐하면 굶주림과 목마름이 음식의 진정한 참맛을 가리기 때문이다. 어찌 입이나 배만이 굶주리고 목마름에 가리겠는가? 마음에도 또한 가려지는 것이 있다.

사람이 굶주림과 목마름에 가리는 것으로 마음을 가리지 않게 할 수 있다면, 자기의 부귀영화가 다른 사람에게 미치지 못하더라도, 이를 근심으로 여기지 않는다. 다시 말하면, 아무리 가난하고 천한 지경에 빠지더라도 올바른 도리를 분간하고 있다면, 부유하고 고귀한 자리를 부러워하지 않으리라!"

28

맹자가 말하였다.

"노나라의 현명한 사람이었던 유하혜는 최고위급 관료가 되어도 자기의 절개를 바꾸지 않았다."

29

맹자가 말하였다.

"무엇인가를 실천하려는 사람은 중도에 그만두어서는 안 되기 때문에, 우물을 파는 일에 비유할 수 있다. 20미터 정도로 깊이 우물을 팠더라도, 샘물이 나오는 곳에 이르지 못하고 그만두면, 이는 우물을 포기하는 것과 같다."

30

맹자가 말하였다.

"요임금과 순임금은 정치를 펼 때 특별한 수양이나 노력을 하지 않고 타고난 본성대로 하였고, 탕임금과 무왕은 수양과 노력을 통해 훌륭한 정치를 체득하여 실천하였다. 하지만, 춘추시대 오패는 무력으로 정치를 하면서 사욕을 채우는 명분으로써 가식적으로 훌륭한 정치를 한다고 꾸몄다.

오래도록 가식적으로 정치를 하며, 본래의 훌륭한 정치로 돌아가지 않았으니, 어찌 그 자신이 훌륭한 정치를 하고 있지 않음을 알겠는가."

31

맹자의 제자 공손추가 말하였다.

"은나라 탕임금을 도와 최고지도자로 만드는 데 크게 기여한 이윤이 '내가 섬기는 지도자 태갑이 올바른 도리를 따르지 않는 것을 견딜 수 없다!'라고 하고, 태갑을 동 땅으로 추방하자 사람들이 크게 기뻐하였습니다. 태갑이 반성하고 수양하여 사람을 사랑하는 지도자의 면모를 갖추게 되고 다시 그를 돌아오게 하자 사람들이 크게 기뻐하였습니다. 현명한 인물이 지도자의 최측근 참모가 되어 지도자를 섬기는데, 그 지도자가 인자하지 못하다고 진짜 추방할 수 있습니까?"

맹자가 말하였다.

"이윤과 같이 공평무사한 뜻이 있으면, 충분히 그렇게 할 수 있지. 하지만 이윤과 같이 공평무사한 뜻 없이 다른 뜻을 품고 지도자를 쫓아낸다면 그것은 찬탈이라네."

32

맹자의 제자 공손추가 말하였다.

"『시경』「위풍」〈벌단〉에 '일하지 않고 공짜로 밥을 먹지 않는다.'라고 노래하였는데, 지성인이 농지를 경작하지 않고도 먹고 사는 것은 어째서입니까?"

맹자가 말하였다.

"지성인이 어떤 나라에 살 때, 그 나라 지도자가 그를 등용하면 나라가 편안하고 부유해지며, 존귀해지고 영화롭게 된다네. 청소년들이 지성인의 가르침을 따르면 가정에서는 부모에게 효도하고 형제자매가 서로 존경하며, 사회에서는 자기의 본분에 충실하고 다른 사람과 신뢰를 돈독히 할 것이라네. 지성인들이 '일하지 않고 공짜로 밥을 먹지 않는다!'라고 하는 것 중에, 이보다 큰 것이 무엇이 있겠는가?"

제나라의 차기지도자 점이 맹자에게 물었다.

"덕망을 닦아 하급관리의 길로 나선 사람은 무엇을 일삼아야 합니까?"

맹자가 말하였다.

"뜻을 숭상해야 합니다."

점이 물었다.

"뜻을 숭상한다는 것은 무엇을 말합니까?"

맹자가 말하였다.

"사람을 사랑하고 사람의 도리를 지키는 일일 뿐입니다. 한 사람이라도 죄 없는 사람을 죽이는 것은 사람을 사랑하는 마음이 아닙니다. 자기의 소유가 아닌데 가지는 것은 사람의 도리가 아닙니다.

공직자인 하급관리를 지망하는 사람이라면, 어떤 자세로 살아야 할까요? 사람을 사랑하는 열린 마음을 가져야 합니다. 그가 가야할 길은 어디에 있을까요? 서민들을 직접 대하기 때문에 사람의 도리를 실천하도록 하는 데 있어야만 합니다. 사람을 사랑하는 마음 자세를 지니고 사람의 도리를 실천할 수 있다면, 공명정대한 일을 실현할 공직자로서 준비가 된 것입니다."

34

맹자가 말하였다.

"제나라 사람 진중자는 지나칠 정도로 깨끗한 사람이라, 올바르지 않은 방법으로 제나라를 그에게 준다고 해도 받지 않을 것을 사람들이 모두 믿는다. 이것은 한 그릇의 밥과 한 그릇의 국을 물리친 정도의 조그마한 도리이다. 사람에게는 윤리 도덕보다 더 큰 도리가 없다. 그런데 그는 부모, 친척, 지도자와 측근 참모, 윗사람과 아랫사람 사이의 도리를 지키지 않았다. 조그마한 도리를 지켰다고 하여 윤리 도덕의 큰 도리도 잘 지킬 것이라고 믿어서야 되겠는가?"

35

맹자의 제자 도응이 맹자에게 물었다.

"순임금이 최고지도자가 되고, 고요가 그 아래의 사법관으로 있는데, 순임금의 아버지 고수가 사람을 죽였다면 어떻게 했을까요?"

맹자가 말하였다.

"법에 따라 집행할 따름이네."

도응이 물었다.

"그렇다면 순임금이 말리지 않겠습니까?"

맹자가 말하였다.

"순임금이 어떻게 말릴 수 있겠는가? 고요는 나라의 법을 다스리는 직책을 부여받았다. 이는 순임금조차 마음대로 할 수 없는 법집행 권한을 그에게 준 것이네."

도응이 물었다.

"그렇다면 순임금은 어떻게 처신해야 합니까?"

맹자가 말하였다.

"순임금은 나라를 포기하되 헌신짝을 버리듯이 하고, 아버지를 몰래 업고 도망하여, 나라의 법이 미치지 않는 저 멀리 바닷가에 살면서, 평생토록 기꺼이 즐거워하면서, 자기가 다스렸던 나라를 잊을 것 같네."

이 장은 사상에서 생활, 정치의 실천에 이르기까지 개인의 사사로운 감정에 의거하지 않고 공평무사한 행동의 중요성을 언급하고 있다. 특히 저울질하고 헤아려 볼 수 있는 태도인 '권도'의 의미를 돌아볼 수 있는 대목이다.

첫 번째 장의 경우, 양주와 묵자 등 이단의 학설을 비판하고 유가의 입장을 대변하는 문장으로 많이 애송되었다. 두 번째 장은 경제적으로 가난하고 천한 신분 때문에 마음을 동요시키지 않게 하는 것이 사람에게서 중요함을 논의하였다. 특히 하급관리들이 가난으로 인하여, 부정부패가 발생하거나 실무를 담당하는 데 애로사항이 없도록 수양할 것을 촉구한다.

무엇보다도 중요한 것은, 사람의 올바른 도리 추구를 우물 파는 데 비유한 대목이다. 사람의 올바른 도리를 실천하려는 사람은 최고의 인격이 온전하게 함양될 때까지 덕망을 계속 닦아야 한다. 아무리 피나는 노력을 했을지라도 중도에 그만두면 하지 않은 것이나 다름없다.

이렇게 하여 최고의 인격자가 되는 사람은 공평무사하고 공명정대한 길을 걷는다. 그런 인물이 많이 있지만, 여기서는 이윤과 순임금의 이야기가 선명하게 들어온다. 이윤의 경우 공명정대했기에 찬탈이 아니고, 순임금의 경우 공명정대했기에 최고지도자 자리까지도 포기하고 효도를 다할 수 있었다.

조기는 『장구』에서 "나라를 근심하여 자기 집안의 일을 잊어버리는 것은 자기의 뜻이 공공의 이익을 위하여 희생하려는 데 있기 때문이고, 그 뜻이 지도자를 편안하게 해 주려는 데 있기 때문이다. 공직자가 법도를 집행하는 입장에서는 정해진 규범을 어겨서는 안 된다. 순임금은 아버지를 아버지답게 모시기 위해 최고지도자의 자리까지도 버린다. 가정이기는 하지만, 순임금이 그런 경우를 당하면 그의 본성으로 보아 그럴 것이라는 것이 맹자의 생각이다."라고 풀이하였다.

주자는 순임금의 사례에 대해, 『집주』에서 "공직자는 법을 집행하는 존재이기에 단지 법도가 있음을 알고, 최고지도자의 아버지가 높다는 것을 알지 못한다. 자식은 부모에게 효도를 해야 하기에 다만 아버지가 있음을 알고, 세상이 큰 것을 알지 못한다. 중요한 것은 그 마음이다. 마음이 본성 그대로라면 어떤 상황에서도 충분히 비교하여 의논하고 헤아리기를 기다리지 않아도 세상에 처리하기 어려운 일은 없을 것이다."
라고 해석하였다.

6. 환경, 사람을 기르는 방법

36

맹자가 제나라에 있을 때, 범 땅에서 도성으로 가서 제나라 지도자의
아들을 바라보고 '야아!'하고 감탄하며 말하였다.

"거처하는 곳이 사람의 기상을 바꿔 놓고, 봉양하는 것이 몸을 바꿔
놓는구나! 참으로 신분이나 환경의 영향이 크도다! 그도 사람의 자식
으로 태어났건만."

맹자가 말하였다.

"지도자의 아들도 사는 집, 수레와 말, 의복 등 대부분이 다른 사람
과 같다. 그런데 지도자의 아들이 저런 모습으로 빛나는 것은 그 거처
가 그렇게 만든 것인데, 세상에 가장 넓은 집이라고 할 수 있는 '사람을
사랑하는 열린 마음'으로 사는 사람은 어떻겠는가! 말할 것도 없이 기
상이 높고 몸에 광채가 날 것이 아닌가!

노나라의 지도자가 송나라에 가서, 송나라의 성문인 질택 앞에서 성
문을 열라고 고함을 쳤다. 그때 성문을 지키는 자가 '아니, 이 분은 우리
나라 지도자가 아닌데, 어쩌면 그 음성이 우리나라 지도자와 같은가?'라
고 하였다. 이는 다름이 아니라 거처하는 환경이 서로 비슷하기 때문이
다."

37

맹자가 말하였다.

"봉급을 줘서 먹이기는 하지만 사랑하지 않으면 이를 돼지로 대하는 것이고, 사랑하기만 하고 존경하지 않으면 이를 짐승으로 기르는 것이다. 진정한 공경은 예물을 보내 공경을 표시하기 이전에 이미 있는 것이다. 지도자가 지성인을 예우할 때, 형식적으로는 공경을 하되 진심으로 공경하지 않으면 지성인은 거기에 헛되이 얽매이지 않는다."

38

맹자가 말하였다.

"형체나 낯빛은 타고난 본성이다. 가장 훌륭한 인격자가 되어야만 코는 코, 눈은 눈, 손발은 손발 등 제각각의 형체가 기능을 모두 발휘할 수 있다."

39

제나라 지도자 선왕이 삼년상이 길다고 생각하고 일년상으로 줄이려고 하였다. 그러자 공손추가 맹자에게 물었다.

"삼년상을 일년상으로 줄이는 것이 상례를 아주 없애 그만두는 것보다는 낫지 않습니까?"

맹자가 말하였다.

"어찌 그런 생각을 하는가! 이는, 어떤 사람이 난폭하게 자기 형의 팔뚝을 비틀었는데, 자네가 그 자에게 '일단은 좀 살살 천천히 비틀게나.'라고 말하며 변호하는 것과 같네. 자네 또한 그 자의 폭력을 변호할 게 아니라, 그런 자일수록 효도와 공경의 도리를 가르쳐야만 한다네."

제나라 지도자의 아들 중에 자기 어머니가 죽은 자가 있었다. 그러나 그 어머니가 지도자의 첩이라 지도자의 눈치를 보느라 상주 노릇 하기를 꺼리고 있는데, 이를 눈치 챈 그의 스승이 그에게 몇 달 동안이라도 상복을 입도록 권유하였다. 그러자 공손추가 맹자에게 물었다.

"이와 같은 경우는 어떻습니까?"

맹자가 말하였다.

"이런 경우는 아들이 어머니의 삼년상을 하려고 해도 뜻대로 할 수 없다네. 그러니까 상복을 하루라도 더 입는 것이 그만두는 것보다 낫지 않겠는가? 앞에서 말한 것은 하지 말라고 금하는 사람이 없는데도 하지 않는 경우라네."

40

맹자가 말하였다.

"지성인이 사람을 가르치는 방법에 다섯 가지가 있다.

첫째, 때맞추어 내리는 비가 곡식과 초목을 잘 자라게 하는 것 같은 방법이 있고,

둘째, 스스로 덕망을 성숙하게 해 주는 방법이 있으며,

셋째, 자질과 재능을 발달하게 하는 방법이 있고,

넷째, 묻고 답하며 깨닫게 하는 방법도 있으며,

다섯째, 직접 배우지 않고 스스로 따르고 배워서 수양을 하게 하는 방법도 있다.

이 다섯 가지가 지성인이 가르치는 방법이다.

41

맹자의 제자 공손추가 말하였다.

"선생님이 내세우는 학문의 길이 높고 아름답습니다. 하늘에 오르는 것과 같이, 그렇게 높아서 따라갈 수 없을 것 같습니다. 어찌 저희에게 충분히 도달할 수 있다고 여기게 하여, 날마다 부지런히 힘쓰게 하지 않습니까?"

맹자가 말하였다.

"그럴 수는 없네. 큰 목수는 아직 성숙하지 않은 서투른 목수를 위해 먹줄 쓰는 법을 고치거나 버리지 않는다네. 활의 명수인 후예는 활을 잘 쏘지 못하는 사람을 위해 활 당기는 방법을 바꾸지 않는다네. 기본에 충실해야지, 수준을 낮추어서는 안 되지 않겠나!

지성인은 학문의 길을 갈 때, 활을 쏘는 사람이 활을 힘껏 당기고 화살을 날릴 듯하면서도 쏘지 않으나, 바짝 긴장하고 활 쏘는 법도에 맞게 서 있다네. 그러므로 지성인을 따라올 사람은 이를 따른다네."

42

맹자가 말하였다.

"세상에 올바른 도리가 행해질 때는 공직에 나가서 올바른 도리를 몸소 실천하고, 세상에 올바른 도리가 행해지지 않을 때는 공직에서 물러나서 자신의 몸을 올바른 도리에 따르게 한다. 그런데 올바른 도리를 가지고 다른 사람을 따라간다는 말은 아직 들어보지 못하였다."

43

맹자의 제자 공도자가 맹자에게 물었다.

"등나라 지도자 문공의 동생인 등경이 선생님 문하에 있을 때, 예우를 해 줄 만한 것 같았습니다. 그런데 선생께서는 그의 물음에 대답하지 않았습니다. 어째서 그랬습니까?"

맹자가 말하였다.

"자기의 고귀한 신분을 믿고, 또 잘난 재주를 믿고, 또 연장자임을 믿고, 안면이 있는 것을 믿고 와서 내게 물었다네. 잘 알겠지만, 나는 어떤 저의를 가지고 묻는 것에 대해 대답하지 않는다네. 등경은 이 가운데 두 가지를 가지고 있었지."

44

맹자가 말하였다.

"그만두어서는 안 될 경우에 그만두는 사람은 그만두지 못하는 것이 없다. 두텁게 해 주어야 할 것을 엷게 한다면 무슨 일이건 엷게 하지 않은 것이 없을 것이다. 예민하게 앞으로 나아가기를 빨리 하는 사람은 뒤로 물러나는 것도 빠르다."

45

맹자가 말하였다.

"지성인은, 동물이나 식물과 같은 사물을 아껴 주기는 하지만 먼저 사랑해 주지는 않고, 사람을 사랑해 주기는 하지만 먼저 친밀하게 하지는 않는다. 부모를 사랑으로 잘 모신 후에 사람에게 사랑을 베풀고, 사

람에게 사랑을 베풀고 난 후에 동물이나 식물 같은 사물을 아껴 주는
것이다."

46

맹자가 말하였다.

"지혜로운 사람은 모르는 것이 없다. 그러나 당장 힘써야 할 일을 급
선무로 여긴다. 인자한 사람은 사랑하지 않는 것이 없다. 그러나 훌륭한
덕망을 지닌 사람을 가까이함을 급선무로 여긴다. 요임금, 순임금과 같
은 지혜를 지니고 있으면서도 만물을 두루 알지 않은 것은 먼저 해야
할 일을 급하게 생각했기 때문이다. 요임금, 순임금과 같은 인자함을 지
니고 있으면서도 사람을 두루 사랑하지 않은 것은 훌륭한 덕망을 지닌
사람을 가까이함을 급하게 생각했기 때문이다.

삼년상은 제대로 치르지 못하면서, 3개월 동안 입는 상복인 시마나 5
개월 동안 입는 소공과 같은 대수롭지도 않은 일을 깊이 살피며, 밥을
마구 퍼먹고 국물을 줄줄 들이켜 마시면서, 마른 고기를 이빨로 끊어
먹지 말라는 등 대수롭지 않은 것을 따진다. 이런 것을 두고, 진정으로
힘써야 할 일을 모른다고 말하는 것이다."

이 장은 「진심장구」 상편의 마지막 부분이다. 여기에서는 사람을 가르
치고 기를 때, 환경과 방법, 태도가 얼마나 중요한지에 대해 정돈하고 있
다. 맹모삼천지교나 맹모단기지교와도 상통하는 측면이 있고, 유가의 교
육, 혹은 학습 방법론을 보여 준다.

학문과 덕망을 갖춘 지성인은 전통과 자신의 경험을 바탕으로 교육

방법론을 구체적으로 제시한다. 무엇보다도 중요한 것은 학습자의 자질이다. 지성인은 학습자의 자질을 헤아려서 그것에 가장 적합한 교육방법을 적용한다. 맹자의 경우, 직접 가르치지 않아도 자기의 학문과 덕망을 본받아 배울 수 있는 경우를 생각했던 것 같다. 그것은 언제 어디에서건, 평소에 처신하는 곳에서 학문을 위해 조심하고 진지해야 한다는 뜻을 암시한다.

특히 눈여겨볼 대목은, 조금 배워서 터득하기 어렵다고 하여 일정한 수준을 요구하고 이미 제시한 학문의 목표 달성치를 낮출 수는 없다는 점이다. 지성인이 가르침에 임할 때는, 먼저 자기 자신이 정도에 맞게 해야 한다. 그리고 그것의 효과로 나타난 것을 보고, 그 이치를 깨달아 배우는 사람이 따라오게 해야 한다. 능력이 있는 사람이라야 그렇게 할 수 있다. 그렇다고 능력이 안 되는 사람을 위해 학문의 수준을 낮출 수는 없다.

맹자는 자기에게 배우러 오는 사람이라 하더라도 겸손한 태도로 허심하게 마음을 나타내지 않으면 응대해 주지 않는다. 매사에 선후를 가리지 못하고 본말을 전도하는 일을 경계한다. 무엇이 급한지 알아서 그것을 먼저 처리하기에 힘쓰고 지엽적이고 말단적인 일에 구애되는 어리석음을 저지르지 않아야 한다. 어쩌면 배움은 그것을 파악하는 일일 수도 있다. 이는 앞에서 말한 구방심과 같은 차원이다. 가장 큰 문제는 배우려는 사람들이 본말을 전도하는 처사를 곧잘 한다는 점이다.

조기는 『장구』에서 배움과 관련하여 "배움에서는 자신을 겸허하게 하는 것이 중요하고, 가르침은 공평하게 하는 것이 중요하다. 옷을 털 때는 깃을 잡고 털고, 그물을 바로잡을 때는 벼리를 잡아든다. 지성인은 어떤 행위를 할 때, 중요한 것에 먼저 힘쓴다. 배움도 마찬가지이다. 때문에 요임금과 순임금은 현명한 사람을 가까이하여 서로 배우면서 융성을 누렸다."라고 풀이하였다.

주자는 "지성인은 사람을 가르치는 데 지칠 줄 모르지만, 생각이 성실치 않은 것은 미워한다. 세상의 도리를 전체적으로 알면 마음이 좁아지지 않고, 먼저하고 나중에 할 것을 알면, 일에 질서가 생긴다."라고 해석하였다.

7. 침략 전쟁 비판

47

맹자가 말하였다.

"인자하지 못하구나, 양나라 혜왕이여! 인자한 사람은 자기가 사랑하는 사람을 대하는 마음으로 자기가 사랑하지 않는 사람에게까지 미루어 나간다. 인자하지 않은 사람은 자기가 사랑하지 않는 사람을 대하는 마음으로 자기가 사랑하는 사람에게까지 미루어 나간다."

맹자의 제자 공손추가 물었다.

"무슨 말씀입니까?"

맹자가 말하였다.

"양나라 혜왕이 다른 나라의 영토를 빼앗으려는 욕심으로 자기 나라 사람을 무참하게 죽이면서 전쟁을 하다가 대패하였다. 그리고 다시 보복을 하려고 하였으나 이기지 못할까 두려워 자기가 사랑하는 자식들을 내몰아서 죽게 하였다. 이것을 사랑하지 않는 사람을 대하는 마음으로 사랑하는 사람에게까지 미루어 나가는 것이라고 한 것이다."

48

맹자가 말하였다.

"춘추시대에는 정의로운 전쟁이 없었다. 그런 가운데 '저 나라가 이 나라보다 착했다.'라고 할 만한 것은 있었다. 정벌은 최고지도자가 다스리는 천자의 나라가 땅을 나누어 준 조그마한 제후의 나라를 치는 것을 말한다. 그러므로 대등한 국력을 지닌 조그마한 나라끼리는 서로 정벌하지 않는다."

49

맹자가 말하였다.

"『서경』의 내용을 모두 그대로 믿는 것보다 불합리하거나 과장된 글은 없는 것으로 보고, 안 읽거나 무시하는 게 좋다. 나는 『서경』 「주서」 〈무성〉에 대해 두서너 개의 글을 취할 뿐이다.

인자한 사람은 세상에 대적할 사람이 없다. 지극한 인자함으로 지극히 인자하지 않은 사람을 정벌하였으니, 어찌 그 피가 강물처럼 흘러 방패를 떠내려 가게 했겠는가?"

50

맹자가 말하였다.

"어떤 사람이 '내가 진법을 잘 알아 포진을 잘하고, 내가 전쟁을 잘한다.'라고 하면, 그는 큰 죄인이다.

나라의 지도자가 사람을 사랑하는 마음을 지니고 있다면, 세상에 대적할 자가 없다.

은나라의 탕임금이 남쪽을 향하여 정벌하니까 북쪽에 있는 미개 부족이 원망하며, 동쪽을 향하여 정벌하니까 서쪽에 있는 미개 부족이 원망하여, '어찌하여 우리들을 나중에 정벌하는가?'라고 하였다.

주나라의 무왕이 은나라를 정벌할 때, 전투용 수레인 혁거가 300대였고, 정예 전투 병사가 3,000명이었다.

그때 무왕이 은나라 사람들에게 이렇게 말하였다. '두려워하지 말라, 너희들을 편안히 하려는 것이고, 사람들을 대적하려는 것이 아니다.'라고 하자, 은나라 사람들이 짐승이 그 뿔을 땅에 대듯이 머리를 조아렸다.

'정벌'이라고 할 때 '정(征)'이라는 말은, '바로잡는다.'라고 할 때 정(正)이라는 뜻이다. 은나라 사람들이 제각기 자기를 바로잡아 주기를 바랐다. 그러니 어찌 사람들과 적이 되어 싸웠겠는가?"

51

맹자가 말하였다.

"목수나 수레 만드는 기술자는 다른 사람에게 컴퍼스나 곱자로 원이나 네모를 만드는 법도나 기준을 가르쳐 줄 수는 있다. 하지만 다른 사람에게 그 이상의 재주나 기술이 좋아지는, 이른바 기교를 터득하게 할 수는 없다."

52

맹자가 말하였다.

"순임금이 일반 서민으로 가난하게 살 때, 마른밥을 먹고 채소를 먹으며 평생토록 그러할 것 같았다. 그런데 최고지도자가 되어 수놓은 옷을 입고 거문고를 타며, 요임금의 두 딸이 받들어 모시자, 본래부터 그렇게 살아오던 것 같이 자연스러웠다."

53

맹자가 말하였다.

"나는 이제 와서야 다른 사람의 부모를 죽이는 것이 얼마나 엄중한 일인지를 알았다. 다른 사람의 아버지를 죽이면 다른 사람도 또한 나의 부모를 죽이고, 다른 사람의 형을 죽이면 다른 사람도 또한 나의 형을 죽인다. 그렇다면 자기가 직접 부모형제를 죽인 것은 아니지만, 자기가 자기 부모를 죽이는 것과 무엇이 다르겠는가?"

54

맹자가 말하였다.

"옛날에 관문을 만든 것은 포악한 일을 막기 위해서였다. 그런데 지금 관문을 만드는 것은, 통행세를 부과하는 등 오히려 포악한 짓을 하려고 만드는구나!"

이 장은 「진심장구」 하편의 앞부분이다. 「진심장구」 하편은 전쟁에 대한 비판으로부터 시작한다. 맨 첫 장에서 양나라 혜왕의 보복에 보복을 거듭하는 전쟁에 대한 비판이다. 사마천의 『사기』「손자오기열전」에 의하면, 양나라 혜왕은 지도자가 된 지 28년 되던 해에 군대를 동원하여 조나라의 수도 한단을 함락시켰다. 이에 조나라는 제나라에 원군을 청했고, 제나라 위왕이 전기와 손빈을 시켜 조나라를 구원해 주게 하였는데, 양나라 혜왕의 군대를 계림에서 격파했다. 2년 후, 혜왕은 다시 조나라를 공격하였다. 그러자 조나라는 또다시 제나라에 원군을 청했고 제나라는 손자의 작전을 써서 조나라를 구원해 주었다. 혜왕은 다시 군대를 동원하여 방연을 장수로, 태자 신을 상장군으로 하여 제나라 군대와 마릉에서 싸웠으나 대패하였다. 이때 방연은 전사하고 태자 신은 포로가 되었다.

맹자는 이러한 침략적 야욕을 만족시키기 위해 자기 자식까지도 희생시키는 양나라 혜왕의 잔학성을 강도 높게 비판하였다.

그것은 전투가 벌어지는 전쟁뿐만이 아니었다. 마지막 장은 관문에서 과중한 세금을 징수하는 폭정을 비판하였는데, 이것 또한 전쟁에서 사람을 죽이는 것과는 다르다 하더라도 사람들을 잔혹하게 대한 차원에서는 동일하다.

51장의 경우, 전쟁이나 싸움과는 성격이 약간 다르다. 학문이나 공부의 문제와 연관된다. 기술의 성숙도나 학문의 진보는 다른 사람이나 외부의 어떤 것이 대신해 줄 수가 없다. 궁극적으로 자기 자신이 마음으로 터득할 수밖에 없다. 기본이 되는 학문은 정해진 기준에 의해 가르쳐 줄 수가 있다. 그러나 덕망을 닦고 인격을 갖추는 일, 올바르게 살며 세상을 다스릴 수 있는 인물이 되는 것 등은 자신의 노력 여하에 달렸다는 말이다.

52장은 순임금은 본성대로 살기 때문에 어떤 환경의 변화에도 쉽게 마음이 동요되지 않음을 보여 준다. 조기는 『장구』에서 이 부분을 "곤액을 당해도 슬퍼하지 않고 아무리 고귀한 자리에 있어도 내려갈 것을 생각한다는 것은 일반 사람에게는 어려운 일이다. 순임금이기에 가능하다. 왜냐하면 최고의 인격자는 덕망이 다르기 때문이다."라고 풀이하였다. 주자는 『집주』에서 "최고의 인격자는 그 마음이 빈천하다고 해서 바깥의 일을 부러워하지 않고, 부귀하다고 해서 동요하지도 않는다."라고 해석하였다.

8. 나의 덕행을 실천하라

55

맹자가 말하였다.

"자신이 도리에 맞게 행동하지 않으면, 처자식조차도 그렇게 행동하지 않는다. 사람을 부릴 때 도리에 맞게 하지 않으면, 처자식조차 무엇을 시켜도 움직이지 않는다."

56

맹자가 말하였다.

"이익을 지나치게 추구하는 사람은 흉년이 들어도 죽지 않고 살 수 있다. 덕망을 넉넉하게 쌓은 사람은 아무리 나쁜 세상이라도 그를 어지럽히지 못한다."

57

맹자가 말하였다.

"훌륭한 덕망을 갖추고 명예를 좋아하는 사람은 1,000대의 전차를 낼 수 있을 정도의 큰 나라도 양보할 수 있다. 그러나 그러할 만한 사람이 아니면 한 그릇 밥과 한 그릇 국에도 욕심이 얼굴에 드러난다."

58

맹자가 말하였다.

"지도자가 인자하고 현명한 인물을 신뢰하지 않고 등용하지 않으면 나라에 인재가 없고, 나라에 예의와 법도가 없으면 위아래의 질서가 혼란해진다. 도리에 맞는 정치가 없으면 나라의 재정이 부족해진다."

59

맹자가 말하였다.

"인자하지 않은데도 나라를 얻은 자는 있다. 하지만 인자하지 않고서 온 세상을 얻은 자는 없다."

이 장에서는 실제로 덕행을 실천하고, 그 결과와 효험에 대해 간략하면서도 분명하게 제시하는 내용들을 연결하고 있다.

다른 사람을 다스리는 기본 도리는 자신의 직접적 행동이다. 그것은 다름 아닌 유가의 수기치인(修己治人)의 정신이다. 자신의 덕망을 제대로 세우지도 않고 다른 사람에게 다가갈 수 없다! 자신의 덕망을 세우는 일은 이익을 경계하는 데서 출발한다.

이익을 추구하고 욕망을 고집하는 사람은 아무리 작은 이익이라도 낯빛이 바뀔 정도로 관심이 있을 수밖에 없다. 한 그릇의 밥이나 국을 대하여도 그 욕심이 드러난다. 특히 지도자의 경우, 이익을 추구하려는 욕심을 줄이고 지도자의 자질을 발휘하여 그 덕행을 실천하는 데 몰두해야 한다.

정치 지도자가 지녀야 할 덕행은, 첫째, 훌륭한 덕망과 똑똑한 재능을 갖춘 인물을 믿고, 둘째, 예의를 지키며, 셋째, 정치를 법도대로 시행하는 것이다. 이는 일반 서민을 잘살게 해 주는 방법을 강구하는 것이 주요 목적이다. 예를 들어, 세금 부과와 국비 지출을 법도에 맞춰서 하지 않고 무절제하게 다루면, 사람들은 피폐하여 나라의 비용을 부담할 능력이 없어지고, 국가의 재정은 극도로 빈곤해질 것이 뻔하다.

조기는 『장구』에서 "현인을 가까이하고 예의를 공경스럽게 지켜 인의예지신(仁義禮智信)의 다섯 가지 가르침을 밝히는 것이 정치의 근원이다. 이 중에서도 훌륭한 인격자나 지도자는 이 세 가지를 급선무로 여긴다."라고 풀이하였다.

주자는 『집주』에서 "이 세 가지 가운데 '훌륭한 덕망과 똑똑한 재능을 갖춘 인물을 믿는 것'을 근본으로 한다. 덕망과 재능을 갖춘 인물이 없다면 예의를 지키고 정치를 법도대로 시행한다고 해도 모두 바른길로 가게 되는 것은 아니다."라고 하였다.

9. 사람을 근본에 두라

60

맹자가 말하였다.

"일반 서민이 가장 귀중하고, 정부가 그 다음이고, 지도자는 가벼운 것이다.

그러므로 모든 서민들의 마음을 얻은 사람은 온 세상을 다스리는 최고지도자가 되고, 최고지도자에게 신임을 얻은 사람은 한 나라의 지도자가 되고, 한 나라의 지도자에게 신임을 얻은 사람은 그 측근으로서 고위관료가 된다.

한 나라의 지도자가 나라를 위태롭게 하여 혼란에 빠트리면, 최고지도자는 현명한 인물을 골라 지도자를 갈아치운다. 제사에 바칠 희생이 이미 살쪘고, 제물로 올릴 곡식이 이미 깨끗하게 준비되어, 제사를 제때에 지냈는데도 가뭄이 들고 홍수가 나면 일반 서민을 위해 제단을 다시 설치한다."

61

맹자가 말하였다.

"훌륭한 인격자는 3,000여 년 후에 이르기까지 사람들의 존경을 받는 스승이다. 백이와 유하혜가 그 예이다. 그러므로 백이의 사고와 행위가 어떠했는지 그 청렴결백한 가르침을 들은 사람은 욕심 많은 사나이는 청렴해지고 무기력한 사나이는 뜻을 세우게 된다. 유하혜의 사고와 행위가 어떠했는지, 그 너그러웠던 가르침을 들은 인정이 적은 사나이는 인정이 도타워지고 매사에 여유가 없던 사나이는 너그러워진다. 그들은 3,000여 년 이전의 세상에 떨쳐 일어나는데, 3,000여 년 후에 그 사고와 행위가 어떠했는지를 들은 사람 가운데 떨쳐 일어나지 않는 사람이 없다. 최고로 훌륭한 인격자가 아니고서야 어찌 이와 같을 수 있겠는가? 더구나 그들을 직접 가까이 하여 배운 사람이라면, 말해서 무엇 하겠는가!"

62

맹자가 말하였다.

"인자함이란 사람다운 덕망을 지닌 사람이라는 뜻이다. 인자함의 덕망과 그 사람을 합하여 말하면, 그것이 바로 사람의 길이다."

63

맹자가 말하였다.

"공자가 노나라를 떠날 때는 '더디고 더디다, 내 걸음이여!'라고 말하였는데, 이는 부모의 나라인 조국을 떠나는 도리이다. 제나라를 떠날 때는 밥을 지으려고 물에 담가 두었던 쌀을 건져서 갈 만큼 급히 떠났는데, 이는 다른 나라를 떠나는 도리이다."

64

맹자가 말하였다.

"공자가 진나라와 채나라 사이에서 곤경에 빠졌다. 그 이유는 두 나라의 지도자나 측근 참모들이 악한 사람들이었기에, 공자가 그들과 교제하지 않았기 때문이다."

65

북방의 맥족 출신인 맥계가 말하였다.

"저는 여러 사람들에게 비난을 받고 욕을 먹고 있습니다."

맹자가 말하였다.

"그래요. 뭐 걱정할 것 없습니다. 공직에서 실무를 맡다 보면 욕을 많이 듣게 마련입니다. 『시경』「패풍」〈백주〉에 보면 '괴로운 마음 근심에 차 있는데, 여러 조무래기들에게 노여움을 받는다.'라고 노래했습니다. 이게 바로 공자의 경우입니다. 『시경』「대아」〈면지〉에서는 '그들의 노여움을 없애지는 못했으나, 또한 그 명성을 잃지 않았다.'라고 노래했습니다. 이게 바로 문왕의 경우입니다."

66

맹자가 말하였다.

"옛날에 현명한 지도자들은 자기의 덕망이 밝은 것을 가지고 사람을 밝게 하였다. 그런데 지금은 자신들의 도리도 모르고, 덕망도 우매하게 흐려져 어두우면서도 사람들을 밝게 하려고 한다."

이 장은 일상에서, 혹은 정치에서 사람이 기본이고 그것을 근본에 두어야 한다는 내용들로 구성되어 있다.

첫 번째 60장은 일반 서민을 가장 중시하는 민본주의(民本主義) 정신이 담겨 있다. 조기는 『장구』에서 "일반 서민들의 마음에 들면 지도자가 되고, 지도자의 마음에 들면 측근 참모가 되기 때문에 일반 서민들이 더 중요한 것이다. 과오를 저지를 경우, 그 나라의 지도자를 먼저 쫓아내고 정부를 해체하여 재정비하므로 지도자는 대단한 것이 아니다. 일반 서민들을 중요하게 여기고 나라의 제사를 경건하게 지내는 것이 나라를 다스리는 우선순위기 때문에 이렇게 순서대로 말한 것이다."라고 풀이하였다.

61장에서는 훌륭한 인물들의 감화력이 얼마나 높고 중요한지를 논의하였고, 62장은 사람을 사랑하는 열린 마음이 다름 아닌 사람의 길이라는 점을 다시 강조하였다. 63장의 경우, 앞의 「만장」편에서 나온 말이 반복된 것으로 공자의 조국에 대한 사랑과 열정이 녹아 있다.

64장에서 공자가 곤란을 당한 이야기는 『사기』 「공자세가」와 『논어』 「위령공」, 『순자』 「유좌」 등에 나온다. 공자가 남쪽의 초나라 쪽으로 가다가 진나라와 채나라의 중간 지점에서 포위되어 이러지도 저러지도 못하고 7일 간이나 끼니를 끓이지 못하여, 제자들이 모두 굶주린 기색이 돌았다고 할 정도로 곤란을 겪은 일을 말한다. 이때 곤란을 겪게 된 이유는 간단하다. 진나라나 채나라의 지도급 인사 중에서 착한 사람이 없기에 사람을 사귀지 않았다. 그러니 어떤 도움도 받을 수 없었다.

65장의 사람들의 입방아에 오르내리는 일은 시사점이 큰 대목이다. 현명한 인물에 대해서는 원래 시샘이 많은 법이다. 내가 올바르고 떳떳하다면 남들이 어떤 말로 헐뜯건 관심을 둘 필요가 없다. 나의 소신대로 정도를 따라가면 그만이다. 조기는 『장구』에서 이렇게 풀이하였다. "자기를 바로잡고 마음을 믿을 뿐이다. 세속에서 이러쿵저러쿵 하는 것에 대해 근심하지 않는다. 그렇게 시끄럽게 떠들어 댄 것은 위대한 인물도 당한 일이므로, 일반 서민들은 막아낼 수가 없다." 중요한 것은 내가 나를 믿고, 나를 근본에 두고, 정도를 걷고 있느냐이다. 그렇다면 거침없이 전진하라!

10. 사람의 인품

67

맹자가 제나라 사람인 제자 고자에게 말하였다.

"산의 수풀 사이로 난 좁은 샛길도 사람들이 많이 오가며 사용하면 큰길이 된다. 그러나 오랫동안 사용하지 않으면 띠가 자라 길을 덮는다. 지금에 자네의 마음에 띠가 꽉 덮여 있구나!"

68

맹자의 제자 고자가 말하였다.

"우임금의 음악이 문왕의 음악보다 격조가 높은 것 같습니다."

맹자가 말하였다.

"어째서 그렇게 말하는가?"

고자가 말하였다.

"우임금 때 연주했던 종의 고리가 달랑달랑할 정도로 낡아서 그렇습니다. 그만큼 많이 연주했다는 게 좋은 것 아니겠습니까? 문왕 때의 종은 많이 쓰지 않아 멀쩡하거든요."

맹자가 말하였다.

"그것만 보고 어찌 그렇게 말할 수 있겠는가? 성문의 수레바퀴 자국이 두 마리 말의 힘으로 만들어진 것이겠는가?"

69

제나라가 흉년이 들자, 맹자의 제자 진진이 말하였다.

"나라 사람들이 모두 선생님께서 지도자에게 건의하여 당읍의 곡식 창고를 열어 주게 할 것으로 기대하고 있습니다. 그러나 그렇게 할 수가 없겠지요!"

맹자가 말하였다.

"지금 지도자에게 그것을 건의하다가는 무모한 풍부와 같은 꼴이 되고 만다네. 진나라 사람 중에 풍부라는 자가 있었는데, 맨손으로 호랑이를 때려잡았을 정도로 난폭했지만 나중에 착한 공직자가 되었다네. 그런데 어느 날 들에 나갔는데 여러 사람들이 호랑이를 쫓고 있었지. 호랑이가 산모퉁이까지 달아나서 산을 등지고 버티고 서자, 사람들이 감히 달려들지 못했지. 그리고는 저 멀리 풍부가 있는 것을 보고는 달려가 부탁을 하였다네. 이에 풍부가 호랑이를 잡으려고 팔뚝을 걷어붙이고 수레에서 내려왔지. 많은 사람들이 모두 이 모습을 좋아하였지만, 참다운 공직자들은 이를 비웃었다네."

70

맹자가 말하였다.

"입이 맛을 느끼는 것, 눈이 빛깔을 보는 것, 귀가 음성을 인식하는 것, 코가 냄새를 맡는 것과 사람의 팔다리가 편한 것을 아는 것은 사람의 본성적 욕구다. 하지만 거기에는 제각기 분수가 있어 본능이 원하는 대로 되게 하지 못하는 운명이 개입되어 있다. 그러므로 지성인은 이것을 본성이라고 하지 않는다.

인자함이 부모자식 사이에 베풀어지고, 의리가 지도자와 참모 사이에 유지되고, 예의가 손님과 주인 사이에 지켜지고, 지혜가 현명한 사람에게 밝혀지고, 최고지도자가 우주 자연의 질서를 본보기로 사람에게 적용한 것은 운명이다. 하지만 거기에는 타고나면서부터 착한 본성이 개입되어 있다. 그러므로 지성인은 이것을 운명이라고 하지 않는다."

71

제나라 사람인 호생불해가 맹자에게 물었다.

"악정자는 어떤 사람입니까?"

맹자가 말하였다.

"착한 사람이며 신용 있는 사람입니다."

"무엇을 착함이라 하고, 무엇을 신용이라고 합니까?"

맹자가 말하였다.

"모든 사람이 그렇게 되기를 바라는 것을 착함이라 하고, 착함을 자기 몸에 소유하는 것을 신용이라 하며, 충실하게 채워져 있는 것을 아름다움이라 하고, 충실하게 채워져 있으면서 밝게 빛나는 것을 위대함이라 하며, 위대하면서 모든 사람을 감화시키는 것을 성스럽다고 하고, 성스러우면서 알 수 없는 것을 신령하다고 합니다. 악정자는 착하고 신용 있는 사람, 이 두 가지 가운데에 있고, 아름답고, 위대하고, 성스럽고, 신령한 사람, 이 네 가지의 아래에 있는 사람입니다."

72

맹자가 말하였다.

"묵적의 이론을 배우던 자가 그것이 진리가 아님을 깨닫고 도피하면 반드시 양주의 이론에 빠지고, 양주의 이론이 진리가 아님을 깨닫고 도피하면 반드시 유가로 돌아올 것이다. 그런 사람들이 유가의 이론을 받아들이려고 오면 받아 줄 뿐이다.

지금에 양주·묵적의 이론을 신봉하는 자들과 변론을 하는 것은 우리를 뛰쳐나간 돼지를 쫓는 것과 같다. 이미 우리 속으로 돌아왔는데 또 따라가서 그 다리를 묶으려 한다."

73

맹자가 말하였다.

"나라에서 서민들에게 부과하는 세금에 세 가지 종류가 있다. 첫째, 여름에는 베나 비단을 징수하고, 둘째, 가을에는 곡식을 거두고, 셋째, 겨울에는 노역을 부과한다. 훌륭한 지도자는 이 중에 한 가지만 쓰고, 두 가지는 완화시킨다. 이 중에서 두 가지를 동시에 적용하면 서민들이 굶어 죽고, 세 가지를 동시에 적용하면, 먹고살기 위해 뿔뿔이 흩어져야 하기 때문에 부모자식 사이에 이산가족이 생길 수도 있다."

74

맹자가 말하였다.

"한나라를 다스리는 지도자의 보배는 세 가지다. 영토와 사람, 그리고 정치이다. 지도자가 구슬이나 옥과 같은 희귀한 재물을 보배로 여기면,

재앙이 반드시 자신에게 미친다."

75

맹자의 제자가 될 뻔했던 분성괄이 제나라에서 관직을 하였는데, 맹자가 이렇게 말하였다.

"분성괄이 저거 죽을 것 같은데."

정말 분성괄이 피살되자. 어떤 제자가 물었다.

"선생님께서는 어찌하여 그가 피살될 것을 알았습니까?"

맹자가 대답하였다.

"사람됨을 보면 알 수가 있지. 분성괄은 작은 재주가 있을 뿐, 지성인의 큰 도리를 알지 못했어. 그러니 자기 몸을 죽게 했던 것이지."

76

맹자가 등나라에 가서, 상궁에 머무르고 있었다. 그때 창문 위에 신발을 만들다가 미완성인 채로 둔 것이 있었는데, 누가 가져 갔는지 보이지 않자 숙소 주인이 찾았으나 끝내 찾지 못했다.

어떤 사람이 맹자에게 따지듯이 물었다.

"어째 그런 짓을 합니까? 선생을 따라온 사람 중에 누군가 신발을 감춘 게 아닙니까?"

맹자가 말하였다.

"당신 말이오, 나를 따라온 사람들이 신발을 훔치기 위해 여기 왔다고 생각하시오?"

그 사람이 대답하였다.

"아마, 아니겠지요. 선생이 글을 가르친다고 할 때, '가는 사람은 붙잡지 않고, 오는 사람은 막지 않는다.'라고 말하고, 모든 사람을 다 받아 주었습니다. 적어도 배우려는 마음을 가지고 오면 받아 줄 뿐이지요. 이에 혹시나 신발을 훔치려는 마음으로 온 자도 있지 않을까 해서 물어본 것입니다."라고 하였다.

이 장에도 다양한 내용이 산포되어 있다. 그래도 핵심 맥락을 짚어 보면 사람을 사랑하는 마음씨와 사람의 도리를 어떻게 실천할 수 있는지에 기초하여, 사람의 인품이 어떤 차원에서 드러나는지를 부분적으로 보여 준다.

67장은 사람이 자신의 덕망을 닦아 나가는 데 지속적으로 충실할 것을 강조하며 제자에게 충고하는 장면이다. 마치 산길에 사람이 다니지 않으면 때에 길이 막혀 버리는 것처럼, 학문의 길은 꾸준해야 한다.

69장은 가능하지 않다고 판단하고 그만둔 일을, 세상 사람들 사이에 다시 부각된다고 하여, 어떤 기준도 없이 함부로 나서서 한다는 것에 대한 경계이다. 맹자가 볼 때 이런 일은 수치스러운 것이다. 반드시 해야 할 일이라면 하는 것이 맞다. 그러나 때가 아닌데 억지로 하려고 달려든다면, 그만큼 해로움이 있다.

73장과 74장도 나라를 다스리는 정치의 기준으로 심각히 고려해 볼만하다. 73장은 나라에서 일반 서민들에게 부과하여 거둬들일 수 있는 것, 세 가지에 대한 경계이다. 그런데 그것을 모두 적용하게 되면 사람들이 죽고 흩어지는 일이 발생할 수 있으므로 지도자는 매우 조심해야 한다. 즉 일반 서민들에게 세금과 부역으로 지나치게 괴롭히지 않는 것이 정치의 기본이다.

조기는 『장구』에서 "마음을 추구하고 힘을 헤아리는 것이 좋은 정치이다. 부역을 마구 시키게 되면 부모 형제자매가 흩어지고 굶어 죽은 시체가 발생할 수 있다. 사람들을 잘살게 하고 거두어들이는 것을 적게 하는 것이 훌륭한 지도자의 정치기술이다."라고 풀이하였다.

76장은 맹자가 교육하는 태도를 적나라하게 보여 준다. 여기에 일상에서 흔히 쓰는 유명한 말이 등장한다. '가는 사람 붙잡지 않고, 오는 사람 막지 않는다!' '왕자불추(往者不追) 래자불거(來者不拒)!' 조기는 이 대목을 다음과 같이 풀이하였다. "가르치는 길은 바다같이 받아들인다. 다양한 형태의 개울은 제각기 다르게 흐르므로 막을 수가 없다." 이런 점에서 창문에 둔 신발을 제자 누군가 훔친다 하더라도 어찌할 수 없다. 그렇지만 그것을 따지는 조무래기에는 순리대로 대답해 준다. 소인이 스스로 허물을 느끼도록 말이다.

11. 본성을 회복하라

77

맹자가 말하였다.

"사람들은 누구나 사랑하는 것이 있는데 그런 것에는 차마 모질게 굴지 못한다. 차마 모질게 굴지 못하는 마음을 미루어 나가 사랑하지 않는 것까지도 사랑하게 되면 그것이 바로 인자함이다. 사람들은 의리와 체면상 하지 않는 일이 있다. 그런 마음을 미루어 나가 어떤 일에서건 실천하게 되면 그것이 바로 의리다.

사람이 다른 사람을 해치지 않으려는 마음으로 가득 채운다면 인자함이 넘쳐나고, 사람이 담을 뚫고 넘어가서 도둑질하지 않으려는 마음으로 가득 채운다면 의리가 넘쳐나리라. 사람이 경멸하거나 천대받지 않을 힘을 길러 마음에 가득 채운다면 가는 곳마다 의리를 실천할 수 있으리라.

공직에 있는 사람이 말할 경우가 아닌데 말한다면 이는 말로 이익을 챙기는 짓이고, 말해야 할 경우에 말하지 않는다면 이는 말하지 않는 것으로 이익을 챙기는 짓이다. 이는 모두 담을 뚫고 넘어가는 부류다."

78

맹자가 말하였다.

"말이 알기 쉬우면서도 뜻이 깊은 것은 좋은 말이다. 자신을 올바로 지켜 나가면서 사람에게 넓게 베푸는 것은 좋은 생활방식이다. 지성인의 말은 마음에 근거하며 그 속에 이미 인간의 도리가 담겨 있다. 지성인은 인간의 도리를 굳게 지키고, 자신을 수양하여 온 세상을 화평하게 한다. 사람들은 자기의 논밭을 버려 두고 다른 사람의 논밭에서 김매는 것을 근심한다. 왜냐하면 다른 사람에게 요구하는 것은 무겁고, 스스로 책임지는 것은 가볍기 때문이다."

79

맹자가 말하였다.

"요임금과 순임금은 본성 그대로 산 사람이고, 탕임금과 무왕은 본성을 회복한 사람이다.

움직임과 용모 등 행동거지가 예의에 맞는 것은 덕망이 가득한 것인데, 사람이 죽었을 때 통곡하고 슬퍼하는 것은 산 사람에게 보이기 위해서가 아니다. 덕망을 지키고 사악하게 굴지 않는 것은 단순하게 공직에 나아가 봉급을 받기 위해서가 아니다. 말하는 것이 반드시 믿음직스러운 것은 그렇게 하여 행실을 바르게 하려는 것이 아니다. 지성인은 법도대로 행하여 이치에 합당하기를 기다릴 뿐이다."

이 장은 다시 맹자 사유의 핵심인 본성과 그것의 회복을 고려하고 강조한 장이다.

77장은 사람을 사랑하는 열린 마음씨와 사람의 도리를 확충하여 그런 사람으로 성숙하는 길을 설명하였다. 앞의 「공손추」편에도 나온 차마 하지 못하는 마음과 연계해서 읽으면 더욱 선명한 길이 보일 것이다. 조기는 『장구』에서 "다른 사람에 대한 배려를 잘하고 사람의 도리를 실천하여 그 아름다움을 채우려 한다. 이 녀석 저 녀석 하면서 무시를 받지 않으면 무슨 일인들 못하겠는가? 다른 사람이 가진 것을 빼앗고도 그것을 인식하지 못하는 것은 선과 악의 분별을 잃은 것이다. 이는 벽을 뚫고 담을 넘는 것에 비유할 수 있으므로, 선과는 거리가 멀다."라고 풀이하였다.

78장은 수양의 원리와 삶의 도리가 복합적으로 담겨 있는 장이다. 그것은 자신에게 기초한다는 원리이다. 그러기에 조기는 『장구』에서 이렇게 풀이한다. "말과 도리의 좋은 것은 마음을 근원으로 한다. 자기가 책임져야 할 일을 다른 사람에게 요구하는 것은 잘못이다." 무엇을 힘써야 하는지 진정으로 고민하라!

79장은 본성 그대로 행동했던 순임금과 본성을 회복하면서 행동했던 탕임금과 무왕의 이야기이다. 본성 그대로 사는 것은 본성을 회복하는 일보다 자연스럽다. 그러나 이 둘은 덕망을 닦아 법도에 맞게 사는 것을 즐거움으로 삼을 때 동일한 진가를 발휘할 뿐이다. 조기는 『장구』에서 "지도자의 행위는 동작이 법도에 맞고 예의에 맞다. 때문에 재앙이나 행복에 미혹되지 않고 자신의 덕을 닦아 죽을 때까지 살아간다."라고 풀이하였다.

12. 변함없는 길

80 ─────────────────────────────

맹자가 말하였다.

"지도자에게 유세를 할 때는, 그들을 하찮게 여기고, 그들의 위세가 당당함을 무시해야 한다.

높이가 수십 미터나 되고, 서까래 머리가 수십 자나 되는 집을, 나는 뜻을 얻더라도 짓지 않는다. 사방 열자나 되는 밥상에 음식을 늘어놓고, 시종 드는 첩이 수백 명인 것을, 나는 뜻을 얻더라도 하지 않는다. 즐기고 술을 마시며, 말을 달리고 사냥하며, 뒤에 따르는 수레가 1,000대인 것을, 나는 뜻을 얻더라도 하지 않는다.

저들에게 있는 것은 모두 내가 하지 않는 것이고, 나에게 있는 것은 모두 옛날의 법이니, 내가 어찌 저들을 두려워하겠는가?"

81

맹자가 말하였다.

"마음을 수양하는 일은 욕심을 적게 하는 것보다 좋은 것이 없다. 그 사람됨이 욕심이 적으면 본심을 보존하지 못하는 것이 있더라도 매우 적고, 사람됨이 욕심이 많으면 본심을 보존하는 것이 있더라도 매우 적다."

82

증자의 아버지인 증석이 대추를 좋아했다. 증자는 별세한 아버지를 생각하고는 차마 대추를 먹지 못하였다.

맹자의 제자 공손추가 물었다.

"회나 불고기와 대추 중에 어느 것이 더 맛있습니까?"

맹자가 말하였다.

"회나 불고기일걸세."

공손추가 말하였다.

"그렇다면 증자는 어찌하여 회나 불고기를 먹으면서 대추는 먹지 않았습니까?"

맹자가 말하였다.

"회나 불고기는 누구나 똑같이 먹는 음식이고, 대추는 아버지 혼자서 좋아하던 독특한 음식이어서 그렇다네. 이는 자기 아버지의 이름을 부르는 것은 피하고 성을 부르는 것은 피하지 않는 것과 같지. 왜냐하면 성은 똑같고, 이름은 독특하기 때문이라네."

83

맹자의 제자 만장이 물었다.

"공자가 진나라에 있으면서 이렇게 말했습니다. '어찌 돌아가지 않겠는가. 내 고향의 젊은이들이 과격하고 단순하며 진취적인데, 당초의 뜻을 잊지 않는다.' 공자가 진나라에 있으면서 어찌하여 노나라의 과격한 젊은이들을 생각했습니까?"

맹자가 말하였다.

"공자는 '도리에 맞게 하는 인물을 얻어 가르치지 못한다면 과격한 사람이나 고집 센 사람을 선택하리라. 과격한 사람은 진취적이고, 고집 센 사람은 하지 않는 일이 있으니까.'라고 하였다네. 공자가 어찌 도리에 맞게 하는 인물을 원하지 않았겠는가마는, 반드시 얻을 수는 없기 때문에, 그 다음의 인물을 생각한 것이라네."

만장이 물었다.

"어떠해야 과격한 사람이라고 할 수 있습니까?"

맹자가 말하였다.

"자장이나 증석, 목피 등이 공자가 말하는 과격한 사람이라네."

만장이 물었다.

"어찌하여 이들을 과격한 사람이라고 합니까?"

맹자가 말하였다.

"그들의 뜻이 높고 크다. 그래서 그들은 '옛사람이여, 옛사람이여!'하면서 말하되, 평소 그 행실을 살펴보면, 그 말을 실천하지 못하는 자들이라네.

과격한 사람을 얻지 못하면, 더러운 것을 좋게 여기지 않는 사람을 얻어서 가르치려고 했는데, 이런 인물이 바로 고집 센 사람이다. 이것이 그 다음이라네."

만장이 말하였다.

"공자가 '내 문 앞을 지나면서도 내 집에 들어오지 않는 것을 내가 유감으로 여기지 않을 사람이 있다면, 그 자는 오직 향원일 것이다. 향원은 덕을 해치는 자이다.'라고 말하였는데, 어떠해야 향원이라 할 수 있습니까?"

맹자가 말하였다.

"어찌하여 이처럼 말과 뜻이 큰 것인가? 말은 행실을 돌아보지 않고, 행실은 말을 돌아보지 않고, '옛 사람이여, 옛 사람이여!'라고 말하며, 어찌하여 이처럼 외롭고 쓸쓸하게 행동하는가? 이 세상에 태어났으면 이 세상에 맞게 살 것이다. 착하게 살면 되는 것이다.'라고 하여, 자기가 생각하는 것을 숨기면서 세상에 아첨하는 자가 바로 향원이다."

만장이 말하였다.

"한 지역 사회가 모두 점잖고 의젓한 사람이라고 하면 가는 곳마다 점잖고 의젓한 사람이 됩니다. 공자가 '덕을 해치는 자이다.'라고 한 것은 어째서입니까?"

맹자가 말하였다.

"점잖고 의젓한 사람은 겉치레는 능수능란하게 꾸미기 때문에 비난하려고 해도 비난할 거리가 없고, 헐뜯으려 해도 헐뜯을 것이 없으며, 세상에 유행하는 풍속과 같게 하고, 더러워진 세상에 영합하여, 그 몸이 여기에 있으면서 충실하고 믿음직스럽게 하고, 어떤 일을 할 때 청렴결백한 것과 같아, 여러 사람들이 모두 좋아한다네. 스스로 옳다 여기지만 요임금과 순임금의 도리에 들어갈 수 없다네. 그러므로 '덕을 해치는 자'라고 한 것이라네.

공자가 이렇게 말했다네. '같으면서 아닌 것을 미워한다. 가라지를 미워함은 벼 싹을 어지럽힐까 두려워해서이고, 말재주가 있는 자를 미워함은 의리를 어지럽힐까 두려워해서이며, 말 잘하는 입을 가진 자를 미워함은 신뢰를 어지럽힐까 두려워해서이고, 정나라 음악을 미워함은 올바른 음악을 어지럽힐까 두려워해서이며, 자주색을 미워함은 붉은 색을 어지럽힐까 두려워해서이고, 향원을 미워함은 덕을 어지럽힐까 두려워해서이다.'

지성인은 영원히 변하지 않는 영원한 인간의 도리를 회복할 뿐이라네. 영원한 인간의 도리가 바르게 되면 일반 서민이 착한 일에 떨쳐 일어나고, 일반 서민이 떨쳐 일어나면 향원 따위와 같은 어긋나고 악한 존재는 없어질 것이라네."

이 장은 「진심」편의 후반부로 맹자의 사유를 전반적으로 종합하는 느낌을 준다. 그것은 크게 네 가지다. 첫째, 유세할 때의 도덕적 자존심이고, 둘째, 욕망의 조절이며, 셋째, 효도를 기반으로 하는 예의이고, 넷째, 영원히 변하지 않는 도리의 회복이다.

80장은 도덕적 가치를 자각하고 있는 자기의 소신으로 사람을 설득할 수 있는 자존감에 대해 언급하였다. 맹자는 자존감을 인간의 생명처럼 귀하게 여긴다. 그것은 물질적 대상적 위세가 아니라 마음 속 주체적 신뢰에서 나온다.

81장은 욕망의 절제를 정돈한 장이다. 조기는 『장구』에서 "청정함을 유지하고 욕망을 절제하는 것은 덕망이 높은 것이다. 이익을 추구하기 위해 모으고 쌓는 것은 더러운 행실 가운데서도 저열한 것이다. 맑은 것은 복을 부르고, 탁한 것은 화를 재촉한다."라고 풀이하였다.

82장은 증자의 효도를 통해 예의와 사람의 도리를 유추하게 만든다. 조기는 『장구』에서 "인정과 예의는 서로 부지하는 것이지만, 예의를 가지고 인정을 절제한다. 사람들이 보편적으로 하는 것은 예의에서 금지하지 않는다."라고 풀이하였다. 사람의 도리는 처한 상황에 따라 달라질 수 있으나, 예의와 의리의 차원에서 그 정신은 동일하다. 그것은 사람에 대한 이해와 존중이다.

어떤 차원에서 보면 83장에는 맹자가 변하지 않고 지키려는 핵심이 담겨 있다. 위에서 언급한 것처럼, 인간은 도리에 맞게 하는 사람과 격하고 고집인 센 사람, 아니면 덕을 해치는 자, 이렇게 세 유형으로 나누어 볼 수 있다. 이 중에서 나쁜 사람은 당연히 덕을 해치는 자다. 맹자의 요청은 덕을 해치는 자를 배격하고 불변하는 정도인 상도(常道)를 회복하는 작업이다. 그것이 본성의 회복이고, 자신을 바로 잡아 타자에게로 다가가는, 수기치인의 유교 정신이다.

13. 맹자의 길

84

맹자가 말하였다.

"요임금, 순임금으로부터 탕임금에 이르기까지가 500년이 되었다. 우임금과 고요는 직접 요임금과 순임금을 보고 알았고, 탕임금은 듣거나 배워서 알았다.

탕임금으로부터 문왕에 이르기까지가 500년이 되었다. 이윤과 내주는 직접 보고 알았고, 문왕은 듣고서 알았다.

문왕으로부터 공자에 이르기까지가 500년이 되었다. 태공망과 산의생은 직접 보고 알았고, 공자는 듣고서 알았다.

공자로부터 오늘에 이르기까지가 100년이 되었다. 최고의 인격자인 공자와 시대가 멀지 않고, 거주한 곳이 이토록 가깝다. 그러나 그를 아는 사람이 아무도 없다! 그렇다면 앞으로도 또한 아무도 없겠구나!"

이 장은 『맹자』 전체의 맨 마지막 장이다. 그만큼 맹자의 염원이 담겨 있다. 그것은 맹자의 길이다.

요임금 – 순임금 – 우임금 – 탕임금 – 문왕(무왕, 주공) – 공자! 이것은 유가의 도통(道統)이다. 도통은 일정한 주기가 있다. 최고의 인격자이자 최고지도자의 출현은 500년을 주기로 순환한다. 그것은 유가의 길인 유도(儒道)를 전승해 가는 일종의 도통 계보이다.

맹자는 자신을 그곳으로 초대한다. 그리고 자신의 길을 그곳으로 설정한다. 이 장에서는 맹자 스스로가 도통에, 그 위대한 계보의 성원으로 참여하려는 강력한 의지를 보인다. 적어도 공자 다음가는 인물로 말이다.

맹자는 실제로 특정한 나라의 최고지도자로서 활동하지는 못했다. 하지만 이 장에서 맹자는 자신의 저술 『맹자』를 통해, 사후에라도 학문적으로 동참하려는 의지를 피력한 것으로 보인다. 그런 점에서 맹자는 상당히 성공하였다. 그의 예언대로 수천 년 뒤에도, 학설 이론은 물론 삶의 지침이 될 본보기로 남았으니 말이다.

『孟子』원문

梁惠王

1. 孟子見梁惠王. 王曰, 叟, 不遠千里而來, 亦將有以利吾國乎. 孟子對曰, 王何必曰利, 亦有仁義而已矣. 王曰, 何以利吾國. 大夫曰, 何以利吾家. 士庶人曰, 何以利吾身. 上下交征利, 而國危矣. 萬乘之國, 殺其君者必千乘之家. 千乘之國, 殺其君者必百乘之家. 萬取千焉, 千取百焉, 不爲不多矣. 苟爲後義而先利, 不奪不饜. 未有仁而遺其親者也, 未有義而後其君者也. 王亦曰仁義而已矣, 何必曰利.

2. 孟子見梁惠王. 王立於沼上, 顧鴻鴈麋鹿, 曰, 賢者亦樂此乎. 孟子對曰, 賢者而後樂此. 不賢者雖有此, 不樂也. 詩云, 經始靈臺, 經之營之, 庶民攻之, 不日成之. 經始勿亟, 庶民子來. 王在靈囿, 麀鹿攸伏, 麀鹿濯濯, 白鳥鶴鶴. 王在靈沼, 於牣魚躍. 文王以民力爲臺爲沼, 而民歡樂之, 謂其臺曰靈臺, 謂其沼曰靈沼, 樂其有麋鹿魚鼈. 古之人與民偕樂, 故能樂也. 湯誓曰, 時日害喪, 予及女皆亡. 民欲與之皆亡, 雖有臺池鳥獸, 豈能獨樂哉.

3. 梁惠王曰, 寡人之於國也, 盡心焉耳矣. 何內凶, 則移其民於河東, 移其粟於河內. 河東凶亦然. 察鄰國之政, 無如寡人之用心者. 鄰國之民不加少, 寡人之民 不加多, 何也. 孟子對曰, 王好戰, 請而戰喻. 塡然鼓之, 兵刃旣接,棄甲曳兵而走, 或百步而後止, 或五十步而後止. 以五十步笑百步, 則何如.
曰, 不可, 直不百步耳, 是亦走也. 曰, 王如知此, 則無望民之多於鄰國也.
不違農時, 穀不可勝食也. 數罟不入洿池, 魚鼈不可勝食也. 斧斤以時入山林,
材木不可勝用也. 穀與魚鼈不可勝食, 材木不可勝用, 是使民養生喪死無憾也.
養生喪死無憾, 王道之始也. 五畝之宅, 樹之以桑, 五十者可以衣帛矣. 鷄豚
狗彘之畜, 無失其時, 七十者可以食肉矣. 百畝之田, 勿奪其時, 數口之家,
可以無饑矣. 謹庠序之敎, 申之以孝悌之義, 頒白者不負戴於道路矣. 七十者
衣帛食肉, 黎民不饑不寒, 然而不王者, 未之有也. 狗彘食人食而不知檢, 塗
有餓莩而不知發. 人死, 則曰, 非我也, 歲也. 是何異於刺人而殺之, 曰, 非
我也, 兵也. 王無罪歲, 斯天下之民至焉.

4. 梁惠王曰, 寡人願安承敎. 孟子對曰, 殺人以梃與刃, 有以異乎. 曰, 無以
異也. 以刃與政, 有以異乎. 曰, 無以異也. 曰, 庖有肥肉, 廐有肥馬, 民有飢
色, 野有餓莩, 此率獸而食人也. 獸相食, 且人惡之, 爲民父母行政, 不免於
率獸而食人, 惡在其爲民父母也. 仲尼曰, 始作俑者, 其無後乎. 爲其象人而
用之也. 如之何其使斯民飢而死也.

5. 梁惠王曰, 晉國, 天下莫强焉, 叟之所知也. 及寡人之身, 東敗於齊, 長子
死焉, 西喪地於秦七百里, 南辱於楚. 寡人恥之, 願比死者壹洒之, 如之何則
可. 孟子對曰, 地方百里而可以王. 王如施仁政於民, 省刑罰, 薄稅斂, 深耕
易耨, 壯者以暇日修其孝悌忠信, 入以事其父兄, 出以事其長上, 可使制梃以
撻秦·楚之堅甲利兵矣. 彼奪其民時, 使不得耕耨以養其父母, 父母凍餓, 兄弟
妻子離散. 彼陷溺其民, 王往而征之, 夫誰與王敵. 故曰, 仁者無敵, 王請勿
疑.

6. 孟子見梁襄王. 出, 語人曰, 望之不似人君, 就之而不見所畏焉. 卒然問
曰, 天下惡乎定. 吾對曰, 定于一. 孰能一之. 對曰, 不嗜殺人者能一之. 孰
能與之. 對曰, 天下莫不與也. 王知夫苗乎. 七·八月之間旱, 則苗槁矣. 天油
然作雲, 沛然下雨, 則苗浡然興之矣. 其如是, 孰能禦之. 今夫天下之人牧,

未有不嗜殺人者也. 如有不嗜殺人者, 則天下之民皆引領而望之矣. 誠如是也,
民歸之, 由水之就下, 沛然誰能禦之.

7. 齊宣王問曰, 齊桓·晉文之事, 可得聞乎. 孟子對曰, 仲尼之徒, 無道桓·
文之事者, 是以後世無傳焉, 臣未之聞也. 無以, 則王乎. 曰, 德何如, 則可
以王矣. 曰, 保民而王, 莫之能禦也. 曰, 若寡人者, 可以保民乎哉. 曰, 可.
曰, 何由知吾可也. 曰, 臣聞之胡齕曰, 王坐於堂上, 有牽牛而過堂下者, 王
見之曰, 牛何之. 對曰, 將以釁鐘. 王曰, 舍之, 吾不忍其觳觫, 若無罪而就
死地. 對曰, 然則廢釁鐘與. 曰, 何可廢也. 以羊易之. 不識有諸. 曰, 有之.
曰, 是心足以王矣. 百姓皆以王爲愛也, 臣固知王之不忍也. 王曰, 然. 誠有
百姓者, 齊國雖褊小, 吾何愛一牛. 卽不忍其觳觫, 若無罪而就死地, 故以羊
易之也. 曰, 王無異於百姓之以王爲愛也, 以小易大, 彼惡知之. 王若隱其
無罪而就死地, 則牛·羊何擇焉. 王笑曰, 是誠何心哉. 我非愛其財. 而易之
以羊也, 宜乎百姓之謂我愛也. 曰, 無傷也, 是乃仁術也, 見牛未見羊也. 君
子之於禽獸也, 見其生, 不忍見其死, 聞其聲, 不忍食其肉, 是以君子遠庖廚
也. 王說. 曰, 詩云, 他人有心, 予忖度之. 夫子之謂也. 夫我乃行之, 反以求
之, 不得吾心. 夫子言之, 於我心有戚戚焉. 此心之所以合於王者, 何也. 曰,
有復於王者, 曰, 吾力足以擧百鈞, 而不足以擧一羽, 明足以察秋毫之末, 而
不見輿薪. 則王許之乎. 曰, 否. 今恩足以及禽獸, 而功不至於百姓者, 獨何
與. 然則一羽之不擧, 謂不用力焉, 輿薪之不見, 爲不用明焉, 百姓之不見保,
爲不用恩焉. 故王之不王, 不爲也, 非不能也. 曰, 不爲者與不能者之形何以
異. 曰, 挾太山以超北海, 語人曰, 我不能, 是誠不能也. 爲長者折枝, 語人
曰, 我不能, 是不爲也, 非不能也. 故王之不王, 非挾太山以超北海之類也,
王之不王, 是折枝之類也. 老吾老, 以及人之老, 幼吾幼, 以及人之幼, 天下
可運於掌. 詩云, 刑于寡妻, 至于兄弟, 以御于家邦. 言擧斯心加諸彼而已.
故推恩足以保四海, 不推恩無以保妻子. 古之人所以大過人者, 無他焉, 善推
其所爲而已矣. 今恩足以及禽獸, 而功不至於百姓者, 獨何與. 權, 然後知輕
重, 度, 然後知長短. 物皆然, 心爲甚, 王請度之. 抑王興甲兵, 危士臣, 構怨
於諸侯, 然後快於心與. 王曰, 否. 吾何快於是. 將以求吾所大欲也. 曰, 王

之所大欲, 可得聞與. 王笑而不言. 曰, 爲肥甘不足於口與, 輕煖不足於體與.
抑爲采色不足視於目與. 聲音不足聽於耳與. 便嬖不足使令於前與. 王之諸臣,
皆足以供之, 而王豈爲是哉. 曰, 否, 吾不爲是也. 曰, 然則王之所大欲可知
已. 欲辟土地, 朝秦·楚, 莅中國而撫四夷也. 以若所爲, 求若所欲, 猶緣木而
求魚也. 王曰, 若是其甚與. 曰, 殆有甚焉. 緣木求魚, 雖不得魚, 無後災. 以
若所爲, 求若所欲, 盡心力而爲之, 後必有災. 曰, 可得聞與. 曰, 鄒人與楚
人戰, 則王以爲孰勝. 曰, 楚人勝. 曰, 然則小固不可以敵大, 寡固不可以敵
衆, 弱固不可以敵强. 海內之地, 方千里者九, 齊集有其一. 以一服八, 何以
異於鄒敵楚哉. 蓋亦反其本矣. 今王發政施仁, 使天下仕者皆欲立於王之朝,
耕者皆欲耕於王之野, 商賈皆欲藏於王之市, 行旅皆欲出於王之塗, 天下之欲
疾其君者皆欲赴愬於王. 其如是, 孰能禦之. 王曰, 吾惛, 不能進於是矣. 願
夫子輔吾志, 明以教我. 我雖不敏, 請嘗試之. 曰, 無恒産而有恒心者, 惟士
爲能. 若民則無恒産, 因無恒心. 苟無恒心, 放辟邪侈, 無不爲已. 及陷於罪,
然後從而刑之, 是罔民也. 焉有仁人在位, 罔民而可爲也. 是故明君制民之産,
必使仰足以事父母, 俯足以畜妻子, 樂歲終身飽, 凶年免於死亡. 然後驅而之
善, 故民之從之也輕. 今也制民之産, 仰不足以事父母, 俯不足以畜妻子, 樂
歲終身苦, 凶年不免於死亡, 此惟救死而恐不贍, 奚暇治禮義哉. 王欲行之,
則盍反其本矣. 五畝之宅, 樹之以桑, 五十者可以衣帛矣. 雞豚狗彘之畜, 無
失其時, 七十者可以食肉矣. 百畝之田, 勿奪其時, 八口之家可以無飢矣. 謹
庠序之教, 申之以孝悌之義, 頒白者不負戴於道路矣. 老者衣帛食肉, 黎民不
飢不寒, 然而不王者, 未之有也.

8. 莊暴見孟子, 曰, 暴見於王, 王語暴以好樂, 暴未有以對也. 曰, 好樂何如.
孟子曰, 王之好樂甚, 則齊國其庶幾乎. 他日見於王, 曰, 王嘗語莊子以好樂,
有諸. 王變乎色, 曰, 寡人非能好先王之樂也, 直好世俗之樂耳. 曰, 王之好
樂甚, 則齊其庶幾乎. 今之樂, 猶古之樂也. 曰, 可得聞與. 曰, 獨樂樂, 與人
樂樂, 孰樂. 曰, 不若與人. 曰, 與少樂樂, 與衆樂樂, 孰樂. 曰, 不若與衆.
臣請爲王言樂. 今王鼓樂於此, 百姓聞王鐘鼓之聲·管籥之音, 擧疾首蹙頞而相
告曰, 吾王之好鼓樂, 夫何使我至於此極也. 父子不相見, 兄弟妻子離散. 今

王田獵於此, 百姓聞王車馬之音, 見羽旄之美, 舉疾首蹙頞而相告曰, 吾王之好田獵. 夫何使我至於此極也. 父子不相見, 兄弟妻子離散. 此無他, 不與民同樂也. 今王鼓樂於此, 百姓聞王鐘鼓之聲·管籥之音, 舉欣欣然有喜色而相告曰, 吾王庶幾無疾病與. 何以能鼓樂也. 今王田獵於此, 百姓聞王車馬之音, 見羽旄之美, 舉欣欣然有喜色而相告曰, 吾王庶幾無疾病與. 何以能田獵也. 此無他, 與民同樂也. 今王與百姓同樂, 則王矣.

9. 齊宣王問曰, 文王之囿方七十里, 有諸. 孟子對曰, 於傳有之. 曰, 若是其大乎. 曰, 民猶以爲小也. 曰, 寡人之囿方四十里, 民猶以爲大, 何也. 曰, 文王之囿方七十里, 芻蕘者往焉, 雉兔者往焉. 與民同之, 民以爲小, 不亦宜乎. 臣始至於境, 問國之大禁, 然後敢入. 臣聞郊關之內, 有囿方四十里, 殺其麋鹿者如殺人之罪. 則是方四十里爲阱於國中, 民以爲大, 不亦宜乎.

10. 齊宣王問曰, 交鄰國有道乎. 孟子對曰, 有. 惟仁者爲能以大事小, 是故湯事葛, 文王事昆夷. 惟智者爲能以小事大, 故大王事獯鬻, 勾踐事吳. 以大事小者, 樂天者也. 以小事大者, 畏天者也. 樂天者保天下, 畏天者保其國. 詩云, 畏天之威, 于時保之. 王曰, 大哉言矣. 寡人有疾, 寡人好勇. 對曰, 王請無小勇. 夫撫劍疾視, 曰, 彼惡敢當我哉. 此匹夫之勇, 敵一人者也. 王請大之. 詩云, 王赫斯怒, 爰整其旅, 以遏徂莒, 以篤周祜, 以對于天下. 此文王之勇也. 文王一怒而安天下之民. 書曰, 天降下民, 作之君, 作之師. 惟曰其助上帝寵之. 四方有罪無罪, 惟我在, 天下曷敢有越厥志. 一人衡行於天下, 武王恥之, 此武王之勇也. 而武王亦一怒而安天下之民. 今王亦一怒而安天下之民, 民惟恐王之好不勇也.

11. 齊宣王見孟子於雪宮. 王曰, 賢者亦有此樂乎. 孟子對曰, 有人不得則非其上矣. 不得而非其上者, 非也. 爲民上而不與民同樂者, 亦非也. 樂民之樂者, 民亦樂其樂. 憂民之憂者, 民亦憂其憂. 樂以天下, 憂以天下, 然而不王者, 未之有也. 昔者齊景公問於晏子曰, 吾欲觀於轉附·朝儛, 遵海而南, 放於琅邪, 吾何脩而可以比於先王觀也. 晏子對曰, 善哉問也. 天子適諸侯曰巡

狩, 巡狩者, 巡所守也. 諸侯朝於天子曰述職. 述職者, 述所職也. 無非事者,
春省耕而補不足, 秋省斂而助不及. 夏諺曰, 吾王不遊, 吾何以休. 吾王不豫,
吾何以助. 一遊一豫, 爲諸侯度. 今也不然, 師行而糧食, 飢者弗食, 勞者弗
息. 睊睊胥讒, 民乃作慝. 方命虐民, 飮食若流. 流連荒亡, 爲諸侯憂. 從流
下而忘反謂之流, 從流上而忘反謂之連, 從獸無厭謂之荒, 樂酒無厭謂之亡.
先王無流連之樂·荒亡之行. 惟君所行也. 景公說, 大戒於國, 出舍於郊. 於是
始興發, 補不足. 召大師, 曰, 爲我作君臣相說之樂. 蓋徵招·角招是也. 其詩
曰, 畜君何尤. 畜君者, 好君也.

12. 齊宣王問曰, 人皆謂我毀明堂, 毀諸. 已乎. 孟子對曰, 夫明堂者, 王者
之堂也. 王欲行王政, 則勿毀之矣. 王曰, 王政可得聞與. 對曰, 昔者文王之
治岐也, 耕者九一, 仕者世祿, 關市譏而不征, 澤梁無禁, 罪人不孥. 老而無
妻曰鰥, 老而無夫曰寡, 老而無子曰獨, 幼而無父曰孤. 此四者天下之窮民而
無告者. 文王發政施仁, 必先斯四者. 詩云, 哿矣富人, 哀此煢獨. 王曰, 善
哉言乎. 曰, 王如善之, 則何爲不行. 王曰, 寡人有疾, 寡人好貨. 對曰, 昔者
公劉好貨, 詩云, 乃積乃倉, 乃裹餱糧, 于橐于囊, 思戢用光. 弓矢斯張, 干
戈戚揚, 爰方啓行. 故居者有積倉, 行者有裹糧也, 然後可以爰方啓行. 王如
好貨, 與百姓同之, 於王何有. 王曰, 寡人有疾, 寡人好色. 對曰, 昔者太王
好色, 愛厥妃. 詩云, 古公亶父, 來朝走馬. 率西水滸, 至于岐下. 爰及姜女,
聿來胥宇. 當是時也, 內無怨女, 外無曠夫. 王如好色, 與百姓同之, 於王何
有.

13. 孟子謂齊宣王曰, 王之臣有託其妻子於其友而之楚遊者, 比其反也, 則凍
餒其妻子, 則如之何. 王曰, 棄之. 曰, 士師不能治士, 則如之何. 王曰, 已
之. 曰, 四境之內不治, 則如之何. 王顧左右而言他.

14. 孟子見齊宣王曰, 所謂故國者, 非謂有喬木之謂也, 有世臣之謂也. 王無
親臣矣. 昔者所進, 今日不知其亡也. 王曰, 吾何以識其不才而舍之. 曰, 國
君進賢, 如不得已, 將使卑踰尊, 踰戚, 可不愼與. 左右皆曰賢, 未可也. 諸

大夫皆曰賢, 未可也, 國人皆曰賢, 然後察之. 見賢焉, 然後用之. 左右皆曰不可, 勿聽, 諸大夫皆曰不可, 勿聽, 國人皆曰不可, 然後察之. 見不可焉, 然後去之. 左右皆曰可殺, 勿聽, 諸大夫皆曰可殺, 勿聽, 國人皆曰可殺, 然後察之. 見可殺焉, 然後殺之, 故曰國人殺之也. 如此, 然後可以爲民父母.

15. 齊宣王問曰, 湯放桀, 武王伐紂, 有諸. 孟子對曰, 於傳有之. 曰, 臣弑其君, 可乎. 曰, 賊仁者謂之賊. 賊義者謂之殘, 殘賊之人, 謂之一夫. 聞誅一夫紂矣, 未聞弑君也.

16. 孟子謂齊宣王曰, 爲巨室則必使工師求大木, 工師得大木則王喜, 以爲能勝其任也. 匠人斲而小之, 則王怒, 以爲不勝其任矣. 夫人幼而學之, 壯而欲行之. 王曰, 姑舍女所學而從我, 則何如. 今有璞玉於此, 雖萬鎰, 必使玉人彫琢之. 至於治國家, 則曰, 姑舍女所學而從我, 則何以異於敎玉人彫琢玉哉.

17. 齊人伐燕, 勝之. 宣王問曰, 或謂寡人勿取, 或謂寡人取之. 以萬乘之國伐萬乘之國, 五旬而擧之, 人力不至於此, 不取必有天殃, 取之何如. 孟子對曰, 取之而燕民悅, 則取之. 古之人有行之者, 武王是也. 取之而燕民不悅, 則勿取. 古之人有行之者, 文王是也. 以萬乘之國, 伐萬乘之國, 簞食壺漿以迎王師, 豈有它哉. 避水火也, 如水益深, 如火益熱, 亦運而已矣.

18. 齊人伐燕, 取之. 諸侯將謀救燕, 宣王曰, 諸侯多謀伐寡人者, 何以待之. 孟子對曰, 臣聞七十里爲政於天下者湯是也. 未聞以千里畏人者也. 書曰, 湯一征, 自葛始. 天下信之, 東面而征西夷怨, 南面而征北狄怨, 曰, 奚爲後我. 民望之, 若大旱之望雲霓也. 歸市者不止, 耕者不變, 誅其君而弔其民, 若時雨降, 民大悅. 書曰, 徯我后, 后來其蘇. 今燕虐其民, 王往而征之, 民以爲將拯己於水火之中也, 簞食壺漿, 以迎王師. 若殺其父兄, 係累其子弟, 毀其宗廟, 遷其重器, 如之何其可也. 天下固畏齊之彊也, 今又倍地而不行仁政, 是動天下之兵也. 王速出令, 反其旄倪, 止其重器, 謀於燕衆, 置君而後去之, 則猶可及止也.

19. 鄒於魯鬨, 穆公問曰, 吾有司死者三十三人, 而民莫之死也. 誅之則不可勝誅, 不誅則疾視其長上之死而不救, 如之何則可也. 孟子對曰, 凶年饑歲, 君之民, 老弱轉乎溝壑, 壯者散而之四方者, 幾千人矣, 而君之倉廩實, 府庫充, 有司莫以告, 是上慢而殘下也. 曾子曰, 戒之戒之, 出乎爾者, 反乎爾者也. 夫民今而後得反之也, 君無尤焉. 君行仁政, 斯民親其上, 死其長矣.

20. 滕文公問曰, 滕, 小國也, 間於齊楚, 事齊乎, 事楚乎. 孟子對曰, 是謀非吾所能及也. 無已, 則有一焉, 鑿斯池也, 築斯城也, 與民守之, 效死而民弗去, 則是可爲也.

21. 滕文公問曰, 齊人將築薛, 吾甚恐. 如之何則可. 孟子對曰, 昔者大王居邠, 狄人侵之, 去之岐山之下居焉, 非擇而取之, 不得已也. 苟爲善, 後世子孫必有王者矣. 君子創業垂統, 爲可繼也. 若夫成功, 則天也. 君如彼何哉, 强爲善而已矣.

22. 滕文公問曰, 滕, 小國也, 竭力以事大國, 則不得免焉, 如之何則可. 孟子對曰, 昔者大王居邠, 狄人侵之. 事之以皮幣, 不得免焉, 事之以犬馬, 不得免焉, 事之以珠玉, 不得免焉. 乃屬其耆老而告之曰, 狄人之所欲者, 吾土地也. 吾聞之也, 君子不以其所以養人者害人, 二三者何患乎無君, 我將去之. 去邠, 踰梁山, 邑于岐山之下居焉. 邠人曰, 仁人也, 不可失也. 從之者如歸市. 或曰, 世守也, 非身之所能爲也. 效死勿去. 君請擇於斯二者.

23. 魯平公將出, 嬖人臧倉者請曰, 他日君出, 則必命有司所之. 今乘輿已駕矣, 有司未知所之, 敢請. 公曰, 將見孟子. 曰, 何哉. 君所爲輕身以先於匹夫者, 以爲賢乎. 禮義由賢者出, 而孟子之後喪踰前喪, 君無見焉. 公曰, 諾. 樂正子入見, 曰, 君奚爲不見孟軻也. 曰, 或告寡人曰, 孟子之後喪踰前喪. 是以不往見也. 曰何哉. 君所謂踰者, 前以士, 後以大夫. 前以三鼎, 而後以五鼎與. 曰, 否. 謂棺椁衣衾之美也. 曰, 非所謂踰也, 貧富不同也. 樂正子見孟子, 曰, 克告於君, 君爲來見也. 嬖人有臧倉者沮君, 君是以不果來也.

曰, 行或使之, 止或尼之, 行止非人所能也. 吾之不遇魯侯, 天也. 臧氏之子, 焉能使予不遇哉.

公孫丑

1. 公孫丑問曰, 夫子當路於齊, 管仲·晏子之功, 可復許乎. 孟子曰, 子誠齊人也, 知管·仲晏子而已矣. 或問乎曾西曰, 吾子與子路孰賢. 曾西蹴然曰, 吾先子之所畏也. 曰, 然則吾子與管仲孰賢. 曾西艴然不悦曰, 爾何曾比予於管仲. 管仲 得君如彼其專也, 行乎國政如彼其久也, 功烈如彼其卑也, 爾何曾比予於是. 曰, 管仲, 曾西之所不爲也, 而子爲我願之乎. 曰, 管仲以其君霸, 晏子以其君顯. 管仲·晏子猶不足爲與. 曰, 以齊王, 由反手也. 曰, 若是則弟子之惑滋甚. 且以文王之德, 百年而後崩, 猶未洽於天下. 武王·周公繼之, 然後大行. 今言王若易然, 則文王不足法與. 曰, 文王何可當也. 由湯至於武丁, 聖賢之君六七作, 天下歸殷久矣, 久則難變也. 武丁朝諸侯, 有天下, 猶運之掌也. 紂之去武丁未久也, 其故家遺俗, 流風善政, 猶有存者. 又有微子·微仲·王子比干·箕者·膠鬲, 皆賢人也. 相與輔相之, 故久而後失之也. 尺地莫非其有也, 一民莫非其臣也, 然而文王猶方百里起, 是以難也. 齊人有言曰, 雖有智慧, 不如乘勢. 雖有鎡基, 不如待時. 今時則易然也. 夏后殷周之盛, 地未有過千里者也, 而齊有其地矣. 鷄鳴狗吠相聞, 而達乎四境. 而齊有其民矣. 地不改辟矣, 民不改聚矣, 行仁政而王, 莫之能禦也. 且王者之不作, 未有於此時者也. 民之憔悴於虐政, 未有甚於此時者也. 飢者易爲食, 渴者易爲飲. 孔子曰, 德之流行, 速於置郵而傳命. 當今之時, 萬乘之國行仁政, 民之悦之, 猶解倒懸也. 故事半古之人, 功必倍之, 惟此時爲然.

2. 公孫丑問曰, 夫子加齊之卿相, 得行道焉, 雖由此霸王, 不異矣. 如此, 則動心否乎. 孟子曰, 否. 我四十不動心. 曰, 若是, 則夫子過孟賁遠矣. 曰, 是不難, 告子先我不動心. 曰, 不動心有道乎. 曰, 有. 北宮黝之養勇也, 不膚撓, 不目逃, 思以一毫挫於人, 若撻之於市朝, 不受於褐寬博, 亦不受於萬乘

之君, 視刺萬乘之君, 若刺褐夫, 無嚴諸侯, 惡聲至, 必反之. 孟施舍之所養
勇也. 曰, 視不勝, 猶勝也. 量敵而後進, 慮勝而後會, 是畏三軍者也. 舍豈
能爲必勝哉. 能無懼而已矣. 孟施舍似曾子, 北宮黝似子夏. 夫二子之勇, 未
知其孰賢, 然而孟施舍守約也. 昔者曾子謂子襄曰, 子好勇乎. 吾嘗聞大勇於
夫子矣. 自反而不縮, 雖褐寬博, 吾不惴焉, 自反而縮, 雖千萬人, 吾往矣.
孟施舍之守氣, 又不如曾子之守約也. 曰, 敢問夫子之不動心, 與告子之不動
心, 可得聞與. 告子曰, 不得於言, 勿求於心, 不得於心, 勿求於氣. 不得於
心, 勿求於氣, 可. 不得於言, 勿求於心, 不可. 夫志, 氣之帥也. 氣, 體之
充也. 夫志至焉, 氣次焉. 故曰持其志, 無暴其氣. 旣曰志至焉氣次焉, 又曰
持其志, 無暴其氣者, 何也. 曰, 志壹則動氣. 氣壹則動志也. 今夫蹶者趨者,
是氣也, 而反動其心. 敢問夫子惡乎長. 曰, 我知言, 我善養吾浩然之氣. 敢
問何謂浩然之氣. 曰, 難言也. 其爲氣也, 至大至剛, 以直養而無害, 則塞于
天地之間. 其爲氣也, 配義與道. 無是, 餒也. 是集義所生者, 非義襲而取之
也. 行有不慊於心, 則餒矣. 我故曰, 告子未嘗知義, 以其外之也. 必有事焉
而勿正, 心勿忘, 勿助長也. 無若宋人然. 宋人有閔其苗之不長而揠之者, 芒
芒然歸, 謂其人曰, 今日病矣. 予助苗長矣. 其子趨而往視之, 苗則槁矣. 天
下之不助苗長者寡矣. 以爲無益而舍之者, 不耘苗者也. 助之長者, 揠苗者也.
非徒無益, 而又害之. 何謂知言. 曰, 詖辭知其所蔽, 淫辭知其所陷, 邪辭知
其所離, 遁辭知其所窮. 生於其心, 害於其政, 發於其政, 害於其事. 聖人復
起, 必從吾言矣. 宰我·子貢善爲說辭, 冉牛·閔子·顏淵善言德行, 孔子兼之,
曰, 我於辭命, 則不能也. 然則夫子旣聖矣乎. 曰, 惡, 是何言也. 昔者子貢
問於孔子曰, 夫子聖矣乎. 孔子曰, 聖則吾不能, 我學不厭而敎不倦也. 子貢
曰, 學不厭, 智也. 敎不倦, 仁也. 仁且智, 夫子旣聖矣. 夫聖, 孔子不居, 是
何言也. 昔者竊聞之, 子夏·子游·子張, 皆有聖人之一體, 冉牛·閔子·顏淵則
具體而微. 敢問所安. 曰, 姑舍是. 曰, 伯夷·伊尹何如. 曰, 不同道. 非其君
不事, 非其民不使, 治則進, 亂則退, 伯夷也. 何事非君, 何使非民, 治亦進,
亂亦進, 伊尹也. 可以仕則仕, 可以止則止, 可以久則久, 可以速則速, 孔子
也. 皆古聖人也, 吾未能有行焉. 乃所願, 則學孔子也. 伯夷·伊尹於孔子, 若
是班乎. 曰, 否. 自有生民以來, 未有孔子也. 曰, 然則有同與. 曰, 有, 得百

里之地而君之, 皆能以朝諸侯·有天下, 行一不義·殺一不辜而得天下, 皆不爲也, 是則同. 曰, 敢問其所以異. 曰, 宰我·子貢·有若, 智足以知聖人, 汙不至阿其所好. 宰我曰, 以予觀於夫子, 賢於堯舜遠矣. 子貢曰, 見其禮而知其政, 聞其樂而知其德, 由百世之後, 等百世之王, 莫之能違也. 自生民以來, 未有夫子也. 有若曰, 豈惟民哉. 麒麟之於走獸, 鳳凰之於飛鳥, 太山之於丘垤, 河海之於行潦, 類也. 聖人之於民, 亦類也. 出於其類, 拔乎其萃, 自生民以來, 未有盛於孔子也.

3. 孟子曰, 以力假仁者霸, 霸必有大國. 以德行仁者王, 王不待大. 湯以七十里, 文王以百里. 以力服人者, 非心服也, 力不瞻也. 以德服人者, 中心悅而誠服也. 如七十子之服孔子也. 詩云, 自西自東, 自南自北, 無思不服. 此之謂也.

4. 孟子曰, 仁則榮, 不仁則辱. 今惡辱而居不仁, 是猶惡濕而居下也. 如惡之, 莫如貴德而尊士, 賢者在位, 能者在職. 國家閒暇, 及是時明其政刑, 雖大國必畏之矣. 詩云, 迨天之未陰雨, 徹彼桑土, 綢繆牖戶. 今此下民, 或敢侮予. 孔子曰, 爲此詩者, 其知道乎. 能治其國家, 誰敢侮之. 今國家閒暇, 及是時, 般樂怠敖, 是自求禍也. 禍福無不自己求之者. 詩云, 永言配命, 自求多福. 太甲曰, 天作孽, 猶可違. 自作孽, 不可活. 此之謂也.

5. 孟子曰 尊賢使能, 俊傑在位, 則天下之士皆悅, 而願立於其朝矣. 市廛而不征, 法而不廛, 則天下之商皆悅而願藏於其市矣. 關譏而不征, 則天下之旅皆悅而願出於其路矣. 耕者助而不稅, 則天下之農皆悅而願耕於其野矣. 廛無夫里之布, 則天下之民皆悅而願爲之氓矣. 信能行此五者, 則隣國之民, 仰之若父母矣. 率其子弟, 攻其父母, 自生民以來, 未有能濟者也. 如此, 則無敵於天下. 無敵於天下者, 天吏也, 然而不王者, 未之有也.

6. 孟子曰, 人皆有不忍人之心, 先王有不忍人之心, 斯有不忍人之政矣. 以不忍人之心, 行不忍人之政, 治天下可運於掌上. 所以謂人皆有不忍人之心者,今人乍見孺子將入於井, 皆有怵惕惻隱之心, 非所以內交於孺子之父母也, 非所以要譽於鄉黨朋友也, 非惡其聲而然也. 由是觀之, 無惻隱之心, 非人也, 無羞惡之心, 非人也, 無辭讓之心, 非人也, 無是非之心, 非仁也. 惻隱之心, 仁之端也, 羞惡之心, 義之端也, 辭讓之心, 禮之端也, 是非之心, 智之端也. 人之有是四端也, 猶其有四體也. 有是四端, 而自謂不能者, 自賊者也. 謂其君不能者, 賊其君者也. 凡有四端於我者, 知皆擴而充之矣. 若火之始然, 泉之始達, 苟能充之, 足以保四海, 苟不充之, 不足以事父母.

7. 孟子曰, 矢人豈不仁於函人哉. 矢人惟恐不傷人, 函人惟恐傷人, 巫匠亦然, 故術不可不慎也. 孔子曰, 里仁爲美, 擇不處仁, 焉得智. 夫仁, 天之尊爵也, 人之安宅也, 莫之禦而不仁, 是不智也. 不仁不智, 無禮無義, 人役也. 人役而恥爲役, 由弓人而恥爲弓, 矢人而恥爲矢也. 如恥之, 莫如爲仁. 仁者如射, 射者正己而後發, 發而不中, 不怨勝己者, 反求諸己而已矣.

8. 孟子曰, 子路, 人告之以有過則喜, 禹聞善言則拜. 大舜有大焉, 善與人同, 舍己從人, 樂取於人以爲善, 自耕稼陶漁以至爲帝, 無非取於人者. 取諸人以爲善, 是與人爲善者也. 故君子莫大乎與人爲善.

9. 孟子曰, 伯夷, 非其君不事, 非其友不友, 不立於惡人之朝, 不與惡人言. 立於惡人之朝, 與惡人言, 如以朝衣朝冠坐於塗炭. 推惡惡之心, 思與鄉人立, 其冠不正, 望望然去之, 若將浼焉. 是故諸侯雖有善其辭命而至者, 不受也. 不受也者, 是亦不屑就已. 柳下惠, 不羞汚君, 不卑小官, 進不隱賢, 必以其道. 遺佚而不怨, 阨窮而不憫. 故曰, 爾爲爾, 我爲我, 雖袒裼裸裎於我側, 爾焉能浼我哉. 故由由然與之偕而不自失焉, 援而止之而止. 援而止之而止者, 是亦不屑去已. 孟子曰, 伯夷隘, 柳下惠不恭. 隘與不恭, 君子不由也

10. 孟子曰, 天時不如地利, 地利不如人和. 三里之城. 七里之郭, 環而攻之而不勝. 夫環而攻之, 必有得天時者矣, 然而不勝者, 是天時不如地利也. 城非不高也, 池非不深也, 兵革非不堅利也, 米粟非不多也, 委而去之, 是地利

不如人和也. 故曰域民不以封疆之界, 固國不以山谿之險, 威天下不以兵革之
利. 得道者多助, 失道者寡助. 寡助之至, 親戚畔之. 多助之至, 天下順之.
以天下之所順, 攻親戚之所畔, 故君子有不戰. 戰必勝矣.

11. 孟子將朝王, 王使人來曰, 寡人如就見者也, 有寒疾, 不可以風. 朝將視
朝, 不識可使寡人得見乎. 對曰, 不幸而有疾, 不能造朝. 明日, 出弔於東郭
氏. 公孫丑曰, 昔者辭以病, 今日弔, 或者不可乎. 曰, 昔者疾, 今日愈, 如
之何不弔. 王使人問疾, 醫來. 孟仲子對曰, 昔者有王命, 有采薪之憂, 不能
造朝. 今病少愈, 趨造於朝, 我不識能至否乎. 使數人要於路曰, 請必無歸而
造於朝. 不得已而之景丑氏宿焉. 景子曰, 內則父子, 外則君臣, 人之大倫也
父子主恩, 君臣主敬, 丑見王之敬子也, 未見所以敬王也. 曰, 惡. 是何言也
齊人無以仁義與王言者, 豈以仁義爲不美也. 其心曰, 是何足與言仁義也. 云
爾, 則不敬莫大乎是. 我非堯舜之道不敢以陳於王前, 故齊人莫如我敬王也.
景子曰, 否, 非此之謂也. 禮曰, 父召, 無諾. 君命召, 不俟駕. 固將朝也, 聞
王命而遂不果, 宜與夫禮若不相似然. 曰, 豈謂是與. 曾子曰, 晉楚之富, 不
可及也. 彼以其富, 我以吾仁, 彼以其爵, 我以吾義. 吾何慊乎哉. 夫豈不義
而曾子言之. 是或一道也. 天下有達尊三, 爵一, 齒一, 德一. 朝廷莫如爵,
鄉黨莫如齒, 輔世長民莫如德. 惡得有其一以慢其二哉. 故將大有爲之君, 必
有所不召之臣, 欲有謀焉, 則就之, 其尊德樂道, 不如是不足與有爲也. 故湯
之於伊尹, 學焉而後臣之, 故不勞而王. 桓公之於管仲, 學焉而後臣之, 故不
勞而霸. 今天下地醜德齊, 莫能相尙, 無他, 好臣其所敎, 而不好臣其所受敎.
湯之於伊尹, 桓公之於管仲, 則不敢召. 管仲且猶不可召, 而況不爲管仲者乎.

12. 陳臻問曰, 前日於齊, 王餽兼金一百而不受, 於宋, 餽七十鎰而受, 於薛,
餽五十鎰而受. 前日之不受是, 則今日之受非也. 今日之受是, 則前日之不受
非也. 夫子必居一於此矣. 孟子曰, 皆是也. 當在宋也, 予將有遠行, 行者必
以贐, 辭曰, 餽贐, 予何爲不受. 當在薛也, 予有戒心, 辭曰, 聞戒, 故爲兵餽
之, 予何爲不受. 若於齊, 則未有處也. 無處而餽之, 是貨之也. 焉有君子而
可以貨取乎.

13. 孟子之平陸, 謂其大夫曰, 子之持戟之士, 一日而三失伍, 則去之否乎.
曰, 不待三. 然則子之失伍也亦多矣. 凶年饑歲, 子之民老羸轉於溝壑·壯者
散而之四方者幾千人矣. 曰, 此非距心之所得爲也. 曰, 今有受人之牛羊而爲
之牧者, 則必爲之求牧與芻矣. 求牧與芻而不得, 則反諸其人乎. 抑亦立而
視其死與. 曰, 此則距心之罪也. 他日, 見於王曰, 王之爲都者, 臣知五人焉.
知其罪者惟孔距心. 爲王誦之. 王曰, 此則寡人之罪也

14. 孟子謂蚳 曰, 子之辭靈丘而請士師, 似也, 爲其可以言也. 今旣數月矣,
未可以言與. 蚳 諫於王而不用, 致爲臣而去. 齊人曰, 所以爲蚳 則善矣, 所
以自爲則吾不知也. 公都子以告. 曰, 吾聞之也. 有官守者, 不得其職則去,
有言責者, 不得其言則去. 我無官守, 我無言責也. 則吾進退豈不綽綽然有餘
裕哉.

15. 孟子爲卿於齊, 出弔於滕, 王使蓋大夫王驩爲輔行. 王驩朝暮見, 反齊·滕
之路, 未嘗與之言行事也. 公孫丑曰, 齊卿之位, 不爲小矣. 齊·滕之路, 不爲
近矣. 反之而未嘗與言行事, 何也. 曰, 夫旣或治之, 予何言哉.

16. 孟子自齊葬於魯, 反於齊, 止於嬴. 充虞請曰, 前日不知虞之不肖, 使虞
敦匠, 事嚴, 虞不敢請. 今願竊有請也. 木若以美然. 曰, 古者 棺槨無度. 中
古, 棺七寸, 槨稱之. 自天子達於庶人, 非直爲觀美也, 然後盡於人心. 不得
不可以爲悅, 無財不可以爲悅. 得之爲有財, 古之人皆用之, 吾何爲獨不然.
且比化者, 無使土親膚, 於人心獨無恔乎. 吾聞之也, 君子不以天下儉其親

17. 沈同以其私問曰, 燕可伐與. 孟子曰, 可. 子噲不得與人燕, 子之不得受
燕於子噲. 有仕於此, 而子悅之, 不告於王而私與之吾子之祿爵, 夫士也亦無
王命而私受之於子, 則可乎. 何以異於是. 齊人伐燕. 或問曰, 勸齊伐燕, 有
諸. 曰, 未也. 沈同問燕可伐與. 吾應之曰可. 彼然而伐之也. 彼如曰, 孰可
以伐之. 則將應之曰, 爲天吏, 則可以伐之. 今有殺人者, 或問之曰, 人可殺
與. 則將應之曰, 可. 彼如曰, 孰可以殺之. 則將應之曰, 爲士師則可以殺之.

今以燕伐燕, 何爲勸之哉.

18. 燕人畔, 王曰, 吾甚慙於孟子. 陳賈曰, 王無患焉. 王自以爲與周公孰仁
且智. 王曰, 惡是何言也. 曰, 周公使管叔監殷, 管叔以殷畔. 知而使之, 是
不仁也, 不知而使之, 是不智也. 仁·智, 周公未之盡也, 而況於王乎. 賈請見
而解之. 見孟子, 問曰, 周公何人也. 曰, 古聖人也. 曰使管叔監殷, 管叔以
殷畔也, 有諸. 曰, 然. 曰, 周公知其將畔而使之與. 曰, 不知也. 然則聖人且
有過與. 曰, 周公弟也, 管叔兄也, 周公之過, 不亦宜乎. 且古之君子, 過則
改之, 今之君子, 過則順之. 古之君子, 其過也如日月之食, 民皆見之, 及其
更也, 民皆仰之, 今之君子, 豈徒順之, 又從而爲之辭.

19. 孟子致爲臣而歸. 王就見孟子曰, 前日願見而不可得, 得侍同朝, 甚喜.
今又棄寡人而歸, 不識可以繼此而得見乎. 對曰, 不敢請耳, 固所願也. 他日,
王謂時子曰, 我欲中國而授孟子室, 養弟子以萬鍾, 使諸大夫國人皆有所矜式,
子盍爲我言之. 時子因陳子而以告孟子. 陳子以時子之言告孟子, 孟子曰, 然.
夫時子惡知其不可也. 如使予欲富, 辭十萬而受萬, 是爲欲富乎. 季孫曰, 異
哉. 子叔疑. 使己爲政, 不用, 則亦已矣. 又使其子弟爲卿. 人亦孰不欲富貴.
而獨於富貴之中, 有私龍斷焉. 古之爲市也, 以其所有易其所無者, 有司者治
之耳. 有賤丈夫焉, 必求龍斷而登之, 以左右望而罔市利, 人皆以爲賤, 故從
而征之, 征商自此賤丈夫始矣.

20. 孟子去齊, 宿於晝. 有欲爲王留行者, 坐而言, 不應, 隱几而臥. 客不悅
曰, 弟子齊宿而後敢言, 夫子臥而不聽, 請勿復敢見矣. 曰, 坐. 我明語子,
昔者魯繆公無人乎子思之側, 則不能安子思, 泄柳·申詳無人乎繆公之側, 則不
能安其身. 子爲長者慮, 而不及子思. 子絕長者乎. 長者絕子乎.

21. 孟子去齊, 尹士語人曰, 不識王之不可以爲湯·武, 則是不明也. 識其不
可, 然且至, 則是干澤也. 千里而見王, 不遇故去, 三宿而後出晝, 是何濡滯
也. 士則茲不悅. 高子以告. 曰, 夫尹士惡知予哉. 千里而見王, 是予所欲也.

不遇故去, 豈予所欲哉. 予不得已也. 予三宿而出晝, 於予心猶以爲速, 王庶
幾改之. 王如改諸, 則必反予. 夫出晝而王不予追也, 予然後浩然有歸志. 予
雖然, 豈舍王哉. 王由足用爲善, 王如用予, 則豈徒齊民安. 天下之民擧安.
王庶幾改之, 予日望之. 予豈若是小丈夫然哉. 諫於其君而不受, 則怒, 悻悻
然見於其面, 去則窮日之力而後宿哉. 尹士聞之曰, 士誠小人也.

22. 孟子去齊, 充虞路問曰, 夫子若有不豫色然. 前日虞聞諸夫子曰, 君子不
怨天, 不尤人. 曰, 彼一時, 此一時也. 五百年必有王者興, 其間必有名世者.
由周而來, 七百有餘歲矣, 以其數則過矣, 以其時考之, 則可矣. 夫天未欲平
治天下也, 如欲平治天下, 當今之世, 舍我其誰也. 吾何爲不豫哉.

23. 孟子去齊, 居休. 公孫丑問曰, 仕而不受祿, 古之道乎. 曰, 非也. 於崇,
吾得見王. 退而有去志, 不欲變, 故不受也. 繼而有師命, 不可以請, 久於齊,
非我志也.

滕文公

1. 滕文公爲世子, 將之楚, 過宋而見孟子. 孟子道性善, 言必稱堯·舜. 世子
自楚反, 復見孟子. 孟子曰, 世子疑吾言乎. 夫道一而已矣. 成覵謂齊景公曰,
彼丈夫也, 我丈夫也, 吾何畏彼哉. 顏淵曰, 舜何人也. 予何人也. 有爲者亦
若是. 公明儀曰, 文王我師也, 周公豈欺我哉. 今滕絶長補短, 將五十里也,
猶可以爲善國. 書曰, 若藥不瞑眩, 厥疾不瘳.

2. 滕定公薨. 世子謂然友曰, 昔者孟子嘗與我言於宋, 於心終不忘. 今也不幸
至於大故, 吾欲使子問於孟子, 然後行事. 然友之鄒, 問於孟子. 孟子曰, 不
亦善乎. 親喪固所自盡也. 曾子曰, 生, 事之以禮, 死, 葬之以禮, 祭之以禮,
可謂孝矣. 諸侯之禮, 吾未之學也. 雖然, 吾嘗聞之矣. 三年之喪, 齊疏之服,
飦粥之食, 自天子達於庶人, 三代共之. 然友反命, 定爲三年之喪. 父兄百官

皆不欲, 故曰, 吾宗國魯先君莫之行, 吾先君亦莫之行也. 至於子之身而反之, 不可. 且志曰, 喪祭從先祖. 曰, 吾有所受之也. 謂然友曰, 吾他日未嘗學問, 好馳馬試劍. 今也父兄百官不我足也, 恐其不能盡於大事, 子爲我問孟子. 然 友復之鄒問孟子. 孟子曰, 然, 不可以他求者也. 孔子曰, 君薨, 聽於冢宰. 歠粥, 面深墨, 卽位而哭, 百官有司莫敢不哀, 先之也. 上有好者, 下必有甚 焉者矣. 君子之德, 風也. 小人之德, 草也. 草上之風必偃. 是在世子. 然友 反命, 世子曰, 然, 是誠在我. 五月居廬, 未有命戒. 百官族人可謂曰知. 及 至葬, 四方來觀之, 顏色之戚, 哭泣之哀, 弔者大悅.

3. 滕文公問爲國. 孟子曰, 民事不可緩也. 詩云, 晝爾于茅, 宵爾索綯. 亟其 乘屋, 其始播百穀. 民之爲道也, 有恒産者有恒心, 無恒産者無恒心. 苟無恒 心, 放辟邪侈, 無不爲已, 及陷乎罪, 然後從而刑之, 是罔民也. 焉有仁人在 位, 罔民而可爲也. 是故賢君必恭儉·禮下, 取於民有制. 陽虎曰, 爲富不仁 也, 爲仁不富矣. 夏后氏五十而貢, 殷人七十而助, 周人百畝而徹, 其實皆什 一也. 徹者, 徹也. 助者, 藉也. 龍子曰, 治地莫善於助, 莫不善於貢. 貢者, 校數歲之中以爲常. 樂歲粒米狼戾, 多取之而不爲虐. 則寡取之. 凶年糞其田 而不足, 則必取盈焉. 爲民父母, 使民盻盻然, 將終歲勤動不得以養其父母, 又稱貸而益之, 使老稚轉乎溝壑, 惡在其爲民父母也. 夫世祿, 滕固行之矣. 詩云, 雨我公田, 遂及我私. 惟助爲有公田, 由此觀之, 雖周亦助也. 設爲庠 序學校以敎之, 庠者養也, 校者敎也, 序者射也. 夏曰校, 殷曰序, 周曰庠, 學則三代共之, 皆所以明人倫也. 人倫明於上, 小民親於下, 有王者起, 必來 取法, 是爲王者師也. 詩云, 周雖舊邦, 其命惟新. 文王之謂也. 子力行之, 亦以新子之國. 使畢戰問井地. 孟子曰, 子之君將行仁政, 選擇而使子, 子必 勉之. 夫仁政必自經界始. 經界不正, 井地不均, 穀祿不平. 是故暴君汙吏必 慢其經界. 經界旣正, 分田制祿, 可坐而定也. 夫滕, 壤地褊小, 將爲君子焉, 將爲野人焉. 無君子莫治野人, 無野人莫養君子. 請野九一而助, 國中什一使 自賦. 卿以下必有圭田, 圭田五十畝, 餘夫二十五畝. 死徙無出鄉, 鄉田同井, 出入相友, 守望相助, 疾病相扶持, 則百姓親睦. 方里而井, 井九百畝, 其中 爲公田. 八家皆私百畝, 同養公田. 公事畢, 然後敢治私事, 所以別野人也.

此其大略也. 若夫潤澤之, 則在君與子矣.

4. 有爲神農之言者許行, 自楚之滕, 踵門而告文公曰, 遠方之人, 聞君行仁
政, 願受一廛而爲氓. 文公與之處. 其徒數十人皆衣褐, 捆屨·織席以爲食. 陳
良之徒陳相與其弟辛, 負耒耜而自宋之滕, 曰, 聞君行聖人之政, 是亦聖人也.
願爲聖人氓. 陳相見許行而大悅, 盡棄其學而學焉. 陳相見孟子, 道許行之言,
曰, 滕君則誠賢君也. 雖然, 未聞道也. 賢者與民並耕而食, 饔飧而治, 今也
滕有倉廩府庫, 則是厲民而以自養也, 惡得賢. 孟子曰, 許子必種粟而後食乎.
曰, 然. 許子必織布然後衣乎. 曰, 否. 許子衣褐. 許子冠乎. 曰, 冠. 曰, 奚
冠. 曰, 冠素. 曰, 自織之與. 曰, 否. 以粟易之. 曰, 許子奚爲不自織. 曰,
害於耕. 曰, 許子以釜甑爨以鐵耕乎. 曰, 然. 自爲之與. 曰, 否, 以粟易之.
以粟易械器者, 不爲厲陶冶, 陶冶亦以械器易粟者, 豈爲厲農夫哉. 且許子何
不爲陶冶, 舍皆取諸其宮中而用之, 何爲紛紛然與百工交易, 何許子之不憚煩.
曰, 百工之事, 固不可耕且爲也. 然則治天下獨可耕且爲與. 有大人之事, 有
小人之事. 且一人之身而百工之所爲備, 如必自爲而後用之, 是率天下而路也.
故曰, 或勞心, 或勞力. 勞心者治人, 勞力者治於人, 治於人者食人, 治人者
食於人, 天下之通義也. 當堯之時, 天下猶未平, 洪水橫流, 氾濫於天下, 草
木暢茂, 禽獸繁殖, 五穀不登, 禽獸偪人, 獸蹄鳥跡之道交於中國. 堯獨憂之,
擧舜而敷治焉. 舜使益掌火, 益烈山澤而焚之, 禽獸逃匿. 禹疏九河, 瀹濟·漯
而注諸海, 決汝·漢, 排淮·泗而注之江, 然後中國可得而食也. 當是時也, 禹
八年於外, 三過其門而不入, 雖欲耕, 得乎. 后稷教民稼穡, 樹藝五穀. 五穀
熟而民人育. 人之有道也, 飽食煖衣, 逸居而無教, 則近於禽獸. 聖人有憂之,
使契爲司徒, 教以人倫, 父子有親, 君臣有義, 夫婦有別, 長幼有序, 朋友有
信. 放勳曰, 勞之來之, 匡之直之, 輔之翼之, 使自得之, 又從而振德之. 聖
人之憂民如此, 而暇耕乎. 堯以不得舜爲己憂, 舜以不得禹·皐陶爲己憂. 夫以
百畝之不易爲己憂者, 農夫也. 分人以財謂之惠, 教人以善謂之忠, 爲天下得
人者謂之仁. 是故以天下與人易, 爲天下得人難. 孔子曰, 大哉堯之爲君, 惟
天爲大, 惟堯則之, 蕩蕩乎民無能名焉. 君哉舜也, 巍巍乎有天下而不與焉.
堯舜之治天下, 豈無所用心哉, 亦不用於耕耳. 吾聞用夏變夷者, 未聞變於夷

者也. 陳良, 楚産也, 悅周公·仲尼之道, 北學於中國, 北方之學者, 未能或之
先也. 彼所謂豪傑之士也. 子之兄弟事之數十年, 師死而遂倍之. 昔者, 孔子
沒, 三年之外, 門人治任將歸, 入揖於子貢, 相嚮而哭, 皆失聲, 然後歸. 子
貢反, 築室於場, 獨居三年, 然後歸. 他日, 子夏·子張·子游以有若似聖人,
欲以所事孔子事之. 强曾子, 曾子曰, 不可, 江漢以濯之, 秋陽以暴之, 皜皜
乎不可尚已. 今也南蠻鴃舌之人, 非先王之道, 子倍之師而學之, 亦異於曾
子矣. 吾聞出於幽谷·遷于喬木者, 未聞下喬木而入于幽谷者. 魯頌曰, 戎狄
是膺, 荊舒是懲. 周公方且膺之, 子是之學, 亦爲不善變矣. 從許子之道, 則
市賈不貳, 國中無僞. 雖使五尺之童適市, 莫之或欺. 布帛長短 同, 則賈相
若, 麻縷絲絮輕重同, 則賈相若, 五穀多寡同, 則賈相若, 屨大小同, 則賈相
若. 曰, 夫物之不齊, 物之情也. 或相倍蓰, 或相什伯, 或相千萬, 子比而同
之, 是亂天下也. 巨屨小屨同賈, 人豈爲之哉. 從許子之道, 相率而爲僞者也
惡能治國家.

5. 墨者夷之, 因徐辟而求見孟子. 孟子曰, 吾固願見, 今吾尚病, 病愈, 我
且往見. 夷子不來. 他日, 又求見孟子. 孟子曰, 吾今則可以見矣. 不直則道
不見, 我且直之. 吾聞夷子墨者, 墨之治喪也. 以薄爲其道也. 夷子思以易天
下, 豈以爲非是而不貴也. 然而夷子葬其親厚, 則是以所賤事親也. 徐子以告
夷子, 夷子曰, 儒者之道, 古之人若保赤子, 此言何謂也. 之則以爲愛無差等,
施由親始. 徐子以告孟子, 孟子曰, 夫夷子信以爲人之親其兄之子爲若親其鄰
之赤子乎. 彼有取爾也. 赤子匍匐將入井, 非赤子之罪也. 且天之生物也, 使
之一本, 而夷子二本故也. 蓋上世嘗有不葬其親者, 其親死, 則舉而委之於壑.
他日過之, 狐狸食之, 蠅蚋姑嘬之. 其顙有泚, 睨而不視. 夫泚也, 非爲人泚,
中心達於面目. 蓋歸反虆梩而掩之. 掩之誠是也, 則孝子仁人之掩其親, 亦必
有道矣. 徐子以告夷子, 夷子憮然, 爲間, 曰, 命之矣.

6. 陳代曰, 不見諸侯, 宜若小然. 今一見之, 大則以王, 小則以霸. 且志曰枉
尺而直尋, 宜若可爲也. 孟子曰, 昔齊景公田, 招虞人以旌, 不至, 將殺之.
志士不忘在溝壑, 勇士不忘喪其元, 孔子奚取焉. 取非其招不往也. 如不待其

招而往, 何哉. 且夫枉尺而直尋者, 以利言也. 如以利, 則枉尋直尺而利, 亦可爲與. 昔者趙簡子使王良與嬖奚乘, 終日而不獲一禽, 嬖奚反命曰, 天下之賤工也. 或以告王良, 良曰, 請復之. 强而後可, 一朝而獲十禽. 嬖奚反命曰, 天下之良工也. 簡子曰, 我使掌與女乘. 謂王良, 良不可, 曰, 吾爲之範我馳驅, 終日不獲一, 爲之詭遇, 一朝而獲十. 詩云, 不失其馳, 舍矢如破. 我不貫與小人乘, 請辭. 御者且羞與射者比, 比而得禽獸, 雖若丘陵, 弗爲也. 如枉道而從彼, 何也. 且子過矣. 枉己者, 未有能直人者也.

7. 景春曰, 公孫衍·張儀豈不誠大丈夫哉, 一怒而諸侯懼, 安居而天下熄. 孟子曰, 是焉得爲大丈夫乎. 子未學禮乎. 丈夫之冠也, 父命之, 女子之嫁也, 母命之. 往送之門, 戒之曰, 往之女家, 必敬必戒. 無違夫·子. 以順爲正者, 妾婦之道也. 居天下之廣居, 立天下之正位, 行天下之大道, 得志與民由之, 不得志獨行其道. 富貴不能淫, 貧賤不能移, 威武不能屈, 此之謂大丈夫.

8. 周霄問曰, 古之君子仕乎. 孟子曰, 仕. 傳曰, 孔子三月無君, 則皇皇如也, 出疆必載質. 公明儀曰, 古之人三月無君則弔. 三月無君則弔, 不以急乎. 曰, 士之失位也, 猶諸侯之失國家也. 禮曰, 諸侯耕助, 以供粢盛, 夫人蠶繅, 以爲衣服. 犧牲不成, 粢盛不潔, 衣服不備, 不敢以祭. 惟士無田, 則亦不祭. 牲殺·器皿·衣服 不備, 不敢以祭, 則不敢以宴, 亦不足弔乎. 出疆必載質, 何也. 曰, 士之仕也, 猶農夫之耕也. 農夫豈爲出疆舍其耒耜哉. 曰, 晉國亦仕國也, 未嘗聞仕如此其急, 仕如此其急也. 君子之難仕, 何也. 曰, 丈夫生而願爲之有室, 女子生而願爲之有家. 父母之心, 人皆有之. 不待父母之命·媒妁之言, 鑽穴隙相窺, 踰牆相從, 則父母國人皆賤之. 古之人未嘗不欲仕也, 又惡不由其道. 不由其道而往者, 與鑽穴隙之類也.

9. 彭更問曰, 後車數十乘, 從者數百人, 以傳食於諸侯, 不以泰乎. 孟子曰, 非其道, 則 一簞食不可受於人. 如其道, 則舜受堯之天下, 不以爲泰. 子以爲泰乎. 曰, 否. 士無事而食, 不可也. 曰, 子不通功易事, 以羨補不足, 則農有餘粟, 女有餘布. 子如通之, 則梓·匠·輪·輿, 皆得食於子. 於此有人焉, 入則孝, 出則悌, 守先王之道, 以待後之學者, 而不得食於子. 子何尊梓·匠·輪·輿而輕爲仁義者哉. 曰, 梓·匠·輪·輿, 其志將以求食也. 君子之爲道也, 其志亦將以求食與. 曰, 子何以其志爲哉. 其有功於子, 可食而食之矣. 且子食志乎, 食功乎. 曰, 食志. 曰, 有人於此, 毀瓦畫墁, 其志將以求食也, 則子食之乎. 曰, 否. 曰, 然則子非食志也, 食功也.

10. 萬章問曰, 宋, 小國也. 今將行王政, 齊·楚惡而伐之, 則如之何. 孟子曰, 湯居亳, 與葛爲隣. 葛伯放而不祀, 湯使人問之, 曰, 何爲不祀. 曰, 無以供犧牲也. 湯使遣之牛羊, 葛伯食之, 又不以祀. 湯又使人問之曰, 何爲不祀. 曰, 無以供粢盛也. 湯使亳衆往爲之耕, 老弱饋食. 葛伯率其民, 要其有酒食黍稻者奪之, 不授者殺之. 有童子以黍肉餉, 殺而奪之. 書曰, 葛伯仇餉, 此之謂也. 爲其殺是童子而征之, 四海之內皆曰, 非富天下也, 爲匹夫匹婦復讐也. 湯始征, 自葛載, 十一征而無敵於天下. 東面而征, 西夷怨, 南面而征, 北狄怨. 曰, 奚爲後我. 民之望之, 若大旱之望雨也. 歸市者弗止, 芸者不變, 誅其君, 弔其民, 如時雨降, 民大悅. 書曰, 徯我后, 后來其無罰. 有攸不惟臣, 東征, 綏厥士女, 篚厥玄黃, 紹我周王見休, 惟臣附于大邑周. 其君子實玄黃于篚, 以迎其君子, 其小人簞食壺漿, 以迎其小人. 救民於水火之中, 取其殘而已矣. 太誓曰, 我武惟揚, 侵于之疆, 則取于殘, 殺伐用張, 于湯有光不行王政云爾. 苟行王政, 四海之內皆擧首而望之, 欲以爲君, 齊·楚雖大, 何畏焉.

11. 孟子謂戴不勝曰, 子欲子之王之善與. 我明告子. 有楚大夫於此, 欲其子之齊語也, 則使齊人傳諸. 使楚人傳諸. 曰, 使齊人傳之. 曰, 一齊人傳之, 衆楚人咻之, 雖日撻而求其齊也, 不可得矣. 引而置之莊嶽之間數年, 雖日撻而求其楚, 亦不可得矣. 子謂薛居州善士也, 使之居於王所. 在於王所者, 長幼卑尊皆薛居州也, 王誰與爲不善. 在王所者, 長幼卑尊皆非薛居州也, 王誰與爲善. 一薛居州, 獨如宋王何.

12. 公孫丑問曰, 不見諸侯, 何義. 孟子曰, 古者不爲臣不見. 段干木踰垣而辟之, 泄柳閉門而不內, 是皆已甚. 迫, 斯可以見矣. 陽貨欲見孔子, 而惡無禮. 大夫有賜於士, 不得受於其家, 則往拜其門. 陽貨瞯孔子之亡也, 而饋孔子蒸豚. 孔子亦瞯其亡也而往拜之. 當是時, 陽貨先, 豈得不見. 曾子曰, 脅肩諂笑, 病于夏畦. 子路曰, 未同而言, 觀其色赧赧然, 非由之所知也. 由是觀之, 則君子之所養, 可知已矣.

13. 戴盈之曰, 什一, 去關市之征, 今茲未能, 請輕之, 以待來年然後已, 何如.

孟子曰, 今有人日攘其鄰之雞者, 或告之曰, 是非君子之道. 曰, 請損之, 月攘一雞, 以待來年然後已. 如知其非義, 斯速已矣, 何待來年.

14. 公都子曰, 外人皆稱夫子好辯, 敢問何也. 孟子曰, 予豈好辯哉. 予不得已也. 天下之生久矣, 一治一亂. 當堯之時, 水逆行, 氾濫於中國, 蛇龍居之, 民無所定, 下者爲巢, 上者爲營窟. 書曰, 洚水警余. 洚水者, 洪水也. 使禹治之, 禹掘地而注之海, 驅蛇龍而放之菹. 水由地中行, 江·淮·河·漢是也. 險阻旣遠, 鳥獸之害人者消, 然後人得平土而居之. 堯·舜旣沒, 聖人之道衰, 暴君代作. 壞宮室以爲汙池, 民無所安息, 棄田以爲園囿, 使民不得衣食, 邪說暴行又作. 園囿汙池, 沛澤多而禽獸至. 及紂之身, 天下又大亂. 周公相武王, 誅紂伐奄, 三年討其君, 驅飛廉於海隅而戮之, 滅國者五十, 驅虎豹犀象而遠之, 天下大悅. 書曰, 丕顯哉. 文王謨. 丕承哉. 武王烈. 佑啓我後人, 咸以正無缺. 世衰道微, 邪說暴行有作, 臣弒其君者有之, 子弒其父者有之. 孔子懼, 作春秋. 春秋, 天子之事也. 是故孔子曰, 知我者其惟春秋乎. 罪我者其惟春秋乎. 聖王不作, 諸侯放恣, 處士橫議, 楊朱·墨翟之言盈天下, 天下之言, 不歸楊則歸墨. 楊氏爲我, 是無君也. 墨氏兼愛, 是無父也. 無父無君, 是禽獸也. 公明儀曰, 庖有肥肉, 廐有肥馬, 民有飢色, 野有餓莩, 此率獸而食人也. 楊·墨之道不息, 孔子之道不著, 是邪說誣民, 充塞仁義也. 仁義充塞, 則率獸食人, 人將相食. 吾爲此懼, 閑先聖之道, 距楊·墨, 放淫辭, 邪說者不得作. 作於其心, 害於其事, 作於其事, 害於其政. 聖人復起, 不易吾言矣. 昔者禹抑洪水而天下平, 周公兼夷狄, 驅猛獸而百姓寧, 孔子成春秋而亂臣賊子懼.

詩云, 戎狄是膺, 荆舒是懲, 則莫我敢承. 無父無君, 是周公所膺也. 我亦欲
正人心, 息邪說, 距詖行, 放淫辭, 以承三聖者, 豈好辯哉. 予不得已也. 能
言距楊·墨者, 聖人之徒也.

15. 匡章曰, 陳仲子豈不誠廉士哉. 居於陵, 三日不食, 耳無聞, 目無見也.
井上有李, 螬食實者過半矣, 匍匐往將食之, 三咽, 然後耳有聞, 目有見. 孟
子曰, 於齊國之士, 吾必以仲子爲巨擘焉. 雖然, 仲子惡能廉. 充仲子之操,
則蚓而後可者也. 夫蚓, 上食槁壤, 下飮黃泉. 仲子所居之室, 伯夷之所築與.
抑亦盜跖之所築與. 所食之粟, 伯夷之所樹與. 抑亦盜跖之所樹與. 是未可知
也. 曰, 是何傷哉. 彼身織屨, 妻辟纑, 以易之也. 曰, 仲子, 齊之世家也. 兄
戴, 蓋祿萬鐘. 以兄之祿爲不義之祿而不食也, 以兄之室爲不義之室而不居也.
避兄離母, 處於於陵. 他日歸, 則有饋其兄生鵝者, 己頻顣曰, 惡用是鶃鶃者
爲哉. 他日, 其母殺是鵝也, 與之食之. 其兄自外至, 曰, 是鶃鶃之肉也. 出
而哇之. 以母則不食, 以妻則食之, 以兄之室則弗居, 以於陵則居之, 是尙爲
能充其類也乎. 若仲子者, 蚓而後充其操者也.

離婁

1. 孟子曰, 離婁之明, 公輸子之巧, 不以規矩, 不能成方員. 師曠之聰, 不以
六律, 不能正五音. 堯·舜之道, 不以仁政不能平治天下. 今有仁心仁聞, 而民
不被其澤, 不可法於後世者, 不行先王之道也. 故曰, 徒善不足以爲政, 徒法
不能以自行. 詩云, 不愆不忘, 率由舊章. 遵先王之法而過者, 未之有也. 聖
人旣竭目力焉, 繼之以規矩準繩, 以爲方員平直, 不可勝用也. 旣竭耳力焉,
繼之以六律, 正五音, 不可勝用也. 旣竭心思焉, 繼之以不忍人之政, 而仁覆
天下矣. 故曰, 爲高必因丘陵, 爲下必因川澤, 爲政不因先王之道, 可謂智乎.
是以惟仁者宜在高位. 不仁而在高位, 是播其惡於衆也. 上無道揆也, 下無法
守也, 朝不信道, 工不信度, 君子犯義, 小人犯刑, 國之所存者幸也. 故曰,
城郭不完, 兵甲不多, 非國之災也. 田野不辟, 貨財不聚, 非國之害也. 上無

禮, 下無學, 賊民興, 喪無日矣. 詩曰, 天之方蹶, 無然泄泄. 泄泄, 猶沓沓也. 事君無義, 進退無禮, 言則非先王之道者, 猶沓沓也. 故曰, 責難於君謂之恭, 陳善閉邪謂之敬, 吾君不能謂之賊.

2. 孟子曰, 規矩, 方圓之至也. 聖人, 人倫之至也. 欲爲君, 盡君道, 欲爲臣, 盡臣道, 二者皆法堯·舜而已矣. 不以舜之所以事堯事君, 不敬其君者也. 不以堯之所以治民治民, 賊其民者也. 孔子曰, 道二, 仁與不仁而已矣. 暴其民甚, 則身殺國亡, 不甚, 則身危國削. 名之曰幽·厲, 雖孝子慈孫, 百世不能改也. 詩云, 殷鑒不遠, 在夏后之世. 此之謂也.

3. 孟子曰, 三代之得天下也以仁, 其失天下也以不仁. 國之所以廢興存亡者亦然. 天子不仁, 不保四海, 諸侯不仁, 不保社稷, 卿大夫不仁, 不保宗廟, 士庶人不仁, 不保四體. 今惡死亡而樂不仁, 是由惡醉而强酒.

4. 孟子曰, 愛人, 不親, 反其仁. 治人, 不治, 反其智. 禮人, 不答, 反其敬. 行有不得者, 皆反求諸己, 其身正而天下歸之. 詩云, 永言配命, 自求多福.

5. 孟子曰, 人有恒言, 皆曰天下國家. 天下之本在國, 國之本在家, 家之本在身.

6. 孟子曰, 爲政不難, 不得罪於巨室. 巨室之所慕, 一國慕之, 一國所慕, 天下慕之. 故沛然德教, 溢乎四海.

7. 孟子曰, 天下有道, 小德役大德, 小賢役大賢. 天下無道, 小役大, 弱役强. 斯二者, 天也. 順天者存, 逆天者亡. 齊景公曰, 旣不能令, 又不受命, 是絶物也. 涕出而女於吳. 今也小國師大國而恥受命焉, 是猶弟子而恥受命於先師也. 如恥之, 莫若師文王. 師文王, 大國五年, 小國七年, 必爲政於天下矣. 詩云, 商之孫子, 其麗不億, 上帝旣命, 侯于周服. 侯服于周, 天命靡常, 殷士膚敏, 祼將于京. 孔子曰, 仁不可爲衆也, 夫國君好仁, 天下無敵. 今也欲無敵於天下而不以仁, 是猶執熱而不以濯也. 詩云, 誰能執熱, 逝不以濯.

8. 孟子曰, 不仁者可與言哉. 安其危而利其菑, 樂其所以亡者. 不仁而可與言, 則何亡國敗家之有. 有孺子歌曰, 滄浪之水淸兮, 可以濯我纓. 滄浪之水濁兮, 可以濯我足. 孔子曰, 小子聽之, 淸斯濯纓, 濁斯濯足矣. 自取之也. 夫人必自侮, 然後人侮之, 家必自毀, 而後人毀之, 國必自伐, 而後人伐之. 太甲曰, 天作孼, 猶可違. 自作孼, 不可活. 此之謂也.

9. 孟子曰, 桀·紂之失天下也, 失其民也. 失其民者, 失其心也. 得天下有道, 得其民, 斯得天下矣. 得其民有道, 得其心, 斯得民矣. 得其心有道, 所欲與之聚之, 所惡勿施爾也. 民之歸仁也, 猶水之就下·獸之走壙也. 故爲淵敺魚者獺也. 爲叢敺爵者鸇也. 爲湯·武敺民者, 桀與紂也. 今天下之君有好仁者, 則諸侯皆爲之敺矣. 雖欲無王, 不可得已. 今之欲王者, 猶七年之病求三年之艾也. 苟爲不畜, 終身不得. 苟不志於仁, 終身憂辱, 以陷於死亡. 詩云, 其何能淑, 載胥及溺. 此之謂也.

10. 孟子曰, 自暴者不可與有言也, 自棄者不可與有爲也. 言非禮義, 謂之自暴也. 吾身不能居仁由義, 謂之自棄也. 仁, 人之安宅也. 義, 人之正路也. 曠安宅而弗居, 舍正路而不由, 哀哉.

11. 孟子曰, 道在邇而求諸遠, 事在易而求諸難. 人人親其親, 長其長, 而天下平.

12. 孟子曰, 居下位而不獲於上, 民不可得而治也. 獲於上有道, 不信於友, 弗獲於上矣. 信於友有道, 事親弗悅, 弗信於友矣. 悅親有道, 反身不誠, 不悅於親矣. 誠身有道, 不明乎善, 不誠其身矣. 是故誠者, 天之道也. 思誠者, 人之道也. 至誠而不動者, 未之有也. 不誠, 未有能動者也.

13. 孟子曰, 伯夷辟紂, 居北海之濱, 聞文王作興, 曰, 盍歸乎來. 吾聞西伯善養老者. 太公辟紂, 居東海之濱, 聞文王作興, 曰盍歸乎來. 吾聞西伯善養老者. 二老者, 天下之大老也, 而歸之, 是天下之父歸之也. 天下之父歸之, 其子焉往. 諸侯有行文王之政者, 七年之內, 必爲政於天下矣.

14. 孟子曰, 求也爲季氏宰, 無能改於其德, 而賦粟倍他日. 孔子曰, 求非我徒也, 小子鳴鼓而攻之可也. 由此觀之, 君不行仁政而富之, 皆棄於孔子者也. 況於爲之强戰. 爭地以戰, 殺人盈野, 爭城以戰, 殺人盈城. 此所謂率土地而食人肉, 罪不容於死. 故善戰者服上刑, 連諸侯者次之, 辟草萊·任土地者次之.

15. 孟子曰, 存乎人者, 莫良於眸子. 眸子不能掩其惡. 胸中正則眸子瞭焉, 胸中不正則眸子眊焉. 聽其言也, 觀其眸子, 人焉廋哉.

16. 孟子曰, 恭者不侮人, 儉者不奪人. 侮奪人之君, 惟恐不順焉, 惡得爲恭儉. 恭·儉豈可以聲音笑貌爲哉.

17. 淳于髡曰, 男女授受不親, 禮與. 孟子曰, 禮也. 曰, 嫂溺, 則援之以手乎. 曰, 嫂溺不援, 是豺狼也. 男女授受不親, 禮也. 嫂溺援之以手者, 權也. 曰, 今天下溺矣, 夫子之不援, 何也. 曰, 天下溺, 援之以道. 嫂溺, 援之以手. 子欲手援天下乎.

18. 公孫丑曰, 君子之不敎子, 何也. 孟子曰, 勢不行也. 敎者必以正. 以正不行, 繼之以怒. 繼之以怒, 則反夷矣. 夫子敎我以正, 夫子未出於正也, 則是父子相夷也. 父子相夷, 則惡矣. 古者易子而敎之, 父子之間不責善, 責善則離, 離則不祥莫大焉.

19. 孟子曰, 事孰爲大. 事親爲大. 守孰爲大. 守身爲大. 不失其身而能事其親者, 吾聞之矣. 失其身而能事其親者, 吾未之聞也. 孰不爲事. 事親, 事之本也. 孰不爲守. 守身, 守之本也. 曾子養曾晳, 必有酒肉. 將徹, 必請所與.

問, 有餘. 必曰, 有. 曾晳死, 曾元養曾子, 必有酒肉. 將徹, 不請所與. 問, 有餘. 曰, 亡矣. 將以復進也. 此所謂養口體者也. 若曾子, 則可謂養志也. 事親若曾子者可也.

20. 孟子曰, 人不足與適也. 政不足與閒也. 惟大人爲能格君心之非. 君仁莫不仁, 君義莫不義, 君正莫不正, 一正君而國定矣.

21. 孟子曰, 有不虞之譽, 有求全之毀.

22. 孟子曰, 人之易其言也, 無責耳矣.

23. 孟子曰, 人之患, 在好爲人師.

24 樂正子從於子敖之齊. 樂正子見孟子. 孟子曰, 子亦來見我乎. 曰, 先生何爲出此言也. 曰, 子來幾日矣. 曰, 昔者. 曰, 昔者, 則我出此言也, 不亦宜乎. 曰, 舍館未定. 曰, 子聞之也, 舍館定然後求見長者乎. 曰, 克有罪.

25. 孟子謂樂正子曰, 子之從於子敖來, 徒餔啜也. 我不意子學古之道, 而以餔啜也.

26. 孟子曰, 不孝有三, 無後爲大. 舜不告而娶, 爲無後也. 君子以爲猶告也.

27. 孟子曰, 仁之實, 事親是也. 義之實, 從兄是也. 智之實, 知斯二者弗去是也. 禮之實, 節文斯二者是也. 樂之實, 樂斯二者. 樂則生矣, 生則惡可已也. 惡可已, 則不知足之蹈之, 手之舞之.

28. 孟子曰, 天下大悅而將歸己, 視天下悅而歸己猶草芥也, 惟舜爲然. 不得乎親, 不可以爲人. 不順乎親, 不可以爲子. 舜盡事親之道, 而瞽瞍底豫. 瞽瞍底豫, 而天下化. 瞽瞍底豫, 而天下之爲父子者定. 此之謂大孝.

29. 孟子曰, 舜生於諸馮, 遷於負夏, 卒於鳴條, 東夷之人也. 文王生於岐周, 卒於畢郢, 西夷之人也. 地之相去也千有餘里, 世之相後也千有餘歲, 得志行乎中國, 若合符節. 先聖後聖, 其揆一也.

30. 子產聽鄭國之政, 以其乘輿濟人於溱洧. 孟子曰, 惠而不知爲政. 歲十一月 徒杠成, 十二月輿梁成, 民未病涉也. 君子平其政, 行辟人可也, 焉得人人而濟之. 故爲政者每人而悅之, 日亦不足矣.

31. 孟子告齊宣王曰, 君之視臣如手足, 則臣視君如腹心. 君之視臣如犬馬, 則臣視君如國人. 君之視臣如土芥, 則臣視君如寇讎. 王曰, 禮, 爲舊君有服, 何如斯可爲服矣. 曰, 諫行言聽, 膏澤下於民, 有故而去, 則使人導之出疆, 又先於其所往, 去三年不反, 然後收其田里, 此之謂三有禮焉. 如此, 則爲之服矣. 今也爲臣, 諫則不行, 言則不聽, 膏澤不下於民, 有故而去, 則君搏執之, 又極之於其所往, 去之日, 遂收其田里, 此之謂寇讎. 寇讎何服之有.

32. 孟子曰, 無罪而殺士, 則大夫可以去. 無罪而戮民, 則士可以徙.

33. 孟子曰, 君仁莫不仁, 君義莫不義.

34. 孟子曰, 非禮之禮, 非義之義, 大人弗爲.

35. 孟子曰, 中也養不中, 才也養不才, 故人樂有賢父兄也. 如中也棄不中, 才也棄不才, 則賢不肖之相去, 其間不能以寸.

36. 孟子曰, 人有不爲也, 而後可以有爲.

37. 孟子曰, 言人之不善, 當如後患何.

38. 孟子曰, 仲尼不爲已甚者.

39. 孟子曰, 大人者, 言不必信, 行不必果, 惟義所在.

40. 孟子曰, 大人者, 不失其赤子之心者也.

41. 孟子曰, 養生者不足以當大事, 惟送死可以當大事.

42. 孟子曰, 君子深造之以道, 欲其自得之也. 自得之, 則居之安, 居之安, 則資之深, 資之深, 則取之左右逢其原, 故君子欲其自得之也.

43. 孟子曰, 博學而詳說之, 將以反說約也.

44. 孟子曰, 以善服人者, 未有能服人者也. 以善養人, 然後能服天下. 天下不心服而王者, 未之有也.

45. 孟子曰, 言無實不祥. 不祥之實, 蔽賢者當之.

46. 徐子曰, 仲尼亟稱於水, 曰, 水哉水哉. 何取於水也. 孟子曰, 源泉混混, 不舍晝夜, 盈科而後進, 放乎四海. 有本者如是, 是之取爾. 苟爲無本, 七八月之間雨集, 溝澮皆盈, 其涸也, 可立而待也. 故聲聞過情, 君子恥之.

47. 孟子曰, 人之所以異於禽獸者幾希, 庶民去之, 君子存之. 舜明於庶物, 察於人倫. 由仁義行, 非行仁義也.

48. 孟子曰, 禹惡旨酒而好善言. 湯執中, 立賢無方. 文王視民如傷, 望道而未之見. 武王不泄邇, 不忘遠. 周公思兼三王, 以施四事, 其有不合者, 仰而思之, 夜以繼日, 幸而得之, 坐以待旦.

49. 孟子曰, 王者之迹熄而詩亡, 詩亡然後春秋作. 晉之乘, 楚之檮杌, 魯之春秋, 一也. 其事則齊桓·晉文, 其文則史. 孔子曰, 其義則丘竊取之矣.

50. 孟子曰, 君子之澤, 五世而斬. 小人之澤, 五世而斬. 予未得爲孔子徒也, 予私淑諸人也.

51. 孟子曰, 可以取, 可以無取, 取傷廉. 可以與, 可以無與, 與傷惠. 可以死, 可以無死, 死傷勇.

52. 逄蒙學射於羿, 盡羿之道, 思天下惟羿爲愈己, 於是殺羿. 孟子曰, 是亦羿有罪焉. 公明儀曰, 宜若無罪焉. 曰, 薄乎云爾, 惡得無罪. 鄭人使子濯孺子侵衛, 衛使庾公之斯追之. 子濯孺子曰, 今日我疾作, 不可以執弓, 吾死矣夫. 問其僕曰, 追我者誰也. 其僕曰, 庾公之斯也. 曰, 吾生矣. 其僕曰, 庾公之斯, 衛之善射者也. 夫子曰吾生, 何謂也. 曰, 庾公之斯學射於尹公之他, 尹公之他學射於我. 夫尹公之他, 端人也, 其取友必端矣. 庾公之斯至, 曰, 夫子何爲不執弓. 曰, 今日我疾作, 不可以執弓. 曰, 小人學射於尹公之他, 尹公之他學射於夫子, 我不忍以夫子之道反害夫子. 雖然, 今日之事, 君事也, 我不敢廢. 抽矢叩輪, 去其金, 發乘矢而後反.

53. 孟子曰, 西子蒙不潔, 則人皆掩鼻而過之. 雖有惡人, 齊戒沐浴, 則可以祀上帝.

54. 孟子曰, 天下之言性也, 則故而已矣. 故者以利爲本. 所惡於智者, 爲其鑿也. 如智者若禹之行水也, 則無惡於智矣. 禹之行水也, 行其所無事也. 如智者 亦行其所無事, 則智亦大矣. 天之高也, 星辰之遠也, 苟求其故, 千歲之日至可坐而致也.

55. 公行子有子之喪. 右師往弔, 入門, 有進而與右師言者, 有就右師之位而與右師言者. 孟子不與右師言, 右師不悅, 曰, 諸君子皆與驩言, 孟子獨不與驩言, 是簡驩也. 孟子聞之曰, 禮, 朝廷不歷位而相與言, 不踰階而相揖也. 我欲行禮, 子敖以我爲簡, 不亦異乎.

56. 孟子曰, 君子所以異於人者, 以其存心也. 君子以仁存心, 以禮存心. 仁者愛人, 有禮者敬人. 愛人者, 人常愛之. 敬人者, 人常敬之. 有人於此, 其待我以橫逆, 則君子必自反也. 我必不仁也, 必無禮也, 此物奚宜至哉. 其自反而仁矣, 自反而有禮矣, 其橫逆由是也, 君子必自反也, 我必不忠. 自反而忠矣, 其橫逆由是也, 君子曰, 此亦妄人也已矣. 如此, 則與禽獸奚擇哉. 於禽獸又何難焉. 是故君子有終身之憂, 無一朝之患也. 乃若所憂則有之, 舜, 人也, 我, 亦人也. 舜爲法於天下, 可傳於後世, 我由未免爲鄉人也, 是則可憂也. 憂之如何. 如舜而已矣. 若夫君子所患則亡矣, 非仁無爲也, 非禮無行也. 如有一朝之患, 則君子不患矣.

57. 禹·稷當平世, 三過其門而不入. 孔子賢之, 顏子當難世, 居於陋巷, 一簞食, 一瓢飲, 人不堪其憂, 顏子不改其樂. 孔子賢之. 孟子曰, 禹·稷·顏回同道. 禹思天下有溺者, 由己溺之也, 稷思天下有飢者, 由己飢之也, 是以如是其急也. 禹·稷·顏子, 易地則皆然. 今有同室之人鬪者, 救之, 雖被髮纓冠而救之可也. 鄉鄰有鬪者, 被髮纓冠而往救之, 則惑也, 雖閉戶可也.

58. 公都子曰, 匡章, 通國皆稱不孝焉. 夫子與之遊, 又從而禮貌之, 敢問何也. 孟子曰, 世俗所謂不孝者五, 惰其四肢, 不顧父母之養, 一不孝也, 博奕好飲酒, 不顧父母之養, 二不孝也, 好貨財, 私妻子, 不顧父母之養, 三不孝也, 從耳目之欲, 以爲父母戮, 四不孝也, 好勇鬪很, 以危父母, 五不孝也. 章子有一於是乎. 夫章子, 子父責善而不相遇也. 責善, 朋友之道也. 父子責善, 賊恩之大者. 夫章子豈不欲有夫妻子母之屬哉. 爲得罪於父, 不得近, 出妻屏子, 終身不養焉. 其設心以爲不若是, 是則罪之大者. 是則章子已矣.

59. 曾子居武城. 有越寇. 或曰, 寇至, 盍去諸. 曰, 無寓人於我室, 毀傷其薪木. 寇退, 則曰, 脩我牆屋, 我將反. 寇退, 曾子反. 左右曰, 待先生如此之忠且敬也, 寇至則先去以爲民望, 寇退則反, 殆於不可. 沈猶行曰, 是非汝所知也. 昔沈猶有負芻之禍, 從先生者七十人, 未有與焉. 子思居於衛, 有齊寇. 或曰, 寇至, 盍去諸. 子思曰, 如伋去, 君誰與守. 孟子曰, 曾子·子思同道.

曾子, 師也, 父兄也. 子思, 臣也, 微也. 曾子·子思易地則皆然.

60. 儲子曰, 王使人瞷夫子, 果有異於人乎. 孟子曰, 何以異於人哉. 堯舜與人同耳.

61. 齊人有一妻一妾而處室者. 其良人出, 則必饜酒肉而後反. 其妻問所與飲食者, 則盡富貴也. 其妻告其妾曰, 良人出, 則必饜酒肉而後反, 問其與飲食者, 盡富貴也, 而未嘗有顯者來. 吾將瞷良人之所之也. 蚤起, 施從良人之所之, 徧國中 無與立談者. 卒之東郭墦間, 之祭者乞其餘, 不足, 又顧而之他. 此其爲饜足之道也. 其妻歸告其妾曰, 良人者, 所仰望而終身也. 今若此. 與其妻訕其良人, 而相泣於中庭. 而良人未之知也, 施施從外來, 驕其妻妾. 由君子觀之, 則人之所以求富貴利達者, 其妻妾不羞也而不相泣者, 幾希矣.

萬章

1. 萬章問曰, 舜往于田, 號泣于旻天 何爲其號泣也. 孟子曰, 怨慕也. 萬章曰, 父母愛之, 喜而不忘. 父母惡之, 勞而不怨. 然則舜怨乎. 曰, 長息問於公明高曰, 舜往于田, 則吾旣得聞命矣. 號泣于旻天·于父母, 則吾不知也. 公明高曰, 是非爾所知也. 夫公明高以孝子之心爲不若是恝. 我竭力耕田, 共爲子職而已矣. 父母之不我愛, 於我何哉. 帝使其子九男二女, 百官牛羊倉廩備, 以事舜於畎畝之中. 天下之士多就之者, 帝將胥天下而遷之焉, 爲不順於父母, 如窮人無所歸. 天下之士悅之, 人之所欲也, 而不足以解憂. 好色, 人之所欲, 妻帝之二女, 而不足以解憂, 富, 人之所欲, 富有天下, 而不足而解憂, 貴, 人之所欲, 貴爲天子, 而不足而解憂. 人悅之, 好色·富·貴, 無足而解憂者, 惟順於父母可以解憂. 人少則慕父母, 知好色則慕少艾, 有妻子則慕妻子, 仕則慕君, 不得於君則熱中. 大孝, 終身慕父母, 五十而慕者, 予於大舜見之矣.

2. 萬章問曰, 詩云, 娶妻如之何. 必告父母. 信斯言也 宜莫如舜. 舜之不告

而娶, 何也. 孟子曰, 告則不得娶. 男女居室, 人之大倫也. 如告, 則廢人之
大倫以懟父母, 是以不告也. 萬章曰, 舜之不告而娶, 則吾旣得聞命矣. 帝之
妻舜而不告, 何也. 曰, 帝亦知告焉則不得妻也. 萬章曰, 父母使舜完廩, 捐
階, 瞽瞍焚廩. 使浚井, 出, 從而揜之. 象曰, 謨蓋都君, 咸我績. 牛羊, 父
母, 倉廩, 父母. 干戈, 朕, 琴, 朕, 弤, 朕, 二嫂, 使治朕棲. 象往入舜宮,
舜在牀琴, 象曰, 鬱陶思君爾. 忸怩. 舜曰, 惟茲臣庶, 汝其于予治. 不識舜
不知象之將殺己與. 曰, 奚而不知也. 象憂亦憂, 象喜亦喜. 曰, 然則舜僞喜
者與. 曰, 否. 昔者有饋生魚於鄭子產, 子產使校人畜之池. 校人烹之, 反命
曰, 始舍之, 圉圉焉, 少則洋洋焉, 攸然而逝. 子產曰, 得其所哉, 得其所哉.
校人出, 曰, 孰謂子產智. 予旣烹而食之, 曰, 得其所哉, 得其所哉. 故君子
可欺以其方, 難罔以非其道. 彼以愛兄之道來, 故誠信而喜之, 奚僞焉.

3. 萬章問曰, 象日以殺舜爲事. 立爲天子則放之, 何也. 孟子曰, 封之也. 或
曰放焉. 萬章曰, 舜流共工于幽州, 放驩兜于崇山, 殺三苗于三危, 殛鯀于羽
山, 四罪而天下咸服, 誅不仁也. 象至不仁, 封之有庳. 有庳之人奚罪焉. 仁
人固如是乎. 在他人則誅之, 在弟則封之. 曰, 仁人之於弟也, 不藏怒焉, 不
宿怨焉, 親愛之而已矣. 親之欲其貴也, 愛之欲其富也. 封之有庳, 富貴之也.
身爲天子, 弟爲匹夫, 可謂親愛之乎. 敢問或曰放者何謂也. 曰, 象不得有爲
於其國, 天子使吏治其國而納其貢稅焉, 故謂之放, 豈得暴彼民哉. 雖然, 欲
常常而見之, 故源源而來, 不及貢, 以政接于有庳. 此之謂也.

4. 咸丘蒙問曰, 語云, 盛德之士, 君不得而臣, 父不得而子. 舜南面而立, 堯
帥諸侯北面而朝之, 瞽瞍亦北面而朝之. 舜見瞽瞍, 其容有蹙. 孔子曰, 於斯
時也, 天下殆哉, 岌岌乎. 不識此語誠然乎哉. 孟子曰, 否. 此非君子之言,
齊東野人之語也. 堯老而舜攝也. 堯典曰, 二十有八載, 放勳乃徂落, 百姓如
喪考妣. 三年, 四海遏密八音. 孔子曰, 天無二日, 民無二王. 舜旣爲天子矣,
又帥天下諸侯以爲堯三年喪, 是二天子矣. 咸丘蒙曰, 舜之不臣堯, 則吾旣得
聞命矣. 詩云, 普天之下, 莫非王土. 率土之濱, 莫非王臣. 而舜旣爲天子矣,
敢問瞽瞍之非臣如何. 曰, 是詩也, 非是之謂也. 勞於王事, 而不得養父母也.

曰, 此莫非王事, 我獨賢勞也. 故說詩者不以文害辭, 不以辭害志. 以意逆志,
是爲得之, 如以辭而已矣, 雲漢之詩曰, 周餘黎民, 靡有孑遺. 信斯言也, 是
周無遺民也. 孝子之至, 莫大乎尊親. 尊親之至, 莫大乎以天下養. 爲天子父,
尊之至也. 以天下養, 養之至也. 詩曰, 永言孝思, 孝思維則. 此之謂也. 書
曰, 祗載見瞽瞍, 夔夔齊栗, 瞽瞍亦允若. 是爲父不得而子也.

5. 萬章曰, 堯以天下與舜, 有諸. 孟子曰, 否. 天子不能以天下與人. 然則舜
有天下也, 孰與之乎. 曰, 天與之. 天與之者, 諄諄然命之乎. 曰, 否. 天不
言, 以行與事示之而已矣. 曰, 以行與事示之者, 如何. 曰, 天子能薦人於
天, 不能使天與之天下. 諸侯能薦人於天子, 不能使天子與之諸侯. 大夫能薦
人於諸侯, 不能使諸侯與之大夫. 昔者堯薦舜於天而天受之, 暴之於民而民受
之. 故曰, 天不言, 以行與事示之而已矣. 曰, 敢問薦之於天而天受之, 暴之
於民而民受之, 如何. 曰, 使之主祭, 而百神享之, 是天受之, 使之主事而事
治, 百姓安之, 是民受之也. 天與之, 人與之, 故曰天子不能以天下與人. 舜
相堯二十有八載. 非人之所能爲也. 天也. 堯崩, 三年之喪畢, 舜避堯之子於
南河之南. 天下諸侯朝覲者, 不之堯之子而之舜, 訟獄者, 不之堯之子而之舜,
謳歌者, 不謳歌堯之子而謳歌舜. 故曰天也. 夫然後之中國, 踐天子位焉. 而
居堯之宮, 逼堯之子, 是篡也. 非天與也. 太誓曰, 天視自我民視. 天聽自我
民聽. 此之謂也.

6. 萬章問曰, 人有言, 至於禹而德衰, 不傳於賢而傳於子, 有諸. 孟子曰, 否.
不然也. 天與賢, 則與賢, 天與子, 則與子. 昔者舜薦禹於天, 十有七年, 舜
崩. 三年之喪畢, 禹避舜之子於陽城. 天下之民從之, 若堯崩之後不從堯之子
而從舜也. 禹薦益於天, 七年, 禹崩. 三年之喪畢, 益避禹之子於箕山之陰,
朝覲訟獄者不之益而之啓, 曰, 吾君之子也. 謳歌者不謳歌益而謳歌啓, 曰,
吾君之子也. 丹朱之不肖, 舜之子亦不肖. 舜之相堯, 禹之相舜也, 歷年多,
施澤於民久. 啓賢, 能敬承繼禹之道. 益之相禹也, 歷年少, 施澤於民未久.
舜·禹·益相去久遠, 其子之賢不肖皆天也, 非人之所能爲也. 莫之爲而爲者,
天也. 莫之致而至者, 命也. 匹夫而有天下者, 德必若舜·禹而又有天子薦之

者, 故仲尼不有天下. 繼世而有天下, 天之所廢, 必若桀·紂者也, 故益·伊尹·周公不有天下. 伊尹相湯以王於天下, 湯崩, 太丁未立, 外丙二年, 仲壬四年. 太甲顛覆湯之典刑, 伊尹放之於桐. 三年, 太甲悔過, 自怨自艾, 於桐處仁遷義, 三年以聽伊尹之訓己也, 復歸于亳. 周公之不有天下, 猶益之於夏, 伊尹之於殷也. 孔子曰, 唐·虞禪, 夏后·殷·周繼, 其義一也.

7. 萬章問曰, 人有言, 伊尹以割烹要湯, 有諸. 孟子曰, 否. 不然. 伊尹耕於有莘之野, 而樂堯·舜之道焉. 非其義也, 非其道也, 祿之以天下弗顧也, 繫馬千駟 弗視也. 非其義也, 非其道也, 一介不以與人, 一介不以取諸人. 湯使人以幣聘之, 囂囂然曰, 我何以湯之聘幣爲哉. 我豈若處畎畝之中, 由是以樂堯·舜之道哉. 湯三使往聘之, 既而幡然改曰, 與我處畎畝之中, 由是以樂堯·舜之道, 吾豈若使是君爲堯·舜之君哉. 吾豈若使是民爲堯·舜之民哉. 吾豈若於吾身親見之哉. 天之生此民也, 使先知覺後知, 使先覺覺後覺也. 予, 天民之先覺者也, 予將以斯道覺斯民也, 非予覺之而誰也. 思天下之民, 匹夫匹婦有不被堯·舜之澤者, 若己推而內之溝中, 其自任以天下之重如此, 故就湯而說之以伐夏救民. 吾未聞枉己而正人者也, 況辱己以正天下者乎. 聖人之行不同也, 或遠或近, 或去或不去, 歸潔其身而已矣. 吾聞其以堯·舜之道要湯, 未聞以割烹也. 伊訓曰, 天誅造攻, 自牧宮. 朕載自亳.

8. 萬章問曰, 或謂孔子於衛主癰疽, 於齊主侍人瘠環, 有諸乎. 孟子曰, 否. 不然也. 好事者爲之也. 於衛主顏讎由. 彌子之妻與子路之妻, 兄弟也. 彌子謂子路曰, 孔子主我, 衛卿可得也. 子路以告, 孔子曰, 有命. 孔子進以禮, 退以義, 得之不得曰, 有命. 而主癰疽與侍人瘠環, 是無義無命也. 孔子不悅於魯·衛, 遭宋桓司馬, 將要而殺之, 微服而過宋. 是時孔子當阨, 主司城貞子, 爲陳侯周臣. 吾聞觀近臣, 以其所爲主, 觀遠臣, 以其所主. 若孔子主癰疽與侍人瘠環, 何以爲孔子.

9. 萬章問曰, 或曰, 百里奚自鬻於秦養牲者, 五羊之皮, 食牛, 以要秦穆公. 信乎. 孟子曰, 否. 不然, 好事者爲之也. 百里奚, 虞人也. 晉人以垂棘之璧與屈産之乘, 假道於虞以伐虢. 宮之奇諫, 百里奚不諫, 知虞公之不可諫而去.
之秦, 年已七十矣, 曾不知以食牛干秦穆公之爲汙也, 可謂智乎. 不可諫而不
諫, 可謂不智乎. 知虞公之將亡而先去之, 不可謂不智也. 時擧於秦, 知穆公
之可與有行也而相之, 可謂不智乎. 相秦而顯其君於天下, 可傳於後世, 不賢
而能之乎. 自鬻以成其君, 鄉黨自好者不爲, 而謂賢者爲之乎.

10. 孟子曰, 伯夷目不視惡色, 耳不聽惡聲, 非其君不事, 非其民不使, 治則
進, 亂則退. 橫政之所出, 橫民之所止, 不忍居也. 思與鄉人處, 如以朝衣朝
冠坐於塗炭也. 當紂之時, 居北海之濱, 以待天下之淸. 故聞伯夷之風者,
頑夫廉, 懦夫有立志. 伊尹曰, 何事非君. 何使非民. 治亦進, 亂亦進. 曰, 天
之生斯民也, 使先知覺後知, 使先覺覺後覺. 予, 天民之先覺者也. 予將以此
道覺此民也. 思天下之民, 匹夫匹婦有不與被堯·舜之澤者, 如己推而內之溝
中, 其自任以天下之重也. 柳下惠不羞汙君, 不辭小官, 進不隱賢, 必以其道,
遺佚而不怨, 阨窮而不憫, 與鄉人處, 由由然不忍去也. 爾爲爾, 我爲我, 雖
袒裼裸裎於我側, 爾焉能浼我哉. 故聞柳下惠之風者, 鄙夫寬, 薄夫敦. 孔子
之去齊, 接淅而行. 去魯, 曰, 遲遲吾行也. 去父母國之道也. 可以速而速,
可以久而久, 可以處而處, 可以仕而仕, 孔子也. 孟子曰, 伯夷, 聖之淸者也.
伊尹, 聖之任者也. 柳下惠, 聖之和者也. 孔子, 聖之時者也. 孔子之謂集大
成. 集大成也者, 金聲而玉振之也. 金聲也者, 始條理也. 玉振之也者, 終條
理也. 始條理者, 智之事也. 終條理者, 聖之事也. 智, 譬則巧也. 聖, 譬則力
也. 由射於百步之外也. 其至, 爾力也. 其中, 非爾力也.

11. 北宮錡問曰, 周室班爵祿也, 如之何. 孟子曰, 其詳不可得聞也. 諸侯惡
其害己也, 而皆去其籍, 然而軻也嘗聞其略也. 天子一位, 公一位, 侯一位,
伯一位, 子·男同一位, 凡五等也. 君一位, 卿一位, 大夫一位, 上士一位, 中
士一位, 下士一位, 凡六等. 天子之制, 地方千里, 公侯皆方百里, 伯七十里,
子·男五十里, 凡四等. 不能五十里, 不達於天子, 附於諸侯, 曰附庸. 天子之
卿受地視侯, 大夫受地視伯, 元士受地視子·男. 大國地方百里, 君十卿祿, 卿
祿四大夫, 大夫倍上士, 上士倍中士, 中士倍下士, 下士與庶人在官者同祿,

祿足以代其耕也. 次國地方七十里, 君十卿祿, 卿祿三大夫, 大夫倍上士, 上士倍中士, 中士倍下士, 下士與庶人在官者同祿, 祿足以代其耕也. 小國地方五十里, 君十卿祿, 卿祿二大夫, 大夫 倍上士, 上士倍中士, 中士倍下士, 下士與庶人在官者同祿, 祿足以代其耕也. 耕者之所獲, 一夫百畝, 百畝之糞, 上農夫食九人, 上次食八人, 中食七人, 中次食六人, 下食五人, 庶人在官者, 其祿以是爲差.

12. 萬章問曰, 敢問友. 孟子曰, 不挾長, 不挾貴, 不挾兄弟而友. 友也者, 友其德也, 不可以有挾也. 孟獻子, 百乘之家也, 有友五人焉, 樂正裘·牧仲, 其三人則予忘之矣. 獻子之與此五人者友也, 無獻子之家者也. 此五人者亦有獻子之家, 則不與之友矣. 非惟百乘之家爲然也, 雖小國之君亦有之. 費惠公曰, 吾於子思則師之矣, 吾於顏般則友之矣. 王順·長息, 則事我者也. 非惟小國之君爲然也, 雖大國之君亦有之. 晉平公於亥唐也, 入云則入, 坐云則坐, 食云則食. 雖疏食菜羹, 未嘗不飽, 蓋不敢不飽也. 然終於此而已矣. 弗與共天位也, 弗與治天職也, 弗與食天祿也, 士之尊賢者也, 非王公之尊賢也. 舜尚見帝, 帝館甥于貳室, 亦饗舜, 迭爲賓主, 是天子而友匹夫也. 用下敬上謂之貴貴, 用上敬下謂之尊賢, 貴貴尊賢 其義一也.

13. 萬章曰, 敢問交際何心也. 孟子曰, 恭也. 曰, 却之却之爲不恭, 何哉. 曰, 尊者賜之. 曰, 其所取之者, 義乎. 不義乎. 而後受之, 以是爲不恭, 故弗却也. 曰, 請無以辭卻之, 以心卻之. 曰, 其取諸民之不義也. 而以他辭無受, 不可乎. 曰, 其交也以道, 其接也以禮, 斯孔子受之矣. 萬章曰, 今有禦人於國門之外者, 其交也以道, 其餽也以禮, 斯可受禦與. 曰, 不可. 康誥曰, 殺越人于貨, 閔不畏死, 凡民罔不譈. 是不待教而誅者也. 殷受夏, 周受殷, 所不辭也. 於今爲烈, 如之何其受之. 曰, 今之諸侯取之於民也, 猶禦也. 苟善其禮際矣, 斯君子受之, 敢問何說也. 曰, 子以爲有王者作, 將比今之諸侯而誅之乎. 其教之不改而後誅之乎. 夫謂非其有而取之者, 盜也. 充類至, 義之盡也. 孔子之仕於魯也, 魯人獵較, 孔子亦獵較. 獵較猶可, 而況受其賜乎. 曰, 然則孔子之仕也, 非事道與. 曰, 事道也. 事道奚獵較也. 曰, 孔子先簿

正祭器, 不以四方之食供薄正. 曰, 奚不去也. 曰, 爲之兆也. 兆足以行矣,
而不行, 而後去, 是以未嘗有所終三年淹也. 孔子有見行可之仕, 有際可之仕,
有公養之仕. 於季桓子, 見行可之仕也. 於衛靈公, 際可之仕也. 於衛孝公,
公養之仕也.

14. 孟子曰, 仕非爲貧也, 而有時乎爲貧. 娶妻非爲養也, 而有時乎爲養. 爲
貧者, 辭尊居卑, 辭富居貧. 辭尊居卑, 辭富居貧, 惡乎宜乎. 抱關擊柝. 孔
子嘗爲委吏矣. 曰, 會計當而已矣. 嘗爲乘田矣, 曰, 牛羊茁壯長而已矣. 位
卑而言高, 罪也. 立乎人之本朝而道不行, 恥也.

15. 萬章曰, 士之不託諸侯, 何也. 孟子曰, 不敢也. 諸侯失國而後託於諸侯,
禮也. 士之託於諸侯, 非禮也. 萬章曰, 君餽之粟, 則受之乎. 曰, 受之. 受之
何義也. 曰, 君之於氓, 固周之. 曰, 周之則受, 賜之則不受, 何也. 曰, 不
敢也. 曰, 敢問其不敢何也. 曰, 抱關擊柝者, 皆有常職以食於上, 無常職而
賜於上者, 以爲不恭也. 曰, 君餽之則受之, 不識可常繼乎. 曰, 繆公之於子
思也, 亟問, 亟餽鼎肉. 子思不悅. 於卒也, 摽使者出諸大門之外, 北面稽首
再拜而不受, 曰, 今而後 知君之犬馬畜伋. 蓋自是臺無餽也. 悅賢不能擧, 又
不能養也. 可謂悅賢乎. 曰, 敢問國君欲養君子, 如何斯可謂養矣. 曰, 以君
命將之, 再拜稽首而受. 其後廩人繼粟, 庖人繼肉, 不以君命將之. 子思以爲
鼎肉使己僕僕爾, 亟拜也, 非養君子之道也. 堯之於舜也, 使其子九男事之,
二女女焉, 百官牛羊倉廩備, 以養舜於畎畝之中, 後擧而加諸上位, 故曰王公
之尊賢者也.

16. 萬章曰, 敢問不見諸侯, 何義也. 孟子曰, 在國曰市井之臣, 在野曰草莽
之臣, 皆謂庶人. 庶人不傳質爲臣, 不敢見於諸侯, 禮也. 萬章曰, 庶人召之
役則往役, 君欲見之, 召之則不往見之, 何也. 曰, 往役, 義也. 往見, 不義
也. 且君之欲見之也, 何爲也哉. 曰, 爲其多聞也, 爲其賢也. 曰, 爲其多聞
也, 則天子不召師, 而況諸侯乎. 爲其賢也, 則吾未聞欲見賢而召之也. 繆公
亟見於子思, 曰古千乘之國以友士, 何如. 子思不悅, 曰, 古之人有言曰, 事

之云乎. 豈曰友之云乎. 子思之不悅也, 豈不曰, 以位, 則子君也, 我臣也, 何敢與君友也. 以德, 則子事我者也, 奚可以與我友. 千乘之君, 求與之友而不可得也, 而況可召與. 齊景公田, 招虞人以旌, 不至, 將殺之. 志士不忘在溝壑, 勇士不忘喪其元, 孔子奚取焉. 取非其招不往也. 曰, 敢問招虞人何以. 曰, 以皮冠. 庶人以旃, 士以旂, 大夫以旌. 以大夫之招招虞人, 虞人死不敢往. 以士之招招庶人, 庶人豈敢往哉. 況乎以不賢人之招招賢人乎. 欲見賢人而不以其道, 猶欲其入而閉之門也. 夫義, 路也, 禮, 門也. 惟君子能由是路, 出入是門也. 詩云, 周道如厎, 其直如矢. 君子所履, 小人所視. 萬章曰, 孔子君命召不俟駕而行, 然則孔子非與. 曰, 孔子當仕, 有官職. 而以其官召之也.

17. 孟子謂萬章曰, 一鄉之善士, 斯友一鄉之善士, 一國之善士, 斯友一國之善士. 天下之善士, 斯友天下之善士. 以友天下之善士爲未足, 又尙論古之人. 頌其詩, 讀其書, 不知其人可乎. 是以論其世也, 是尙友也

18. 齊宣王問卿. 孟子曰, 王何卿之問也. 王曰, 卿不同乎. 曰, 不同. 有貴戚之卿, 有異姓之卿. 王曰, 請問貴戚之卿. 曰, 君有大過則諫, 反覆之而不聽, 則易位. 王勃然變乎色. 曰, 王勿異也. 王問臣, 臣不敢不以正對. 王色定, 然後請問異姓之卿. 曰, 君有過則諫, 反覆之而不聽, 則去.

告子

1. 告子曰, 性, 猶杞柳也, 義, 猶桮棬也. 以人性爲仁義, 猶以杞柳爲桮棬. 孟子曰, 子能順杞柳之性而以爲桮棬乎. 將戕賊杞柳而後以爲桮棬也. 如將戕賊杞柳 而以爲桮棬, 則亦將戕賊人以爲仁義與. 率天下之人而禍仁義者, 必子之言夫.

2. 告子曰, 性, 猶湍水也, 決諸東方則東流, 決諸西方則西流. 人性之無分於

善不善也, 猶水之無分於東西也. 孟子曰, 水信無分於東西, 無分於上下乎.
人性之善也, 猶水之就下也. 人無有不善, 水無有不下. 今夫水搏而躍之, 可
使過顙, 激而行之, 可使在山, 是豈水之性哉. 其勢則然也. 人之可使爲不善,
其性亦猶是也.

3. 告子曰, 生之謂性. 孟子曰, 生之謂性也, 猶白之謂白與. 曰, 然. 白羽之
白也, 猶白雪之白, 白雪之白, 猶白玉之白與. 曰, 然. 然則犬之性猶牛之性,
牛之性猶人之性與.

4. 告子曰, 食·色, 性也. 仁, 內也, 非外也. 義, 外也, 非內也. 孟子曰, 何
以謂仁內義外也. 曰, 彼長而我長之, 非有長於我也. 猶彼白而我白之, 從其
白於外也, 故謂之外也. 曰, 異於白馬之白也, 無以異於白人之白也. 不識長
馬之長也, 無以異於長人之長與. 且謂長者義乎. 長之者義乎. 曰, 吾弟則愛
之, 秦人之弟則不愛也, 是以我爲悅者也, 故謂之內. 長楚人之長, 亦長吾之
長, 是以長爲悅者也, 故謂之外也. 曰, 耆秦人之炙, 無以異於耆吾炙. 夫物
則亦有然者也, 然則耆炙亦有外與.

5. 孟季子問公都子曰, 何以謂義內也. 曰, 行吾敬, 故謂之內也. 鄕人長於伯
兄一歲, 則誰敬. 曰, 敬兄. 酌則誰先. 曰, 先酌鄕人. 所敬在此, 所長在彼,
果在外非由內也. 公都子不能答, 以告孟子. 孟子曰, 敬叔父乎. 敬弟乎. 彼
將曰, 敬叔父. 曰, 弟爲尸則誰敬. 彼將曰, 敬弟. 子曰, 惡在其敬叔父也. 彼
將曰, 在位故也. 子亦曰, 在位故也. 庸敬在兄, 斯須之敬在鄕人. 季子聞之,
曰, 敬叔父則敬, 敬弟則敬, 果在外, 非由內也. 公都子曰, 冬日則飮湯, 夏
日則飮水, 然則飮食亦在外也.

6. 公都子曰, 告子曰, 性, 無善無不善也. 或曰, 性可以爲善, 可以爲不善.
是故文·武興則民好善, 幽·厲興則民好暴. 或曰, 有性善, 有性不善. 是故以
堯爲君而有象, 以瞽瞍爲父而有舜, 以紂爲兄之子且以爲君而有微子啓·王子
比干. 今曰性善, 然則彼皆非與. 孟子曰, 乃若其情, 則可以爲善矣, 乃所謂

善也. 若夫爲不善, 非才之罪也. 惻隱之心, 人皆有之. 羞惡之心, 人皆有之.
恭敬之心, 人皆有之. 是非之心, 人皆有之. 惻隱之心, 仁也. 羞惡之心, 義
也. 恭敬之心, 禮也. 是非之心, 智也. 仁·義·禮·智, 非由外鑠我也, 我固有
之也, 弗思耳矣. 故曰求則得之, 舍則失之. 或相倍蓰, 而無筭者, 不能盡其
才者也. 詩曰, 天生蒸民, 有物有則. 民之秉彛, 好是懿德. 孔子曰, 爲此詩
者, 其知道乎. 故有物必有則, 民之秉彛也, 故好是懿德.

7. 孟子曰, 富歲, 子弟多賴, 凶歲, 子弟多暴. 非天之降才爾殊也. 其所以陷
溺其心者然也. 今夫麰麥, 播種而耰之, 其地同, 樹之時又同, 浡然而生, 至
於日至之時, 皆熟矣. 雖有不同, 則地有肥磽. 雨露之養·人事之不齊也. 故凡
同類者擧相似也. 何獨至於人而疑之. 聖人與我同類者. 故龍子曰, 不知足而
爲屨, 我知其不爲蕢也. 屨之相似, 天下之足同也. 口之於味有同耆也. 易牙
先得我口之所耆者也. 如使口之於味也. 其性與人殊, 若犬·馬之於我不同類
也, 則天下何耆皆從易牙之於味也. 至於味, 天下期於易牙, 是天下之口相似
也. 惟耳亦然. 至於聲, 天下期於師曠, 是天下之耳相似也. 惟目亦然. 至於
子都, 天下莫不知其姣也. 不知子都之姣者, 無目者也. 故曰, 口之於味也
有同耆焉. 耳之於聲也, 有同聽焉. 目之於色也, 有同美焉. 至於心, 獨無所
同然乎. 心之所同然者何也. 謂理也, 義也. 聖人先得我心之所同然耳. 故理·
義之悅我心, 猶芻豢之悅我口.

8. 孟子曰, 牛山之木嘗美矣. 以其郊於大國也, 斧斤伐之, 可以爲美乎. 是其
日夜之所息, 雨雲之所潤, 非無萌蘗之生焉, 牛羊又從而牧之, 是以若彼濯濯
也. 人見其濯濯也, 以爲未嘗有材焉, 此豈山之性也哉. 雖存乎人者, 豈無仁
義之心哉. 其所以放其良心者, 亦猶斧斤之於木也, 旦旦而伐之, 可以爲美乎.
其日夜之所息, 平旦之氣. 其好惡與人相近也者幾希. 則其旦晝之所爲, 有梏
亡之矣. 梏之反覆, 則其夜氣不足以存. 夜氣不足以存, 則其違禽獸不遠矣.
人見其禽獸也, 而以爲未嘗有才焉者, 是豈人之情也哉. 故苟得其養, 無物不
長, 苟失其養, 無物不消. 孔子曰, 操則存, 舍則亡. 出入無時, 莫知其鄉. 惟
心之謂與.

9. 孟子曰, 無或乎王之不智也. 雖有天下易生之物也, 一日暴之, 十日寒之,
未有能生者也. 吾見亦罕矣. 吾退而寒之者至矣, 吾如有萌焉. 何哉. 今夫奕
之爲數, 小數也. 不專心致志, 則不得也. 奕秋, 通國之善奕者也. 使奕秋誨二
人奕, 其一人專心致志, 惟奕秋之爲聽, 一人雖聽之, 一心以爲有鴻鵠將至,
思援弓繳而射之, 雖與之俱學, 弗若之矣. 爲是其智弗若與. 曰, 非然也.

10. 孟子曰, 魚我所欲也, 熊掌亦我所欲也, 二者不可得兼, 舍魚而取熊掌者
也. 生亦我所欲也, 義亦我所欲也, 二者不可得兼, 舍生而取義者也. 生亦我
所欲, 所欲有甚於生者, 故不爲苟得也. 死亦我所惡, 所惡有甚於死者, 故患
有所不辟也. 如使人之所欲莫甚於生, 則凡可以得生者, 何不用也. 使人之所
惡莫甚於死者, 則凡可以辟患者, 何不爲也. 由是則生而有不用也, 由是則可
以辟患而有不爲也. 是故所欲有甚於生者, 所惡有甚於死者, 非獨賢者有是心
也. 人皆有之, 賢者能勿喪耳. 一簞食, 一豆羹, 得之則生, 弗得則死. 嘑爾
而與之, 行道之人弗受, 蹴爾而與之, 乞人不屑也. 萬鍾則不辯禮義而受之,
萬鍾於我何加焉. 爲宮室之美, 妻妾之奉, 所識窮乏者得我與. 鄕爲身死而不
受, 今爲宮室之美爲之, 鄕爲身死而不受, 今爲妻妾之奉爲之, 鄕爲身死而不
受, 今爲所識窮乏者得我而爲之, 是亦不可以已乎. 此之謂失其本心.

11. 孟子曰, 仁, 人心也. 義, 人路也. 舍其路而弗由, 放其心而不知求, 哀
哉. 人有雞犬放, 則知求之, 有放心, 而不知求. 學問之道無他, 求其放心而
已矣.

12. 孟子曰, 今有無名之指, 屈而不信, 非疾痛害事也. 如有能信之者, 則不
遠秦·楚之路, 爲指之不若人也. 指不若人, 則知惡之. 心不若人, 則不知惡,
此之謂不知類也.

13. 孟子曰, 拱把之桐·梓, 人苟欲生之, 皆知所以養之者. 至於身, 而不知所
以養之者, 豈愛身不若桐梓哉. 弗思甚也.

14. 孟子曰, 人之於身也, 兼所愛. 兼所愛, 則兼所養也. 無尺寸之膚不愛焉, 則無尺寸之膚不養也. 所以考其善不善者, 豈有他哉. 於己取之而已矣. 體有貴賤, 有大小, 無以小害大, 無以賤害貴. 養其小者爲小人, 養其大者爲大人. 今有場師, 舍其梧·檟, 養其樲棘, 則爲賤場師焉. 養其一指, 而失其肩背而不知也, 則爲狼疾人也. 飮食之人, 則人賤之矣, 爲其養小以失大也. 飮食之人, 無有失也, 則口腹豈適爲尺寸之膚哉.

15. 公都子問曰, 鈞是人也, 或爲大人, 或爲小人, 何也. 孟子曰, 從其大體爲大人, 從其小體爲小人. 曰, 鈞是人也, 或從其大體, 或從其小體, 何也. 曰, 耳目之官不思, 而蔽於物, 物交物, 則引之而已矣. 心之官則思, 思則得之, 不思則不得也. 此天之所與我者, 先立乎其大者, 則其小者不能奪也, 此爲大人而已矣.

16. 孟子曰, 有天爵者, 有人爵者. 仁義忠信, 樂善不倦, 此天爵也. 公卿大夫, 此人爵也. 古之人脩其天爵, 而人爵從之. 今之人脩其天爵以要人爵, 旣得人爵而棄其天爵, 則惑之甚者也. 終亦必亡而已矣.

17. 孟子曰, 欲貴者, 人之同心也. 人人有貴於己者, 弗思耳矣. 人之所貴者, 非良貴也. 趙孟之所貴, 趙孟能賤之. 詩云, 旣醉以酒, 旣飽以德. 言飽乎仁義也, 所以不願人之膏粱之味也. 令聞廣譽施於身, 所以不願人之文繡也.

18. 孟子曰, 仁之勝不仁也, 猶水勝火. 今之爲仁者, 猶以一杯水救一車薪之火也, 不熄, 則謂之水不勝火. 此又與於不仁之甚者也, 亦終必亡而已矣.

19. 孟子曰, 五穀者, 種之美者也. 苟爲不熟, 不如荑稗. 夫仁亦在乎熟之而已矣.

20. 孟子曰, 羿之敎人射, 必志於彀. 學者亦必志於彀. 大匠誨人, 必以規矩. 學者亦必規矩.

21. 任人有問屋廬子曰, 禮與食, 孰重. 曰, 禮重. 色與禮, 孰重. 曰, 禮重. 曰, 以禮食則飢而死, 不以禮食則得食, 必以禮乎. 親迎則不得妻, 不親迎則得妻, 必親迎乎. 屋廬子不能對. 明日之鄒, 以告孟子, 孟子曰, 於. 答是也何有. 不揣其本, 而齊其末, 方寸之木, 可使高於岑樓, 金重於羽者, 豈謂一鉤金與一輿羽之謂哉. 取食之重者與禮之輕者而比之, 奚翅食重. 取色之重者與禮之輕者而比之, 奚翅色重. 往應之曰, 紾兄之臂而奪之食, 則得食, 不紾則不得食, 則將紾之乎. 踰東家牆而摟其處子, 則得妻, 不摟則不得妻, 則將摟之乎.

22. 曹交問曰, 人皆可以爲堯舜, 有諸. 孟子曰, 然. 交聞文王十尺, 湯九尺. 今交九尺四寸以長, 食粟而已, 何如則可. 曰, 奚有於是. 亦爲之而已矣. 有人於此, 力不能勝一匹雛, 則爲無力人矣. 今日擧百鈞, 則爲有力人矣. 然則擧烏獲之任, 是亦爲烏獲而已矣. 夫人豈以不勝爲患哉. 弗爲耳. 徐行後長者謂之弟, 疾行先長者謂之不弟. 夫徐行者, 豈人所不能哉. 所不爲也. 堯舜之道, 孝悌而已矣. 子服堯之服, 誦堯之言, 行堯之行, 是堯而已矣. 子服桀之服, 誦桀之言, 行桀之行, 是桀而已矣. 曰, 交得見於鄒君, 可以假館, 願留而受業於門. 曰, 夫道, 若大路然, 豈難知哉. 人病不求耳. 子歸而求之, 有餘師.

23. 公孫丑問曰, 高子曰, 小弁, 小人之詩也. 孟子曰, 何以言之. 曰, 怨. 曰, 固哉. 高叟之爲詩也. 有人於此, 越人關弓而射之, 則己談笑而道之, 無他, 疏之也. 其兄關弓而射之, 則己垂涕泣而道之, 無他, 戚之也. 小弁之怨, 親親也. 親親, 仁也. 固矣夫, 高叟之爲詩也. 曰, 凱風何以不怨. 曰, 凱風親之過小者也. 小弁, 親之過大者也. 親之過大而不怨, 是愈疏也. 親之過小而怨, 是不可磯也. 愈疏, 不孝也. 不可磯, 亦不孝也. 孔子曰, 舜其至孝矣, 五十而慕.

24. 宋牼將之楚, 孟子遇於石丘, 曰, 先生將何之. 曰, 吾聞秦·楚構兵, 我將見楚王說而罷之. 楚王不悅, 我將見秦王說而罷之. 二王我將有所遇焉. 曰,

軻也請無問其詳, 願聞其指, 說之將何如. 曰, 我將言其不利也. 曰, 先生之
志則大矣, 先生之號則不可. 先生以利說秦·楚之王, 秦·楚之王悅於利, 以罷
三軍之師, 是三軍之士樂罷而悅於利也. 爲人臣者, 懷利以事其君, 爲人子者,
懷利以事其父, 爲人弟者, 懷利以事其兄, 是君臣·父子·兄弟終去仁義, 懷利
以相接, 然而不亡者, 未之有也. 先生以仁義說秦·楚之王, 秦·楚之王悅於仁
義而罷三軍之師, 是三軍之士樂罷而悅於仁義也. 爲人臣者, 懷仁義以事其君,
爲人子者, 懷仁義以事其父, 爲人弟者, 懷仁義以事其兄, 是君臣·父子·兄弟
去利懷仁義以相接也, 然而不王者, 未之有也. 何必曰利.

25. 孟子居鄒. 季任爲任處守, 以幣交, 受之而不報. 處於平陸, 儲子爲相,
以幣交, 受之而不報. 他日, 由鄒之任, 見季子, 由平陸之齊, 不見儲子. 屋
廬子喜曰, 連得間矣. 問曰, 夫子之任見季子, 之齊不見儲子, 爲其爲相與.
曰, 非也. 書曰, 享多儀, 儀不及物, 曰不享. 惟不役志于享. 爲其不成享也.
屋廬子悅. 或問之, 屋廬子曰, 季子不得之鄒, 儲子得之平陸.

26. 淳于髡曰, 先名實者, 爲人也. 後名實者, 自爲也. 夫子在三卿之中, 名
實 未加於上下而去之, 仁者固如此乎. 孟子曰, 居下位, 不以賢事不肖者, 伯
夷也. 五就湯, 五就桀者, 伊尹也. 不惡汙君, 不辭小官者, 柳下惠也. 三子
者, 不同道, 其趨一也. 一者何也. 曰, 仁也. 君子亦仁而已矣, 何必同. 曰,
魯繆公之時, 公儀子爲政, 子柳·子思爲臣, 魯之削也滋甚. 若是乎賢者之無益
於國也. 曰, 虞不用百里奚而亡, 秦穆公用之而霸. 不用賢則亡, 削何可得與.
曰, 昔者王豹處於淇, 而河西善謳. 緜駒處於高唐, 而齊右善歌. 華周·杞梁之
妻善哭其夫, 而變國俗. 有諸內必形諸外, 爲其事而無其功者, 髡未嘗覩之也.
是故無賢也, 有則髡必識之. 曰, 孔子爲魯司寇, 不用, 從而祭, 燔肉不至,
不稅冕而行. 不知者以爲爲肉也, 其知者以爲爲無禮也. 乃孔子則欲以微罪行,
不欲爲苟去. 君子之所爲, 衆人固不識也.

27. 孟子曰, 五霸者, 三王之罪人也. 今之諸侯, 五霸之罪人也. 今之大夫,
今之諸侯之罪人也. 天子適諸侯曰巡狩, 諸侯朝於天子曰述職. 春省耕而補不

足, 秋省斂而助不給. 入其彊, 土地辟, 田野治, 養老尊賢, 俊傑在位, 則有慶, 慶以地. 入其彊, 土地荒蕪, 遺老失賢, 掊克在位, 則有讓. 一不朝則貶其爵, 再不朝則削其地, 三不朝則六師移之. 是故天子討而不伐, 諸侯伐而不討. 五霸者, 摟諸侯 以伐諸侯者也. 故曰五霸者, 三王之罪人也. 五霸桓公爲盛, 葵丘之會諸侯, 束牲載書而不歃血. 初命曰, 誅不孝, 無易樹子, 無以妾爲妻. 再命曰, 尊賢育才, 以彰有德. 三命曰, 敬老慈幼, 無忘賓旅. 四命曰, 士無世官, 官事無攝, 取士必得, 無專殺大夫. 五命曰, 無曲防, 無遏糴, 無有封而不告. 曰, 凡我同盟之人, 旣盟之後, 言歸于好. 今之諸侯皆犯此五禁, 故曰今之諸侯, 五霸之罪人也. 長君之惡 其罪小, 逢君之惡其罪大. 今之大夫皆逢君之惡, 故曰今之大夫, 今之諸侯之罪人也.

28. 魯欲使愼子爲將軍. 孟子曰, 不教民而用之, 謂之殃民. 殃民者, 不容於堯·舜之世. 一戰勝齊, 遂有南陽, 然且不可. 愼子勃然不悅. 曰, 此則滑釐所不識也. 曰, 吾明告子, 天子之地方千里, 不千里, 不足以待諸侯. 諸侯之地方百里, 不百里, 不足以守宗廟之典籍. 周公之於封魯爲方百里也, 地非不足, 而儉於百里. 太公之封於齊也, 亦爲方百里也, 地非不足也, 而儉於百里. 今魯方百里者五, 子以爲有王者作, 則魯在所損乎, 在所益乎. 徒取諸彼以與此, 然且仁者不爲, 況於殺人以求之乎. 君子事君也, 務引其君以當道, 志於仁而己.

29. 孟子曰, 今之事君者皆曰, 我能爲君辟土地, 充府庫. 今之所謂良臣, 古之所謂民賊也. 君不鄕道, 不志於仁, 而求富之, 是富桀也. 我能爲君約與國, 戰必克. 今之所謂良臣, 古之所謂民賊也. 君不鄕道, 不志於仁, 而求爲之强戰, 是輔桀也. 由今之道, 無變今之俗, 雖與之天下, 不能一朝居也.

30. 白圭曰, 吾欲二十而取一, 何如. 孟子曰, 子之道, 貉道也. 萬室之國, 一人陶, 則可乎. 曰, 不可, 器不足用也. 曰, 夫貉, 五穀不生, 惟黍生之. 無城郭宮室·宗廟祭祀之禮, 無諸侯幣帛饔飧, 無百官有司, 故二十而取一而足也. 今居中國, 去人倫, 無君子, 如之何其可也. 陶以寡, 且不可以爲國, 況無君子乎. 欲輕之於堯·舜之道者, 大貉小貉也. 欲重之於堯·舜之道者, 大桀小桀也.

31. 白圭曰, 丹之治水也, 愈於禹. 孟子曰, 子過矣. 禹之治水, 水之道也, 是故禹以四海爲壑. 今吾子以鄰國爲壑, 水逆行, 謂之洚水. 洚水者, 洪水也. 仁人之所惡也, 吾子過矣.

32. 孟子曰, 君子不亮, 惡乎執.

33. 魯欲使樂正子爲政. 孟子曰, 吾聞之, 喜而不寐. 公孫丑曰, 樂正子强乎. 曰, 否. 有知慮乎. 曰, 否. 多聞識乎. 曰, 否. 然則奚爲喜而不寐. 曰, 其爲人也 好善. 好善足乎. 曰, 好善優於天下, 而況魯國乎. 夫苟好善, 則四海之內, 皆將輕千里而來告之以善. 夫苟不好善, 則人將曰, 訑訑, 予旣已知之矣. 訑訑之聲音顔色, 距人於千里之外. 士止於千里之外, 則讒諂面諛之人至矣. 與讒諂面諛之人居, 國欲治, 可得乎.

34. 陳子曰, 古之君子何如則仕. 孟子曰, 所就三, 所去三. 迎之致敬以有禮, 言將行其言也, 則就之, 禮貌未衰, 言弗行也, 則去之. 其次, 雖未行其言也, 迎之致敬以有禮, 則就之, 禮貌衰, 則去之. 其下, 朝不食, 夕不食, 飢餓不能出門戶, 君聞之, 曰, 吾大者不能行其道, 又不能從其言也. 使飢餓於我土地, 吾恥之. 周之, 亦可受也, 免死而已矣.

35. 孟子曰, 舜發於畎畝之中, 傅說擧於版築之間, 膠鬲擧於魚鹽之中, 管夷吾擧於士, 孫叔敖擧於海, 百里奚擧於市. 故天將降大任於是人也, 必先苦其心志, 勞其筋骨, 餓其體膚, 空乏其身, 行拂亂其所爲, 所以動心忍性, 曾益其所不能. 人恒過, 然後能改. 困於心, 衡於慮, 而後作. 徵於色, 發於聲, 而後喩. 入則無法家拂士, 出則無敵國外患者, 國恒亡. 然後知生於憂患, 而死於安樂也.

36. 孟子曰, 敎亦多術矣. 予不屑之敎誨也者, 是亦敎誨之而已矣.

盡心

1. 孟子曰, 盡其心者, 知其性也. 知其性, 則知天矣. 存其心, 養其性, 所以事天也. 夭壽不貳, 脩身以俟之, 所以立命也.

2. 孟子曰, 莫非命也, 順受其正. 是故知命者不立乎巖墻之下. 盡其道而死者, 正命也. 桎梏死者, 非正命也.

3. 孟子曰, 求則得之, 舍則失之, 是求有益於得也, 求在我者也. 求之有道, 得之有命, 是求無益於得也, 求在外者也.

4. 孟子曰, 萬物皆備於我矣. 反身而誠, 樂莫大焉. 强恕而行, 求仁莫近焉.

5. 孟子曰, 行之而不著焉, 習矣而不察焉, 終身由之而不知其道者, 衆也.

6. 孟子曰, 人不可以無恥. 無恥之恥, 無恥矣.

7. 孟子曰, 恥之於人大矣. 爲機變之巧者, 無所用恥焉. 不恥不若人, 何若人有.

8. 孟子曰, 古之賢王好善而忘勢. 古之賢士何獨不然. 樂其道而忘人之勢. 故王公不致敬盡禮, 則不得亟見之. 見且由不得亟, 而況得而臣之乎.

9. 孟子謂宋句踐曰, 子好遊乎. 吾語子遊, 人知之亦囂囂, 人不知亦囂囂. 曰, 何如斯可以囂囂矣. 曰, 尊德樂義, 則可以囂囂矣. 故士窮不失義, 達不離道. 窮不失義, 故士得己焉. 達不離道, 故民不失望焉. 古之人得志, 澤加於民. 不得志, 修身見於世. 窮則獨善其身, 達則兼善天下.

10. 孟子曰, 待文王而後興者, 凡民也. 若夫豪傑之士, 雖無文王獨興.

11. 孟子曰, 附之以韓・魏之家, 如其自視欿然, 則過人遠矣.

12. 孟子曰, 以佚道使民, 雖勞不怨. 以生道殺民, 雖死不怨殺者.

13. 孟子曰, 霸者之民, 驩虞如也. 王者之民, 皥皥如也. 殺之而不怨, 利之
而不庸, 民日遷善而不知爲之者. 夫君子所過者化, 所存者神, 上下與天地同
流, 豈曰小補之哉.

14. 孟子曰, 仁言不如仁聲之入人深也. 善政不如善教之得民也. 善政, 民畏
之. 善教, 民愛之. 善政得民財, 善教得民心.

15. 孟子曰, 人之所不學而能者, 其良能也. 所不慮而知者, 其良知也. 孩提
之童, 無不知愛其親者, 及其長也, 無不知敬其兄也. 親親, 仁也. 敬長, 義
也. 無他, 達之天下也.

16. 孟子曰, 舜之居深山之中, 與木石居, 與鹿豕遊. 其所以異於深山之野人
者幾希. 及其聞一善言, 見一善行, 若決江河, 沛然莫之能禦也.

17. 孟子曰, 無爲其所不爲, 無欲其所不欲, 如此而已矣.

18. 孟子曰, 人之有德慧術知者, 恒存乎疢疾. 猶孤臣孼子, 其操心也危, 其
慮患也深, 故達.

19. 孟子曰, 有事君人者, 事是君則爲容悅者也. 有安社稷臣者, 以安社稷爲
悅者也. 有天民者, 達可行於天下而後行之者也. 有大人者, 正己而物正者也.

20. 孟子曰, 君子有三樂, 而王天下不與存焉. 父母俱存, 兄弟無故, 一樂也. 仰不愧於天, 俯不怍於人, 二樂也. 得天下英才而教育之, 三樂也. 君子有三樂, 而王天下不與存焉.

21. 孟子曰, 廣土衆民, 君子欲之, 所樂不存焉. 中天下而立, 定四海之民, 君子樂之, 所性不存焉. 君子所性, 雖大行不加焉, 雖窮居不損焉, 分定故也. 君子所性, 仁·義·禮·智根於心, 其生色也, 睟然見於面, 盎於背, 施於四體, 四體不言而喩.

22. 孟子曰, 伯夷辟紂, 居北海之濱, 聞文王作興, 曰, 盍歸乎來. 吾聞西伯善養老者. 太公辟紂, 居東海之濱, 聞文王作興, 曰, 盍歸乎來. 吾聞西伯善養老者. 天下有善養老, 則仁人以爲己歸矣. 五畝之宅, 樹墻下以桑, 匹婦蠶之, 則老者足以衣帛矣. 五母雞, 二母彘, 無失其時, 老者足以無失肉矣. 白畝之田, 匹夫耕之, 八口之家可足以無飢矣. 所謂西伯善養老者, 制其田里, 敎之樹·畜, 導其妻子, 使養其老. 五十非帛不煖, 七十非肉不飽. 不煖不飽, 謂之凍餒. 文王之民, 無凍餒之老者, 此之謂也.

23. 孟子曰, 易其田疇, 薄其稅斂, 民可使富也. 食之以時, 用之以禮, 財不可勝也. 民非水·火不生活, 昏暮叩人之門戶求水·火, 無弗與者, 至足矣. 聖人治天下, 使有菽粟如水·火. 菽粟如水·火, 而民焉有不仁者乎.

24. 孟子曰, 孔子登東山而小魯, 登太山而小天下, 故觀於海者難爲水, 遊於聖人之門者難爲言. 觀水有術, 必觀其瀾. 日月有明, 容光必照焉. 流水之爲物也, 不盈科不行. 君子之志於道也, 不成章不達.

25. 孟子曰, 雞鳴而起, 孳孳爲善者, 舜之徒也. 雞鳴而起, 孳孳爲利者, 蹠之徒也. 欲知舜與蹠之分, 無他, 利與善之間也.

26. 孟子曰, 楊子取爲我, 拔一毛利而天下, 不爲也. 墨子兼愛, 摩頂放踵利

天下, 爲之. 子莫執中. 執中爲近之. 執中無權, 猶執一也. 所惡執一者, 爲
其賊道也, 擧一而廢百也.

27. 孟子曰, 飢者甘食, 渴者甘飮, 是未得飮食之正也, 飢渴害之也. 豈惟口
腹有飢渴之害. 人心亦皆有害. 人能無以飢渴之害爲心害, 則不及人不爲憂矣.

28. 孟子曰, 柳下惠不以三公易其介.

29. 孟子曰, 有爲者辟若掘井, 掘井九軔而不及泉, 猶爲棄井也.

30. 孟子曰, 堯·舜, 性之也. 湯·武, 身之也. 五霸, 假之也. 久假而不歸, 惡
知其非有也.

31. 公孫丑曰, 伊尹曰, 予不狎于不順. 放太甲于桐, 民大悅. 太甲賢, 又反
之, 民大悅. 賢者之爲人臣也, 其君不賢, 則固可放與. 孟子曰, 有伊尹之志
則可, 無伊尹之志則篡也.

32. 公孫丑曰, 詩曰, 不素餐兮. 君子之不耕而食, 何也. 孟子曰, 君子居是
國也, 其君用之, 則安富尊榮, 其子弟從之, 則孝悌忠信. 不素餐兮, 孰大於
是.

33. 王子墊問曰, 士何事. 孟子曰, 尙志. 曰, 何謂尙志. 曰, 仁義而已矣. 殺
一無罪, 非仁也. 非其有而取之, 非義也. 居惡在. 仁是也. 路惡在. 義是也.
居仁由義, 大人之事備矣.

34. 孟子曰, 仲子, 不義與之齊國而弗受, 人皆信之, 是舍簞食豆羹之義也.
人莫大焉亡親戚君臣上下. 以其小者信其大者, 奚可哉.

35. 桃應問曰, 舜爲天子, 皋陶爲士, 瞽瞍殺人, 則如之何. 孟子曰, 執之而

已矣. 然則舜不禁與. 曰, 夫舜惡得而禁之. 夫有所受之也. 然則舜如之何.
曰, 舜視棄天下猶棄敝蹝也. 竊負而逃, 遵海濱而處, 終身訢然, 樂而忘天下.

36. 孟子自范之齊, 望見齊王之子, 喟然嘆曰, 居移氣, 養移體. 大哉居乎.
夫非盡人之子與. 孟子曰, 王子宮室·車馬·衣服多與人同, 而王子若彼者, 其
居使之然也. 況居天下之廣居者乎. 魯君之宋, 呼於垤澤之門. 守者曰, 此非
吾君也, 何其聲之似我君也. 此無他, 居相似也.

37. 孟子曰, 食而弗愛, 豕交之也. 愛而不敬, 獸畜之也. 恭敬者, 幣之未將
者也. 恭敬而無實, 君子不可虛拘.

38. 孟子曰, 形·色, 天性也. 惟聖人然後可以踐形.

39. 齊宣王欲短喪. 公孫丑曰, 爲朞之喪, 猶愈於已乎. 孟子曰, 是猶或紾其
兄之臂, 子謂之姑徐徐云爾, 亦敎之孝悌而已矣. 王子有其母死者, 其傅爲之
請數月之喪. 公孫丑曰, 若此者, 何如也. 曰, 是欲終之而不可得也. 雖加一
日愈於已. 謂夫莫之禁而弗爲者也.

40. 孟子曰, 君子之所以敎者五. 有如時雨化之者, 有成德者, 有達財者, 有
答問者, 有私淑艾者. 此五者, 君子之所以敎也.

41. 公孫丑曰, 道則高矣美矣, 宜若登天然, 似不可及也. 何不使彼爲可幾及
而日孶孶也. 孟子曰, 大匠不爲拙工改廢繩墨, 羿不爲拙射變其彀率. 君子引
而不發, 躍如也. 中道而立, 能者從之.

42. 孟子曰, 天下有道, 以道殉身. 天下無道, 以身殉道. 未聞以道殉乎人者
也.

43. 公都子曰, 滕更之在門也, 若在所禮. 而不答, 何也. 孟子曰, 挾貴而問,

挾賢而問, 挾長而問, 挾有勳勞而問, 挾故而問, 皆所不答也. 滕更有二焉

44. 孟子曰, 於不可已而已者, 無所不已. 於所厚者薄, 無所不薄也. 其進銳者, 其退速.

45. 孟子曰, 君子之於物也, 愛之而弗仁. 於民也, 仁之而弗親. 親親而仁民, 仁民而愛物.

46. 孟子曰, 知者無不知也, 當務之爲急. 仁者無不愛也, 急親賢之爲務. 堯·舜之知而不徧物, 急先務也. 堯·舜之仁不徧愛人, 急親賢也. 不能三年之喪, 而緦·小功之察, 放飯流歠, 而問無齒決, 是之謂不知務.

47. 孟子曰, 不仁哉. 梁惠王也. 仁者以其所愛, 及其所不愛. 不仁者以其所不愛, 及其所愛. 公孫丑問曰, 何謂也. 梁惠王以土地之故, 糜爛其民而戰之, 大敗. 將復之, 恐不能勝, 故驅其所愛子弟以殉之, 是之謂以其所不愛及其所愛也.

48. 孟子曰, 春秋無義戰. 彼善於此, 則有之矣. 征者, 上伐下也, 敵國不相征也.

49. 孟子曰, 盡信書, 則不如無書. 吾於武成, 取二三策而已矣. 仁人無敵於天下, 以至仁伐至不仁, 而何其血之流杵也.

50. 孟子曰, 有人曰, 我善爲陳, 我善爲戰. 大罪也. 國君好仁, 天下無敵焉. 南面而征, 北夷怨, 東面而征, 西夷怨. 曰, 奚爲後我. 武王之伐殷也, 革車三百兩, 虎賁三千人. 王曰, 無畏, 寧爾也, 非敵百姓也. 若崩厥角, 稽首. 征之爲言正也, 各欲正己也, 焉用戰.

51. 孟子曰, 梓匠輪輿, 能與人規矩, 不能使人巧.

52. 孟子曰, 舜之飯糗茹草也, 若將終身焉. 及其爲天子也, 被袗衣, 鼓琴, 二女果, 若固有之.

53. 孟子曰, 吾今而後知殺人親之重也. 殺人之父, 人亦殺其父. 殺人之兄, 人亦殺其兄. 然則非自殺之也, 一間耳.

54. 孟子曰, 古之爲關也, 將以禦暴. 今之爲關也, 將以爲暴.

55. 孟子曰, 身不行道, 不行於妻子, 使人不以道, 不能行於妻子.

56. 孟子曰, 周于利者, 凶年不能殺. 周于德者, 邪世不能亂.

57. 孟子曰, 好名之人能讓千乘之國. 苟非其人, 簞食豆羹見於色.

58. 孟子曰, 不信仁賢, 則國空虛. 無禮義, 則上下亂. 無政事, 則財用不足.

59. 孟子曰, 不仁而得國者, 有之矣. 不仁而得天下者, 未之有也.

60. 孟子曰, 民爲貴, 社稷次之, 君爲輕. 是故得乎丘民而爲天子. 得乎天子爲諸侯. 得乎諸侯爲大夫. 諸侯危社稷, 則變置. 犧牲旣成, 粢盛旣潔, 祭祀以時, 然而旱乾水溢, 則變置社稷.

61. 孟子曰, 聖人, 百世之師也, 伯夷·柳下惠是也. 故聞伯夷之風者, 頑夫廉, 懦夫有立志. 聞柳下惠之風者, 薄夫敦, 鄙夫寬. 奮乎百世之上, 百世之下聞者莫不興起也. 非聖人而能若是乎. 而況於親炙之者乎.

62. 孟子曰, 仁也者, 人也. 合而言之道也.

63. 孟子曰, 孔子之去魯, 曰, 遲遲吾行也, 去父母國之道也. 去齊, 接淅而行, 去他國之道也.

64. 孟子曰, 君子之戹於陳·蔡之間, 無上下之交也.

65. 貉稽曰, 稽大不理於口. 孟子曰, 無傷也. 士憎玆多口. 詩云, 憂心悄悄, 慍于群小. 孔子也. 肆不殄厥慍, 亦不殞厥問. 文王也.

66. 孟子曰, 賢者以其昭昭, 使人昭昭. 今以其昏昏, 使人昭昭.

67. 孟子謂高子曰, 山徑之蹊間介然用之而成路, 爲間不用, 則茅塞之矣. 今茅塞子之心矣.

68. 高子曰, 禹之聲尚文王之聲. 孟子曰, 何以言之. 曰, 以追蠡. 曰, 是奚足哉. 城門之軌, 兩馬之力與.

69. 齊饑. 陳臻曰, 國人皆以夫子將復爲發棠, 殆不可復. 孟子曰, 是爲馮婦也. 晉人有馮婦者, 善搏虎, 卒爲善士. 則之野, 有衆逐虎, 虎負嵎, 莫之敢攖. 望見馮婦, 趨而迎之. 馮婦攘臂下車, 衆皆悅之. 其爲士者笑之.

70. 孟子曰, 口之於味也, 目之於色也, 耳之於聲也, 鼻之於臭也, 四肢於安佚也. 性也. 有命焉, 君子不謂性也. 仁之於父子也, 義之於君臣也, 禮之於賓主也, 知之於賢者也, 聖人之於天道也, 命也. 有性焉, 君子不謂命也.

71. 浩生不害問曰, 樂正子何人也. 孟子曰, 善人也. 信人也. 何謂善. 何謂信. 曰, 可欲之謂善, 有諸己之謂信, 充實之謂美, 充實而有光輝之謂大, 大而化之之謂聖, 聖而不可知之之謂神. 樂正子二之中, 四之下也.

72. 孟子曰, 逃墨必歸於楊, 逃楊必歸於儒. 歸, 斯受之而已矣. 今之與楊·墨辯者, 如追放豚, 旣入其笠, 又從而招之.

73. 孟子曰, 有布縷之征, 粟米之征, 力役之征. 君子用其一, 緩其二. 用其二而民有殍, 用其三而父子離.

74. 孟子曰, 諸侯之寶三, 土地·人民·政事. 寶珠玉者, 殃必及身.

75. 盆成括仕於齊. 孟子曰, 死矣, 盆成括. 盆成括見殺, 門人問曰, 夫子何以知其將見殺. 曰, 其爲人也小有才, 未聞君子之大道也, 則足以殺其軀而已矣.

76. 孟子之滕, 館於上宮. 有業屨於牖上, 館人求之弗得. 或問之曰, 若是乎從者之廋也. 曰, 子以是爲竊屨來與. 曰, 殆非也. 夫予之設科也, 往者不追, 來者不拒. 苟以是心至, 斯受之而已矣.

77. 孟子曰, 人皆有所不忍, 達之於其所忍, 仁也. 人皆有所不爲, 達之於其所爲, 義也. 人能充無欲害人之心, 而仁不可勝用也. 人能充無穿窬之心, 而義不可勝用也. 人能充無受爾汝之實, 無所往而不爲義也. 士未可以言而言, 是以言餂之也. 可以言而不言, 是以不言餂之也. 是皆穿踰之類也.

78. 孟子曰, 言近而指遠者, 善言也. 守約而施博者, 善道也. 君子之言也, 不下帶而道存焉. 君子之守, 脩其身而天下平. 人病舍其田而芸人之田, 所求於人者重, 而所以自任輕.

79. 孟子曰, 堯·舜, 性者也. 湯·武, 反之也. 動容周旋中禮者, 盛德之至也. 哭死而哀, 非爲生者也. 經德不回, 非以干祿也. 言語必信, 非以正行也. 君子行法, 以俟命而已矣.

80. 孟子曰, 說大人則藐之, 勿視其巍巍然. 堂高數仞, 榱題數尺, 我得志弗爲也. 食前方丈, 侍妾數百人, 我得志弗爲也. 般樂飮酒, 驅騁田獵, 後車千乘, 我得志弗爲也. 在彼者皆我所不爲也, 在我者皆古之制也, 吾何畏彼哉.

81. 孟子曰, 養心莫善於寡欲. 其爲人也寡欲, 雖有不存焉者, 寡矣. 其爲人也多欲, 雖有存焉者, 寡矣.

82. 曾皙嗜羊棗, 而曾子不忍食羊棗. 公孫丑問曰, 膾炙與羊棗孰美. 孟子曰, 膾炙哉. 公孫丑曰, 然則曾子何爲食膾炙而不食羊棗. 曰膾炙所同也. 羊棗所獨也. 諱名不諱姓, 姓所同也. 名所獨也.

83. 萬章問曰, 孔子在陳, 曰, 盍歸乎來. 吾黨之小子狂簡進取, 不忘其初. 孔子在陳, 何思魯之狂士. 孟子曰, 孔子, 不得中道而與之, 必也狂獧乎. 狂者進取, 獧者有所不爲也. 孔子豈不欲中道哉. 不可必得, 故思其次也. 敢問何如斯可謂狂矣. 曰, 如琴張·曾皙·牧皮者, 孔子之所謂狂矣. 何以謂之狂也. 曰, 其志嘐嘐然, 曰古之人, 古之人. 夷考其行, 而不掩焉者也. 狂者又不可得, 欲得不屑不絜之士而與之, 是獧也. 是又其次也. 孔子曰, 過我門而不入我室, 我不憾焉者, 其惟鄉原乎. 鄉原, 德之賊也. 曰, 何如斯可謂之鄉原矣. 曰, 何以是嘐嘐也. 言不顧行, 行不顧言, 則曰, 古之人, 古之人. 行何爲踽踽涼涼. 生斯世也, 爲斯世也善, 斯可矣. 閹然媚於世者, 是鄉原也. 萬章曰, 一鄉皆稱原人焉, 無所往而不爲原人, 孔子以爲德之賊. 何哉. 曰, 非之無擧也. 刺之無刺也. 同乎流俗, 合乎汙世. 居之似忠信, 行之似廉潔, 衆皆悅之, 自以爲是而不可與入堯·舜之道, 故曰德之賊也. 孔子曰, 惡似而非者, 惡莠, 恐其亂苗也. 惡佞, 恐其亂義也. 惡利口, 恐其亂信也. 惡鄭聲, 恐其亂樂也. 惡紫, 恐其亂朱也. 惡鄉原, 恐其亂德也. 君子反經而已矣. 經正則庶民興, 庶民興, 斯無邪慝矣.

84. 孟子曰, 由堯·舜至於湯, 五百有餘歲. 若禹·皐陶則見而知之, 若湯則聞而知之. 由湯至於文王, 五百有餘歲. 若伊尹·萊朱則見而知之, 若文王則聞而知之. 由文王至於孔子, 五百有餘歲. 若太公望·散宜生, 則見而知之, 若孔子則聞而知之. 由孔子而來, 至於今, 百有餘歲, 去聖人之世, 若此其未遠也, 近聖人之居, 若此其甚也. 然而無有乎爾, 則亦無有乎爾.

참고 문헌

『孟子集註』

『孟子精義』

『孟子趙注』

『孟子諺解』

『詩經』

『書經』

『禮記』

『論語集註』

『史記』

김동길·허호구 역주.『朱注孟子』. 서울:창지사, 1994.

김용옥.『맹자: 사람의 길』. 서울: 통나무, 2012.

김학주 역저.『詩經』. 서울: 明文堂, 2002.

성백효 역주.『孟子集註』. 서울: 전통문화연구회, 1995.

신창호.『유교 四書의 배움론』, 고양: 온고지신, 2011.

유교문화연구소 옮김.『맹자』. 서울: 성균관대출판부, 2006.

이가원 역.『詩經』. 서울: 홍신문화사, 1989.

이기동.『맹자강설』. 서울: 성균관대출판부, 2010.

이상옥 역해.『書經』. 서울: 韓國敎育出版公社, 1984.

장기근 편저.『孟子集註』. 서울: 명문당, 2009.

차주환 역저.『孟子』(上·下). 서울: 명문당, 2002.

內野熊一郎.『孟子』(新釋漢文大系 4). 東京: 明治書院, 1985.

譚宇權.『孟子哲學新論』. 臺北: 文津出版社有限公司, 2011.

富山房編輯部.『孟子定本』(漢文大系 1). 東京: 富山房, 1985.

小林勝人 譯注.『孟子』(上·下). 東京: 石坡書店, 1992.

十三經注疏整理委員會.『孟子注疏』(十三經注疏 25). 北京: 北京大出版社, 2000.

楊伯峻.『孟子譯注』. 香港: 中華書局, 2007.

宇野精一. 1981.『孟子』(全釋漢文大系 2). 東京: 集英社, 1984.

胡 廣 外(孔子文化大全編輯部),「孟子集註大全」,『四書集註大全』. 山東友誼書社, 1989.

Lau, D. C.(trans.). Mencius. Harmondsworth: Penguin, 1976.

Dobson, W. A. C. H. (trans.). Mencius. London: Oxford University Press, 1963.

Kam-leung, C. A. Mencius: contexts and interpretations. Honolulu: University of Hawaii Press, 2002.

Legge, L. "The Works of Mencius." The Chinese Classics I. Hong Kong: Hong Kong Univ. Press, 1960.

한글 맹자

1판 1쇄 찍음 2015년 6월 30일
1판 1쇄 펴냄 2015년 7월 14일

지은이 | 신창호
발행인 | 김세희
편집인 | 강선영
서브편집 | 정지영
펴낸곳 | 판미동

출판등록 | 2009. 10. 8 (제2009-000273호)
주소 | 135-887 서울 강남구 신사동 506 강남출판문화센터 5층
전화 | 영업부 515-2000 **편집부** 3446-8774 **팩시밀리** 515-2007
홈페이지 | panmidong.minumsa.com

도서 파본 등의 이유로 반송이 필요할 경우에는 구매처에서 교환하시고
출판사 교환이 필요할 경우에는 아래 주소로 반송 사유를 적어 도서와 함께 보내주세요.
135-887 서울 강남구 신사동 506 강남출판문화센터 6층 민음인 마케팅부